Chapter 23

현금흐름표

I 현금흐름표 일반론

01 의의

(1) 정의

기업의 현금및현금성자산 창출능력과 기업의 현금흐름 사용 필요성에 대한 평가의 기초를 재무제표이용자에게 제공하는 재무제표

(2) 현금흐름표상의 현금

통화	지폐, 주화
통화대용증권	수표, 우편환증서, 만기가 된 공·사채 이자표, 배당금지급통지표, 국세환급통지서
요구불예금	당좌예금, 보통예금
현금성자산	유동성이 매우 높은 단기투자자산으로서 ① 확정된 금액의 현금으로 전환이 용이하고 ② 가치변동의 위험이 중요하지 않은 자산으로서, 일반적으로 만기일이 단기(취득일로부터 만기가 3개월 이내)에 도래하는 것 *cf.* 지분상품은 현금성자산에서 제외하나, 상환일이 정해져 있고 취득일로부터 상환일까지의 기간이 3개월 이내인 상환우선주의 경우에는 예외적으로 포함됨
K-IFRS의 현금흐름표상 현금	현금및현금성자산에서 금융회사의 요구에 따라 즉시 상환하여야 하는 당좌차월을 차감한 금액

(3) 현금흐름표상 활동구분 원칙

현금흐름표는 회계기간 동안 발생한 현금흐름을 영업활동, 투자활동 및 재무활동으로 분류하여 보고한다. 즉, 기업의 경영활동별로 구분하여 표시하여야 하며 원칙적으로는 다음의 활동구분에 따른다.

구분	활동유형
영업활동	기업의 주요 수익창출활동, 그리고 투자활동이나 재무활동이 아닌 기타의 활동을 말한다. 영업활동은 주로 제품의 생산과 판매활동, 상품과 용역의 구매와 판매활동 및 관리활동을 포함한다.
투자활동	장기성 자산 및 현금성자산에 속하지 않는 기타 투자자산의 취득과 처분을 말한다. 투자활동은 유·무형자산, 다른 기업의 지분상품이나 채무상품 등의 취득과 처분활동, 제3자에 대한 대여 및 회수활동 등을 포함한다.
재무활동	기업의 납입자본과 차입금의 크기 및 구성내용에 변동을 가져오는 활동을 말한다. 재무활동은 자본과 차입금의 조달, 환급 및 상환에 관한 활동을 포함한다.

(4) 활동구분의 특수항목(별도표시항목)

K-IFRS에서는 현금흐름표에서 이자의 수취 · 지급, 배당금의 수취 · 지급으로 인한 현금흐름은 별도로 공시하고 매기 일관성 있게 영업활동, 투자활동 또는 재무활동으로 분류하도록 규정하고 있다. 한편, 법인세로 인한 현금흐름은 별도로 공시하며, 재무활동과 투자활동에 명백히 관련되지 않는 한 영업활동현금흐름으로 분류한다.

POINT 활동구분의 특수항목(별도표시항목)

구분	활동구분방법
이자의 수취	영업활동 또는 투자활동으로 분류
이자의 지급	영업활동 또는 재무활동으로 분류
배당금의 수취	영업활동 또는 투자활동으로 분류
배당금의 지급	영업활동 또는 재무활동으로 분류
법인세의 납부	투자 및 재무활동과 명백히 관련되어 있지 않은 경우에는 영업활동으로 분류

(5) 현금흐름표의 양식

현금흐름표는 현금의 증감내역을 영업활동, 투자활동, 재무활동으로 구분하여 보고기간 동안 발생한 현금및현금성자산의 증가(감소)에 기초의 현금및현금성자산을 합계하여 기말의 현금및현금성자산을 산출하여 표시하도록 규정하고 있다.

① 영업활동현금흐름의 보고

영업활동현금흐름은 총현금유입과 총현금유출을 주요 항목별로 구분하여 표시하는 방법(직접법) 또는 당기순손익에 당기순손익 조정항목을 가감하여 표시하는 방법(간접법) 중 선택하여 하나의 방법으로 보고한다.

② 투자활동현금흐름과 재무활동현금흐름의 보고

투자활동현금흐름과 재무활동현금흐름은 총현금유입과 총현금유출을 주요 항목별로 구분하여 총액으로 표시하는 것을 원칙으로 한다.

③ 현금및현금성자산의 환율변동효과

환율변동으로 인한 미실현손익은 현금흐름이 아니다. 그러나 외화로 표시된 현금및현금성자산의 환율변동효과는 기초와 기말의 현금및현금성자산을 조정하기 위해 현금흐름표에 보고한다. 이 금액은 영업활동, 투자활동 및 재무활동현금흐름과 구분하여 별도로 표시하며, 그러한 현금흐름을 기말 환율로 보고하였다면 발생하게 될 차이를 포함한다.

[그림 23-1] 현금흐름표의 양식

현금흐름표		
××회사 20×1년 1월 1일부터 20×1년 12월 31일까지		(단위: 원)
Ⅰ. 영업활동현금흐름(직접법 또는 간접법)		×××
영업에서 창출된 현금	×××	
특수항목(별도표시) 현금흐름	×××	
Ⅱ. 투자활동현금흐름		×××
투자활동현금유입액	×××	
투자활동현금유출액	(×××)	
Ⅲ. 재무활동현금흐름		×××
재무활동현금유입액	×××	
재무활동현금유출액	(×××)	
Ⅳ. 현금및현금성자산의 환율변동효과		×××
Ⅴ. 현금및현금성자산의 증감		×××
Ⅵ. 기초의 현금및현금성자산		×××
Ⅶ. 기말의 현금및현금성자산		×××

(6) 현금흐름표의 유용성

① 현금흐름의 금액과 시기를 조절하는 능력을 평가

② 영업성과에 대한 기업 간의 비교가능성을 제고

③ 미래현금흐름의 금액, 시기 및 확실성에 대한 지표

④ 이익의 질의 판단

02 현금흐름활동의 구분

자산(자금의 운용)	부채 및 자본(자금의 조달)
현금및현금성자산	영업활동현금흐름 관련 부채 ① 매출: 선수금 ② 매입: 매입채무 ③ 기타수익: 선수수익 ④ 기타비용: 미지급비용
영업활동현금흐름 관련 자산 ① 매출: 매출채권 ② 매입: 선급금, 재고자산(당기손익공정가치측정금융자산 포함) ③ 기타수익: 미수수익 ④ 기타비용: 선급비용	
투자활동현금흐름 관련 자산 (유형자산, 무형자산, 투자부동산, 기타자산 등)	재무활동현금흐름 관련 부채와 자본 (차입금, 사채, 납입자본, 기타자본요소 등)

하나의 거래에는 서로 다른 활동으로 분류되는 현금흐름이 포함될 수 있다. 예를 들어 이자와 차입금을 함께 상환하는 경우, 이자지급은 영업활동으로 분류될 수 있고 원금상환은 재무활동으로 분류된다.

(1) 영업활동

영업활동은 기업의 주요 수익창출활동, 그리고 투자활동이나 재무활동이 아닌 기타의 활동을 말한다. 즉, 영업활동현금흐름은 주로 기업의 주요 수익창출활동에서 발생한다. 따라서 영업활동현금흐름은 일반적으로 당기순손익의 결정에 영향을 미치는 거래나 그 밖의 사건의 결과로 발생한다.

POINT 영업활동현금흐름의 예

영업활동과 관련된 현금유입	영업활동과 관련된 현금유출
① 재화의 판매와 용역제공에 따른 현금유입 ② 로열티, 수수료, 중개료 및 기타수익에 따른 현금유입 ③ 보험회사의 경우 수입보험료, 보험금, 연금 및 기타 급부금과 관련된 현금유입 ④ 법인세의 환급. 다만 재무활동과 투자활동에 명백히 관련되는 것은 제외 ⑤ 단기매매목적으로 보유하는 계약에서 발생하는 현금유입	① 재화와 용역의 구입에 따른 현금유출 ② 종업원과 관련하여 직·간접으로 발생하는 현금유출 ③ 보험회사의 경우 수입보험료, 보험금, 연금 및 기타 급부금과 관련된 현금유출 ④ 법인세의 납부. 다만 재무활동과 투자활동에 명백히 관련되는 것은 제외 ⑤ 단기매매목적으로 보유하는 계약에서 발생하는 현금유출

설비 매각과 같은 일부 거래에서도 인식된 당기순손익의 결정에 포함되는 처분손익이 발생할 수 있다. 그러나 그러한 거래와 관련된 현금흐름은 투자활동현금흐름이다. 그러나 타인에게 임대할 목적으로 보유하다가 후속적으로 판매목적으로 보유하는 자산을 제조하거나 취득하기 위한 현금 지급액은 영업활동현금흐름이다. 이러한 자산의 임대 및 후속적인 판매로 수취하는 현금도 영업활동현금흐름이다.

기업은 단기매매목적으로 유가증권이나 대출채권을 보유할 수 있으며, 이때 유가증권이나 대출채권은 판매를 목적으로 취득한 재고자산과 유사하므로 단기매매목적으로 보유하는 유가증권의 취득과 판매에 따른 현금흐름은 영업활동으로 분류한다. 마찬가지로 금융회사의 현금 선지급이나 대출채권은 주요 수익창출활동과 관련되어 있으므로 일반적으로 영업활동으로 분류한다.

(2) 투자활동

투자활동은 장기성 자산 및 현금성자산에 속하지 않는 기타 투자자산의 취득과 처분활동을 말한다.

POINT 투자활동현금흐름의 예

투자활동과 관련된 현금유입	투자활동과 관련된 현금유출
① 유형자산, 무형자산 및 기타 장기성 자산의 처분에 따른 현금유입 ② 다른 기업의 지분상품이나 채무상품 및 공동기업 투자지분의 처분에 따른 현금유입(현금성자산으로 간주되는 상품이나 단기매매목적으로 보유하는 상품의 처분에 따른 유입액은 제외) ③ 제3자에 대한 선급금 및 대여금의 회수에 따른 현금유입(금융회사의 현금 선지급과 대출채권은 제외) ④ 선물계약, 선도계약, 옵션계약 및 스왑계약에 따른 현금유입(단기매매목적으로 계약을 보유하거나 현금유입이 재무활동으로 분류되는 경우는 제외)	① 유형자산, 무형자산 및 기타 장기성 자산의 취득에 따른 현금유출. 이 경우 현금유출에는 자본화된 개발원가와 자가건설 유형자산에 관련된 지출이 포함됨 ② 다른 기업의 지분상품이나 채무상품 및 공동기업 투자지분의 취득에 따른 현금유출(현금성자산으로 간주되는 상품이나 단기매매목적으로 보유하는 상품의 취득에 따른 유출액은 제외) ③ 제3자에 대한 선급금 및 대여금의 지급(금융회사의 현금 선지급과 대출채권은 제외) ④ 선물계약, 선도계약, 옵션계약 및 스왑계약에 따른 현금유출(단기매매목적으로 계약을 보유하거나 현금유출이 재무활동으로 분류되는 경우는 제외)

(3) 재무활동

재무활동은 기업의 납입자본과 차입금의 크기 및 구성내용에 변동을 가져오는 활동을 말한다.

POINT 재무활동현금흐름의 예

재무활동과 관련된 현금유입	재무활동과 관련된 현금유출
① 주식이나 기타 지분상품의 발행에 따른 현금유입 ② 담보·무담보부사채 및 어음의 발행과 기타 장·단기차입에 따른 현금유입	① 주식의 취득이나 상환에 따른 소유주에 대한 현금유출 ② 차입금의 상환에 따른 현금유출 ③ 리스이용자의 리스부채 상환에 따른 현금유출

Ⅱ 영업활동현금흐름

영업활동현금흐름은 기업의 주요 수익창출활동, 그리고 투자활동이나 재무활동이 아닌 기타의 활동에서 발생하는 현금흐름을 말한다.

K-IFRS에서는 영업활동현금흐름은 총현금유입과 총현금유출을 주요 항목별로 구분하여 표시하는 방법인 직접법 또는 당기순손익에 당기순손익 조정항목을 가감하여 표시하는 방법인 간접법 중 선택하여 하나의 방법으로 보고할 수 있도록 규정하고 있다. 직접법과 간접법의 정의는 다음과 같다.

① 직접법: 총현금유입과 총현금유출을 주요 항목별로 구분하여 표시하는 방법
② 간접법: 당기순손익에 현금을 수반하지 않는 거래, 과거 또는 미래의 영업활동현금유입이나 현금유출의 이연 또는 발생, 투자활동현금흐름이나 재무활동현금흐름과 관련된 손익항목의 영향을 조정하여 표시하는 방법

01 직접법

직접법은 총현금유입과 총현금유출을 주요 항목별로 구분하여 표시하는 방법을 말한다. 즉, 직접법은 영업활동을 보다 세부적인 여러 활동으로 구분한 세부 단위현금흐름의 합계로서 영업활동현금흐름을 계산하는 방법이다. 각 세부 단위현금흐름을 산식으로 나타내면 다음과 같다.

각 활동별 영업현금흐름 = 각 활동별 손익 ± 각 활동 관련 자산 · 부채의 변동

위의 산식을 이용하여 각 활동별 손익에 해당 활동과 관련된 자산 · 부채의 변동을 적절히 가감하여 각 활동별 영업현금흐름을 산출한다.

K-IFRS는 영업활동현금흐름을 보고하는 경우에 직접법을 사용할 것을 권장한다. 직접법을 적용하여 표시한 현금흐름은 간접법에 의한 현금흐름에서는 파악할 수 없는 정보를 제공하며, 미래현금흐름을 추정하는 데 보다 유용한 정보를 제공하기 때문이다.

한편, 이자수취, 이자지급, 배당금수취, 배당금지급 및 법인세로 인한 현금흐름은 K-IFRS에서 별도로 공시하도록 규정하고 있다. 그러나 직접법은 이미 이들을 별도로 공시하고 있으므로 이자수취, 이자지급, 배당금수취, 배당금지급 및 법인세로 인한 현금흐름을 제외한 영업에서 창출된 현금에 이자수취, 이자지급, 배당금수취, 배당금지급 및 법인세로 인한 현금흐름을 가감하여 영업활동현금흐름을 산출하면 되므로 별도의 조정과정은 필요하지 않다.

⊙ 참고 영업활동과 관련된 자산·부채 변동의 양(+)의 부호, 음(-)의 부호 결정

간접법 또는 직접법에서 영업활동과 관련된 자산·부채 변동 금액을 정확하게 계산하는 방법은 분개법, T계정법, 증감분석법 등 다양한 방법이 있다. 본서는 증감분석법을 채택하고 있는 바 증감분석법의 가장 쉬운 논리는 회계등식을 통하여 부호를 도출하는 것이다.

1. **회계등식을 통한 부호 결정**
   재무상태표 등식을 이용하여 현금 이외의 자산이 증가할 때 대차가 일치하기 위해선 현금이 감소하면 된다. 또한, 부채가 증가할 때 대차가 일치하기 위해선 현금이 증가하면 된다. 관련 내용은 아래 등식으로 요약된다.

자산			=	부채	+	자본
현금	+	현금 이외의 자산	=	부채	+	자본
② 감소 ↓		① 증가 ↑				
② 증가 ↑		① 감소 ↓				
② 증가 ↑				① 증가 ↑		
② 감소 ↓				① 감소 ↓		

2. **복식부기의 원리를 이용한 부호결정방법**
   영업활동과 관련된 자산·부채와 현금흐름의 관계이므로 복식부기의 원리를 통해서도 부호를 도출할 수 있다. 즉, 자산의 증가와 부채의 감소는 차변에 기입할 사항이므로 이와 현금과의 관계로부터 대변에 현금을 기입하면 현금이 감소되므로 음(-)의 부호이며, 자산의 감소와 부채의 증가는 대변에 기입할 사항이므로 이와 현금과의 관계로부터 차변에 현금을 기입하면 현금이 증가되므로 양(+)의 부호이다.

일자	회계처리			
자산의 증가	(차) 자산의 증가	×××	(대) 현금	(-)
자산의 감소	(차) 현금	(+)	(대) 자산의 감소	×××
부채의 증가	(차) 현금	(+)	(대) 부채의 증가	×××
부채의 감소	(차) 부채의 감소	×××	(대) 현금	(-)

[그림 23-2] 발생주의와 현금주의의 관계(직접법)

영업 관련 발생주의 손익	① 관련손익	➡	② 각 활동과 관련된 자산 · 부채의 변동	➡	③ 현금주의 영업활동순현금흐름 (③ = ① ± ②)
‖					
매출활동관련손익	매출, 대손상각비 등	➡	± 매출채권의 증감 ± 대손충당금의 증감 ± 선수금의 증감	➡	고객으로부터 유입된 현금
매입활동관련손익	매출원가 등	➡	± 매입채무의 증감 ± 선급금의 증감 ± 재고자산의 증감	➡	공급자에 대한 현금유출
기타수익활동 관련 비용	기타수익 등	➡	± 선수수익의 증감 ± 미수수익의 증감	➡	기타영업활동에 대한 현금유입
종업원급여 관련 비용	급여 등	➡	± 미지급급여의 증감 ± 선급급여의 증감	➡	종업원에 대한 현금유출
기타영업활동 관련 비용	기타영업비 등	➡	± 미지급영업비의 증감 ± 선급영업비의 증감	➡	기타영업활동에 대한 현금유출
소계					**영업에서 창출된 현금**
이자수취 관련 수익	이자수익, 상각후원가측정금융자산할인액 상각 등	➡	± 미수이자의 증감 ± 선수이자의 증감	➡	이자수취 현금유입
이자비용 관련 비용	이자비용, 사채할인액 상각 등	➡	± 미지급이자의 증감 ± 선급이자의 증감	➡	이자지급 현금유출
배당금 관련 수익	배당금수익	➡	± 미수배당금의 증감 ± 선수배당금의 증감	➡	배당금수취 현금유입
법인세 관련 비용	법인세비용	➡	± 미지급법인세의 증감 ± 선급법인세의 증감 ± 이연법인세자산의 증감 ± 이연법인세부채의 증감	➡	법인세납부 현금유출
‖					
영업 관련 발생주의 손익					**영업활동순현금흐름**

(1) 고객으로부터 유입된 현금

구분		금액
포괄손익계산서의 매출활동관련손익	매출	×××
	대손상각비	(×××)
	외화환산이익과 외환차익(매출채권 관련)	×××
	외화환산손실과 외환차손(매출채권 관련)	(×××)
매출활동과 관련된 자산 · 부채의 변동	매출채권의 증가	(×××)
	매출채권의 감소	×××
	대손충당금의 증가	×××
	대손충당금의 감소	(×××)
	선수금의 증가	×××
	선수금의 감소	(×××)
고객으로부터 유입된 현금		×××

참고 환율변동효과

환율변동효과와 관련된 손익은 해당 재무상태표 계정에 따라 영업활동, 투자활동 및 재무활동현금흐름으로 구분하여야 한다. 환율변동효과는 다음과 같이 구분된다.

(1) 현금및현금성자산의 환율변동손익: 별도표시
(2) 매출채권 및 매입채무 관련 환율변동손익: 영업활동
(3) 대여금 관련 환율변동손익: 투자활동
(4) 차입금 관련 환율변동손익: 재무활동

(2) 공급자에 대한 현금유출

구분		금액
포괄손익계산서의 매입활동관련손익	매출원가	(×××)
	재고자산감모손실(비정상감모)	(×××)
	재고자산평가손실(기타비용)	(×××)
	외화환산이익과 외환차익(매입채무 관련)	×××
	외화환산손실과 외환차손(매입채무 관련)	(×××)
매입활동과 관련된 자산 · 부채의 변동	매입채무의 증가	×××
	매입채무의 감소	(×××)
	선급금의 증가	(×××)
	선급금의 감소	×××
	재고자산의 증가	(×××)
	재고자산의 감소	×××
	재고자산평가충당금의 증가	×××
	재고자산평가충당금의 감소	(×××)
공급자에 대한 현금유출		×××

(3) 종업원에 대한 현금유출

구분		금액
포괄손익계산서의 급여활동관련손익	급여	(×××)
	퇴직급여	(×××)
	주식보상비용(주식결제형 관련)	×××
급여활동과 관련된 자산 · 부채의 변동	미지급급여의 증가	×××
	미지급급여의 감소	(×××)
	선급급여의 증가	(×××)
	선급급여의 감소	×××
	확정급여채무의 증가	×××
	확정급여채무의 감소	(×××)
종업원에 대한 현금유출		(×××)

(4) 이자수취

구분		금액
포괄손익계산서의 이자수취활동관련손익	이자수익	×××
	상각후원가측정금융자산의 상각액	(×××)
이자수취활동과 관련된 자산 · 부채의 변동	미수이자의 증가	(×××)
	미수이자의 감소	×××
	선수이자의 증가	×××
	선수이자의 감소	(×××)
이자수취 현금유입액		×××

⊘ 참고 **상각후원가측정금융자산의 할인액 상각은 왜 투자활동인가?**

B기업이 만기 2년, 액면금액 ₩1,000인 사채를 ₩900에 발행하여 당기에 유효이자율법으로 인식할 이자비용은 ₩140이며 액면이자로 지급할 현금은 ₩100이다. 또한, A기업은 B기업의 사채를 발행시점에 취득하여 상각후원가측정금융자산으로 분류하여 보유 중이며 당기에 유효이자율법으로 인식할 이자수익은 ₩140이며 액면이자로 수취할 현금은 ₩100이다.

[A기업]

일자	회계처리			
당기 말	(차) 현금	100	(대) 이자수익(영업 또는 투자)	100
	(차) 상각후원가측정금융자산	40	(대) 이자수익(투자)	40

A기업의 이자수익은 모두 당기순이익에 포함되어 있다. 당기순손익에 대한 활동구분은 재무상태표의 계정과목을 기준으로 분석하므로 현금이 수취된 부분은 일반적으로 영업활동으로 분류된다.[1] 상각후원가측정금융자산의 할인액 상각부분은 상각후원가측정금융자산이 투자활동와 관련된 자산이므로 투자활동과 관련된 손익으로 분석해야 한다.

(5) 이자지급

구분		금액
포괄손익계산서의 이자지급활동관련손익	이자비용	(×××)
	사채의 할인액 상각	×××
	사채의 할증액 상각	(×××)
이자지급활동과 관련된 자산 · 부채의 변동	미지급이자의 증가	×××
	미지급이자의 감소	(×××)
	선급이자의 증가	(×××)
	선급이자의 감소	×××
이자지급 현금유출액		(×××)

1) 이자수취는 영업활동 또는 투자활동으로 분류할 수 있다. 일반적으로 영업활동현금흐름으로 분류되는 경우가 많다.

⊘ 참고 **사채의 할인액 상각은 왜 재무활동인가?**

B기업이 만기 2년, 액면금액 ₩1,000인 사채를 ₩900에 발행하여 당기에 유효이자율법으로 인식할 이자비용은 ₩140이며 액면이자로 지급할 현금은 ₩100이다. 또한, A기업은 B기업의 사채를 발행시점에 취득하여 상각후원가측정금융자산으로 분류하여 보유 중이며 당기에 유효이자율법으로 인식할 이자수익은 ₩140이며 액면이자로 수취할 현금은 ₩100이다.

[B기업]

일자	회계처리			
당기 말	(차) 이자비용(영업 또는 재무)	100	(대) 현금	100
	(차) 이자비용(재무)	40	(대) 사채할인발행차금(사채)	40

A기업과 반대로 B기업의 이자비용은 모두 당기순이익에 포함되어 있다. 당기순손익에 대한 활동구분은 재무상태표의 계정과목을 기준으로 분석하므로 현금이 지출된 부분은 일반적으로 영업활동으로 분류된다.[2)] 사채의 할인액 상각부분은 사채가 재무활동과 관련된 자산이므로 재무활동과 관련된 손익으로 분석해야 한다.

(6) 법인세지급

구분		금액
포괄손익계산서의 법인세지급활동관련손익	법인세비용	(×××)
법인세지급활동과 관련된 자산 · 부채의 변동	미지급법인세의 증가	×××
	미지급법인세의 감소	(×××)
	선급법인세의 증가	(×××)
	선급법인세의 감소	×××
	이연법인세자산의 증가	(×××)
	이연법인세자산의 감소	×××
	이연법인세부채의 증가	×××
	이연법인세부채의 감소	(×××)
법인세지급 현금유출액		(×××)

2) 이자지급은 영업활동 또는 재무활동으로 분류할 수 있다. 일반적으로 영업활동현금흐름으로 분류되는 경우가 많다.

02 간접법

> ⊘ 참고 **간접법에 의한 영업활동현금흐름 분석의 교재 설명방법**
> 한국채택국제회계기준(K-IFRS)이 전면 도입되면서 현금흐름표의 간접법을 표시하는 방법이 개정되었다. 물론 과거 기업회계기준(K-GAAP)의 방법을 잘 알고 있다면 변경된 간접법 표시방법에 대해 쉽게 이해할 수 있을 것이다. 그러나 대다수 중급회계를 처음 공부하는 독자들에게 K-IFRS에 의한 간접법에 의한 영업활동현금흐름을 이해시키기란 쉽지 않은 일이다. 따라서 본서에서는 먼저 과거 기업회계기준(K-GAAP)에 의한 영업활동현금흐름의 간접법을 설명하고 K-GAAP 방법을 변형하여 K-IFRS에 의한 영업활동현금흐름을 간접법으로 표시하여 작성하는 방법으로 설명하기로 한다.

(1) 과거 기업회계기준(K-GAAP)에 의한 간접법

간접법이란 당기순손익에 당기순손익의 조정항목을 가감하여 표시하는 방법을 말한다. 발생주의 당기순이익에는 영업관련손익, 투자관련손익, 재무관련손익, 현금및현금성자산의 환율변동효과가 모두 포함되어 있으므로 당기순이익에서 영업과 무관한 손익(투자관련손익, 재무관련손익, 현금및현금성자산의 환율변동효과)을 먼저 제거한다. 이렇게 계산된 영업활동 관련 발생주의 당기순이익에 영업활동과 관련된 자산 · 부채의 변동을 가감하여 현금주의 영업활동현금흐름을 산출한다. 이를 산식과 그림으로 나타내면 다음과 같다.

영업활동현금흐름 = (당기순이익 - 영업과 무관한 손익) ± 영업활동 관련 자산 · 부채의 변동
= 영업활동 관련 발생주의 손익 ± 영업활동 관련 자산 · 부채의 변동

[그림 23-3] 간접법에 의한 발생주의와 현금주의의 관계

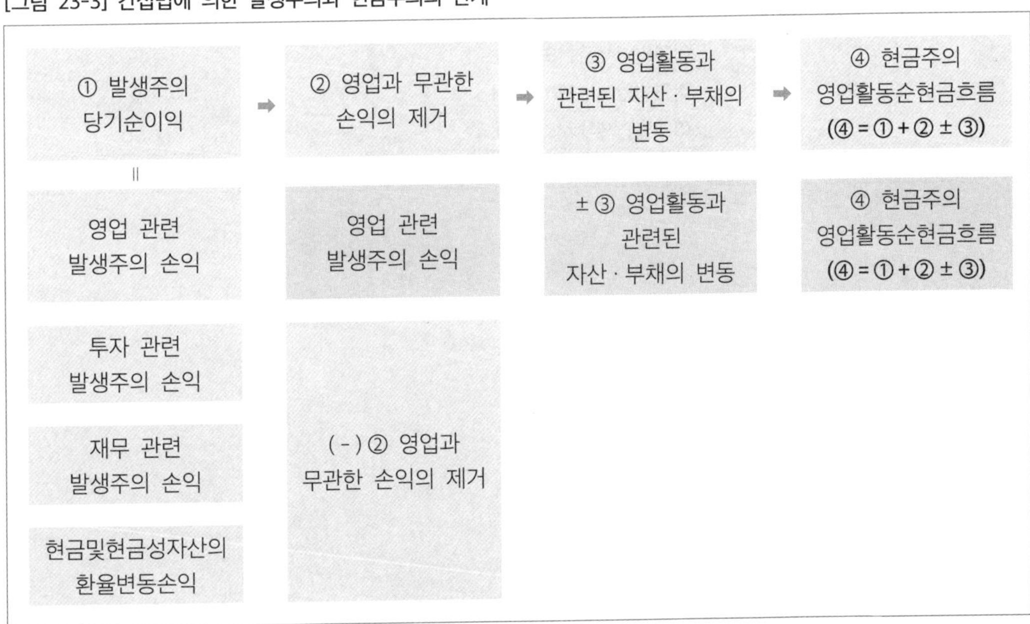

[그림 23-4] 간접법에 의한 영업활동현금흐름

포괄손익계산서상의 발생주의 당기순이익	×××
1. 영업과 무관한 손익의 제거	
영업과 무관한 수익	(×××)
영업과 무관한 비용	×××
2. 영업활동과 관련된 자산·부채의 변동	
자산의 증가	(×××)
자산의 감소	×××
부채의 증가	×××
부채의 감소	(×××)
현금주의 영업활동순현금흐름	×××

① 발생주의 당기순이익

발생주의로 계산된 당기순이익은 기업의 포괄손익계산서의 당기순이익을 사용한다.

② 영업과 무관한 손익의 제거

영업과 무관한 손익이란 투자활동과 관련된 손익, 재무활동과 관련된 손익, 현금및현금성자산의 환율변동손익을 말한다. 영업과 무관한 손익의 예는 다음과 같다.

POINT 영업과 무관한 손익의 예

투자활동과 관련된 손익	① 자산처분손익: 유형자산처분손익, 무형자산처분손익 등 ② 감가상각비, 무형자산상각비 등 ③ 상각후원가측정금융자산의 할인액 상각(이자수익)
재무활동과 관련된 손익	① 부채상환손익: 사채상환손익 등 ② 사채의 할인액 상각(이자비용)
현금및현금성자산의 환율변동효과	현금및현금성자산의 환율변동손익

③ 영업활동과 관련된 자산 · 부채의 변동

영업활동과 관련된 자산 · 부채란 기업의 매출, 매입, 기타수익, 기타비용 활동과 관련된 자산 · 부채를 말한다. 이러한 예는 매출채권, 선수금, 매입채무, 선급금, 재고자산, 당기손익공정가치측정금융자산, 선수수익, 미수수익, 선급비용, 미지급비용 등이 있다.

POINT 영업활동과 관련된 자산 · 부채의 예

영업활동현금흐름 관련 자산	영업활동현금흐름 관련 부채
① 매출: 매출채권 ② 매입: 선급금, 재고자산(당기손익공정가치측정금융자산 포함) ③ 기타수익: 미수수익 ④ 기타비용: 선급비용	① 매출: 선수금 ② 매입: 매입채무 ③ 기타수익: 선수수익 ④ 기타비용: 미지급비용

(2) K-IFRS에 의한 간접법

K-IFRS에서는 현금흐름표에서 이자의 수취 · 지급, 배당금의 수취 · 지급 및 법인세로 인한 현금흐름은 별도로 공시하고 매기 일관성 있게 분류하도록 규정하고 있다. 따라서 K-GAAP에 의한 간접법과 다른 방법으로 접근하여 공시해야 한다.

이자수취, 이자지급, 배당금수취, 배당금지급 및 법인세로 인한 현금흐름은 K-GAAP에 의한 간접법에서는 별도로 공시되지 않고 영업활동현금흐름에 포함되어 있으므로 이자수취, 이자지급, 배당금수취, 배당금지급 및 법인세로 인한 현금흐름은 직접법을 이용하여 별도로 공시하여야 한다. 따라서 이자수취, 이자지급, 배당금수취, 배당금지급 및 법인세로 인한 현금흐름을 제외한 영업에서 창출된 현금에 이자수취, 이자지급, 배당금수취, 배당금지급 및 법인세로 인한 현금흐름을 가감하여 영업활동현금흐름을 산출한다.

[그림 23-5] K-IFRS에 의한 영업활동현금흐름의 양식

<간접법>		<직접법>	
영업활동현금흐름		영업활동현금흐름	
당기순이익	×××	고객으로부터 유입된 현금	×××
법인세비용	×××	공급자에 대한 현금유출	×××
이자수익	(×××)	종업원에 대한 현금유출	(×××)
이자비용	×××	⋮	×××
⋮			
매출채권의 증가	(×××)		
재고자산의 감소	×××		
매입채무의 증가	×××		
⋮			
영업에서 창출된 현금	×××	영업에서 창출된 현금	×××
이자수취	×××	이자수취	×××
이자지급	(×××)	이자지급	(×××)
법인세지급	(×××)	법인세지급	(×××)
⋮		⋮	
영업활동순현금흐름	×××	영업활동순현금흐름	×××

Ⅲ 투자활동 및 재무활동현금흐름

01 투자활동현금흐름

(1) 의의

투자활동현금흐름은 장기성 자산 및 현금성자산에 속하지 않는 기타 투자자산의 취득과 처분활동을 말한다. 투자활동현금흐름은 미래수익과 미래현금흐름을 창출할 자원의 확보를 위하여 지출된 정도를 나타내기 때문에 현금흐름을 별도로 구분 공시하는 것이 중요하다. 한편 재무상태표에 자산으로 인식되는 지출만이 투자활동으로 분류하기에 적합하다.

투자활동현금흐름은 영업활동현금흐름과 유사하게 투자활동 관련 발생주의 손익에 투자활동과 관련된 자산·부채의 변동을 가감하여 현금주의 투자활동현금흐름을 산출할 수 있다. 이를 산식으로 나타내면 다음과 같다.

> 투자활동현금흐름 = 투자활동 관련 발생주의 손익 ± 투자활동 관련 자산·부채의 변동

그러나 K-IFRS는 영업활동현금흐름과는 달리 투자활동현금흐름은 총현금유입과 총현금유출을 주요 항목별로 구분하여 총액으로 표시하는 것을 원칙으로 하고 있다.

투자활동현금흐름을 분석할 때 투자활동 관련 자산의 기초잔액에 증가와 감소를 가감하면 기말잔액이 산출된다. 이때 기중의 증가와 감소의 거래를 모두 회계처리하여 분개상 현금이 차변에 있으면 증가로 분개상 현금이 대변에 있으면 감소로 투자활동현금흐름에 표시하면 된다. 만약 간접법으로 영업활동현금흐름을 표시한다면 투자활동 분석 시 수행한 분개상 수익과 비용항목은 영업과 무관한 손익에서 고려되어야 할 사항이다.

(2) 유형자산

유형자산을 취득하고 처분하는 과정에서 발생하는 현금흐름은 투자활동현금흐름으로 표시해야 한다. 상각자산인 유형자산을 분석할 때에는 관련 자산의 차감계정인 감가상각누계액도 함께 고려해야 함에 유의하여야 한다. 제시되는 자료에 취득, 처분, 감가상각의 관련 내용 중 하나가 제시되지 않는다면 추정이나 역산을 통하여 제시되지 않은 자료를 추적하여야 한다. 원가모형에서 유형자산의 기초금액에서 장부금액이 증가되고 장부금액이 감소되어 기말금액으로 산출되는 과정은 다음과 같이 나타낼 수 있다.

POINT 유형자산의 장부금액

기초금액	+	증가	-	감소	=	기말금액
유형자산(기초)	+	취득	-	처분	=	유형자산(기말)
(감가상각누계액) (기초)	+		-	처분, 상각	=	(감가상각누계액) (기말)
장부금액(기초)	+	**취득**	-	**처분, 상각**	=	**장부금액(기말)**

(3) 상각후원가측정금융자산

상각후원가측정금융자산을 취득하고 처분하는 과정에서 발생하는 현금흐름은 투자활동현금흐름으로 표시해야 한다. 제시되는 자료에 취득, 처분, 할인액 상각의 관련 내용 중 하나가 제시되지 않는다면 추정이나 역산을 통하여 제시되지 않은 자료를 추적하여야 한다. 상각후원가측정금융자산의 기초금액에서 장부금액이 증가되고 감소되어 기말금액으로 산출되는 과정은 다음과 같이 나타낼 수 있다.

POINT 상각후원가측정금융자산의 장부금액

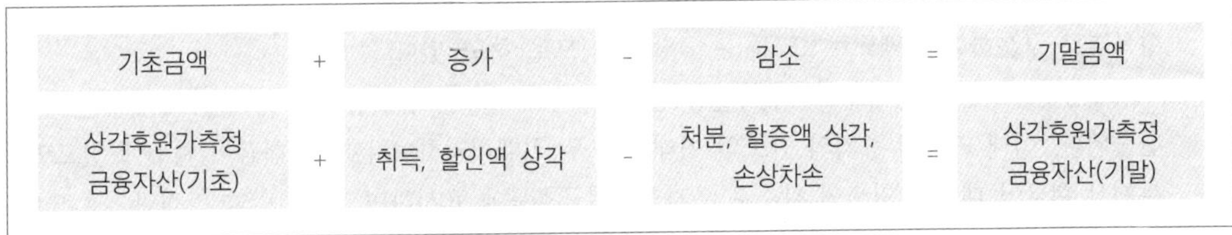

기초금액	+	증가	-	감소	=	기말금액
상각후원가측정 금융자산(기초)	+	취득, 할인액 상각	-	처분, 할증액 상각, 손상차손	=	상각후원가측정 금융자산(기말)

(4) 투자지분상품인 기타포괄손익공정가치측정금융자산

투자지분상품인 기타포괄손익공정가치측정금융자산을 취득하고 처분하는 과정에서 발생하는 현금흐름은 투자활동현금흐름으로 표시해야 한다. 제시되는 자료에 취득, 처분, 기말평가의 관련 내용 중 하나가 제시되지 않는다면 추정이나 역산을 통하여 제시되지 않은 자료를 추적하여야 한다. 지분상품인 기타포괄손익공정가치측정금융자산은 기말평가 시 공정가치변동분이 기타포괄손익으로 인식되며, 처분 시 재분류조정이 되지 않으므로 당기순이익에서 조정될 부분은 없다는 것에 유의해야 한다. 지분상품인 기타포괄손익공정가치측정금융자산의 기초금액에서 장부금액이 증가되고 장부금액이 감소되어 기말금액으로 산출되는 과정은 다음과 같이 나타낼 수 있다.

POINT 기타포괄손익공정가치측정금융자산의 장부금액

기초금액	+	증가	-	감소	=	기말금액
기타포괄 손익공정가치측정 금융자산(기초)	+	취득, 기말평가(+)	-	처분, 기말평가(-)	=	기타포괄 손익공정가치측정 금융자산(기말)
기타포괄 손익공정가치측정 금융자산평가손익 (기초)	+	평가(+)	-	평가(-), 이익잉여금대체	=	기타포괄 손익공정가치측정 금융자산평가손익 (기말)

02 재무활동현금흐름

(1) 의의

재무활동현금흐름은 기업의 납입자본과 차입금의 크기 및 구성내용에 변동을 가져오는 활동을 말하며, 자본과 차입금의 조달, 환급 및 상환에 관한 활동을 포함한다. 재무활동현금흐름은 미래현금흐름에 대한 자본 제공자의 청구권을 예측하는 데 유용하기 때문에 현금흐름을 별도로 구분 공시하는 것이 중요하다. 재무활동현금흐름은 영업활동현금흐름과 유사하게 재무활동 관련 발생주의 손익에 재무활동과 관련된 자산·부채의 변동을 가감하여 현금주의 재무활동현금흐름을 산출할 수 있다. 이를 산식으로 나타내면 다음과 같다.

재무활동현금흐름 = 재무활동 관련 발생주의 손익 ± 재무활동 관련 자산·부채의 변동

그러나 K-IFRS는 영업활동현금흐름과는 달리 재무활동현금흐름은 총현금유입과 총현금유출을 주요 항목별로 구분하여 총액으로 표시하는 것을 원칙으로 하고 있다.

재무활동현금흐름을 분석할 때 재무활동 관련자산의 기초잔액에 장부금액의 증가와 감소를 가감하면 기말잔액이 산출된다. 이때 기중의 증가와 감소의 거래를 모두 회계처리하여 분개상 현금이 차변에 있으면 증가로, 분개상 현금이 대변에 있으면 감소로 재무활동현금흐름에 표시하면 된다. 만약 간접법으로 영업활동현금흐름을 표시한다면 재무활동 분석 시 수행한 분개상 수익과 비용항목은 영업과 무관한 손익에서 고려되어야 할 사항이다.

(2) 사채

사채를 발행하고 처분하는 과정에서 발생하는 현금흐름은 재무활동현금흐름으로 표시해야 한다. 사채를 분석할 때에는 관련부채의 차감계정인 사채할인발행차금도 함께 고려해야 함에 유의하여야 한다. 사채의 기초금액에서 장부금액이 증가되고 감소되어 기말금액으로 산출되는 과정은 다음과 같이 나타낼 수 있다.

POINT 사채의 장부금액

기초금액	+	증가	-	감소	=	기말금액
사채(기초)	+	발행	-	상환	=	사채(기말)
(사채할인발행차금)(기초)	+	발행	-	상환, 상각	=	(사채할인발행차금)(기말)
장부금액(기초)	+	**발행**	-	**상환, 상각**	=	**장부금액(기말)**

(3) 배당금의 지급

회사가 배당금지급을 재무활동으로 분류하였을 경우에는 이익잉여금을 통하여 배당금지급액을 산출하여야 한다. 이익잉여금은 기초이익잉여금에서 당기순이익을 가산하고 배당처분액을 차감하면 기말이익잉여금이 산출되며, 그 과정은 다음과 같다.

POINT 이익잉여금의 장부금액

기초금액	+	증가	-	감소	=	기말금액
이익잉여금(기초)	+	당기순이익	-	처분(배당 등)	=	이익잉여금(기말)

03 비현금거래

현금및현금성자산의 사용을 수반하지 않는 투자활동과 재무활동 거래는 현금흐름표에서 제외한다. 그러한 거래는 투자활동과 재무활동에 대하여 모든 목적적합한 정보를 제공할 수 있도록 재무제표의 다른 부분에 공시한다. 즉, 현금의 유입과 유출을 수반하지 않는 거래의 경우 주석을 통하여 공시한다. 비현금거래의 예를 들면 다음과 같다.

(1) 자산 취득 시 직접 관련된 부채를 인수하거나 리스로 자산을 취득하는 경우
(2) 주식발행을 통한 기업의 인수
(3) 채무의 지분전환

Ⅳ 현금흐름표의 기타사항

01 순증감액에 의한 현금흐름의 보고

K-IFRS는 영업활동현금흐름과는 달리 투자활동과 재무활동현금흐름은 총현금유입과 총현금유출을 주요 항목별로 구분하여 총액으로 표시하는 것을 원칙으로 하고 있다. 그러나 다음의 영업활동, 투자활동 또는 재무활동에서 발생하는 현금흐름은 순증감액으로 보고할 수 있다.

(1) 현금흐름이 기업의 활동이 아닌 고객의 활동을 반영하는 경우로서 고객을 대리함에 따라 발생하는 현금유입과 현금유출
  ① 은행의 요구불예금 수신 및 인출
  ② 투자기업이 보유하고 있는 고객예탁금
  ③ 부동산 소유주를 대신하여 회수한 임대료와 소유주에게 지급한 임대료
(2) 회전율이 높고 금액이 크며 만기가 짧은 항목과 관련된 현금유입과 현금유출
  ① 신용카드 고객에 대한 대출과 회수
  ② 투자자산의 구입과 처분
  ③ 기타 단기차입금(예를 들어, 차입 당시 만기일이 3개월 이내인 경우)

POINT 순증감액에 의한 현금흐름의 보고

다음의 영업활동, 투자활동 또는 재무활동에서 발생하는 현금흐름은 순증감액으로 보고할 수 있음
① 현금흐름이 기업의 활동이 아닌 고객의 활동을 반영하는 경우로서 고객을 대리함에 따라 발생하는 현금유입과 현금유출
② 회전율이 높고 금액이 크며 만기가 짧은 항목과 관련된 현금유입과 현금유출

02 외화현금흐름

외화거래에서 발생하는 현금흐름은 현금흐름 발생일의 기능통화와 외화 사이의 환율을 외화금액에 적용하여 환산한 기능통화 금액으로 기록한다. 외화로 표시된 현금흐름은 K-IFRS 제1021호 '환율변동효과'와 일관된 방법으로 보고한다. 이 기준서에서는 실제 환율에 근접한 환율의 적용을 허용하고 있다. 예를 들어 외화거래를 기록하거나 해외 종속기업의 현금흐름을 환산할 때 일정기간 동안의 가중평균환율을 적용할 수 있다. 환율변동으로 인한 미실현손익은 현금흐름이 아니다. 그러나 외화로 표시된 현금및현금성자산의 환율변동효과는 기초와 기말의 현금및현금성자산을 조정하기 위해 현금흐름표에 보고한다. 이 금액은 영업활동, 투자활동 및 재무활동현금흐름과 구분하여 별도로 표시하며, 그러한 현금흐름을 기말 환율로 보고하였다면 발생하게 될 차이를 포함한다.

03 차입원가 관련 이자비용

K-IFRS 제1023호 '차입원가'에 따라 회계기간 동안 지급한 이자금액은 당기손익의 비용항목으로 인식하는지 또는 자본화하는지에 관계없이 현금흐름표에 총지급액을 공시한다.

POINT 외화현금흐름과 차입원가

구분	내용
외화현금흐름	외화거래에서 발생하는 현금흐름은 현금흐름 발생일의 기능통화와 외화 사이의 환율을 외화 금액에 적용하여 환산한 기능통화 금액으로 기록함
외화로 표시된 현금및현금성자산의 환율변동효과	영업활동, 투자활동 및 재무활동현금흐름과 구분하여 별도로 표시함
차입원가 관련 이자비용	K-IFRS 제1023호 '차입원가'에 따라 회계기간 동안 지급한 이자금액은 당기손익의 비용항목으로 인식하는지 또는 자본화하는지에 관계없이 현금흐름표에 총지급액을 공시함

cpa.Hackers.com

해커스 IFRS 김원종 POINT 중급회계

Chapter 24

중간재무보고와 재무비율분석

Ⅰ 중간재무보고

01 의의

(1) 정의

중간재무보고	중간기간에 대한 재무보고를 하는 것
중간기간	한 회계기간보다 짧은 기간 예 3개월: 분기, 6개월: 반기
중간재무보고서	중간기간에 대한 재무보고서로서 전체 재무제표 또는 요약재무제표를 포함
중간재무보고서의 최소 내용	① 적시성과 재무제표 작성 비용의 관점에서 또한 이미 보고된 정보와의 중복을 방지하기 위하여 중간재무보고서에는 연차재무제표에 비하여 적은 정보를 공시할 수 있음 ② 요약재무제표와 선별적 주석을 포함
중간재무보고서의 역할	직전의 전체 연차재무제표를 갱신하는 정보를 제공

중간재무보고서에는 최소한 다음의 구성요소를 포함해야 한다.

① 요약재무상태표
② 요약된 하나 또는 그 이상의 포괄손익계산서
③ 요약자본변동표
④ 요약현금흐름표
⑤ 선별적 주석

(2) 형식과 내용

요약재무제표를 중간재무보고서에 포함하는 경우, 이러한 재무제표는 최소한 직전 연차재무제표에 포함되었던 제목, 소계 및 이 기준서에서 정하는 선별적 주석을 포함하여야 한다.

(3) 유의적인 사건과 거래와 중요성

유의적인 사건과 거래	직전 연차보고기간 말 후 발생한 재무상태와 경영성과의 변동을 이해하는 데 유의적인 거래나 사건에 대한 설명을 포함함
중요성	중요성의 판단은 해당 중간기간의 재무자료에 근거하여 이루어져야 함

(4) 중간재무제표가 제시되어야 하는 기간

중간재무보고서는 다음 기간에 대한 중간재무제표(요약 또는 전체)를 포함하여야 한다.

① 당해 중간보고기간 말과 직전 연차보고기간 말을 비교하는 형식으로 작성한 재무상태표
② 당해 중간기간과 당해 회계연도 누적기간을 직전 회계연도의 동일기간과 비교하는 형식으로 작성한 포괄손익계산서
③ 당해 회계연도 누적기간을 직전 회계연도의 동일기간과 비교하는 형식으로 작성한 자본변동표
④ 당해 회계연도 누적기간을 직전 회계연도의 동일기간과 비교하는 형식으로 작성한 현금흐름표

계절성이 높은 사업을 영위하는 기업의 경우, 중간보고기간 말까지 12개월 기간의 재무정보와 직전 회계연도의 동일기간에 대한 비교 재무정보는 유용할 것이다. 따라서 계절성이 높은 사업을 영위하는 기업은 이러한 정보를 보고할 것을 권장한다.

POINT 중간재무제표가 제시되어야 하는 기간의 예(20×1년 반기재무제표 가정)

구분	당기	전기
재무상태표	20×1년 6월 30일	20×0년 12월 31일
포괄손익계산서 (누적중간기간) (중간기간)	20×1년 1월 1일 ~ 20×1년 6월 30일 20×1년 4월 1일 ~ 20×1년 6월 30일	20×0년 1월 1일 ~ 20×0년 6월 30일 20×0년 4월 1일 ~ 20×0년 6월 30일
현금흐름표 (누적중간기간)	20×1년 1월 1일 ~ 20×1년 6월 30일	20×0년 1월 1일 ~ 20×0년 6월 30일
자본변동표 (누적중간기간)	20×1년 1월 1일 ~ 20×1년 6월 30일	20×0년 1월 1일 ~ 20×0년 6월 30일

(5) 연차재무제표 공시

특정 중간기간에 보고된 추정금액이 최종 중간기간에 중요하게 변동하였지만 최종 중간기간에 대하여 별도의 재무보고를 하지 않는 경우, 추정의 변동 성격과 금액을 해당 회계연도의 연차재무제표에 주석으로 공시하여야 한다.

02 인식과 측정

연차기준과 동일한 회계정책	① 중간재무제표는 연차재무제표에 적용하는 회계정책과 동일한 회계정책을 적용하여 작성함 ② 중간재무보고를 위한 측정은 당해 회계연도 누적기간을 기준으로 함. 이와 같은 예를 들면 다음과 같음 a. 중간기간에 재고자산의 감액, 구조조정 및 자산손상을 인식하고 측정하는 원칙은 연차재무제표만을 작성할 때 따르는 원칙과 동일하다. 그러나 이러한 항목들이 특정 중간기간에 인식되고 측정되었으나 그 추정치가 당해 회계연도의 후속 중간기간에 변경되는 경우에는 당해 후속 중간기간에 추가로 손실금액을 인식하거나 이전에 인식한 손실을 환입함으로써 당초 추정치가 변경된다. b. 중간보고기간 말 현재 자산의 정의를 충족하지 못하는 원가는 그 후에 이러한 정의를 충족할 가능성이 있다는 이유로 또는 중간기간의 이익을 유연화하기 위하여 자산으로 계상할 수 없다. c. 법인세비용은 각 중간기간에 전체 회계연도에 대해서 예상되는 최선의 가중평균연간법인세율의 추정에 기초하여 인식한다. 연간법인세율에 대한 추정을 변경하는 경우에는 이미 한 중간기간에 인식한 법인세비용을 이후 중간기간에 조정하여야 할 수도 있다.
계절적, 주기적 또는 일시적인 수익	계절적, 주기적 또는 일시적으로 발생하는 수익은 중간보고기간 말에 미리 예측하여 인식하거나 이연하여서는 아니 됨
연중 고르지 않게 발생하는 원가	연중 고르지 않게 발생하는 원가는 연차보고기간 말에 미리 비용으로 예측하여 인식하거나 이연하는 것이 타당한 방법으로 인정되는 경우에 한하여 중간재무보고서에서도 동일하게 처리함
추정치의 사용	일반적으로 중간기준의 측정은 연차기준의 측정보다 추정을 더 많이 사용함

Ⅱ 특수관계자 공시

01 의의

특수관계자의 정의	보고기업과 특수관계에 있는 개인이나 기업
특수관계자의 공시사항	회계기간 내에 특수관계자와의 거래가 있는 경우, 기업은 이용자가 재무제표에 미치는 특수관계의 잠재적 영향을 파악하는 데 필요한 거래, 약정을 포함한 채권·채무 잔액에 대한 정보뿐만 아니라 특수관계의 성격도 공시하여야 함

02 특수관계자 공시의 목적

특수관계자와의 거래, 약정을 포함한 채권·채무 잔액 및 특수관계에 대한 이해는 재무제표이용자가 기업이 직면하고 있는 위험과 기회에 대한 평가를 포함하여 기업의 영업을 평가하는 데 영향을 줄 수 있음

03 특수관계자의 범위

구분	내용
개인	① 보고기업에 지배력 또는 공동지배력이 있는 경우 ② 보고기업에 유의적인 영향력이 있는 경우 ③ 보고기업 또는 그 지배기업의 주요 경영진의 일원인 경우
개인과 가까운 가족	① 자녀 및 배우자(사실상 배우자 포함. 이하 같다) ② 배우자의 자녀 ③ 당해 개인이나 배우자의 피부양자
기업	① 기업과 보고기업이 동일한 연결실체 내의 일원인 경우 ② 한 기업이 다른 기업의 관계기업이거나 공동기업인 경우 ③ 두 기업이 동일한 제3자의 공동기업인 경우 ④ 제3의 기업에 대해 한 기업이 공동기업이고 다른 기업이 관계기업인 경우 ⑤ 기업이 보고기업이나 그 보고기업과 특수관계에 있는 기업의 종업원급여를 위한 퇴직급여제도인 경우 ⑥ 기업이 보고기업과 특수관계에 있는 개인에 의하여 지배 또는 공동지배되는 경우 ⑦ 보고기업에 지배력 또는 공동지배력이 있는 개인이 기업에 유의적인 영향력이 있거나 그 기업(또는 그 기업의 지배기업)의 주요 경영진의 일원인 경우 ⑧ 보고기업이나 보고기업의 지배기업에게 주요 경영인력용역을 제공하는 기업이나 그 기업이 속한 연결실체의 모든 일원

특수관계자가 아닌 예	① 단순히 두 기업의 이사가 동일인이거나 그 밖의 주요 경영진의 일원이 동일인인 경우의 두 기업 또는 한 기업의 주요 경영진의 일원이 다른 기업에 유의적인 영향력이 있는 경우의 두 기업 ② 하나의 공동기업을 공동지배하는 두 참여자 ③ 기업과 단순히 통상적인 업무 관계를 맺고 있는 (가) 자금제공자, (나) 노동조합, (다) 공익기업 그리고 (라) 보고기업에 지배력, 공동지배력 또는 유의적인 영향력이 없는 정부부처와 정부기관 ④ 유의적인 규모의 거래를 통해 단지 경제적 의존 관계만 있는 고객, 공급자, 프랜차이저, 유통업자 또는 총대리인

04 공시

(1) 지배기업과 종속기업

지배기업과 그 종속기업 사이의 관계는 거래의 유무에 관계없이 공시한다. 기업은 지배기업의 명칭을 공시한다. 다만, 최상위 지배자와 지배기업이 다른 경우에는 최상위 지배자의 명칭도 공시한다.

(2) 주요경영진에 대한 보상

주요 경영진에 대한 보상의 총액과 다음 분류별 금액을 공시한다.

a. 단기종업원급여
b. 퇴직급여
c. 기타장기급여
d. 해고급여
e. 주식기준보상

(3) 회계기간 내에 특수관계자거래가 있는 경우

회계기간 내에 특수관계자거래가 있는 경우, 기업은 이용자가 재무제표에 미치는 특수관계의 잠재적 영향을 파악하는 데 필요한 거래, 약정을 포함한 채권 · 채무 잔액에 대한 정보뿐만 아니라 특수관계의 성격도 공시한다.

Ⅲ 재무비율분석

재무비율은 그 종류가 상당히 많으며 지속적으로 발전하고 있지만 일반적으로 유동성비율, 안전성비율, 활동성비율 및 수익성비율이 많이 사용되며, 그 정의는 다음과 같다.

1. 유동성비율: 기업의 단기지급능력에 대한 지표
2. 안전성비율: 기업의 장기채무상환능력을 알려주는 지표
3. 활동성비율: 기업의 각 자산을 효율적 또는 효과적으로 이용하였는지를 나타내는 지표
4. 수익성비율: 기업의 일정기간 동안의 재무성과를 나타내는 지표

01 유동성비율

재무비율	계산방법	내용
유동비율	$\frac{\text{유동자산}}{\text{유동부채}}$	단기지급능력의 지표
당좌비율	$\frac{\text{유동자산 - 재고자산}}{\text{유동부채}}$	재고자산을 제외한 단기지급능력의 지표

02 안전성비율

재무비율	계산방법	내용
부채비율	$\frac{\text{부채}}{\text{자기자본}}$	자기자본과 타인자본의 상대적인 크기
이자보상비율	$\frac{\text{이자비용 + 법인세차감전순이익}}{\text{이자비용}}$	기업의 이자지급능력

03 활동성비율

재무비율	계산방법	내용
매출채권회전율	$\frac{\text{매출액}}{\text{평균매출채권}}$	매출채권의 현금화 속도와 기간
매출채권회수기간	$\frac{\text{365일}}{\text{매출채권회전율}}$	
평균매출채권	$\frac{\text{기초매출채권 + 기말매출채권}}{2}$	

재고자산회전율	$\frac{\text{매출원가}}{\text{평균재고자산}}$	재고자산의 판매 속도와 기간
재고자산회전기간	$\frac{\text{365일}}{\text{재고자산회전율}}$	
평균재고자산	$\frac{\text{기초재고자산 + 기말재고자산}}{2}$	
총자산회전율	$\frac{\text{매출액}}{\text{평균총자산}}$	총자산 효율성의 지표
평균총자산	$\frac{\text{기초총자산 + 기말총자산}}{2}$	

⊘ 참고 **정상영업주기**

영업주기(Operating Cycle)는 영업활동을 위한 자산의 취득시점부터 그 자산이 현금이나 현금성자산으로 실현되는 시점까지 소요되는 기간이다. 즉, 재고자산을 구입한 시점부터 외상으로 판매하여 매출채권을 회수하는 기간까지를 말한다. 따라서 정상영업주기는 재고자산회전기간과 매출채권회수기간의 합계로 계산된다.

정상영업주기 = 재고자산회전기간 + 매출채권회수기간

04 수익성비율

재무비율	계산방법	내용
매출액이익률	$\frac{\text{이익}}{\text{매출액}}$	매출액에 대한 이익의 크기
자기자본순이익률	$\frac{\text{당기순이익}}{\text{자기자본}}$	자기자본에 대한 수익성을 나타내는 지표
총자본순이익률	$\frac{\text{당기순이익}}{\text{총자본}}$	총자본에 대한 수익성을 나타내는 지표
주당이익	$\frac{\text{보통주이익}}{\text{가중평균유통보통주식수}}$	기업의 주당 수익성을 나타내는 지표
주가수익비율	$\frac{\text{1주당 시장가격}}{\text{주당순이익}}$	주가와 주당순이익의 상관관계를 나타내는 지표
배당성향	$\frac{\text{주당배당금}}{\text{주당순이익}}$	당기순이익에서 배당으로 지급된 비율
배당수익률	$\frac{\text{주당배당금}}{\text{1주당 시장가격}}$	시장가격 대비 배당금을 측정한 비율

보론 1 | 영업부문

01. 의의

(1) 영업부문과 보고부문의 정의

구분	내용
영업부문	기업의 영업부문이란 다음 사항을 모두 충족하는 구성단위를 말함 ① 수익을 창출하고 비용을 발생시키는 사업활동을 영위함 ② 부문에 배분될 자원에 대한 의사결정을 하고 부문의 성과를 평가하기 위하여 최고영업의사결정자가 영업성과를 정기적으로 검토함 ③ 구분된 재무정보의 이용가능함
보고부문	다음의 조건을 모두 충족하는 각 영업부문에 대한 정보는 별도로 보고해야 함 ① 영업부문으로 식별되거나 둘 이상의 영업부문을 통합한 영업부문 ② 양적기준을 초과하는 영업부문

(2) 통합기준과 양적기준

구분	내용
통합기준	부문들의 경제적 특성이 유사한 경우에는 둘 이상의 영업부문을 하나의 영업부문으로 통합할 수 있음
양적기준	다음 양적기준 중 하나에 해당하는 영업부문에 대한 정보는 별도로 보고함 ① 수익기준: 부문수익이 모든 영업부문 수익 합계액의 10% 이상인 영업부문 ② 당기손익기준: 부문당기손익의 절대치가 다음 중 큰 금액의 10% 이상인 영업부문 a. 손실이 발생하지 않은 모든 영업부문의 이익 합계액의 절대치 b. 손실이 발생한 모든 영업부문의 손실 합계액의 절대치 ③ 자산기준: 부문자산이 모든 영업부문의 자산 합계액의 10% 이상인 영업부문

02. 공시 및 측정

(1) 공시

기업은 재무제표이용자가 기업이 영위하는 사업활동의 내용 및 재무효과 그리고 영업을 영위하는 경제환경을 평가할 수 있도록 정보를 공시한다. 기업은 영업부문과 관련된 내용을 공시하기 위하여 다음 사항을 주석으로 공시하여야 한다.

① 일반정보

- 조직기준을 포함하여 보고부문을 식별하기 위하여 사용한 요소(경영진이 어떤 기준을 택하여 기업을 조직하였는지와 영업부문들을 통합하였는지 등)
- 각 보고부문이 수익을 창출하는 제품과 용역의 유형

② 부문당기손익, 부문자산, 부문부채 및 측정기준에 대한 정보

- 보고부문별로 당기손익을 보고한다. 보고부문별 자산과 부채의 총액이 최고영업의사결정자에게 정기적으로 제공된다면 그러한 금액들도 보고한다. 다음 사항이 최고영업의사결정자가 검토하는 부문당기손익에 포함되어 있거나 부문당기손익에 포함되어 있지 않더라도 최고영업의사결정자에게 정기적으로 제공된다면, 그 사항도 각 보고부문별로 공시한다.

a. 외부고객으로부터의 수익
b. 기업 내의 다른 영업부문과의 거래로부터의 수익
c. 이자수익
d. 이자비용
e. 감가상각비와 상각비
f. K-IFRS 제1001호 '재무제표 표시'에 따라 공시하는 수익과 비용의 중요 항목
g. 관계기업 및 공동기업으로부터의 지분법손익
h. 법인세비용(법인세수익)
i. 감가상각비와 상각비 외의 중요한 비현금항목

- 각 보고부문의 이자수익과 이자비용은 총액으로 보고한다. 다만, 이자수익이 부문수익의 대부분이고 최고영업의사결정자가 부문성과를 평가하고 자원을 배분하기 위하여 주로 순이자수익을 사용하는 경우는 예외로 한다. 이러한 상황에서는 부문의 이자수익에서 부문의 이자비용을 차감한 순이자수익으로 보고할 수 있으며 이러한 사실을 공시한다.
- 다음 사항이 최고영업의사결정자가 검토하는 부문자산에 포함되어 있거나 부문자산에 포함되어 있지 않더라도 최고영업의사결정자에게 정기적으로 제공된다면 그 사항을 각 보고부문별로 공시한다.

a. 관계기업 및 공동기업 투자의 지분법적용 투자지분 금액
b. 비유동자산의 증가액 (금융상품, 이연법인세자산, 순확정급여자산 및 보험계약에서 발생하는 권리의 취득액은 제외)

(2) 측정

각 부문항목 금액은 부문에 대한 자원배분의 의사결정과 보고부문의 성과평가를 위하여 최고영업의사결정자에게 보고되는 측정치이어야 한다. 기업전체 재무제표 작성을 위한 수정과 제거 그리고 수익, 비용 및 차익 또는 차손의 배분은 최고영업의사결정자가 이러한 금액을 부문당기손익 측정에 이용하는 경우에 한하여 부문당기손익에 포함한다. 이와 마찬가지로 최고영업의사결정자가 이용하는, 부문의 자산과 부채 측정치에 포함되어 있는 자산과 부채만을 부문자산과 부문부채로 보고한다. 보고되는 부문당기손익, 부문자산 또는 부문부채에 배분되는 금액은 합리적 기준에 따라 배분한다.

(3) 과거에 보고된 부문정보의 재작성

내부조직의 구조를 변경하여 보고부문의 구성이 변한 경우 과거 기간(중간기간 포함)의 해당 부문정보를 재작성한다. 단, 필요한 정보를 이용할 수 없고 그 정보를 산출하는 비용이 과도한 경우에는 예외로 한다(필요한 정보를 이용할 수 없고 그 정보를 산출하는 비용이 과도한지는 공시되는 개별 항목별로 결정한다). 그리고 보고부문의 구성이 변경된 후에는 과거 기간의 부문정보 항목을 재작성하였는지를 공시한다. 내부조직의 구조를 변경하여 보고부문 구성이 변하였지만 과거 기간(중간기간 포함)의 부문정보를 재작성하지 않는다면, 변경이 발생한 회계연도의 당기 부문정보를 과거 부문구분기준과 새로운 부문구분기준에 따라 모두 작성하여 공시한다. 단, 필요한 정보를 이용할 수 없고 그 정보를 산출하는 비용이 과도한 경우에는 예외로 한다.

(4) 기업전체 수준에서의 공시

단 하나의 보고부문을 가진 기업 또는 기업의 사업활동이 제품과 용역, 영업지역의 차이에 근거하여 조직되지 않는 기업의 경우에는 영업부문의 정보가 공시되지 않는다. 따라서 이러한 기업의 경우에는 다음의 정보를 주석으로 공시하여야 한다.

① 제품과 용역에 대한 정보 ② 지역에 대한 정보 ③ 주요 고객에 대한 정보

해커스
IFRS
김원종
POINT 중급회계

개정 2판 1쇄 발행 2024년 6월 7일

지은이 김원종
펴낸곳 해커스패스
펴낸이 해커스 경영아카데미 출판팀

주소 서울특별시 강남구 강남대로 428 해커스 경영아카데미
고객센터 02-537-5000
교재 관련 문의 publishing@hackers.com
학원 강의 및 동영상강의 cpa.Hackers.com

ISBN 979-11-7244-093-0 (13320)
Serial Number 02-01-01

최신개정판 | 제2판

1위
해커스

주간동아 선정 2023 한국브랜드만족지수
교육(온·오프라인) 회계사 부문 1위

공인회계사(CPA)·세무사(CTA)
1, 2차 시험 대비

해커스 IFRS 김원종 POINT 중급회계

최신
국제회계기준
반영

해커스 경영아카데미 | cpa.Hackers.com

본 교재 인강(할인쿠폰 수록)

해커스 IFRS 김원종 POINT 중급회계

해커스 경영아카데미

이 책의 저자

김원종

학력
연세대학교 경영학과(경영학사)
성균관대학교 경영대학원(석사과정 수료)

경력
현 | 해커스 경영아카데미 교수
해커스금융 교수
전 | 한화케미칼 회계팀
삼일회계법인
웅지세무대학교 교수(회계학)
웅지 경영아카데미 재무회계 강사(회계사, 세무사)
삼일아카데미 IFRS 실무 강사
송원세무회계 대표 회계사
경기도학교 안전공제회 감사

자격증
한국공인회계사, 세무사

저서
해커스 IFRS 김원종 중급회계 상/하
해커스 세무사 IFRS 元고급회계
해커스 회계사 IFRS 김원종 고급회계
해커스 IFRS 김원종 POINT 중급회계
해커스 IFRS 김원종 POINT 고급회계
해커스 IFRS 김원종 객관식 중급회계
해커스 IFRS 김원종 객관식 고급회계
해커스 회계사 IFRS 김원종 재무회계 1차 기출문제집
해커스 세무사 IFRS 김원종 재무회계연습
해커스 회계사 IFRS 김원종 재무회계연습 1
해커스 회계사 IFRS 김원종 재무회계연습 2
IFRS 회계원리

머리말

본서는 공인회계사 및 세무사 시험을 준비하는 수험생들이 단기간에 1차 시험과 2차 시험을 준비하도록 쓰여진 중급회계의 요약서이다. 국제회계기준을 도입함에 따라 기준서의 내용이 과거에 비하여 방대해졌고, 기준서의 내용이 개정될 때마다 중급회계 및 고급회계의 기본서의 분량이 늘어나고 있다. 객관식 중급/고급회계와 재무회계연습 교재에 이론 요약 부분을 포함하면 교재의 분량이 늘어나고 동일한 내용이 두 교재에 반복되어 수험생들의 부담을 주는 문제를 해소하기 위하여 IFRS POINT 중급회계를 출간하기로 하였다. 이러한 취지에서 본서는 1차 시험과 2차 시험을 준비하는 수험생들이 단기간에 이론을 정리하여 시험대비를 충실히 할 수 있도록 하는 데 그 목적을 두었다. 이러한 본서의 특징은 다음과 같다.

첫째, 최근까지 개정된 한국채택국제회계기준의 내용을 충실히 반영하였다. 2025년 1월 1일 시행예정인 국제회계기준에 관한 내용 중 중급회계에서 반드시 학습해야 할 주요 내용들을 알기 쉽게 설명하였다.

둘째, 본서는 각 챕터별로 본문의 주제별 핵심내용을 [POINT]로 요약 및 정리하여 수험생들이 보다 효율적으로 공부할 수 있도록 세심하게 배려하였다.

셋째, 본서는 주제별로 일관된 접근방법과 문제풀이방법을 제시하여 수험생들의 혼란을 최소화하고자 노력하였다. 본서의 이론요약은 회계학의 기본인 회계처리를 시작으로 각 주제별로 산식, 그림, 표 등으로 시각화하여 올바른 접근방법을 쉽게 익힐 수 있도록 하였다.

넷째, 본서는 1차 시험을 앞둔 수험생들에게 IFRS 객관식 중급회계 교재의 이론요약서 및 객관식 중급회계 수업에 사용될 예정이며, 1차 시험을 합격한 수험생들에게 2차 시험 IFRS 재무회계연습 교재의 이론요약서 및 재무회계연습 수업에도 사용될 예정이다.

본서가 완성되어 출간되기까지 많은 분들의 도움을 받았다. 교재의 출간을 허락하시고 많은 격려를 보내주신 (주)챔프스터디의 전재윤 대표님과 책의 완성도를 높이기 위해 최선을 다해 노력하시는 해커스 경영아카데미에도 감사의 뜻을 전한다. 마지막으로 본서가 완성되기까지 항상 옆에서 자리를 지키며 기다려준 가족들에게도 감사의 마음을 전하고 싶다.

본서는 이미 출간된 해커스 IFRS 김원종 중급회계 상, 해커스 IFRS 김원종 중급회계 하를 시험 출제 경향을 분석하여 요약하였다. 회계법인에서의 실무경험과 대학 등에서의 강의경험을 이 책에 담기 위해 부단한 노력으로 달려왔지만, 여전히 아쉬움이 많이 남는 책이다. 본서에 포함된 어떠한 오류도 저자의 책임이며 본서와 관련된 독자 여러분들의 비평과 건설적인 의견에 항상 귀를 기울일 것이다. 또한 사랑받는 교재가 되기 위하여 개정판마다 더욱 발전할 수 있도록 최선을 다할 것을 약속드린다.

공인회계사 김원종

목차

Chapter 05 / 재고자산

Chapter 06 / 유형자산

Chapter 07 / 무형자산

목차 해커스 IFRS 김원종 POINT 중급회계

해커스 IFRS 김원종 POINT 중급회계

회계사·세무사·경영지도사 단번에 합격!
해커스 경영아카데미 cpa.Hackers.com

Chapter 01

재무회계 일반론

I 재무회계의 의의

01 회계의 정의

회계의 정의	정보이용자가 합리적인 판단이나 의사결정에 필요한 경제적 실체에 관한 유용한 경제적 정보를 식별하고 측정하여 전달하는 과정
재무보고	회계의 보고수단이 재무제표에서 재무제표와 재무제표 이외의 재무정보 전달수단을 포괄하는 재무보고로 확장됨

02 회계정보이용자

현재 및 잠재적 투자자, 대여자와 그 밖의 채권자	① 현재 및 잠재적 투자자는 지분상품 및 채무상품의 매수, 보유 및 매도 등에 관한 현재 또는 미래의 투자의사결정에 유용한 위험과 수익률에 관한 도움을 주는 회계정보를 필요로 함 ② 현재 및 잠재적 대여자와 그 밖의 채권자는 자금의 대여 및 기타 형태의 신용을 제공하고 원금 및 이자의 상환능력을 평가하는 데 도움을 주는 회계정보를 필요로 함 ③ 기업실체에 직접적 또는 간접적으로 자금을 투자한 현재 및 잠재적 투자자, 대여자와 그 밖의 채권자를 회계정보의 주요정보이용자로 간주함
정부 및 규제기관	정부 및 규제기관은 국가 전체의 경제적 자원의 효율적 배분을 위한 기업 활동의 감독과 규제정책을 결정할 때 회계정보를 필요로 함
경영자	기업의 경영자는 기업의 경영을 위한 계획 및 통제 그리고 성과평가에 도움을 받기 위하여 회계정보를 필요로 함
종업원	종업원은 고용계약, 급여, 퇴직 등에 대하여 협상 및 의사결정을 할 때, 기업의 성장성, 수익성 및 안정성을 평가하기 위하여 회계정보를 활용함
일반대중	공급자, 거래처, 고객 등의 일반대중들은 기업의 성장추이, 활동범위, 최근 경영활동, 기업의 사회적 책임 등을 평가하기 위하여 회계정보를 이용함

[그림 1-1] 투자자, 대여자와 그 밖의 채권자

재무상태표

자산	×××	부채		
		차입금	×××	⬅ 대여자(자금의 대여)
		매입채무	×××	⬅ 그 밖의 채권자(기타 형태의 신용을 제공)
		미지급금	×××	⬅ 그 밖의 채권자(기타 형태의 신용을 제공)
		사채	×××	⬅ 투자자(채무상품의 매수, 보유 또는 매도)
		자본		
		납입자본	×××	⬅ 투자자(지분상품의 매수, 보유 또는 매도)
합계	×××	합계	×××	

03 회계의 분류

구분	재무회계	관리회계
목적	외부정보이용자의 경제적 의사결정에 유용한 정보를 제공	내부정보이용자의 경제적 의사결정에 유용한 정보를 제공
정보이용자	외부정보이용자 (투자자, 대여자와 그 밖의 채권자)	내부정보이용자 (경영자)
회계원칙	일반적으로 인정된 회계원칙	일정한 원칙이 없음
보고방법	재무보고서(재무제표)	특수목적보고서
정보의 범위	과거 지향적 정보	과거 및 미래 지향적 정보
보고시기	정기보고	수시보고
법적 강제력	법적 강제력이 있음	법적 강제력이 없음

[그림 1-2] 회계의 정의 및 분류

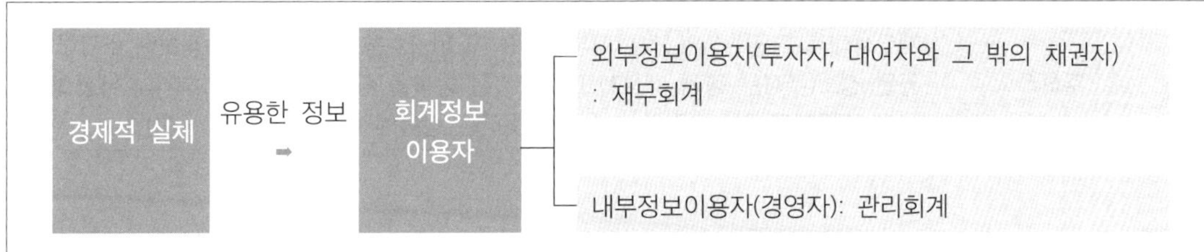

04 회계의 역할

경제적 자원의 효율적 배분	기업외부, 기업내부, 정부
수탁책임에 관한 보고 기능	정보비대칭에 의한 도덕적 해이와 역선택의 문제를 해소
사회적 통제의 합리화	국가정책을 수립하거나 기업에 대한 규제 및 재정확보를 위한 조세정책 등에 사회적 통제를 합리화 예 세금, 공공요금의 책정 등

Ⅱ | 재무보고

01 재무회계와 재무제표

재무상태표	일정시점의 기업의 경제적 자원(자산)과 보고기업에 대한 청구권(부채 및 자본)에 관한 정보를 제공하는 재무제표
포괄손익계산서 (손익과 기타포괄손익계산서)	일정기간 동안의 지분참여자에 의한 출연과 관련된 것을 제외한 순자산의 증감에 의하여 발생하는 재무성과에 관한 정보를 제공하는 재무제표
자본변동표	일정시점의 자본의 잔액과 일정기간 동안 자본의 변동에 관한 정보를 제공하는 재무제표
현금흐름표	일정기간 동안 재무제표이용자에게 현금및현금성자산의 창출능력과 현금흐름의 사용 용도를 평가하는 데 유용한 기초를 제공하는 재무제표
주석	재무상태표, 포괄손익계산서, 자본변동표 및 현금흐름표에 표시하는 정보에 추가하여 제공된 정보(주석은 상기 재무제표에 표시된 항목을 구체적으로 설명하거나 세분화하고, 상기 재무제표 인식요건을 충족하지 못하는 항목에 대한 정보를 제공함)

02 재무보고

재무보고의 목적	재무보고의 목적은 현재 및 잠재적 투자자, 대여자와 그 밖의 채권자가 기업에 자원을 제공하는 것에 대한 의사결정을 할 때 유용한 보고기업의 재무정보를 제공하는 것
재무보고	재무제표(재무적 정보) + 계량화하기 어려운 비재무적 정보
일반목적재무보고	모든 외부정보이용자가 공통적으로 요구하는 정보를 제공한다는 점에서 일반목적재무보고라고 함

[그림 1-3] 재무제표와 재무보고

재무보고	=	재무제표(재무적 정보)	+	계량화하기 어려운 비재무적 정보 예 회사의 사업보고서 및 영업계획서

Ⅲ 회계원칙과 국제회계기준

01 회계원칙의 정의

일반적으로 인정된 회계원칙(Generally Accepted Accounting Principles, GAAP)은 경제적 실체에 영향을 미치는 거래나 사건을 재무제표에 보고하는 일정한 방법을 일컫는다. 또한 기업들이 실무에서 재무제표를 작성할 때 적용하였던 회계관습도 회계원칙에 포함된다.

[그림 1-4] 회계원칙의 정의

경제적 사건	보고방법 ➡	재무제표

02 회계원칙의 특징

① 실질적이고 권위가 있는 다수의 전문가들에 의하여 지지를 받고 수용됨
② 회계원칙은 다양한 정보이용자의 정보 욕구를 충족시키기 위한 일반적인 원칙을 제시함으로써 중립적인 성격을 가짐
③ 회계는 사회과학이므로 시대의 흐름에 따라 변화함
④ 회계원칙을 제정하여 표준화되고 객관적인 재무제표를 작성하게 되면 재무제표의 신뢰성이 향상되어 재무제표 간의 비교가능성과 정보이용자의 이해가능성이 제고됨

03 회계기준의 제정방법

구분	연역적 접근법	귀납적 접근법
정의	기본적인 회계의 목적을 기초로 논리적인 방법으로 회계원칙을 도출하는 방법	회계실무에서 관찰되는 경험과 사실을 기반으로 회계원칙을 도출하는 방법
장점	회계의 목적과 논리적으로 일치함	실무 적용가능성이 높음
단점	회계실무의 변화하는 환경에 대응이 어려움	논리적 일관성이 결여됨

[그림 1-5] 연역적 접근법과 귀납적 접근법

연역적 접근법	귀납적 접근법
회계의 목적	회계실무
⬇	⬇
논리적인 추론과정	관찰내용의 분석
⬇	⬇
회계원칙의 도출	회계원칙의 도출

04 국제회계기준

국제회계기준의 특징은 다음과 같다.

① 모든 상황에 대하여 규정하고 있는 규칙 중심의 회계기준이 아니라 회계기준의 원칙과 취지를 중요시하는 원칙 중심의 회계기준임. 따라서 회계전문가의 판단을 중요시하며, 다양한 회계처리방법이 수용되어 기업 간 비교가능성이 훼손될 수 있으나 기간별 비교가능성은 강조됨

② 재무상태표를 강조하여 자산 및 부채의 공정가치 평가를 강조함. 예를 들어 유형자산의 재평가모형과 투자부동산의 공정가치모형이 전면 도입되었고 '공정가치 측정'의 기준서가 제정되었음

③ 과거 우리나라의 경우 개별재무제표가 주된 재무제표였으나, 국제회계기준은 연결재무제표를 주된 재무제표로 규정·도입함으로써 연결실체의 회계정보를 강조하고 있음

④ 다국적 기업들이 제공하는 회계정보의 국제적인 정합성을 높여 재무정보 작성의 추가적인 비용을 최소화할 수 있음

05 한국채택국제회계기준(K-IFRS)

(1) 우리나라의 경우 2007년부터 국제회계기준 도입을 준비하여 2009년부터 기업들이 자발적으로 국제회계기준을 채택할 수 있었고, 2011년부터는 모든 상장기업이 국제회계기준을 도입하도록 규정하였는데, 우리나라가 도입한 국제회계기준을 '한국채택국제회계기준(Korea International Financial Reporting Standards, 이하 K-IFRS라 함)'이라고 한다.

구분	적용대상
한국채택국제회계기준	모든 상장기업과 국제회계기준 도입을 선택한 비상장기업
일반기업회계기준	국제회계기준을 적용할 필요가 없는 기업 (국제회계기준 도입을 선택하지 않은 비상장기업)
중소기업회계기준	국제회계기준을 적용할 필요가 없는 기업 중 회계감사를 받지 않는 기업

(2) 주식회사 등의 외부감사에 관한 법률에 의하면 금융위원회는 증권선물위원회의 심의를 거쳐 국제회계기준을 정하도록 요구하고 있다. 한편, 금융위원회는 K-IFRS의 제정 업무를 대통령령으로 정하는 바에 따라 전문성을 갖춘 민간법인이나 단체에 위탁할 수 있다. 주식회사 등의 외부감사에 관한 법률 시행령에서는 회계처리기준에 관한 업무(회계처리기준에 관한 해석, 질의 회신 등 관련 업무를 포함한다)를 민법에 따라 금융위원회의 허가를 받아 설립된 사단법인 한국회계기준원(Korea Accounting Institute, KAI)에 위탁하도록 규정하고 있다. 그러나 금융위원회는 이해관계인의 보호, 국제적 회계처리기준과의 합치 등을 위하여 필요하다고 인정되면 증권선물위원회의 심의를 거쳐 한국회계기준원에 대하여 회계처리기준의 내용을 수정할 것을 요구할 수 있다. 이 경우 한국회계기준원은 정당한 사유가 있는 경우를 제외하고는 이에 따라야 한다.

06 외부감사제도

외부감사제도	기업의 경영자가 작성한 재무제표가 일반적으로 인정된 회계원칙에 따라 작성되었는지를 독립적인 전문가가 감사를 수행하고 그에 따른 의견을 표명함으로써 재무제표의 신뢰성을 높이기 위한 제도
감사의견의 종류	적정의견, 한정의견, 부적정의견 및 의견거절

해커스 IFRS 김원종 POINT 중급회계

회계사 · 세무사 · 경영지도사 단번에 합격!
해커스 경영아카데미 cpa.Hackers.com

Chapter 02

재무보고를 위한 개념체계

Ⅰ 개념체계의 목적과 위상

Ⅱ 일반목적재무보고의 목적

Ⅲ 유용한 재무정보의 질적특성

Ⅳ 보고기업

Ⅴ 재무제표의 요소

Ⅵ 재무제표 요소의 인식과 제거

Ⅶ 재무제표요소의 측정

Ⅷ 표시와 공시

Ⅸ 자본 및 자본유지개념

I | 개념체계의 목적과 위상

재무보고를 위한 개념체계(이하 '개념체계'라 함)는 외부 이용자를 위한 재무보고의 기초가 되는 개념을 정립하기 위하여 제정되었다.

01 개념체계의 목적과 위상

목적	회계기준위원회	일관된 개념에 기반하여 한국채택국제회계기준을 제·개정하는 데 도움을 줌
	재무제표 작성자	특정 거래나 다른 사건에 적용할 회계기준이 없거나 회계기준에서 회계정책을 선택하는 것을 허용하는 경우에 일관된 회계정책을 개발하는 데 도움을 줌
	모든 이해관계자	회계기준을 이해하고 해석하는 데 도움을 줌
위상		① 개념체계는 회계기준이 아니므로 이 개념체계의 어떠한 내용도 회계기준이나 그 요구사항에 우선하지 않음 ② 일반목적재무보고의 목적을 달성하기 위해 회계기준위원회는 개념체계의 관점에서 벗어난 요구사항을 정하는 경우가 있을 수 있음

02 회계기준위원회의 공식임무

회계기준위원회의 공식임무	개념체계는 회계기준위원회의 공식임무인 전 세계 금융시장에 투명성, 책임성, 효율성을 제공하는 회계기준을 개발하는 것에 기여함
회계기준을 위한 기반을 제공	① 재무정보의 투명성에 기여 ② 수탁책임에 관한 보고 기능 ③ 경제적 자원의 효율적 배분

[그림 2-1] 개념체계의 구성

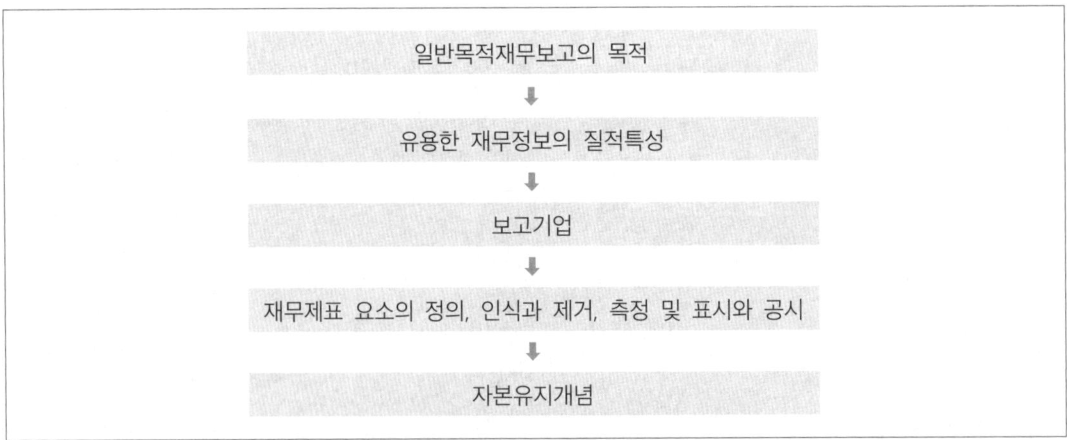

Ⅱ 일반목적재무보고의 목적

[그림 2-2] 일반목적재무보고의 목적

일반목적재무보고의 목적	현재 및 잠재적 투자자, 대여자와 그 밖의 채권자의 의사결정에 유용한 보고기업 재무정보를 제공	
일반목적재무보고서가 제공하는 정보	경제적 자원과 청구권	경제적 자원과 청구권의 변동

01 일반목적재무보고의 목적, 유용성, 한계

일반목적재무보고의 목적	① 일반목적재무보고의 목적은 현재 및 잠재적 투자자, 대여자와 그 밖의 채권자가 기업에 자원을 제공하는 것에 대한 의사결정을 할 때 유용한 보고기업 재무정보를 제공하는 것임. 그 의사결정은 다음을 포함함 a. 지분상품 및 채무상품의 매수, 매도 또는 보유 b. 대여 및 기타 형태의 신용 제공 또는 결제 c. 기업의 경제적 자원 사용에 영향을 미치는 경영진의 행위에 대한 의결권 또는 영향을 미치는 권리 행사 ② 기업에 자원을 제공하는 것과 관련된 의사결정은 현재 및 잠재적 투자자, 대여자와 그 밖의 채권자가 기대하는 수익(예 배당, 원금 및 이자의 지급 또는 시장가격의 상승)에 의존함 ③ 투자자, 대여자와 그 밖의 채권자의 수익에 대한 기대는 기업에 유입될 미래 순현금유입의 금액, 시기 및 불확실성(전망) 및 기업의 경제적 자원에 대한 경영진의 수탁책임에 대한 그들의 평가에 달려 있음
일반목적재무보고의 유용성	① 현재 및 잠재적 투자자, 대여자와 그 밖의 채권자는 미래 순현금유입의 금액, 시기 및 불확실성(전망) 및 경영진의 수탁책임에 대한 평가에 도움이 되는 정보를 제공함 ② 일반목적재무보고서는 보고기업의 가치를 보여주기 위해 고안된 것이 아니라, 현재 및 잠재적 투자자, 대여자와 그 밖의 채권자가 보고기업의 가치를 추정하는 데 도움이 되는 정보를 제공함
일반목적재무보고의 주요이용자	현재 및 잠재적 투자자, 대여자와 그 밖의 채권자 (경영진, 감독당국, 일반대중들을 주요 대상으로 한 것이 아님)
일반목적재무보고의 한계	① 일반목적재무보고서는 현재 및 잠재적 투자자, 대여자와 그 밖의 채권자가 필요로 하는 모든 정보를 제공하지는 않으며 제공할 수도 없음 ② 재무보고서는 정확한 서술보다는 상당 부분 추정, 판단 및 모형에 근거함 ③ 각 주요이용자들의 정보 수요 및 욕구는 다르고 상충되기도 함. 회계기준위원회는 회계기준을 제정할 때 최대 다수의 주요이용자 수요를 충족하는 정보를 제공하기 위해 노력할 것임. 그러나 공통된 정보수요에 초점을 맞춘다고 해서 보고기업으로 하여금 주요이용자의 특정 일부집단에게 가장 유용한 추가 정보를 포함하지 못하게 하는 것은 아님

02 일반목적재무보고서가 제공하는 정보

일반목적재무보고서는 보고기업의 재무상태에 관한 정보, 즉 기업의 경제적 자원 및 보고기업에 대한 청구권에 관한 정보를 제공한다. 여기서 경제적 자원은 자산을 의미하고, 청구권은 부채와 자본을 말한다. 또한 재무보고서는 보고기업의 경제적 자원과 청구권을 변동시키는 거래와 그 밖의 사건의 영향에 대한 정보도 제공한다. 이 두 유형의 정보는 기업에 대한 자원 제공과 관련된 의사결정에 유용한 투입요소를 제공한다.

<table>
<tr><td>경제적 자원과 청구권</td><td>[경제적 자원과 청구권의 성격 및 금액(재무상태표)]
보고기업의 경제적 자원과 청구권의 성격 및 금액에 대한 정보는 정보이용자가 보고기업의 재무적 강점과 약점을 식별하는 데 도움을 줄 수 있음</td></tr>
<tr><td>경제적 자원 및 청구권의 변동</td><td>[재무성과에 기인한 경제적 자원 및 청구권의 변동]
① 발생기준 회계가 반영된 재무성과(포괄손익계산서)
a. 발생기준 회계가 중요한 이유는 보고기업의 경제적 자원과 청구권 그리고 기간 중 변동에 관한 정보는 그 기간의 현금 수취와 지급만의 정보보다 기업의 과거 및 미래 성과를 평가하는 데 더 나은 근거를 제공하기 때문임
b. 한 기간의 보고기업의 재무성과에 대한 정보는 시장가격 또는 이자율의 변동과 같은 사건이 기업의 경제적 자원 및 청구권을 증가시키거나 감소시켜 기업의 순현금유입 창출 능력에 영향을 미친 정도도 보여줄 수 있음
② 과거 현금흐름이 반영된 재무성과(현금흐름표)
한 기간의 보고기업의 현금흐름에 대한 정보는 정보이용자가 기업의 미래 순현금유입 창출 능력을 평가하고 기업의 경제적 자원에 대한 경영진의 수탁책임을 평가하는 데에도 도움이 됨

[재무성과에 기인하지 않은 경제적 자원 및 청구권의 변동]
채무상품이나 지분상품의 발행과 같이 재무성과에 기인하지 않은 경제적 자원 및 청구권의 변동(자본변동표)</td></tr>
<tr><td>기업의 경제적 자원 사용에 관한 정보</td><td>기업의 경제적 자원을 얼마나 효율적이고 효과적으로 사용하는 책임을 이행하고 있는지에 대한 정보는 정보이용자가 해당 자원에 대한 경영자의 관리를 평가할 수 있도록 도움을 줌</td></tr>
</table>

⊘ 참고 **지분상품의 발행**

[ch-13 자본]에서 언급하겠지만 재무성과에 기인하지 않은 경제적 자원 및 청구권의 변동은 포괄손익계산서에 인식되는 손익거래가 아닌 재무상태표의 자본에 직접 반영되는 자본거래를 말한다. 자본거래는 회사와 주주와의 거래를 말하며, 자의적인 이익조작이 가능하기 때문에 자본거래에서는 어떠한 손익도 인식하지 않는다. 추가적인 소유지분의 발행은 유상증자를 예로 들 수 있고 그 회계처리는 다음과 같다.

(차) 현금	×××	(대) 자본금(자본항목)	×××
		주식발행초과금(자본항목)	×××

Ⅲ 유용한 재무정보의 질적특성

[그림 2-3] 유용한 재무정보의 질적특성

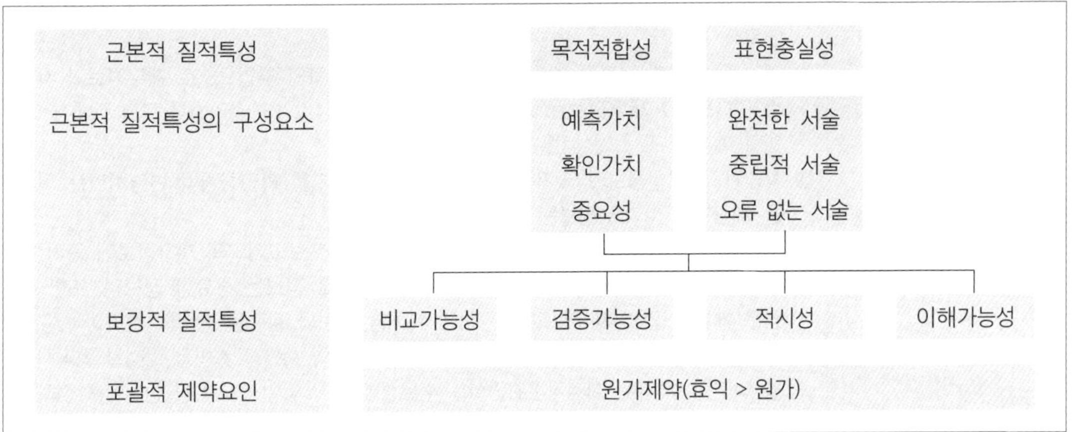

01 질적특성의 의의

재무정보가 정보이용자의 의사결정에 유용한 정보가 되기 위한 속성을 질적특성이라고 한다. 유용한 재무정보의 질적특성은 재무제표에서 제공되는 재무정보뿐만 아니라 그 밖의 방법으로 제공되는 재무정보에도 적용된다.

02 근본적 질적특성

재무정보가 유용하기 위해서는 목적적합해야 하고 나타내고자 하는 바를 충실하게 표현해야 한다. 이를 근본적 질적특성이라고 하며, 구성요소에는 목적적합성과 표현충실성이 있다.

구분	내용
목적적합성	① 목적적합한 재무정보는 정보이용자들의 의사결정에 차이가 나도록 할 수 있음. 재무정보에 예측가치, 확인가치 또는 이 둘 모두가 있다면 의사결정에 차이가 나도록 할 수 있음 ② 예측가치: 미래 결과를 예측하기 위한 의사결정절차의 투입요소로 재무정보가 사용될 수 있다면, 그 재무정보는 예측가치를 가짐. 재무정보가 예측가치를 갖기 위해서 그 자체가 예측치 또는 예상치일 필요는 없음 ③ 확인가치: 재무정보가 과거 평가에 대해 과거 평가를 확인하거나 변경시키는 피드백을 제공한다면 재무정보는 확인가치를 가짐 ④ 중요성: 정보가 누락되거나 잘못 기재된 경우 특정 보고기업의 재무정보에 근거한 정보이용자들의 의사결정에 영향을 줄 수 있다면 그 정보는 중요한 정보임. 또한 중요성은 개별 기업의 재무보고서 관점에서 해당 정보와 관련된 항목의 성격이나 규모에 근거하여 고려되어야 하므로 중요성은 해당 기업의 특유한 측면을 고려한 목적적합성을 의미함. 따라서 회계기준위원회는 중요성에 대한 획일적인 계량 임계치를 정하거나 특정한 상황에서 무엇이 중요한 것인지를 미리 결정할 수 없음 ⑤ 일반적으로 재무정보의 예측가치와 확인가치는 상호연관되어 있음
표현충실성	① 재무정보가 유용하기 위해서는 나타내고자 하는 현상의 실질을 충실하게 표현하여야 함. 완벽하게 충실한 표현을 하기 위해서 서술은 완전하고, 중립적이며, 오류가 없어야 함 ② 완전한 서술: 필요한 기술과 설명을 포함하여 정보이용자들이 서술되는 현상을 이해하는 데 필요한 모든 정보를 포함하는 것 ③ 중립적 서술: 재무정보의 선택이나 표시에 편의가 없는 것으로 중립적 정보가 목적이 없거나 행동에 대한 영향력이 없는 정보를 의미하는 것은 아님. 중립성은 신중을 기함으로써 뒷받침되며, 신중성은 불확실한 상황에서 판단할 때 주의를 기울이는 것을 말함. 신중을 기한다는 것은 자산과 수익이 과대평가되지 않고 부채와 비용이 과소평가되지 않는 것을 의미함. 마찬가지로, 신중을 기한다는 것은 자산이나 수익의 과소평가나 부채나 비용의 과대평가를 허용하지 않음 ④ 오류 없는 서술: 현상의 기술에 오류나 누락이 없고, 보고 정보를 생산하는 데 사용되는 절차의 선택과 적용 시 절차상 오류가 없어야 한다는 것으로, 오류 없는 서술이 모든 면에서 정확해야 한다는 것을 의미하지는 않음. 재무보고서의 화폐금액을 직접 관측할 수 없어 추정해야만 하는 경우에는 측정불확실성이 발생함. 합리적인 추정치의 사용은 재무정보의 작성에 필수적인 부분이며, 추정이 명확하고 정확하게 기술되고 설명되는 한 정보의 유용성을 저해하지 않음
근본적 질적특성의 적용	① 보고기업의 재무정보 이용자들에게 유용할 수 있는 정보의 대상이 되는 경제적 현상을 식별함 ② 그 현상에 대한 가장 목적적합한 정보의 유형을 식별함 ③ 그 정보가 이용가능한지, 그리고 경제적 현상을 충실하게 표현할 수 있는지 결정함. 그러하다면, 근본적 질적특성의 충족 절차는 그 시점에 끝남. 만약 그러하지 않다면, 차선의 목적적합한 유형의 정보에 대해 그 절차를 반복함
질적특성 간 절충	경우에 따라 경제적 현상에 대한 유용한 정보를 제공한다는 재무보고의 목적을 달성하기 위해 근본적 질적특성 간 절충이 필요할 수도 있음

> ⊘ 참고 **신중성**
>
> 과거 재무보고를 위한 개념체계에서는 신중성이 중립성과 모순될 수 있다는 이유로 개념체계의 본문에서 삭제하였다. 그러나 개정된 재무보고를 위한 개념체계(2020)에서는 개념체계의 본문에 신중성을 중립성과 배치되지 않는 개념으로 기술하여 재도입하였다.
> 현행회계에서 신중을 기하는 것은 자산과 수익이 과대평가되지 않고 부채와 비용이 과소평가되지 않는 것을 의미하며, 신중을 기한다는 것은 자산이나 수익의 과소평가나 부채나 비용의 과대평가도 허용하지 않는다. 신중을 기하는 것이 비대칭의 필요성(예 자산이나 수익을 인식하기 위해서는 부채나 비용을 인식할 때보다 더욱 설득력 있는 증거가 뒷받침되어야 한다는 구조적인 필요성)을 내포하는 것은 아니다. 그러한 비대칭은 유용한 재무정보의 질적특성이 아니다. 그럼에도 불구하고, 나타내고자 하는 바를 충실하게 표현하는 가장 목적적합한 정보를 선택하려는 결정의 결과가 비대칭성이라면, 특정 회계기준에서 비대칭적인 요구사항을 포함할 수도 있다.

03 보강적 질적특성

재무정보가 비교가능하고, 검증가능하며, 적시성 있고, 이해가능한 경우 그 재무정보의 유용성은 보강된다. 따라서 비교가능성, 검증가능성, 적시성 및 이해가능성은 목적적합성과 나타내고자 하는 바를 충실하게 표현하는 것 모두를 충족하는 정보의 유용성을 보강시키는 질적특성이다.

비교가능성	① 정보이용자들이 항목 간의 유사점과 차이점을 식별하고 이해할 수 있게 하는 질적특성 ② 비교가능성이 단순한 일관성이나 통일성을 의미하는 것은 아니며 비교가능성은 목표이고 일관성은 그 목표를 달성하는 데 도움을 줌 ③ 일관성은 한 보고기업 내에서 기간 간 또는 같은 기간 동안에 기업 간, 동일한 항목에 대해 동일한 방법을 적용하는 것을 말함 ④ 하나의 경제적 현상은 여러 가지 방법으로 충실하게 표현될 수 있으나, 동일한 경제적 현상에 대해 대체적인 회계처리방법을 허용하면 비교가능성이 감소함
검증가능성	① 검증가능성은 합리적인 판단력이 있고 독립적인 서로 다른 관찰자가 어떤 서술이 표현충실성이라는 데, 비록 반드시 완전히 일치하지는 못하더라도, 의견이 일치할 수 있다는 것 ② 계량화된 정보가 검증가능하기 위해서는 단일의 추정치이어야 할 필요는 없으며, 가능한 금액의 범위 및 관련된 확률도 검증가능함 ③ 검증은 직접적 또는 간접적으로 이루어질 수 있음. 직접 검증은, 예를 들어, 현금을 세는 것과 같이, 직접적인 관찰을 통하여 금액이나 그 밖의 표현을 검증하는 것을 의미하고, 간접 검증은 모형, 공식 또는 그 밖의 기법에의 투입요소를 확인하고 같은 방법을 사용하여 그 결과를 재계산하는 것을 의미함
적시성	① 의사결정에 영향을 미칠 수 있도록 의사결정자가 정보를 제때에 이용가능하게 하는 것 ② 일부 정보는 보고기간 말 후에도 오랫동안 적시성이 있을 수 있음(예를 들어, 일부 정보이용자들은 추세를 식별하고 평가할 필요가 있을 수 있기 때문임)
이해가능성	① 정보를 명확하고 간결하게 분류하고, 특징지으며, 표시하면 이해가능함 ② 재무보고서는 사업활동과 경제활동에 대해 합리적인 지식이 있고, 부지런히 정보를 검토하고 분석하는 정보이용자들을 위해 작성됨 ③ 재무정보가 복잡하고 이해하기 어렵다는 이유만으로 제외하여서는 안 됨

보강적 질적특성의 적용	① 보강적 질적특성은 가능한 한 극대화되어야 하나 보강적 질적특성은, 정보가 목적적합하지 않거나 나타내고자 하는 바를 충실하게 표현하지 않으면, 개별적으로든 집단적으로든 그 정보를 유용하게 할 수 없음 ② 보강적 질적특성을 적용하는 것은 어떤 규정된 순서를 따르지 않는 반복적인 과정임 ③ 새로운 회계기준의 전진적용으로 인한 비교가능성의 일시적 감소는 장기적으로 목적적합성이나 표현충실성을 향상시키기 위해 감수될 수도 있음 ④ 보강적 질적특성은 만일 어떤 두 가지 방법이 모두 현상에 대하여 동일하게 목적적합한 정보이고 동일하게 충실한 표현을 제공하는 것이라면 이 두 가지 방법 가운데 어느 방법을 그 현상의 서술에 사용해야 할지를 결정하는 데에도 도움을 줄 수 있음

04 유용한 재무보고에 대한 원가제약

① 원가는 재무보고로 제공될 수 있는 정보에 대한 포괄적 제약요인임
② 재무정보의 보고에는 원가가 소요되고, 해당 정보 보고의 효익이 그 원가를 정당화한다는 것임
③ 개인들의 본질적인 주관성 때문에, 재무정보에 대한 특정 항목 보고의 원가 및 효익에 대한 평가는 개인마다 달라질 수 있음

Ⅳ 보고기업

01 재무제표

재무제표는 재무제표 요소의 정의를 충족하는 (1) 보고기업의 경제적 자원 (2) 보고기업에 대한 청구권 및 (3) 경제적 자원과 청구권의 변동에 관한 정보를 제공한다.

02 재무제표의 목적과 범위

재무제표의 목적	보고기업에 유입될 미래순현금흐름에 대한 전망과 보고기업의 경제적 자원에 대한 경영진의 수탁책임을 평가하는 데 유용한 보고기업의 자산, 부채, 자본, 수익 및 비용에 대한 재무정보를 재무제표이용자들에게 제공하는 것
개념체계의 재무제표	재무상태표, 재무성과표, 그 밖의 재무제표와 주석
제1001호 '재무제표의 표시'의 재무제표	재무상태표, 포괄손익계산서, 자본변동표, 현금흐름표, 주석

03 보고기간

(1) 재무제표는 특정 기간에 대하여 작성되며 다음의 정보를 제공함
① 보고기간 말 현재 또는 보고기간 중 존재했던 자산과 부채(미인식된 자산과 부채 포함) 및 자본
② 보고기간의 수익과 비용
(2) 재무제표이용자들이 변화와 추세를 식별하고 평가하는 것을 돕기 위해, 재무제표는 최소한 직전 연도에 대한 비교정보를 제공함

04 재무제표에 채택된 관점

재무제표는 기업의 현재 및 잠재적 투자자, 대여자와 그 밖의 채권자 중 특정 집단의 관점이 아닌 보고기업 전체의 관점에서 거래 및 그 밖의 사건에 대한 정보를 제공한다.

05 보고기업

보고기업의 정의		재무제표를 작성해야 하거나 작성하기로 선택한 기업
보고기업별 재무제표의 종류	연결재무제표	지배기업과 종속기업으로 구성된 그 보고기업의 재무제표
	비연결재무제표	보고기업이 지배기업 단독인 경우 그 보고기업의 재무제표
	결합재무제표	보고기업이 지배-종속관계로 모두 연결되어 있지는 않은 둘 이상 실체들로 구성된다면 그 보고기업의 재무제표

06 재무제표 작성의 기본가정: 계속기업가정

계속기업	① 기업이 예상가능한 기간 동안 영업을 계속할 것이며, 경영활동을 청산하거나 중요하게 축소할 의도나 필요성을 갖고 있지 않다는 것 • 기업의 자산을 역사적원가로 평가하는 근거를 제공 • 유형자산과 무형자산의 감가상각과 상각 회계처리의 근거를 제공 • 유동 및 비유동 항목 구분의 근거를 제공 ② 기업은 그 경영활동을 청산하거나 중요하게 축소할 의도나 필요성이 있다면 재무제표는 계속기업을 가정한 기준과는 다른 기준을 적용하여 작성되어야 하며, 이때 사용된 기준은 재무제표에 기술함

V 재무제표의 요소

개념체계에서는 보고기업의 재무상태와 관련된 자산, 부채 및 자본, 보고기업의 재무성과와 관련된 수익 및 비용을 재무제표 요소로 정의하고 있다.

[그림 2-4] 재무제표의 구성요소

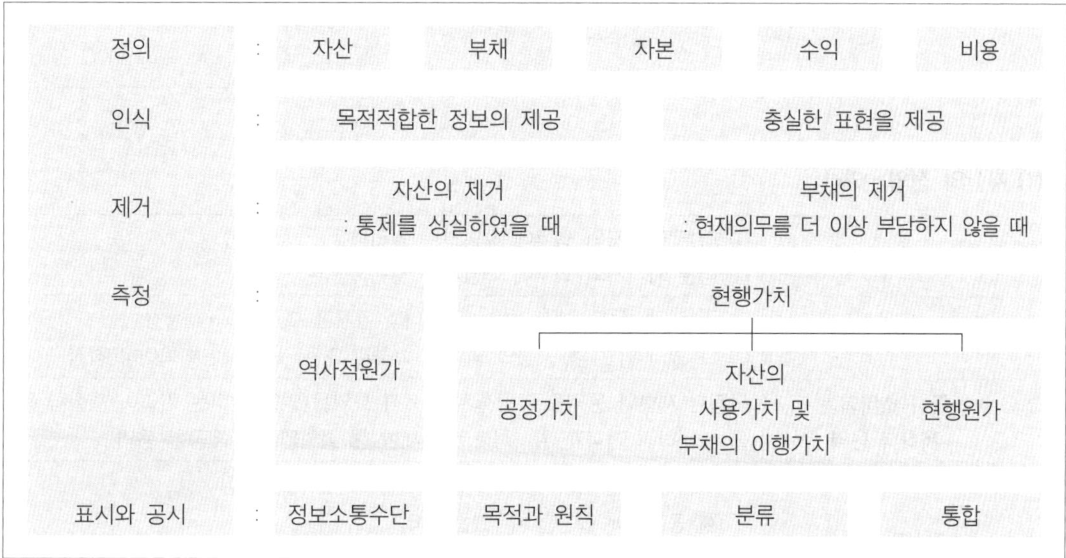

재무제표의 요소는 경제적 자원, 청구권 및 경제적 자원과 청구권의 변동과 연계되어 있으며, 각각의 정의는 다음과 같다.

재무제표	논의된 항목	재무제표의 요소	정의
재무상태표	경제적 자원	자산	과거사건의 결과로 기업이 통제하는 현재의 경제적 자원, 경제적 자원은 경제적 효익을 창출할 잠재력을 지닌 권리
	청구권	부채	과거사건의 결과로 기업의 경제적 자원을 이전해야 하는 현재의무
		자본	기업의 자산에서 모든 부채를 차감한 후의 잔여지분
재무성과표	재무성과를 반영하는 경제적 자원 및 청구권의 변동	수익	자본의 증가를 가져오는 자산의 증가나 부채의 감소로서, 자본청구권 보유자의 출자와 관련된 것은 제외
		비용	자본의 감소를 가져오는 자산의 감소나 부채의 증가로서, 자본청구권 보유자에 대한 분배와 관련된 것은 제외
그 밖의 재무제표	그 밖의 경제적 자원 및 청구권의 변동	-	자본청구권 보유자에 의한 출자와 그들에 대한 분배
		-	자본의 증가나 감소를 초래하지 않는 자산이나 부채의 교환

01 자산

자산의 정의는 (1) 권리, (2) 경제적 효익을 창출할 잠재력, (3) 통제의 3가지 측면으로 설명할 수 있다.

[그림 2-5] 자산의 정의의 3가지 측면

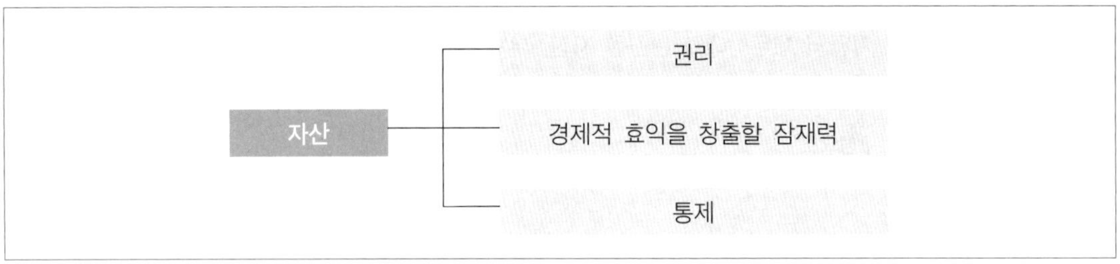

(1) 자산의 정의: 권리

권리의 구분	① 다른 당사자의 의무에 해당하는 권리[1)] ② 다른 당사자의 의무에 해당하지 않는 권리[2)]
권리의 성립	① 많은 권리들은 계약, 법률 또는 이와 유사한 수단에 의해 성립 ② 그 밖의 방법 예 공공의 영역에 속하지 않는 노하우의 획득이나 창작
즉시 소비되는 재화나 용역	이러한 재화나 용역으로 창출된 경제적 효익을 얻을 권리는 기업이 재화나 용역을 소비하기 전까지 일시적으로 존재함 예 종업원에게 제공한 용역
자산이 될 수 있는 권리	① 기업의 모든 권리가 그 기업의 자산이 되는 것은 아님 예 공공재에 접근할 수 있는 권리 ② 권리가 기업의 자산이 되기 위해서는, 해당 권리가 그 기업을 위해서 다른 모든 당사자들이 이용가능한 경제적 효익을 초과하는 경제적 효익을 창출할 잠재력이 있고, 그 기업에 의해 통제되어야 함
기업 스스로부터 경제적 효익을 획득하는 권리	기업은 기업 스스로부터 경제적 효익을 획득하는 권리를 가질 수는 없음 예 자기주식, 법적 실체들 중 하나가 발행하고 다른 하나가 보유하고 있는 채무상품이나 지분상품
여러 권리가 있는 자산	회계목적상, 관련되어 있는 여러 권리가 단일 자산인 단일 회계단위로 취급되는 경우가 많음
권리의 존재 여부의 불확실성	① 경우에 따라 권리의 존재 여부가 불확실할 수 있음 ② 존재불확실성이 해결될 때까지 기업은 권리를 보유하는지 불확실하고, 결과적으로 자산이 존재하는지도 불확실함 예 법원의 판결

1) ① 현금을 수취할 권리, ② 재화나 용역을 제공받을 권리, ③ 유리한 조건으로 다른 당사자와 경제적 자원을 교환할 권리, ④ 불확실한 특정 미래 사건이 발생하면 다른 당사자가 경제적 효익을 이전하기로 한 의무로 인해 효익을 얻을 권리

2) ① 유형자산 또는 재고자산과 같은 물리적 대상에 대한 권리, ② 지적재산 사용권

(2) 자산의 정의: 경제적 효익을 창출할 잠재력

경제적 자원	경제적 효익을 창출할 잠재력을 지닌 권리를 말하며, 경제적 자원이 잠재력을 가지기 위해 권리가 경제적 효익을 창출할 것이라고 확신할 필요는 없음
경제적 효익의 창출가능성	① 경제적 효익을 창출할 가능성이 낮더라도 권리가 경제적 자원의 정의를 충족할 수 있으며, 자산이 될 수 있음 ② 경제적 자원의 가치가 미래 경제적 효익을 창출할 현재의 잠재력에서 도출되지만, 경제적 자원은 그 잠재력을 포함한 현재의 권리이며, 그 권리가 창출할 수 있는 미래 경제적 효익이 아님 ③ 지출의 발생과 자산의 취득은 밀접하게 관련되어 있으나 양자가 반드시 일치하는 것은 아니며, 관련된 지출이 없더라도 특정 항목이 자산의 정의를 충족하는 것을 배제하지는 않음 예 증여받은 권리

(3) 자산의 정의: 통제

통제의 요건	경제적 자원을 통제하기 위한 요건 ① 기업이 경제적 자원의 사용을 지시함 ② 그로부터 유입될 수 있는 경제적 효익을 얻을 수 있는 현재의 능력이 있음
경제적 자원의 사용을 지시하는 능력	① 경제적 자원의 통제는 일반적으로 법적 권리를 행사할 수 있는 능력에서 비롯됨 ② 통제는 경제적 자원의 사용을 지시하고 이로부터 유입될 수 있는 효익을 얻을 수 있는 현재의 능력이 기업에게만 있도록 할 수 있는 경우에도 발생할 수 있음
경제적 효익을 얻을 수 있는 현재의 능력	① 경제적 자원을 통제하기 위해서는 해당 자원의 미래 경제적 효익이 다른 당사자가 아닌 그 기업에게 직접 또는 간접으로 유입되어야 함 ② 경제적 자원에 의해 창출되는 경제적 효익의 유의적인 변동에 노출된다는 것은 기업이 해당 자원을 통제한다는 것을 나타낼 수도 있음
본인/대리인	본인이 통제하는 경제적 자원을 대리인이 관리하고 있는 경우, 그 경제적 자원은 대리인의 자산이 아님

02 부채

부채가 존재하기 위해서는 다음의 3가지 조건을 모두 충족해야 한다.

(1) 기업에게 의무가 있다.
(2) 의무는 경제적 자원을 이전하는 것이다.
(3) 의무는 과거사건의 결과로 존재하는 현재의무이다.

[그림 2-6] 부채의 존재를 위한 3가지 조건

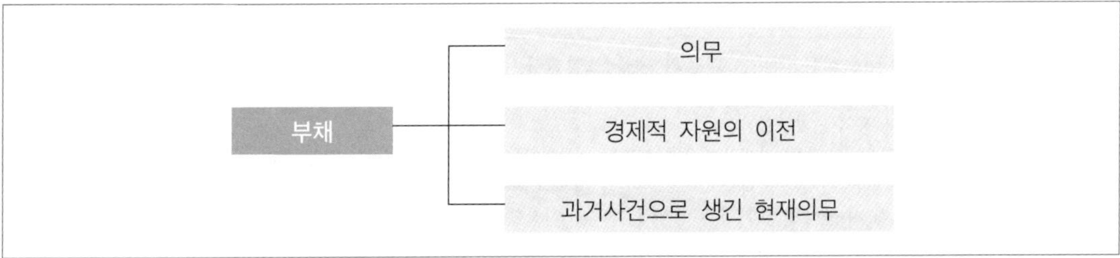

(1) 부채의 정의: 의무

의무의 정의	① 의무란 기업이 회피할 수 있는 실제 능력이 없는 책무나 책임을 말함 ② 의무를 이행할 대상인 당사자의 신원을 알 필요는 없음
법적의무	많은 의무가 계약, 법률 또는 이와 유사한 수단에 의해 성립되며, 당사자가 채무자에게 법적으로 집행할 수 있도록 함
의제의무	실무 관행, 경영방침이나 성명서에서 의무가 발생할 수 있는데, 이러한 의무를 의제의무라고 함
의무가 존재하는지 불확실한 경우	① 의무가 존재하는지 불확실한 경우가 있음 ② 그 존재의 불확실성이 해소될 때까지는 기업이 보상을 요구하는 당사자에게 의무가 있는지, 결과적으로 부채가 존재하는지 여부가 불확실함

(2) 부채의 정의: 경제적 자원의 이전

경제적 자원의 이전[3]	① 의무에는 기업이 경제적 자원을 다른 당사자에게 이전하도록 요구받게 될 잠재력이 있어야 함 ② 그러한 잠재력이 존재하기 위해서는, 기업이 경제적 자원의 이전을 요구받을 것이 확실하거나 그 가능성이 높아야 하는 것은 아님
이전가능성	경제적 자원의 이전가능성이 낮더라도 의무가 부채의 정의를 충족할 수 있음
결제, 이전 또는 대체	① 경제적 자원을 수취할 권리가 있는 당사자에게 그 경제적 자원을 이전해야 할 의무를 이행하는 대신에 의무를 면제받는 협상으로 의무를 이행, 의무를 제3자에게 이전, 새로운 거래를 체결하여 경제적 자원을 이전할 의무를 다른 의무로 대체를 결정하는 경우가 있음 ② 해당 의무를 결제, 이전 또는 대체할 때까지 경제적 자원을 이전할 의무가 있음

3) 경제적 자원을 이전해야 하는 의무는 다음의 예를 포함한다.
① 현금을 지급할 의무
② 재화를 인도하거나 용역을 제공할 의무
③ 불리한 조건으로 다른 당사자와 경제적 자원을 교환할 의무(예를 들어 이러한 의무는 현재 불리한 조건으로 경제적 자원을 판매하는 선도계약 또는 다른 당사자가 해당 기업으로부터 경제적 자원을 구입할 수 있는 옵션을 포함한다)
④ 불확실한 특정 미래 사건이 발생할 경우 경제적 자원을 이전할 의무
⑤ 기업에게 경제적 자원을 이전하도록 요구하는 금융상품을 발행할 의무

(3) 부채의 정의: 과거사건으로 생긴 현재의무

과거사건의 결과로 존재	① 기업이 이미 경제적 효익을 얻었거나 조치를 취했을 경우 ② 기업이 이전하지 않아도 되었을 경제적 자원을 결과적으로 이전해야 하거나 이전하게 될 수 있는 경우
법률제정	① 새로운 법률이 제정되는 경우에는, 그 법률의 적용으로 경제적 효익을 얻게 되거나 조치를 취한 결과로, 기업이 이전하지 않아도 되었을 경제적 자원을 이전해야 하거나 이전하게 될 수도 있는 경우에만 현재의무가 발생함 ② 법률제정 그 자체만으로는 기업에 현재의무를 부여하기에 충분하지 않음
경제적 자원의 이전	미래의 특정 시점까지 경제적 자원의 이전이 집행될 수 없더라도 현재의무는 존재할 수 있음
경제적 효익의 수취나 조치가 없는 경우	기업이 이전하지 않아도 되었을 경제적 자원을 이전하도록 요구받거나 요구받을 수 있게 하는 경제적 효익의 수취나 조치가 아직 없는 경우, 기업은 경제적 자원을 이전해야 하는 현재의무가 없음

03 자산과 부채의 회계단위

(1) 회계단위

회계단위의 정의	인식기준과 측정개념이 적용되는 권리나 권리의 집합, 의무나 의무의 집합 또는 권리와 의무의 집합
회계단위의 선택	인식기준과 측정개념이 자산이나 부채 그리고 관련 수익과 비용에 어떻게 적용될 것인지를 고려하여, 그 자산이나 부채에 대해 회계단위를 선택해야 함 ① 정보의 목적적합성: 자산이나 부채에 대해 제공된 정보와 이와 관련된 수익과 비용에 대해 제공된 정보는 목적적합해야 함 ② 정보의 표현충실성: 자산이나 부채에 대해 제공된 정보와 이와 관련된 수익과 비용에 대해 제공된 정보는 발생한 거래나 그 밖의 사건의 실질을 충실하게 표현해야 함
권리와 의무가 상호의존적이고 분리될 수 없는 경우	단일하고 불가분의 자산이나 부채를 구성하며, 단일의 회계단위를 형성함
권리가 의무와 분리될 수 있는 경우	① 의무와 권리를 별도로 분리하여 하나 이상의 자산과 부채를 별도로 식별 ② 다른 경우에는 분리가능한 권리와 의무를 단일 회계단위로 묶어 단일의 자산이나 부채로 취급하는 것이 더 적절할 수 있음
회계단위 선택의 원가제약	① 원가가 다른 재무보고 결정을 제약하는 것처럼, 회계단위 선택도 제약함 ② 일반적으로 자산, 부채, 수익과 비용의 인식 및 측정에 관련된 원가는 회계단위의 크기가 작아짐에 따라 증가함

(2) 미이행계약의 회계단위

미이행계약의 정의	계약당사자 모두가 자신의 의무를 전혀 수행하지 않았거나 계약당사자 모두가 동일한 정도로 자신의 의무를 부분적으로 수행한 계약이나 그 계약의 일부 ① 교환조건이 현재 유리할 경우: 기업은 자산을 보유함 ② 교환조건이 현재 불리한 경우: 기업은 부채를 보유함
당사자 일방이 계약상 의무를 이행한 경우	당사자 일방이 계약상 의무를 이행하면 그 계약은 더 이상 미이행계약이 아님 ① 보고기업이 수행한 경우: 보고기업의 경제적 자원을 교환할 권리와 의무를 경제적 자원을 수취할 권리로 변경하는 사건이 되며, 그 권리는 자산임 ② 다른 당사자가 수행한 경우: 보고기업의 경제적 자원을 교환할 권리와 의무를 경제적 자원을 이전할 의무로 변경하는 사건이 되며, 그 의무는 부채임

04 자본의 정의

자본의 정의	기업의 자산에서 모든 부채를 차감한 후의 잔여지분
자본청구권의 정의	기업의 자산에서 모든 부채를 차감한 후의 잔여지분에 대한 청구권
자본청구권의 성립	① 기업이 발행한 다양한 유형의 지분 ② 기업이 또 다른 자본청구권을 발행할 의무
자본청구권 보유자의 권리	① 배당금 ② 청산 시 전액을 청구하거나, 청산이 아닌 시점에 부분적인 금액을 청구하는 자본청구권에 해당하는 배당 ③ 그 밖의 자본청구권
사업활동이 다양한 유형의 실체에 의해 수행되는 경우	자본의 정의는 모든 보고기업에 적용됨 예 개인기업, 파트너쉽, 신탁 또는 다양한 유형의 정부 사업체

05 수익과 비용의 정의

수익의 정의	자본청구권 보유자의 출자와 관련된 것을 제외한, 자산의 증가 또는 부채의 감소로서 자본의 증가를 가져오는 것
비용의 정의	자본청구권 보유자에 대한 분배와 관련된 것을 제외한, 자산의 감소 또는 부채의 증가로서 자본의 감소를 가져오는 것
수익과 비용이 서로 다른 특성을 지닌 경우	수익과 비용의 서로 다른 특성별로 정보를 별도로 제공하면 재무제표이용자들이 기업의 재무성과를 이해하는 데 도움이 될 수 있음

Ⅵ 재무제표 요소의 인식과 제거

01 재무제표 요소의 인식

인식은 자산, 부채, 자본, 수익 또는 비용과 같은 재무제표 요소 중 하나의 정의를 충족하는 항목을 재무상태표나 재무성과표에 포함하기 위하여 포착하는 과정이다. 인식은 그러한 재무제표 중 하나에 어떤 항목을 단독으로 또는 다른 항목과 통합하여 명칭과 화폐금액으로 나타내고, 그 항목을 해당 재무제표의 하나 이상의 합계에 포함시키는 것과 관련된다. 자산, 부채 또는 자본이 재무상태표에 인식되는 금액을 장부금액이라고 한다. 인식에 따라 재무제표 요소, 재무상태표 및 재무성과표가 다음과 같이 연계된다.

(1) 재무상태표의 보고기간 기초와 기말의 총자산에서 총부채를 차감한 것은 총자본과 같다.
(2) 보고기간에 인식한 자본변동은 다음과 같이 구성되어 있다.
　① 재무성과표에 인식된 수익에서 비용을 차감한 금액
　② 자본청구권 보유자로부터의 출자에서 자본청구권 보유자에의 분배를 차감한 금액

[그림 2-7] 인식에 따라 재무제표 요소들이 연계되는 방법

기초 재무상태표		보고기간에 인식한 자본변동				기말 재무상태표
		재무성과표		자본청구권 보유자와의 거래		
기초총자본 (= 기초총자산 - 기초총부채)	+	(수익 - 비용)	+	(출자 - 분배)	=	기말총자본 (= 기말총자산 - 기말총부채)

02 인식기준

전제조건	자산, 부채, 자본, 수익 및 비용의 정의를 충족해야 함
인식기준	① 목적적합성: 자산이나 부채에 대한 그리고 이에 따른 결과로 발생하는 수익, 비용 또는 자본변동에 대한 목적적합한 정보를 제공함 ② 표현충실성: 자산이나 부채 그리고 이에 따른 결과로 발생하는 수익, 비용 또는 자본변동의 충실한 표현을 제공함
제약요인	재무제표이용자들에게 제공되는 정보의 효익이 그 정보를 제공하고 사용하는 원가를 정당화할 수 있을 경우에 자산이나 부채를 인식함
유의사항	① 자산, 부채, 자본, 수익 및 비용의 정의를 충족하는 항목이라고 할지라도 항상 인식되는 것은 아님 ② 자산이나 부채의 정의를 충족하는 항목이 인식되지 않더라도, 기업은 해당 항목에 대한 정보를 주석에 제공해야 할 수도 있음

(1) 목적적합성

목적적합성	① 자산, 부채, 자본, 수익과 비용에 대한 정보는 재무제표이용자들에게 목적적합함 ② 특정 자산이나 부채의 인식과 이에 따른 결과로 발생하는 수익, 비용 또는 자본변동을 인식하는 것이 항상 목적적합한 정보를 제공하는 것은 아닐 수 있음 예 존재불확실성, 경제적 효익의 낮은 유입가능성과 유출가능성
존재불확실성	어떤 경우에는 그러한 불확실성은 경제적 효익의 유입가능성이나 유출가능성이 낮고 발생가능한 결과의 범위가 예외적으로 광범위한 상황과 결합될 수가 있는데, 이는 자산이나 부채를 반드시 단일 금액으로만 측정하여 인식하는 것이 목적적합한 정보를 제공하지는 않음을 의미할 수 있음
경제적 효익의 낮은 유입 · 유출가능성	① 경제적 효익의 유입가능성이나 유출가능성이 낮더라도 자산이나 부채가 존재할 수 있으며, 이러한 정보는 일반적으로 주석에 기재함 ② 경제적 효익의 유입가능성이나 유출가능성이 낮더라도, 자산이나 부채를 인식하는 것이 목적적합한 정보를 제공할 수 있는 경우도 있음

(2) 표현충실성

표현충실성	① 특정 자산이나 부채를 인식하는 것은 목적적합한 정보를 제공할 뿐만 아니라 해당 자산이나 부채 및 이에 따른 결과로 발생하는 수익, 비용 또는 자본변동에 대한 충실한 표현을 제공할 경우에 적절함 ② 충실한 표현이 제공될 수 있는지는 자산이나 부채와 관련된 측정불확실성의 수준 또는 다른 요인에 의해 영향을 받을 수 있음
측정불확실성	자산이나 부채를 측정하는 데 추정과 관련된 불확실성 수준이 너무 높은 경우 추정에 대한 설명과 추정에 영향을 미칠 수 있는 불확실성에 대한 설명을 동반한다면, 불확실성이 높은 추정에 의존하는 측정이 가장 유용한 정보일 수 있음
다른 요소들	다음 요소를 고려함 ① 결과적으로 발생하는 수익, 비용 및 자본변동에 대한 서술 ② 관련 자산과 부채가 인식되는지 여부 ③ 자산이나 부채 그리고 이에 따른 결과로 발생하는 수익, 비용 또는 자본변동에 대한 정보의 표시와 공시

⊘ **참고**

1. **인식기준의 변경**

   재무보고를 위한 개념체계가 개정됨에 따라 인식기준이 (1) 목적적합성과 (2) 표현충실성을 충족할 때 재무제표요소를 인식하도록 규정하고 있다. 한편, 과거 재무보고를 위한 개념체계에서 재무제표 요소의 정의에 부합하는 항목이 재무제표에 인식되기 위해서는 충족해야 할 인식기준은 다음과 같다고 규정하였다.

   (1) 미래 경제적 효익의 발생가능성

   : 그 항목과 관련된 미래 경제적 효익이 기업에 유입되거나 기업으로부터 유출될 가능성이 높다.

   (2) 측정의 신뢰성: 항목의 원가 또는 가치를 신뢰성 있게 측정할 수 있다.

   그러나 한국채택국제회계기준의 각 기준서에서는 아직 과거 재무보고를 위한 개념체계의 인식기준을 그대로 사용하고 있다. 재무보고를 위한 개념체계는 한국채택국제회계기준에 우선하지 않으므로 각 기준서의 인식기준이 우선 적용되어야 함에 유의하기 바란다.

2. **수익 · 비용 대응의 원칙**

   회계관행적으로 비용은 수익이 발생한 기간에 비용을 대응시켜 인식하는 수익 · 비용 대응의 원칙에 따라 인식하였는데 관련된 내용은 다음과 같다.

   (1) 직접적인 관련성: 비용은 발생된 원가와 특정 수익항목의 가득 간에 존재하는 직접적인 관련성을 기준으로 포괄손익계산서에 인식한다. 수익에 원가를 대응시키는 과정에는 동일한 거래나 그 밖의 사건에 따라 직접 그리고 공통으로 발생하는 수익과 비용을 동시에 또는 통합하여 인식하는 것이 포함된다. 재화의 판매에 따라 수익이 발생됨과 동시에 매출원가를 구성하는 다양한 비용요소가 인식되는 것이 그 예이다. 그러나 이 개념체계 하에서 대응개념을 적용한다 하더라도 자산이나 부채의 정의를 충족하지 못하는 항목을 재무상태표에 인식하는 것은 허용되지 아니한다.

   (2) 체계적이고 합리적인 기간배분: 경제적 효익이 여러 회계기간에 걸쳐 발생할 것으로 기대되고 수익과의 관련성이 단지 포괄적으로 또는 간접적으로만 결정될 수 있는 경우 비용은 체계적이고 합리적인 배분절차를 기준으로 포괄손익계산서에 인식된다. 이러한 비용 인식 절차는 유형자산, 영업권, 특허권과 상표권 같은 자산의 사용과 관련된 비용을 인식하기 위하여 자주 필요하다. 이러한 경우에 관련된 비용은 감가상각비 또는 상각비로 표시된다. 이 배분절차는 해당 항목과 관련된 경제적 효익이 소비되거나 소멸되는 회계기간에 비용을 인식하는 것을 목적으로 한다.

   (3) 즉시 비용 인식: 미래 경제적 효익이 기대되지 않는 지출이거나, 미래 경제적 효익이 기대되더라도 재무상태표에 자산으로 인식되기 위한 조건을 원래 충족하지 못하거나 더 이상 충족하지 못하는 부분은 즉시 포괄손익계산서에 비용으로 인식되어야 한다. 그러한 예로는 광고선전비와 교육훈련비 등이 있다.

03 제거

제거의 정의	기업의 재무상태표에 인식된 자산이나 부채의 전부 또는 일부를 삭제하는 것
제거기준	① 자산: 일반적으로 기업이 인식한 자산의 전부 또는 일부에 대한 통제를 상실하였을 때 제거함 ② 부채: 일반적으로 기업이 인식한 부채의 전부 또는 일부에 대한 현재의무를 더 이상 부담하지 않을 때 제거함
제거에 대한 회계 요구사항의 목표	① 제거를 초래하는 거래나 그 밖의 사건 후의 잔여 자산과 부채(그 거래나 그 밖의 사건의 일부로 취득, 발생 또는 창출한 자산이나 부채 포함) ② 그 거래나 그 밖의 사건으로 인한 기업의 자산과 부채의 변동

Ⅶ 재무제표요소의 측정

재무제표에 인식된 요소들은 화폐단위로 수량화되어 있다. 이를 위해 측정기준을 선택해야 한다. 이러한 측정기준은 역사적원가와 현행가치가 있으며, 현행가치는 공정가치, 자산의 사용가치 및 부채의 이행가치, 현행원가를 포함한다.

01 역사적원가

역사적원가	① 역사적원가 측정치는 적어도 부분적으로 자산, 부채 및 관련 수익과 비용을 발생시키는 거래나 그 밖의 사건의 가격에서 도출된 정보를 사용하여 자산, 부채 및 관련 수익과 비용에 관한 화폐적 정보를 제공하며, 현행가치와 달리 역사적원가는 자산의 손상이나 손실부담에 따른 부채와 관련되는 경우를 제외하고는 가치의 변동을 반영하지 않음 ② 원가를 식별할 수 없거나 그 원가가 자산이나 부채에 관한 목적적합한 정보를 제공하지 못하는 경우 그 자산이나 부채의 현행가치가 최초인식시점의 간주원가로 사용됨 ③ 역사적원가 측정기준을 사용할 경우, 다른 시점에 취득한 동일한 자산이나 발생한 부채가 재무제표에 다른 금액으로 보고될 수 있음
자산의 역사적원가	자산의 취득 또는 창출을 위하여 지급한 대가 + 거래원가
부채의 역사적원가	발생시키거나 인수하면서 수취한 대가 - 거래원가
상각후원가	① 역사적원가 측정기준을 금융자산과 금융부채에 적용하는 한 가지 방법임 ② 금융자산과 금융부채의 상각후원가는 최초인식 시점에 결정된 이자율로 할인한 미래현금흐름 추정치를 반영함

02 현행가치

현행가치	(1) 현행가치 측정치는 측정일의 조건을 반영하기 위해 갱신된 정보를 사용하여 자산, 부채 및 관련 수익과 비용의 화폐적 정보를 제공함 (2) 현행가치의 측정기준: ① 공정가치, ② 자산의 사용가치 및 부채의 이행가치, ③ 현행원가
① 공정가치	(1) 공정가치(자산) : 측정일에 시장참여자 사이의 정상거래에서 자산을 매도할 때 받게 될 가격 (2) 공정가치(부채) : 측정일에 시장참여자 사이의 정상거래에서 부채를 이전할 때 지급하게 될 가격
② 자산의 사용가치 및 부채의 이행가치	(1) 사용가치: PV(자산의 사용과 궁극적인 처분으로 얻을 것으로 기대하는 현금흐름 또는 그 밖의 경제적 효익) (2) 이행가치: PV(부채를 이행할 때 이전해야 하는 현금이나 그 밖의 경제적 자원)
③ 현행원가	(1) 현행원가(자산) : 측정일에 동등한 자산의 원가로서 측정일에 지급할 대가 + 그 날에 발생할 거래원가 (2) 현행원가(부채) : 측정일에 동등한 부채에 대해 수취할 수 있는 대가 - 그 날에 발생할 거래원가

03 특정 측정기준에 의해 제공되는 정보

구분		내용
역사적원가		① 역사적원가는 자산이나 부채를 발생시킨 거래나 그 밖의 사건의 가격에서 도출된 정보를 적어도 부분적으로 사용하기 때문에, 역사적원가로 자산이나 부채를 측정하여 제공하는 정보는 재무제표이용자들에게 목적적합할 수 있음 ② 자산이나 부채를 역사적원가로 측정하는 것은 자산과 부채를 발생시킨 거래의 가격과 자산이나 부채 모두에 대한 목적적합한 정보를 제공함
현행가치	공정가치	① 공정가치로 자산과 부채를 측정하여 제공하는 정보는 예측가치를 가질 수 있으며, 또한 종전 기대치에 대한 피드백을 제공함으로써 확인가치를 가질 수 있음 ② 시장참여자의 현재 기대를 반영한 수익과 비용은 미래의 수익과 비용을 예측할 때 투입요소로 사용될 수 있기 때문에 예측가치가 있을 수 있으며, 이러한 수익과 비용은 기업의 경영진이 그 기업의 경제적 자원을 사용하는 책임을 얼마나 효율적이고 효과적으로 수행했는지를 평가하는 데 도움이 될 수 있음
	자산의 사용가치 및 부채의 이행가치	① 사용가치의 정보는 미래순현금유입에 대한 예상치를 평가하는 데 사용할 수 있기 때문에 예측가치를 가질 수 있음 ② 이행가치의 정보는 부채가 이전되거나 협상으로 결제될 때보다는 특히 이행될 경우에 예측가치를 가질 수 있음 ③ 사용가치나 이행가치 추정치가 미래현금흐름의 금액, 시기와 불확실성으로 추정된 정보와 결합되어 갱신될 경우, 갱신된 추정치는 사용가치나 이행가치의 종전 추정치에 관한 피드백을 제공하기 때문에 확인가치를 가질 수 있음
	현행원가	① 현행원가로 측정한 자산과 부채에 관한 정보는 현행원가가 측정일에 동등한 자산을 취득하거나 창출할 수 있는 원가를 반영하거나, 동등한 부채를 발생시키거나 인수하기 위해 수취할 대가를 반영하기 때문에 목적적합할 수 있음 ② 가격 변동이 유의적일 경우, 현행원가를 기반으로 한 이익은 역사적원가를 기반으로 한 이익보다 미래 이익을 예측하는 데 더 유용할 수 있음

04 측정기준을 선택할 때 고려할 요인

측정기준을 선택할 때 고려할 요인	① 측정기준에 의해 제공되는 정보는 재무제표이용자들에게 유용해야 하며, 이를 달성하기 위해서는 정보가 목적적합해야 하고 나타내고자 하는 바를 충실하게 표현해야 함 ② 또한, 제공되는 정보는 가능한 한 비교가능하고 검증가능하며 적시성이 있고 이해가능해야 함
목적적합성	자산이나 부채, 이와 관련된 수익과 비용의 측정기준에 의해 제공된 정보의 목적적합성은 다음의 영향을 받음 ① 자산이나 부채의 특성 ② 그 자산이나 부채가 미래현금흐름에 어떻게 기여하는지
표현충실성	① 자산과 부채가 어떤 방식으로든 관련된 경우, 해당 자산과 부채에 대해 서로 다른 측정기준을 사용하면 측정불일치(회계불일치)가 발생할 수 있음 ② 완벽하게 충실한 표현에는 오류가 없어야 하지만, 이것은 모든 측면에서 측정이 완벽하게 정확해야 한다는 것을 의미하지는 않음 ③ 측정불확실성은 결과불확실성이나 존재불확실성과는 다름
보강적 질적특성	보강적 질적특성 중 비교가능성, 이해가능성, 검증가능성 및 원가제약은 측정기준의 선택에 영향을 미치지만, 보강적 질적특성 중 적시성은 측정에 특별한 영향을 미치지 않음 ① 비교가능성: 한 보고기업 내에서 기간 간 또는 같은 기간 동안에 기업 간에 동일 항목에 대해 동일한 측정기준을 일관되게 사용하면 보다 더 비교가능한 재무제표를 작성하는 데 도움이 될 수 있음 ② 이해가능성: 이해가능성은 부분적으로 얼마나 많은 다른 측정기준을 사용하고 있는지와 시간의 경과에 따라 변경되는지 여부에 달려 있음 ③ 검증가능성: 검증가능성은 가격을 관측하는 것과 같이 직접 또는 모형의 투입요소를 확인하는 것과 같이 간접으로, 독립적으로 확인될 수 있는 측정기준을 사용함으로써 향상됨
원가제약	원가가 다른 재무보고결정을 제약하는 것처럼 측정기준의 선택도 제약함
최초 측정에 관련된 특정 요인들	① 최초인식시점에, 시장조건에 따른 거래에서 취득한 자산이나 발생한 부채의 원가는 거래원가가 유의적이지 않다면 일반적으로 그 시점의 공정가치와 비슷함 ② 자산이나 부채를 원가로 측정하는 경우, 이전된 자산이나 부채의 제거로 인해 수익과 비용이 발생하거나 자산이 손상되거나 손실부담부채가 생기는 경우가 아닌 한, 최초 인식 시점에 수익이나 비용이 발생하지 않음 ③ 시장조건에 따른 거래가 아닌 사건의 결과로 자산을 취득하거나 부채가 발생할 수 있는데, 이러한 경우 취득한 자산이나 발생한 부채를 간주원가로 측정하는 것이 적절할 수 있음. 간주원가와 지급하거나 수취한 대가와의 차이는 최초인식시점에 수익과 비용으로 인식될 것임
하나 이상의 측정기준	때로는 기업의 재무상태와 재무성과를 충실히 표현하는 목적적합한 정보를 제공하기 위해 자산이나 부채, 관련된 수익과 비용에 대해 하나 이상의 측정기준이 필요하다는 결론에 이르게 될 수도 있음

05 자본의 측정

자본의 측정	① 총자본은 직접 측정하지 않음 ② 모든 자산의 장부금액에서 인식된 모든 부채의 장부금액을 차감한 금액과 동일함
자본의 일부 구성요소	① 자본의 일부 종류와 자본의 일부 구성요소에 대한 장부금액은 직접 측정하는 것이 적절할 수 있음 ② 자본의 개별항목 또는 자본의 구성요소의 장부금액은 일반적으로 양(+)의 값이지만 일부 상황에서는 음(-)의 값을 가질 수 있음

Ⅷ 표시와 공시

구분		내용
정보소통 수단으로서의 표시와 공시		보고기업은 재무제표에 정보를 표시하고 공시함으로써 기업의 자산, 부채, 자본, 수익 및 비용에 관한 정보를 전달함 (목적적합성, 표현충실성, 이해가능성 및 비교가능성의 향상)
표시와 공시의 목적과 원칙		표시와 공시의 목적을 개별 기준서에 포함시킴으로써 정보가 재무제표에서 효과적으로 소통되는 데 도움을 줌
재무제표 요소의 분류	정의	표시와 공시를 위해 자산, 부채, 자본, 수익이나 비용을 공유되는 특성에 따라 구분하는 것
	자산과 부채의 분류	분류는 자산 또는 부채에 대해 선택된 회계단위별로 적용하여 분류함
	상계	상계는 기업이 자산과 부채를 재무상태표에서 단일의 순액으로 합산하는 경우에 발생하지만, 서로 다른 항목을 함께 분류하는 것이므로 일반적으로는 적절하지 않음
	자본의 분류	유용한 정보를 제공하기 위해, 자본청구권이 다른 특성을 가지고 있는 경우 또는 자본의 일부 구성요소에 특정 법률, 규제 또는 그 밖의 요구사항이 있는 경우에는 그 자본청구권 및 자본의 그 구성요소를 별도로 분류해야 할 수도 있음
	수익과 비용의 분류	수익과 비용의 분류에는 다음 ① 또는 ②가 적용됨 ① 자산이나 부채에 대해 선택된 회계단위에서 발생하는 수익과 비용 ② 수익이나 비용의 구성요소의 특성이 서로 다르며 이들 구성요소가 별도로 식별되는 경우 그러한 수익과 비용의 구성요소
	당기손익과 기타포괄손익	수익과 비용은 분류되어 다음 중 하나에 포함됨 ① 손익계산서 ② 손익계산서 이외의 기타포괄손익
통합		특성을 공유하고 동일한 분류에 속하는 자산, 부채, 자본, 수익 또는 비용을 합하는 것

Ⅸ 자본 및 자본유지개념

01 자본의 개념

(1) 대부분의 기업은 자본의 재무적 개념에 기초하여 재무제표를 작성한다. 자본을 투자된 화폐액 또는 투자된 구매력으로 보는 재무적 개념하에서 자본은 기업의 순자산이나 지분과 동의어로 사용된다. 자본을 조업능력으로 보는 자본의 실물적 개념하에서는 자본은 예를 들어, 1일 생산수량과 같은 기업의 생산능력으로 간주된다.

(2) 기업은 재무제표이용자의 정보요구에 기초하여 적절한 자본개념을 선택하여야 한다. 따라서 재무제표의 이용자가 주로 명목상의 투하자본이나 투하자본의 구매력 유지에 관심이 있다면 재무적 개념의 자본을 채택하여야 한다. 그러나 이용자의 주된 관심이 기업의 조업능력 유지에 있다면 실물적 개념의 자본을 사용하여야 한다.

구분	정의	재무제표이용자의 정보요구
재무적 개념(명목화폐)	투자된 화폐액	명목상의 투하자본
재무적 개념(불변구매력)	투자된 구매력	투하자본의 구매력 유지
실물적 개념	생산능력	기업의 조업능력 유지

02 자본유지개념과 이익의 결정

(1) 자본을 투자된 화폐액 또는 투자된 구매력으로 보는 재무적 개념 및 자본을 조업능력으로 보는 자본의 실물적 개념에 따라 다음과 같은 자본유지개념이 도출된다.

> ① 재무자본유지: 재무자본유지개념하에서 이익은 해당 기간 동안 소유주에게 배분하거나 소유주가 출연한 부분을 제외하고 기말 순자산의 재무적 측정금액(화폐금액)이 기초 순자산의 재무적 측정금액(화폐금액)을 초과하는 경우에만 발생한다. 재무자본유지는 명목화폐단위 또는 불변구매력단위를 이용하여 측정할 수 있다.
> ② 실물자본유지: 실물자본유지개념하에서 이익은 해당 기간 동안 소유주에게 배분하거나 소유주가 출연한 부분을 제외하고 기업의 기말 실물생산능력이나 조업능력(또는 그러한 생산능력을 갖추기 위해 필요한 자원이나 기금)이 기초 실물생산능력을 초과하는 경우에만 발생한다.

(2) 자본유지개념은 기업이 유지하려고 하는 자본을 어떻게 정의하는지와 관련된다. 자본유지개념은 이익이 측정되는 준거기준을 제공함으로써 자본개념과 이익개념 사이의 연결고리를 제공한다. 자본유지개념은 기업의 자본에 대한 투자수익과 투자회수를 구분하기 위한 필수요건이다. 자본유지를 위해 필요한 금액을 초과하는 자산의 유입액만이 이익으로 간주될 수 있고 결과적으로 자본의 투자수익이 된다. 따라서 이익은 수익에서 비용(필요한 경우 자본유지조정액을 포함)을 차감한 후의 잔여액이다.

(3) 실물자본유지개념을 사용하기 위해서는 현행원가기준에 따라 측정해야 한다. 그러나 재무자본유지개념은 특정한 측정기준의 적용을 요구하지 아니한다. 재무자본유지개념 하에서 측정기준의 선택은 기업이 유지하려는 재무자본의 유형과 관련이 있다.

POINT 자본유지개념의 측정방법

구분	명목화폐자본유지	불변구매력화폐자본유지	실물자본유지
유지해야 할 자본	기초명목화폐투자액	기초불변구매력화폐투자액	기초실물생산능력
이익	명목화폐자본의 증가액	투자된 구매력의 증가	실물생산능력의 증가
자산측정방법	특정되지 않음	특정되지 않음	현행원가

(4) 재무자본유지개념과 실물자본유지개념의 주된 차이는 기업의 자산과 부채에 대한 가격변동 영향의 처리방법에 있다. 일반적으로 기초에 가지고 있던 자본만큼을 기말에도 가지고 있다면 이 기업의 자본은 유지된 것이며, 기초자본을 유지하기 위해 필요한 부분을 초과하는 금액이 이익이다.

(5) 자본을 명목화폐단위로 정의한 재무자본유지개념하에서 이익은 해당 기간 중 명목화폐자본의 증가액을 의미한다. 따라서 기간 중 보유한 자산가격의 증가 부분, 즉 보유이익은 개념적으로 이익에 속한다. 그러나 보유이익은 자산이 교환거래에 따라 처분되기 전에는 이익으로 인식되지 않을 것이다. 만일 재무자본유지개념이 불변구매력 단위로 정의된다면 이익은 해당 기간 중 투자된 구매력의 증가를 의미하게 된다. 따라서 일반물가수준에 따른 가격상승을 초과하는 자산가격의 증가 부분만이 이익으로 간주되며, 그 이외의 가격증가 부분은 자본의 일부인 자본유지조정으로 처리된다.

(6) 자본을 실물생산능력으로 정의한 실물자본유지개념하에서 이익은 해당 기간 중 실물생산능력의 증가를 의미한다. 기업의 자산과 부채에 영향을 미치는 모든 가격변동은 해당 기업의 실물생산능력에 대한 측정치의 변동으로 간주되어 이익이 아니라 자본의 일부인 자본유지조정으로 처리된다.

POINT 자본유지조정과 이익

<table>
<tr><th colspan="2">기말자본 - 기초자본</th><th>명목재무자본유지</th><th>불변구매력재무자본유지</th><th>실물자본유지</th></tr>
<tr><td colspan="2">가격변동효과초과분</td><td rowspan="3">이익(I/S)</td><td rowspan="2">이익(I/S)</td><td>이익(I/S)</td></tr>
<tr><td rowspan="2">가격변동효과</td><td>물가상승초과분</td><td rowspan="2">자본유지조정(B/S)</td></tr>
<tr><td>물가상승</td><td>자본유지조정(B/S)</td></tr>
<tr><td colspan="2">기초자본</td><td>기초자본</td><td>기초자본</td><td>기초자본</td></tr>
</table>

해커스 IFRS 김원종 POINT 중급회계

Chapter 03

재무제표 표시와 공정가치 측정

I | 일반사항

01 목적

(1) 재무제표는 기업의 재무상태와 재무성과를 체계적으로 표현한 것이다. 재무제표의 목적은 광범위한 정보이용자의 경제적 의사결정에 유용한 기업의 재무상태, 재무성과와 재무상태변동에 관한 정보를 제공하는 것이며, 재무제표는 위탁받은 자원에 대한 경영진의 수탁책임 결과도 보여준다.

(2) 이러한 목적을 충족하기 위하여 재무제표는 다음과 같은 기업 정보를 제공한다.

> ① 자산
> ② 부채
> ③ 자본
> ④ 차익과 차손을 포함한 광의의 수익과 비용
> ⑤ 소유주로서의 자격을 행사하는 소유주에 의한 출자와 소유주에 대한 배분
> ⑥ 현금흐름

02 전체 재무제표

(1) 각각의 재무제표는 전체 재무제표에서 동등한 비중으로 표시하며, 재무제표는 아래에서 사용하는 재무제표의 명칭이 아닌 다른 명칭을 사용할 수도 있다. 예를 들어, '손익과기타포괄손익계산서'라는 명칭 대신에 '포괄손익계산서'라는 명칭을 사용할 수 있다.

(2) 전체재무제표에 포함할 사항[1]은 다음과 같다.

> ① 기말 재무상태표
> ② 기간 포괄손익계산서(손익과기타포괄손익계산서)
> ③ 기간 자본변동표
> ④ 기간 현금흐름표
> ⑤ 주석(중요한 회계정책 정보와 그 밖의 설명 정보로 구성)
> ⑥ 회계정책을 소급하여 적용하거나, 재무제표의 항목을 소급하여 재작성 또는 재분류하는 경우 전기 기초 재무상태표

(3) 많은 기업은 특히 환경 요인이 유의적인 산업에 속해 있는 경우나 종업원이 주요 재무제표이용자인 경우에 환경보고서나 부가가치보고서와 같은 재무제표 이외의 보고서는 K-IFRS의 적용범위에 해당하지 않는다.

1) 전기에 관한 비교정보도 포함하여야 하며 이를 비교표시재무제표라고 한다.

03 일반사항

(1) 공정한 표시와 K-IFRS의 준수

① 재무제표는 기업의 재무상태, 재무성과 및 현금흐름을 공정하게 표시해야 함
② K-IFRS에 따라 작성된 재무제표는 공정하게 표시된 재무제표로 봄
③ 부적절한 회계정책은 이에 대하여 공시나 주석 또는 보충 자료를 통해 설명하더라도 정당화될 수 없다. 그러나 극히 드문 상황으로서 K-IFRS의 요구사항을 준수하는 것이 오히려 '개념체계'에서 정하고 있는 재무제표의 목적과 상충되어 재무제표이용자의 오해를 유발할 수 있다고 경영진이 결론을 내리는 경우에는, 관련 감독체계가 이러한 요구사항으로부터의 일탈을 의무화하거나 금지하지 않는다면, 요구사항을 달리 적용할 수 있음
④ K-IFRS을 준수하여 작성된 재무제표는 국제회계기준을 준수하여 작성된 재무제표임을 주석으로 공시할 수 있음

> ⊘ 참고 **회계정책 정보의 공시**
> 회계정책을 적용하는 과정에서 경영진이 내린 판단으로서 재무제표에 인식한 금액에 가장 유의적으로 영향을 준 판단도 중요한 회계정책 정보나 그 밖의 주석사항과 함께 공시한다.

(2) 계속기업

① 경영진은 재무제표를 작성할 때 계속기업으로서의 존속가능성을 평가해야 함
② 계속기업으로서의 존속능력에 유의적인 의문이 제기될 수 있는 사건이나 상황과 관련된 중요한 불확실성을 알게 된 경우, 경영진은 그러한 불확실성을 공시하여야 하며, 재무제표가 계속기업의 기준 하에 작성되지 않는 경우에는 그 사실과 함께 재무제표가 작성된 기준 및 그 기업을 계속기업으로 보지 않는 이유를 공시하여야 함
③ 계속기업의 가정이 적절한지의 여부를 평가할 때 경영진은 적어도 보고기간 말로부터 향후 12개월 기간에 대하여 이용가능한 모든 정보를 고려해야 함
④ 기업이 상당 기간 계속 사업이익을 보고하였고, 보고기간 말 현재 경영에 필요한 재무자원을 확보하고 있는 경우에는 자세한 분석이 없이도 계속기업을 전제로 한 회계처리가 적절하다는 결론을 내릴 수 있음

(3) 발생기준 회계

기업은 현금흐름 정보를 제외하고는 발생기준 회계를 사용하여 재무제표를 작성해야 함

(4) 중요성과 통합표시

① 유사한 항목은 중요성 분류에 따라 재무제표에 구분하여 표시하고, 상이한 성격이나 기능을 가진 항목은 구분하여 표시함
② 중요하지 않은 항목은 성격이나 기능이 유사한 항목과 통합하여 표시할 수 있음
③ 중요하지 않은 정보일 경우 K-IFRS에서 요구하는 특정 공시를 제공할 필요는 없음

(5) 상계

① K-IFRS에서 요구하거나 허용하지 않는 한 자산과 부채 그리고 수익과 비용은 상계하지 아니하고 구분하여 표시함

② 재고자산에 대한 재고자산평가충당금과 매출채권에 대한 대손충당금과 같은 평가충당금을 차감하여 관련 자산을 순액으로 측정하는 것은 상계표시에 해당하지 아니함

③ 동일 거래에서 발생하는 수익과 관련 비용의 상계표시가 거래나 그 밖의 사건의 실질을 반영한다면 그러한 거래의 결과는 상계하여 표시함[2)]

④ 외환손익 또는 단기매매 금융상품에서 발생하는 손익과 같이 유사한 거래의 집합에서 발생하는 차익과 차손은 순액으로 표시함. 그러나 그러한 차익과 차손이 중요한 경우에는 구분하여 표시함

(6) 보고빈도

전체 재무제표는 비교정보를 포함하여 적어도 1년마다 작성함

(7) 비교정보

① **최소한의 비교정보:** 당기 재무제표에 보고되는 모든 금액에 대해 전기 비교정보를 표시함

② **회계정책 변경, 소급재작성 또는 소급재분류:** 회계정책 변경, 소급재작성 또는 소급재분류회계정책을 소급하여 적용하거나, 재무제표 항목을 소급하여 재작성 또는 재분류하여 이러한 소급적용, 소급재작성 또는 소급재분류가 전기기초 재무상태표의 정보에 중요한 영향을 미친다면 최소한의 비교 재무제표에 추가하여 전기기초를 기준으로 세 번째 재무상태표를 표시함

(8) 표시의 계속성

재무제표 항목의 표시와 분류는 다음의 경우를 제외하고는 매기 동일하여야 함

① 사업내용의 유의적인 변화나 재무제표를 검토한 결과 다른 표시나 분류방법이 더 적절한 것이 명백한 경우 ② K-IFRS에서 표시방법의 변경을 요구하는 경우

(9) 재무제표의 식별

각 재무제표와 주석은 명확하게 식별되어야 하고 다음 정보가 분명히 드러나야 하며, 정보의 이해를 위해서 반복 표시해야 한다.

① 보고기업의 명칭 또는 그 밖의 식별 수단과 전기 보고기간 말 이후 그러한 정보의 변경내용 ② 재무제표가 개별기업에 대한 것인지 연결실체에 대한 것인지의 여부 ③ 재무제표나 주석의 작성대상이 되는 보고기간종료일 또는 보고기간 ④ K-IFRS 제1021호 '환율변동효과'에 정의된 표시통화 ⑤ 재무제표의 금액 표시를 위하여 사용한 금액 단위

---

2) ① 투자자산 및 영업용자산을 포함한 비유동자산의 처분손익은 처분대가에서 그 자산의 장부금액과 관련처분비용을 차감하여 표시한다.
② K-IFRS 제1037호 '충당부채, 우발부채, 우발자산'에 따라 인식한 충당부채와 관련된 지출을 제3자와의 계약관계(예 공급자의 보증약정)에 따라 보전받는 경우, 당해 지출과 보전받는 금액은 상계하여 표시할 수 있다.

Ⅱ 재무상태표

01 재무상태표에 표시되는 정보

(1) 재무상태표

일정시점의 기업의 경제적 자원(자산)과 보고기업에 대한 청구권(부채 및 자본)에 관한 정보를 제공하는 재무제표

> ⊘ 참고 **재무상태표에 표시되는 정보**
>
> 과거 기업회계기준에서는 재무상태표의 형식과 개별항목을 제시하고 상세하게 예시하였다. 그러나 K-IFRS에서는 재무상태표에 포함될 항목을 대분류 수준에서만 예시하고 있다. 또한 재무상태표의 형식이나 개별항목의 순서를 제시하지 않고 있다. 즉, 각 기업마다 재무상태표의 양식 및 재무상태표에 포함할 항목을 재량적으로 결정하는 것이 가능하며, 이를 일관성 있게 적용하면 된다.

(2) 기업이 재무상태표에 유동자산과 비유동자산, 그리고 유동부채와 비유동부채로 구분하여 표시하는 경우, 이연법인세자산(부채)은 유동자산(부채)으로 분류하지 아니한다.

02 유동과 비유동의 구분

(1) 표시방법

유동항목과 비유동항목을 재무상태표에 표시하는 방법은 다음과 같고 K-IFRS는 모두 인정하고 있다.

구분	내용
유동/비유동 구분법	유동자산과 비유동자산, 유동부채와 비유동부채로 재무상태표에 구분하여 표시하는 방법 ㉮ 기업이 명확히 식별가능한 영업주기 내에서 재화나 용역을 제공하는 경우
유동성순서법	오름차순이나 내림차순의 유동성 순서에 따른 표시방법으로 자산과 부채를 표시하는 방법 ㉮ 금융회사
혼합표시방법	신뢰성 있고 더욱 목적적합한 정보를 제공한다면 자산과 부채의 일부는 유동/비유동 구분법으로, 나머지는 유동성 순서에 따른 표시방법으로 표시 ㉮ 다양한 사업을 영위하는 기업

(2) 유동자산과 유동부채

유동자산	① 유동자산은 보고기간 후 12개월 이내 또는 정상영업주기 내에 실현되거나 판매하거나 소비할 의도가 있는 자산 ② 유동자산은 보고기간 후 12개월 이내에 실현될 것으로 예상되지 않는 경우에도 재고자산과 매출채권과 같이 정상영업주기의 일부로서 판매, 소비 또는 실현되는 자산을 포함함
유동부채	① 유동부채는 보고기간 후 12개월 이내에 결제되거나 또는 정상영업주기 내에 결제될 것으로 예상되는 부채 ② 매입채무 그리고 종업원 및 그 밖의 영업원가에 대한 미지급비용과 같은 유동부채는 기업의 정상영업주기 내에 사용되는 운전자본의 일부이기 때문에 이러한 항목은 보고기간 후 12개월 후에 결제일이 도래한다 하더라도 유동부채로 분류함

(3) 부채의 유동 및 비유동 구분 시 유의할 사항

① 다음 모두에 해당하는 경우라 하더라도 금융부채가 보고기간 후 12개월 이내에 결제일이 도래하면 이를 유동부채로 분류한다.

a. 원래의 결제기간이 12개월을 초과하는 경우

b. 보고기간 후 재무제표 발행승인일 전에 장기로 차환하는 약정 또는 지급기일을 장기로 재조정하는 약정이 체결된 경우

[그림 3-1] 장기차환약정 또는 지급기일 장기 재조정

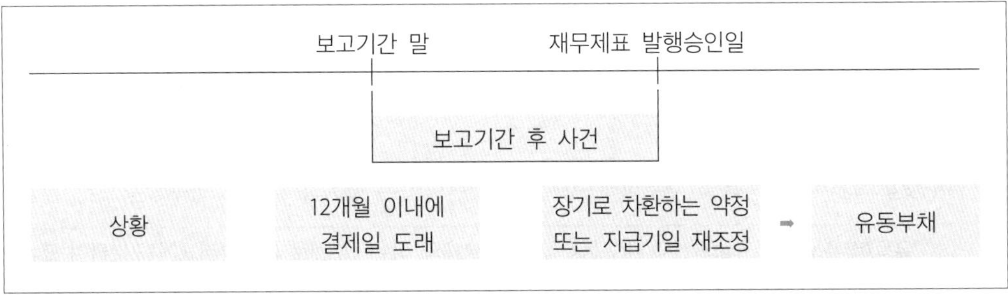

② 기업이 기존의 대출계약조건에 따라 보고기간 후 적어도 12개월 이상 부채를 차환하거나 연장할 것으로 기대하고 있고, 그런 재량권이 있다면, 보고기간 후 12개월 이내에 만기가 도래한다 하더라도 비유동부채로 분류한다. 그러나 기업에게 부채의 차환이나 연장에 대한 재량권이 없다면, 차환가능성을 고려하지 않고 유동부채로 분류한다.

보고기간 후 적어도 12개월 이상 부채의 결제를 연기할 수 있는 기업의 권리는 실질적이어야 하고, 보고기간 말 현재 존재해야 한다. 부채의 분류는 기업이 보고기간 후 적어도 12개월 이상 부채의 결제를 연기할 권리의 행사 가능성에 영향을 받지 않는다. 부채가 비유동부채로 분류되는 기준을 충족한다면, 비록 경영진이 보고기간 후 12개월 이내에 부채의 결제를 의도하거나 예상하더라도, 또는 보고기간 말과 재무제표 발행승인일 사이에 부채를 결제하더라도 비유동부채로 분류한다.

> ⊙ 참고 **차입약정상의 특정 조건을 준수해야만 결제를 연기할 수 있는 경우**
>
> 보고기간 후 적어도 12개월 이상 부채의 결제를 연기할 수 있는 기업의 권리는 기업이 차입 약정상의 특정 조건(이하 '약정사항(covenants)')을 준수하는지 여부에 좌우될 수 있다.
>
> (1) 보고기간 말 또는 보고기간 말 이전에 약정사항을 준수하도록 요구받는다면, 이러한 약정사항은 보고기간 말 현재 그러한 권리가 존재하는지 여부에 영향을 미친다. 비록 약정사항의 준수 여부가 보고기간 후에만 평가되더라도(예 약정사항은 보고기간 말 현재 기업의 재무상태를 기초로 하지만, 약정의 준수 여부는 보고기간 후에만 평가되는 경우), 이러한 약정사항은 보고기간 말 현재 그러한 권리가 존재하는지 여부에 영향을 미친다.
>
> (2) 기업이 보고기간 후에만 약정사항을 준수하도록 요구받는다면(예 기업의 보고기간 말 6개월 후 재무상태에 기초한 약정사항), 이러한 약정사항은 보고기간 말 현재 그러한 권리가 존재하는지 여부에 영향을 미치지 않는다.

[그림 3-2] 재량권

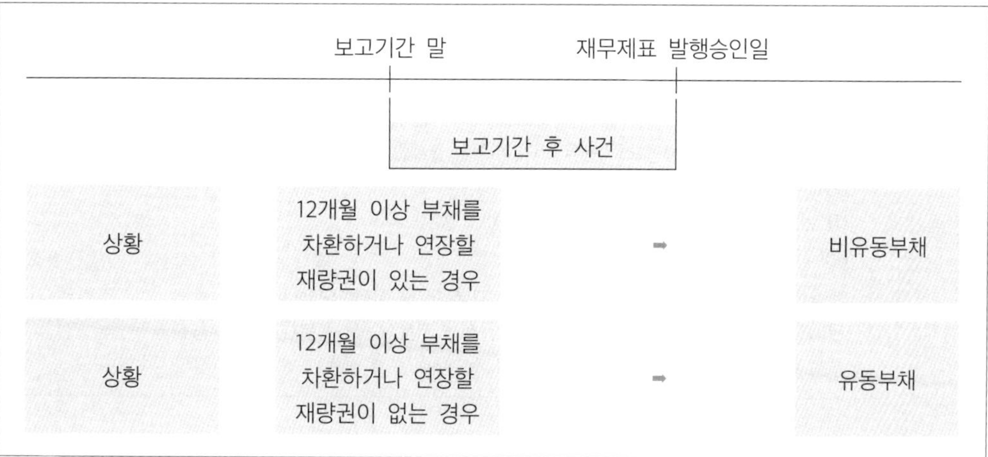

③ 보고기간 말 이전에 장기차입약정을 위반했을 때 대여자가 즉시 상환을 요구할 수 있는 채무는 보고기간 후 재무제표 발행승인일 전에 채권자가 약정위반을 이유로 상환을 요구하지 않기로 합의하더라도 유동부채로 분류한다. 그 이유는 기업이 보고기간 말 현재 그 시점으로부터 적어도 12개월 이상 결제를 연기할 수 있는 무조건적 권리를 가지고 있지 않기 때문이다.

[그림 3-3] 즉시 상환을 요구할 수 있는 채무

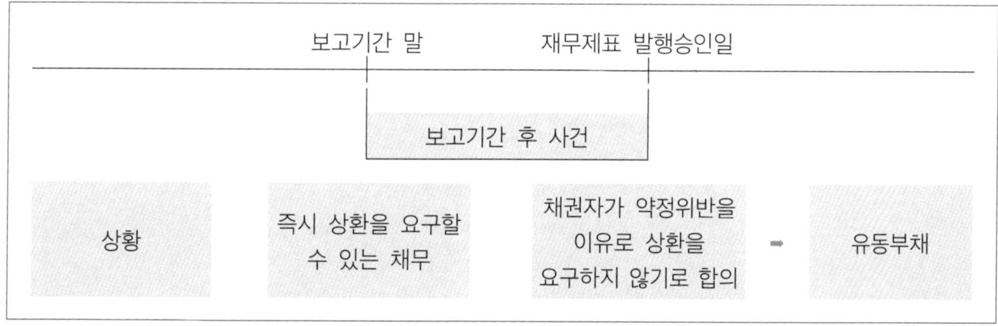

④ 대여자가 보고기간 말 이전에 보고기간 후 적어도 12개월 이상의 유예기간을 주는 데 합의하여 그 유예기간 내에 기업이 위반사항을 해소할 수 있고, 또 그 유예기간 동안에는 대여자가 즉시 상환을 요구할 수 없다면 그 부채는 비유동부채로 분류한다.

[그림 3-4] 유예기간 합의 부채

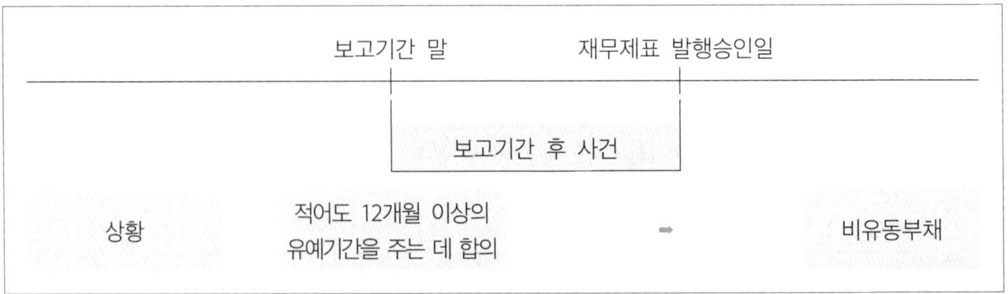

⊘ 참고 **결제**

1. 부채를 유동 또는 비유동으로 분류할 때, 부채의 결제란 부채를 소멸시키기 위해 계약 상대방에게 다음 (1) 또는 (2)를 이전하는 것을 말한다.
   (1) 현금이나 그 밖의 경제적 자원(예 재화나 용역)
   (2) 기업 자신의 지분상품
2. 계약 상대방의 선택에 따라 기업이 자신의 지분상품을 이전하여 부채를 결제할 수 있는 조건은, 기업이 K-IFRS 제1032호 '금융상품: 표시'를 적용하여 그 옵션을 지분상품으로 분류하고 동 옵션을 복합금융상품의 자본 요소로서 부채와 분리하여 인식하는 경우라면, 유동·비유동 분류에 영향을 미치지 아니한다.

Ⅲ 포괄손익계산서

01 포괄손익계산서의 의의

(1) 포괄손익계산서란 일정 기간 동안의 지분참여자에 의한 출연과 관련된 것은 제외한 순자산의 증감에 의하여 발생하는 재무성과에 관한 정보를 제공하는 재무제표를 말하며, 해당 기간에 인식한 모든 수익과 비용 항목은 단일의 보고서 또는 두 개의 보고서로 표시한다.

> ① 단일의 포괄손익계산서
> ② 두 개의 보고서
> a. 손익계산서: 당기손익 부분을 표시하는 별개의 손익계산서
> b. 포괄손익계산서: 포괄손익을 표시하는 보고서

[그림 3-5] 단일의 포괄손익계산서와 두 개의 보고서

단일의 포괄손익계산서

포괄손익계산서	
수익	×××
비용	(×××)
당기순손익	×××
기타포괄손익	×××
총포괄손익	×××

두 개의 보고서

손익계산서	
수익	×××
비용	(×××)
당기순손익	×××

포괄손익계산서	
당기순손익	×××
기타포괄손익	×××
총포괄손익	×××

(2) 수익에서 비용을 차감한 금액을 당기순손익이라 하며, 당기손익으로 인식하지 않은 수익과 비용항목을 기타포괄손익이라고 하는데 기타포괄손익의 구체적 항목은 다음과 같다.

> ① 재평가잉여금의 변동
> ② 확정급여제도의 재측정요소
> ③ 해외사업장의 재무제표 환산손익
> ④ 기타포괄손익 - 공정가치 측정항목으로 지정한 지분상품에 대한 투자에서 발생한 손익과 기타포괄손익 - 공정가치로 측정하는 채무상품에서 발생한 손익
> ⑤ 기타포괄손익 - 공정가치로 측정하는 지분상품투자에 대한 위험회피에서 위험회피수단의 평가손익 중 효과적인 부분과 현금흐름위험회피에서 위험회피수단의 평가손익 중 효과적인 부분
> ⑥ 당기손익 - 공정가치 측정항목으로 지정한 특정 부채의 신용위험 변동으로 인한 공정가치 변동 금액

⑦ 옵션계약의 내재가치와 시간가치를 분리할 때와 내재가치의 변동만을 위험회피수단으로 지정할 때 옵션 시간가치의 가치변동
⑧ a. 선도계약의 선도요소와 현물요소를 분리하고 현물요소의 변동만 위험회피수단으로 지정할 때 선도계약의 선도요소의 가치변동과 b. 금융상품의 외화 베이시스 스프레드 가치변동을 위험회피수단 지정에서 제외할 때 외화 베이시스 스프레드의 가치변동

02 당기손익 부분 또는 손익계산서에 표시되는 정보

수익에서 비용을 차감한 금액을 당기손익이라고 하는데 당기손익 부분이나 손익계산서에는 다른 K-IFRS가 요구하는 항목에 추가하여 당해 기간의 다음 금액을 표시하는 항목을 포함하여야 한다.

(1) 수익(유효이자율법을 사용하여 계산한 이자수익은 별도 표시)
(2) 금융원가[3)]
(3) 지분법 적용대상인 관계기업과 공동기업의 당기순손익에 대한 지분(지분법손익)
(4) 법인세비용
(5) 중단영업의 합계를 표시하는 단일 금액

03 재분류조정과 기타포괄손익에 표시되는 정보

(1) 재분류조정

재분류조정은 당기나 과거 기간에 기타포괄손익으로 인식되었으나 당기손익으로 재분류된 금액을 말한다. 후속적으로 당기손익으로 재분류되는 항목과 재분류되지 않은 항목을 구분하면 다음과 같다.

후속적으로 당기손익으로 재분류되는 항목	① 기타포괄손익공정가치측정금융자산평가손익(채무상품) ② 해외사업환산손익 ③ 파생상품평가손익(현금흐름위험회피에서 위험회피대상이 비금융자산이나 비금융부채가 아닌 경우에 발생하는 평가손익 중 효과적인 부분) ④ 관계기업 및 공동기업의 재분류되는 지분법기타포괄손익
후속적으로 당기손익으로 재분류되지 않은 항목	① 재평가잉여금 ② 당기손익공정가치측정금융부채의 신용위험 변동으로 인한 공정가치 변동금액 ③ 기타포괄손익공정가치측정금융자산평가손익(지분상품) ④ 확정급여제도의 재측정요소 ⑤ 파생상품평가손익 (현금흐름위험회피에서 위험회피대상이 비금융자산이나 비금융부채인 경우) ⑥ 관계기업 및 공동기업의 재분류되지 않은 지분법기타포괄손익

3) 상각후원가로 측정한 금융자산의 제거로 발생한 손익, K-IFRS 제1109호 '금융상품'에 따라 결정된 손상차손과 손상차손환입, 금융자산을 상각후원가에서 당기손익-공정가치 측정 범주로 재분류하는 경우, 재분류일에 이전 금융자산의 상각후원가와 공정가치 간 차이로 발생하는 손익, 금융자산을 기타포괄손익-공정가치 측정 범주에서 당기손익-공정가치 측정 범주로 재분류하는 경우 이전에 인식한 기타포괄손익누적액 중 당기손익으로 재분류되는 손익이 존재하는 경우 이 항목들도 별도로 표시한다.

(2) 기타포괄손익에 표시되는 정보

기타포괄손익은 다른 한국채택국제회계기준서에서 요구하거나 허용하여 당기손익으로 인식하지 않은 수익과 비용항목을 말하는데 기타포괄손익 부분에서 해당 기간의 금액을 표시하는 항목은 다음과 같다.

> ① 성격별로 분류하고, 다른 K-IFRS에 따라 다음의 집단으로 묶은 기타포괄손익의 항목((2)의 금액 제외)
> a. 후속적으로 당기손익으로 재분류되지 않는 항목
> b. 특정 조건을 충족하는 때에 후속적으로 당기손익으로 재분류되는 항목
> ② 지분법으로 회계처리하는 관계기업과 공동기업의 기타포괄손익에 대한 지분으로서 다른 K-IFRS에 따라 다음과 같이 구분되는 항목에 대한 지분
> a. 후속적으로 당기손익으로 재분류되지 않는 항목
> b. 특정 조건을 충족하는 때에 후속적으로 당기손익으로 재분류되는 항목

수익과 비용의 어느 항목도 당기손익과 기타포괄손익을 표시하는 보고서 또는 주석에 특별손익 항목으로 표시할 수 없다.

04 기타포괄손익의 항목과 관련한 법인세비용의 공시

기타포괄손익의 항목과 관련한 법인세비용 금액은 포괄손익계산서나 주석에 공시한다. 기타포괄손익의 항목과 관련한 법인세비용을 표시하는 방법은 다음과 같다.

> (1) 관련 법인세효과를 차감한 순액으로 표시
> (2) 기타포괄손익의 항목과 관련된 법인세효과 반영 전 금액으로 표시하고, 각 항목들에 관련된 법인세효과는 단일 금액으로 합산하여 표시

05 성격별 분류방법과 기능별 분류방법

구분	성격별 분류방법	기능별 분류방법
선택	K-IFRS는 신뢰성 있고 보다 목적적합한 표시방법을 경영진이 선택	
정의	감가상각비, 원재료의 구입, 운송비, 종업원급여와 광고비 등 그 성격별로 통합하여 분류	매출원가, 그리고 물류원가와 관리활동원가 등과 같이 기능별로 분류
장 · 단점	① 작성이 간편 ② 미래현금흐름을 예측하는 데 유용	① 정보이용자에게 더욱 목적적합한 정보 제공 ② 자의적인 배분과 주관의 개입
주석	비용의 기능별 분류에 대해서 주석공시하지 않음	비용의 성격별 분류에 대해서 주석공시

Ⅳ | 기타의 재무제표와 주석

01 자본변동표

일정시점의 자본의 잔액과 일정기간 동안 자본의 변동에 관한 정보를 제공하는 재무제표

02 현금흐름표

기업의 현금및현금성자산 창출능력과 기업의 현금흐름 사용 필요성에 대한 평가의 기초를 재무제표이용자에게 제공하는 재무제표

03 주석

주석은 재무상태표, 포괄손익계산서, 자본변동표 및 현금흐름표에 표시하는 정보에 추가하여 제공된 정보를 말하는데, 주석은 상기 재무제표에 표시된 항목을 구체적으로 설명하거나 세분화하고, 상기 재무제표 인식요건을 충족하지 못하는 항목에 대한 정보를 제공한다.

V 공정가치 측정

01 정의

정의	공정가치란 측정일에 시장참여자 사이의 정상거래에서 자산을 매도하면서 수취하거나 부채를 이전(상환)하면서 지급하게 될 가격
자산 또는 부채	공정가치를 측정할 때에는 다음과 같은 특성을 고려해야 함 ① 자산의 상태와 위치, 자산의 매도나 사용에 제약이 있는 경우 그러한 사항 ② 독립적인 자산 또는 부채인지, 아니면 자산 또는 부채의 집합(예 현금창출단위, 사업)인지 여부
정상거래	측정일 이전에 일정기간 동안 해당 자산이나 부채와 관련되는 거래를 위한 통상적이고 관습적인 마케팅활동을 할 수 있도록 시장에 노출되는 것을 가정하는 거래 ① 공정가치측정은 자산을 매도하거나 부채를 이전하는 거래가 다음 중 어느 하나의 시장에서 이루어지는 것으로 가정한다. a. 자산이나 부채의 주된 시장 b. 자산이나 부채의 주된 시장이 없는 경우에는 가장 유리한 시장 ② 자산이나 부채에 대한 주된 시장이 있는 경우에는 다른 시장의 가격이 측정일에 잠재적으로 더 유리하다고 하더라도, 공정가치측정치는 주된 시장의 가격이어야 함
시장참여자	시장참여자가 경제적으로 최선의 행동을 한다는 가정 하에, 시장참여자가 자산이나 부채의 가격을 결정할 때 사용할 가정에 근거하여 자산이나 부채의 공정가치를 측정
가격	① 공정가치는 측정일의 현재의 시장 상황에서 주된 또는 가장 유리한 시장에서의 정상거래에서 자산을 매도할 때 받거나 부채를 이전할 때 지급하게 될 가격(유출가격) ② 자산이나 부채의 공정가치를 측정하기 위하여 사용하는 주된 또는 가장 유리한 시장의 가격에는 거래원가를 조정하지 않음 ③ 거래원가에는 운송원가를 포함하지 않음

[그림 3-6] 가격

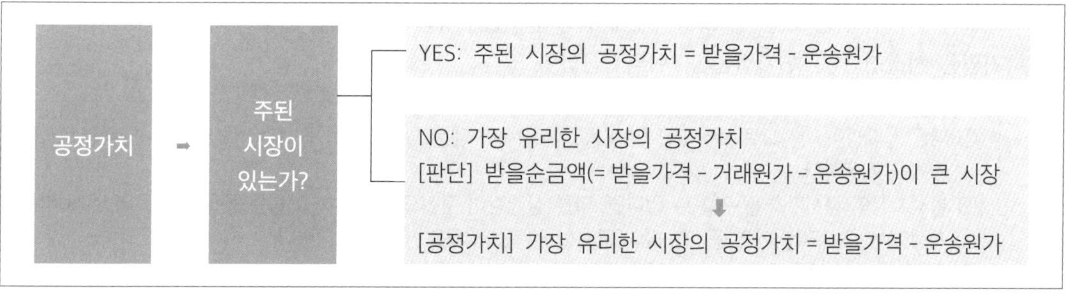

02 공정가치의 기타사항

비금융자산	비금융자산의 공정가치를 측정하는 경우에는 시장참여자 자신이 그 자산을 최고 최선으로 사용하거나 최고 최선으로 사용할 다른 시장참여자에게 그 자산을 매도함으로써 경제적 효익을 창출할 수 있는 시장참여자의 능력을 고려함
부채와 자기지분상품	① 부채와 지분상품을 다른 상대방이 자산으로 보유하는 경우 : 자산으로 보유하고 있는 시장참여자의 관점에서 측정 ② 부채와 지분상품을 다른 상대방이 자산으로 보유하지 않는 경우 : 부채를 부담하거나 지분상품에 대한 청구권을 발행하였던 시장참여자의 관점에서 가치평가기법을 사용하여 부채나 지분상품의 공정가치를 측정
불이행위험	부채의 공정가치는 불이행위험의 효과를 반영하고 부채의 이전 전·후에 동일한 것으로 가정

03 최초인식시점의 공정가치

(1) 자산이나 부채의 교환 거래에서 자산을 취득하거나 부채를 인수하는 경우에, 거래가격은 자산을 취득하면서 지급하거나 부채를 인수하면서 받는 가격(유입가격)임. 이와 반대로 자산이나 부채의 공정가치는 자산을 매도할 때 받거나 부채를 이전할 때 지급하게 될 가격(유출가격)임

(2) 다른 기준서에서 최초에 자산이나 부채를 공정가치로 측정할 것을 요구하거나 허용하면서 거래가격이 공정가치와 다른 경우에는, 해당 기준서에서 다르게 구체적으로 규정하고 있지 않으면 여기서 생긴 손익을 당기손익으로 인식함

04 가치평가기법

상황에 적합하며 관련된 관측할 수 있는 투입변수를 최대한 사용하고 관측할 수 없는 투입변수를 최소한으로 사용하여, 공정가치를 측정할 때 충분한 자료를 구할 수 있는 가치평가기법을 사용함

(1) 가치평가기법

가치평가기법을 사용하는 목적은 측정일에 현재의 시장 상황에서 시장참여자 사이에 이루어지는 자산을 매도하거나 부채를 이전하는 정상거래에서의 가격을 추정하는 것이며, 널리 사용하는 세 가지 가치평가기법은 시장접근법, 원가접근법, 이익접근법이 있음

① 다른 상대방이 자산으로 보유하고 있는 동일한 항목에 대한 활성시장의 공시가격을 구할 수 있다면, 그 공시가격을 사용한다.
② 활성시장의 공시가격을 구할 수 없다면, 다른 상대방이 자산으로 보유하고 있는 동일한 항목에 대해 비활성시장에서 공시되는 가격 등 그 밖의 관측할 수 있는 투입변수를 사용한다.
③ 위 ①과 ②의 관측할 수 있는 가격을 구할 수 없다면 시장접근법, 이익접근법 및 원가접근법 등의 가치평가기법을 사용한다.[4)]

4) 다음과 같은 가치평가기법을 사용한다.
① 시장접근법: 동일하거나 비교할 수 있는(비슷한) 자산, 부채, 사업과 같은 자산과 부채의 집합에 대해 시장 거래에서 생성된 가격이나 그 밖의 목적적합한 정보를 사용하는 가치평가기법
② 이익접근법: 미래 금액(예 현금흐름이나 수익과 비용)을 하나의 현재의(할인된) 금액으로 전환하는 가치평가기법
③ 원가접근법: 자산의 사용능력을 대체할 때 현재 필요한 금액을 반영하는 가치평가기법

(2) 투입변수

공정가치를 측정하기 위해 사용하는 가치평가기법은 관련된 관측할 수 있는 투입변수를 최대한으로 사용하고 관측할 수 없는 투입변수를 최소한으로 사용함

(3) 공정가치서열체계

공정가치서열체계는 동일한 자산이나 부채에 대한 활성시장의 조정하지 않은 공시가격(수준 1 투입변수)에 가장 높은 순위를 부여하며 관측할 수 없는 투입변수(수준 3 투입변수)에 가장 낮은 순위를 부여하는데 이를 구체적으로 살펴보면 다음과 같음

① 수준 1 투입변수
: 측정일에 동일한 자산이나 부채에 대한 접근할 수 있는 활성시장의 조정하지 않은 공시가격
② 수준 2 투입변수
: 수준 1의 공시가격 이외에 자산이나 부채에 대해 직접적으로나 간접적으로 관측할 수 있는 투입변수
③ 수준 3 투입변수: 자산이나 부채에 대한 관측할 수 없는 투입변수

공정가치서열체계는 가치평가기법에의 투입변수에 우선순위를 부여하는 것이지, 공정가치를 측정하기 위해 사용하는 가치평가기법에 우선순위를 부여하는 것은 아니다.

참고 공정가치서열체계

공정가치서열체계는 공정가치의 측정 및 관련 공시에서 일관성과 비교가능성을 증진시키기 위해서 정한다. 관련 투입변수의 사용 가능성과 이들 투입변수의 상대적인 주관성은 적절한 가치평가기법을 선택하는 데에 영향을 미칠 수 있다. 관측할 수 있는 투입변수를 관측할 수 없는 투입변수를 사용해 조정해야 하고 그러한 조정으로 공정가치 측정치가 유의적으로 높아지거나 더 낮아진다면, 그러한 측정치는 공정가치 서열체계 중 수준 3으로 분류할 것이다.

POINT 가치평가기법과 공정가치서열체계

가치평가기법	① 활성시장의 공시가격 ② 활성시장의 공시가격을 구할 수 없다면, 관측할 수 있는 투입변수를 사용 ③ 위 ①과 ②의 관측할 수 있는 가격을 구할 수 없다면 시장접근법, 이익접근법 및 원가접근법 등의 가치평가기법을 사용
공정가치서열체계	활성시장의 조정하지 않은 공시가격(수준 1 투입변수)에 가장 높은 순위를 부여하며 관측할 수 없는 투입변수(수준 3 투입변수)에 가장 낮은 순위를 부여 ① 수준 1 투입변수: 활성시장의 조정하지 않은 공시가격 ② 수준 2 투입변수: 직접적으로나 간접적으로 관측할 수 있는 투입변수 ③ 수준 3 투입변수: 관측할 수 없는 투입변수

보론 1 | 영업이익의 구분표시

매출원가가 구분되는 경우	수익 - 매출원가 - 판매비와 관리비
영업의 특수성을 고려하는 경우	영업수익 - 영업비용
조정영업이익	영업이익 산정에 포함된 항목 이외에 기업의 고유 영업환경을 반영하는 그 밖의 수익 또는 비용항목이 있다면, 포괄손익계산서 본문에 표시되는 영업이익과 명확히 구별되도록 '조정영업이익' 명칭으로 주석에 공시할 수 있음
주석사항	영업이익의 산출에 포함된 주요 항목과 그 금액을 포괄손익계산서 본문에 표시하거나 주석으로 공시함

보론 2 | 자본유지접근법에 의한 이익측정

01. 거래접근법

거래접근법은 보고기간 동안 발생한 경제적 사건의 결과인 거래 중 수익과 비용을 식별하고 측정하여 수익에서 비용을 차감하여 이익을 측정하는 방법이다.

이익 = 수익 - 비용

02. 자본유지접근법

자본유지접근법에 의하여 산출된 이익은 기말에도 기초와 동일한 자본를 유지하면서 보고기간 동안 소비가 가능한 최대금액을 말한다. 따라서 포괄손익계산서상의 총포괄손익은 보고기간 동안 거래나 그 밖의 사건으로 인한 자본의 변동(자본거래로 인한 자본의 변동은 제외)을 의미하며, 당기순손익과 기타포괄손익으로 구성된다. 따라서 자본유지접근법은 기초순자산과 기말순자산을 비교하여 다음과 같이 총포괄손익을 측정할 수 있다.

① 기초순자산 + 기중자본거래(유상증자 - 현금배당) + 총포괄손익 = 기말순자산
② 총포괄손익 = (기말순자산 - 기초순자산) - 기중자본거래(유상증자 - 현금배당)
= 당기순손익 + 기타포괄손익

해커스 IFRS 김원종 POINT 중급회계

회계사 · 세무사 · 경영지도사 단번에 합격!
해커스 경영아카데미 cpa.Hackers.com

Chapter 04

현금및현금성자산과 현재가치평가

Ⅰ 현금및현금성자산

Ⅱ 장기성 채권·채무의 현재가치평가

I 현금및현금성자산

01 현금및현금성자산

(1) 현금및현금성자산으로 분류되는 예와 분류되지 않은 예

현금및 현금성 자산	통화	지폐, 주화
	통화대용증권	수표, 우편환증서, 만기가 된 공·사채 이자표, 배당금지급통지표, 국세환급통지서
	요구불예금	당좌예금, 보통예금
	현금성자산	유동성이 매우 높은 단기투자자산으로서 ① 확정된 금액의 현금으로 전환이 용이하고 ② 가치변동의 위험이 중요하지 않은 자산으로서, 일반적으로 만기일이 단기(취득일로부터 만기가 3개월 이내)에 도래하는 것 *cf.* 지분상품은 현금성자산에서 제외하나, 상환일이 정해져 있고 취득일로부터 상환일까지의 기간이 3개월 이내인 상환우선주의 경우에는 예외적으로 포함됨
현금및현금성자산으로 분류되지 않은 금융상품		① 우표, 수입인지: 선급비용 또는 당기비용 ② 당좌차월: 차입금 ③ 선일자수표: 매출채권 ④ 부도수표: 매출채권 ⑤ 당좌개설보증금: 비유동자산 ⑥ 가불증, 차용증: 대여금

(2) 현금성자산

① **현금성자산**: 유동성이 매우 높은 단기 투자자산으로서 확정된 금액의 현금으로 전환이 용이하고 가치변동의 위험이 경미한 자산

② 현금성자산은 투자나 다른 목적이 아닌 단기의 현금수요를 충족하기 위한 목적으로 보유한다. 투자자산이 현금성자산으로 분류되기 위해서는 확정된 금액의 현금으로 전환이 용이하고, 가치변동의 위험이 경미해야 한다. 따라서 투자자산은 일반적으로 만기일이 단기에 도래하는 경우(예 취득일로부터 만기일이 3개월 이내인 경우)에만 현금성자산으로 분류된다.

③ 지분상품은 현금성자산에서 제외하나, 상환일이 정해져 있고 취득일로부터 상환일까지의 기간이 단기인 우선주와 같이 실질적인 현금성자산인 경우에는 예외적으로 포함될 수 있다.

(3) 기타예금

요구불예금이 아닌 정기예금과 정기적금, 금전신탁 등 금융기관이 취급하는 금융상품은 취득일로부터 만기가 3개월 이내인 경우에는 현금성자산으로 분류하고, 취득일로부터 만기가 3개월을 초과하는 경우에는 재무상태표일로부터 만기가 12개월 이내에 실현되면 유동자산으로, 그렇지 않은 경우에는 비유동자산으로 보고한다.

02 은행계정조정표

(1) 은행계정조정표

당좌예금은 그 특성상 수표를 발행하여 출금하고 은행이 수수료 또는 이자를 수시로 출금하기 때문에 회사의 당좌예금원장잔액과 은행의 당좌예금통장잔액이 시점별로 차이가 발생하는데, 이러한 차이를 수정하여 정확한 당좌예금의 잔액을 구하는 표를 말한다.

(2) 은행계정(당좌예금)의 조정방법

차이유형		대표적 사례	조정방법
회사측	은행측		
정당한 입금기록	기록 누락	은행미기입예금	은행측 잔액 가산
정당한 출금기록	기록 누락	기발행미인출수표	은행측 잔액 차감
기록 누락	정당한 입금기록	미통지입금, 미통지이자수익	회사측 잔액 가산
기록 누락	정당한 출금기록	부도수표, 당좌거래수수료 및 당좌차월이자	회사측 잔액 차감

(3) 은행계정조정표의 양식

은행계정조정표

구분	회사측 잔액	은행측 잔액
수정 전 잔액	×××	×××
1. 은행미기입예금		×××
2. 기발행미인출수표		(×××)
3. 미통지입금	×××	
4. 당좌거래수수료	(×××)	
5. 부도수표	(×××)	
6. 기장오류	회사측 오류수정	은행측 오류수정
정확한 잔액	×××	×××

Ⅱ | 장기성 채권·채무의 현재가치평가

01 수취채권과 지급채무의 정의

수취채권	기업의 경영활동에서 발생한 채권(예 매출채권, 대여금, 미수금 등)
지급채무	기업의 경영활동을 통하여 발생한 채무(예 매입채무, 차입금, 미지급금 등)

02 수취채권과 지급채무의 현재가치평가

장기성 채권·채무	금융요소를 별도로 구분하기 위하여 최초인식시점에 적절한 이자율로 할인한 현재가치로 평가하여, 기간 경과에 따라 이자수익이나 이자비용으로 인식함
1년 이내인 경우 (실무적 간편법)	기업이 고객에게 약속한 재화나 용역을 이전하는 시점과 고객이 그에 대한 대가를 지급하는 시점 간의 기간이 1년 이내일 것이라고 예상한다면 유의적인 금융요소의 영향을 반영하여 약속한 대가를 조정하지 않는 실무적 간편법을 쓸 수 있음

03 현재가치평가 시 적용할 이자율

유효이자율	금융상품의 기대존속기간에 예상되는 미래현금흐름의 현재가치를 금융자산 또는 금융부채의 순장부금액과 일치시키는 이자율을 말하며, 이를 거래의 내재이자율(IRR)이라고도 함
내재이자율의 적용	K-IFRS 제1115호 '고객과의 계약에서 생기는 수익'에서 내재이자율은 다음 중 더 명확히 결정될 수 있는 할인율을 사용함 ① 계약 개시시점에 기업과 고객이 별도 금융거래를 한다면 반영하게 될 할인율 ② 재화나 용역의 대가를 현금으로 결제한다면 지급할 가격으로 약속한 대가의 명목금액을 할인하는 이자율

04 현재가치평가 시 회계처리

(1) 수취채권과 지급채무는 최초인식 시 현재가치(공정가치)로 측정한 후에 미래현금흐름과 수취채권과 지급채무의 현재가치의 차액은 신용기간 동안 총이자수익과 총이자비용으로 인식해야 한다. 일반적으로 유효이자율법은 매 보고기간의 장부금액의 변동을 파악해야 하므로 유효이자율법 상각표를 작성하여 회계처리하는 것이 일반적이다. 유효이자율법 상각표에는 다음과 같은 4가지 금액이 표시되는 것이 일반적이다.

① 장부금액: 기초장부금액 + 상각액(유효이자 - 액면이자)
② 유효이자: 기초장부금액 × 유효이자율
③ 액면이자: 액면금액 × 액면이자율
④ 상각액: 유효이자 - 액면이자

POINT 유효이자율법 상각표

일자	장부금액 (상각후원가)	유효이자 (장부금액 × 유효이자율)	액면이자 (액면금액 × 액면이자율)	상각액 (유효이자 - 액면이자)
20×1년 초	×××			
20×1년 말	×××	×××	×××	×××
20×2년 말	×××	×××	×××	×××
20×3년 말	×××	×××	×××	×××
계		×××	×××	×××

(2) 수취채권과 지급채무의 신용기간 동안 인식할 총이자수익(비용)은 미래현금흐름과 수취채권과 지급채무의 현재가치의 차액으로 계산하면 간편하다.

총이자수익(비용) = 수취채권(지급채무)의 미래현금흐름 - 수취채권(지급채무)의 현재가치(PV)
= (액면금액 + 액면이자 총액) - 수취채권(지급채무)의 현재가치(PV)

사례 장기연불조건의 매매거래

(주)강남은 20×1년 초에 장부금액 ₩50,000의 토지를 (주)강북에게 매각하고, 액면금액 ₩100,000, 액면이자율 연 8%(매년 말 지급), 만기 3년의 받을어음을 교부받았다. 이 거래에 적용될 유효이자율은 10%이며, 20×1년 초 현재가치(공정가치)는 ₩95,026이다. 현재가치평가에 적용할 현가계수는 0.75131(3년, 10%, 현가계수), 2.48685(3년, 10%, 연금현가계수)이다.

물음 1 (주)강남과 (주)강북이 20×1년 초에 인식할 미수금과 미지급금의 장부금액을 계산하시오.

물음 2 (주)강남이 20×1년 초에 인식할 유형자산처분손익은 얼마인가?

물음 3 (주)강남과 (주)강북이 만기까지 인식할 총이자수익과 총이자비용은 얼마인가?

물음 4 (주)강남과 (주)강북이 회계처리를 수행하기 위하여 필요한 유효이자율법에 의한 상각표를 작성하시오.

물음 5 (주)강남과 (주)강북이 수행할 회계처리를 각 일자별로 나타내시오.

해답 물음 1 20×1년 초 미수금과 미지급금의 장부금액

① 수취채권(지급채무)의 미래현금흐름

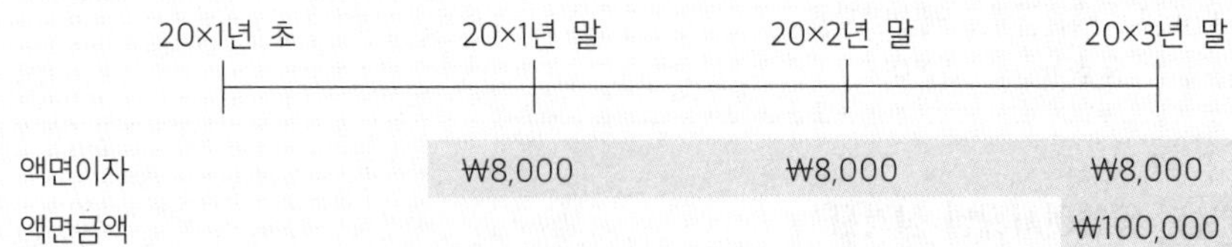

	20×1년 말	20×2년 말	20×3년 말
액면이자	₩8,000	₩8,000	₩8,000
액면금액			₩100,000

② 수취채권(지급채무)의 현재가치

₩8,000 × 2.48685(3년, 10%, 연금현가계수) + ₩100,000 × 0.75131(3년, 10%, 현가계수) = ₩95,026

or ₩8,000/1.1 + ₩8,000/1.1^2 + ₩108,000/1.1^3 = ₩95,026

물음 2

20×1년 초에 인식할 유형자산처분이익: 처분대가(미래현금흐름의 현재가치) - 장부금액
= ₩95,026(미래현금흐름의 현재가치) - ₩50,000(장부금액) = ₩45,026(유형자산처분이익)

물음 3

총이자수익(비용): 수취채권(지급채무)의 미래현금흐름 - 수취채권(지급채무)의 현재가치(PV)
= (₩100,000 + ₩8,000 × 3)(미래현금흐름) - ₩95,026(현재가치) = ₩28,974(총이자수익 or 총이자비용)

물음 4 유효이자율법 상각표

일자	장부금액 (상각후원가)	유효이자 (장부금액 × 10%)	액면이자 (액면금액 × 8%)	상각액 (유효이자 - 액면이자)
20×1년 초	₩95,026			
20×1년 말	₩96,529	₩9,503	₩8,000	₩1,503
20×2년 말	₩98,182	₩9,653	₩8,000	₩1,653
20×3년 말	₩100,000	₩9,818	₩8,000	₩1,818
계		₩28,974	₩24,000	₩4,974

별해

유효이자율법 그림상각표

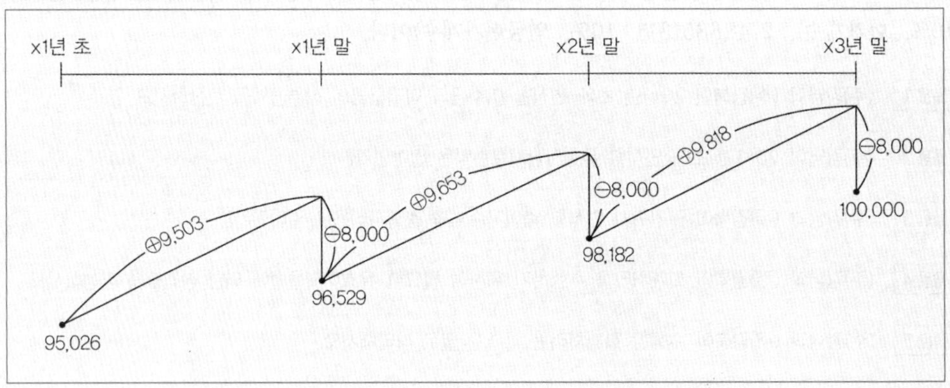

물음 5

1. (주)강남의 회계처리(현재가치할인차금을 사용하지 않는 경우)

일자	회계처리			
20×1년 초	(차) 미수금	95,026	(대) 토지	50,000
			유형자산처분이익	45,026
20×1년 말	(차) 현금	8,000	(대) 이자수익	9,503
	미수금	1,503		
20×2년 말	(차) 현금	8,000	(대) 이자수익	9,653
	미수금	1,653		
20×3년 말	(차) 현금	8,000	(대) 이자수익	9,818
	미수금	1,818		
	(차) 현금	100,000	(대) 미수금	100,000

2. (주)강북의 회계처리(현재가치할인차금을 사용하지 않는 경우)

일자	회계처리			
20×1년 초	(차) 토지	95,026	(대) 미지급금	95,026
20×1년 말	(차) 이자비용	9,503	(대) 현금	8,000
			미지급금	1,503
20×2년 말	(차) 이자비용	9,653	(대) 현금	8,000
			미지급금	1,653
20×3년 말	(차) 이자비용	9,818	(대) 현금	8,000
			미지급금	1,818
	(차) 미지급금	100,000	(대) 현금	100,000

해설 위의 회계처리는 미래현금흐름과 현재가치의 차액 ₩4,974을 수취채권과 지급채무의 평가계정인 현재가치할인차금을 사용하여 다음과 같이 회계처리할 수 있다. 현재가치할인차금은 신용기간 동안 상각되어 이자수익(이자비용)에 포함되어 인식되며, 수취채권과 지급채무의 액면금액에서 현재가치할인차금의 잔액을 차감한 금액이 장부금액으로 표시된다.

(1) (주)강남의 회계처리(현재가치할인차금을 사용하는 경우)

일자	회계처리			
20×1년 초	(차) 미수금	100,000	(대) 토지	50,000
			현재가치할인차금	4,974
			유형자산처분이익	45,026
20×1년 말	(차) 현금	8,000	(대) 이자수익	9,503
	현재가치할인차금	1,503		
20×2년 말	(차) 현금	8,000	(대) 이자수익	9,653
	현재가치할인차금	1,653		
20×3년 말	(차) 현금	8,000	(대) 이자수익	9,818
	현재가치할인차금	1,818		
	(차) 현금	100,000	(대) 미수금	100,000

위의 회계처리를 비교해보면 현재가치할인차금을 사용하지 않는 경우와 사용하는 경우의 이자수익은 동일하게 인식됨을 알 수 있다. 또한 미수금의 장부금액도 아래와 같이 동일하여 재무상태표와 포괄손익계산서에 미치는 영향이 같으므로 어느 방법을 사용해도 무방하다.

재무상태표표시	현재가치할인차금을 사용하지 않는 경우	현재가치할인차금을 사용하는 경우	
		미수금	₩100,000
20×1년 초 미수금	미수금 ₩95,026	현재가치할인차금	₩(4,974)
		장부금액	₩95,026
		미수금	₩100,000
20×1년 말 미수금	미수금 ₩96,529	현재가치할인차금	₩(3,471)
		장부금액	₩96,529
		미수금	₩100,000
20×2년 말 미수금	미수금 ₩98,182	현재가치할인차금	₩(1,818)
		장부금액	₩98,182

(2) (주)강북의 회계처리(현재가치할인차금을 사용하는 경우)

일자	회계처리			
20×1년 초	(차) 토지	95,026	(대) 미지급금	100,000
	현재가치할인차금	4,974		
20×1년 말	(차) 이자비용	9,503	(대) 현금	8,000
			현재가치할인차금	1,503
20×2년 말	(차) 이자비용	9,653	(대) 현금	8,000
			현재가치할인차금	1,653
20×3년 말	(차) 이자비용	9,818	(대) 현금	8,000
			현재가치할인차금	1,818
	(차) 미지급금	100,000	(대) 현금	100,000

위의 회계처리를 비교해보면 현재가치할인차금을 사용하지 않는 경우와 사용하는 경우의 이자비용은 동일하게 인식됨을 알 수 있다. 또한 미지급금의 장부금액도 아래와 같이 동일하여 재무상태표와 포괄손익계산서에 미치는 영향이 같으므로 어느 방법을 사용해도 무방하다.

재무상태표표시	현재가치할인차금을 사용하지 않는 경우	현재가치할인차금을 사용하는 경우	
		미지급금	₩100,000
20×1년 초 미지급금	미지급금 ₩95,026	현재가치할인차금	₩(4,974)
		장부금액	₩95,026
		미지급금	₩100,000
20×1년 말 미지급금	미지급금 ₩96,529	현재가치할인차금	₩(3,471)
		장부금액	₩96,529
		미지급금	₩100,000
20×2년 말 미지급금	미지급금 ₩98,182	현재가치할인차금	₩(1,818)
		장부금액	₩98,182

05 유효이자율법 상각표

(1) 장부금액(상각후원가)

상각후원가는 최초인식시점에 측정한 금융자산이나 금융부채에서 상환된 원금을 차감하고, 최초인식금액과 만기금액의 차액에 유효이자율법을 적용하여 계산한 상각누계액을 가감한 금액을 말한다. 유효이자율법에 의하여 회계처리하면 매 보고기간 말에 상각후원가는 유효이자율법 상각표상의 장부금액과 정확하게 일치하게 된다. 또한 매 보고기간 말에 상각후원가는 상각후원가를 계산하는 시점의 잔여 미래현금흐름을 유효이자율로 할인한 현재가치와 정확하게 일치하게 되므로 상각표를 작성하지 않고도 특정 보고기간 말에 장부금액(상각후원가)은 다음과 같이 계산할 수 있다.

장부금액(상각후원가) = 기초장부금액 + 상각액
= 기초장부금액 + (유효이자 - 액면이자)
= 기초장부금액 × (1 + 유효이자율) - 액면이자
= PV(잔여 미래현금흐름)

앞에서 살펴본 [사례]의 매 보고기간 말의 장부금액(상각후원가)은 다음과 같이 계산할 수 있다.

일자	[방법 1] 장부금액(상각후원가) = 기초장부금액 × (1 + 유효이자율) - 액면이자	[방법 2] 장부금액(상각후원가) = PV(잔여 미래현금흐름)
20×1년 초	₩95,026	₩8,000/1.1 + ₩8,000/1.1^2 + ₩108,000/1.1^3 = ₩95,026
20×1년 말	₩95,026 × 1.1 - ₩8,000 = ₩96,529	₩8,000/1.1 + ₩108,000/1.1^2 = ₩96,529
20×2년 말	₩96,529 × 1.1 - ₩8,000 = ₩98,182	₩108,000/1.1 = ₩98,182

(2) 이자수익(이자비용)

이자수익(이자비용)은 발생주의에 의거하여 기간경과에 따라 기초장부금액에 유효이자율을 곱한 금액만큼 인식해야 한다. 따라서 기초장부금액(기초상각후원가)을 위에서 설명한 2가지 방법으로 계산한 후에 유효이자율을 곱한 금액을 이자수익과 이자비용으로 인식하면 간편하게 계산할 수 있다.

이자수익(이자비용) = 기초장부금액 × 유효이자율

앞에서 살펴본 [사례]의 매 보고기간의 이자수익(이자비용)은 다음과 같이 계산할 수 있다.

일자	[방법 1] 이자수익(이자비용) = 기초장부금액 × 유효이자율	[방법 2] 이자수익(이자비용) = 기초장부금액 × 유효이자율
20×1년	₩95,026 × 10% = ₩9,503	(₩8,000/1.1 + ₩8,000/1.1^2 + ₩108,000/1.1^3) × 10% = ₩9,503
20×2년	(₩95,026 × 1.1 - ₩8,000) × 10% = ₩9,653	(₩8,000/1.1 + ₩108,000/1.1^2) × 10% = ₩9,653
20×3년	(₩96,529 × 1.1 - ₩8,000) × 10% = ₩9,818	(₩108,000/1.1) × 10% = ₩9,818

해커스 IFRS 김원종 POINT 중급회계

회계사·세무사·경영지도사 단번에 합격!
해커스 경영아카데미 cpa.Hackers.com

Chapter 05

재고자산

Ⅰ 재고자산 일반론

통상적인 영업과정에서 판매를 위하여 보유 중인 상품과 제품, 판매를 위하여 생산 중인 재공품 및 생산이나 용역제공에 사용될 원재료나 소모품

① 통상적인 영업과정에서 판매를 위하여 보유 중인 자산(상품, 제품)

② 통상적인 영업과정에서 판매를 위하여 생산 중인 자산(재공품)

③ 생산이나 용역제공에 사용될 원재료나 소모품(원재료, 소모품)

참고 '재고자산' 기준서의 측정 적용배제

'재고자산' 기준서는 다음 경우에 해당하는 재고자산의 측정에는 적용하지 않는다.

(1) 생산자가 해당 산업의 합리적인 관행에 따라 순실현가능가치로 측정하는 농림어업과 삼림 제품, 수확한 농림어업 제품 및 광물자원과 광업 제품. 이 경우 순실현가능가치의 변동분은 변동이 발생한 기간의 손익으로 인식한다.

(2) 순공정가치(공정가치에서 매각부대원가를 차감한 금액)로 측정한 일반상품 중개기업의 재고자산. 이 경우 순공정가치의 변동분은 변동이 발생한 기간의 손익으로 인식한다.

Ⅱ 취득원가의 결정

재고자산의 취득원가	재고자산의 취득원가는 매입원가, 전환원가 및 재고자산을 현재의 장소에 현재의 상태로 이르게 하는 데 발생한 기타 원가 모두를 포함함 ① 매입원가: 매입가격에 수입관세와 제세금(과세당국으로부터 추후 환급받을 수 있는 금액은 제외), 매입운임, 하역료 그리고 완제품, 원재료 및 용역의 취득과정에 직접 관련된 기타 원가를 가산하고 매입할인, 리베이트 및 기타 유사한 항목을 차감한 금액 ② 전환원가: 직접노무원가 등 생산량과 직접 관련된 원가 및 원재료를 완제품으로 전환하는 데 발생하는 고정 및 변동 제조간접원가의 체계적인 배부액을 포함한 금액 ③ 기타 원가: 재고자산을 현재의 장소에 현재의 상태로 이르게 하는 데 발생한 원가
기타원가	① 재고자산을 현재의 장소에 현재의 상태로 이르게 하는 데 발생한 범위 내에서만 취득원가에 포함됨 ② 특정한 고객을 위한 비제조 간접원가 또는 제품 디자인원가를 재고자산의 원가에 포함하는 것이 적절할 수도 있음
발생기간의 비용으로 인식하여야 하는 원가의 예	① 재료원가, 노무원가 및 기타 제조원가 중 비정상적으로 낭비된 부분 ② 후속 생산단계에 투입하기 전에 보관이 필요한 경우 이외의 보관원가 ③ 재고자산을 현재의 장소에 현재의 상태로 이르게 하는 데 기여하지 않은 관리간접원가 ④ 판매원가

⊘ 참고 **보관원가의 실무적용**

일반적으로 후속 생산단계에 투입하기 전에 보관이 필요한 경우의 보관원가는 제조기업의 경우 원재료에서 발생한다. 또한 후속 생산단계에 투입하기 전에 보관이 필요한 경우 이외의 보관원가는 상품과 제품에서 발생한다. 따라서 원재료의 보관원가는 자산의 취득원가로 인식하고 상품과 제품의 보관원가는 당기비용으로 처리하는 것이 일반적이다.

01 상품매매기업

(1) 매입관련계정

매입운임	취득원가에 포함
매입에누리와 환출	취득원가에서 차감
매입할인	취득원가에서 차감

⊘ 참고 **순매출액과 순매입액**

포괄손익계산서에 표시될 매출액과 매출원가는 총매출액과 총매입액 기준으로 표시되는 것이 아니라 기업에 순수하게 유입 · 유출되는 순매출액과 순매입액 기준으로 표시된다. 따라서 매입운임, 매출운임, 매입관련계정이 동시에 제시되는 문제의 경우 다음과 같이 순매출액과 순매입액으로 자료를 정리하면 쉽게 문제에 접근할 수 있다.

① 당기순매출 = 총매출액 - 매출에누리와 환입 - 매출할인
(단, 매출운임은 판매비로 처리하며 매출에서 차감해서는 안 된다)

② 당기순매입 = 총매입액 - 매입에누리와 환출 - 매입할인 + 매입부대비용(매입운임 등)

③ 매출원가 = 기초재고 + 당기순매입 - 기말재고

④ 매출총이익 = 당기순매출 - 매출원가

(2) 후불지급조건

재고자산을 후불조건으로 취득할 수도 있다. K-IFRS에서는 재고자산의 구입계약이 실질적으로 금융요소를 포함하고 있다면, 해당 정상신용조건의 매입가격과 실제 지급액 간의 차이는 금융이 이루어지는 기간 동안 이자비용으로 인식하도록 규정하고 있다. 따라서 재고자산의 취득원가는 지급할 대가의 현재가치(공정가치)로 결정된다.

(3) 차입원가

K-IFRS에서는 판매가능한 상태에 이르게 하는 데 상당한 기간을 필요로 하는 재고자산의 경우 타인자본에서 발생하는 차입원가를 재고자산의 취득원가로 인식하도록 규정하고 있다. 여기서 유의할 점은 단기간 내에 반복해서 대량으로 제조되거나 다른 방법으로 생산되는 재고자산은 적격자산에 해당하지 않으므로 차입원가를 자본화하지 않는다는 것이다.

02 업종별 취득원가

상품매매기업	매입가격 + 수입관세 + 제세금(과세당국으로부터 추후 환급받을 수 있는 금액은 제외) + 매입운임 + 하역료 + 직접 관련된 기타 원가 - 매입할인 - 리베이트 및 기타 유사한 항목
제조기업	직접재료원가 + 직접노무원가 + 고정 및 변동 제조간접원가의 체계적인 배부액 ① 고정제조간접원가는 생산설비의 정상조업도에 기초하여 전환원가에 배부하는데, 실제조업도가 정상조업도와 유사한 경우에는 실제조업도를 사용할 수 있음 ② 생산단위당 고정제조간접원가 배부액은 낮은 조업도나 유휴설비로 인해 증가되지 않으며, 배부되지 않은 고정제조간접원가는 발생한 기간의 비용으로 인식함 ③ 표준원가법은 그러한 방법으로 평가한 결과가 실제 원가와 유사한 경우에 편의상 사용할 수 있음
농림어업	최초인식시점의 순공정가치(수확물)

Ⅲ 기말재고자산에 포함할 항목

[그림 5-1] 기말재고자산에 포함할 항목

재고자산			
기초재고	×××	매출원가	×××
당기매입	×××		
		기말재고	××× ⇐ 창고실사재고 + 기말재고자산에 포함할 항목
판매가능재고	×××	합계	×××

재무상태표에 표시할 기말재고자산은 창고실사재고로만 구성되어 있지 않다. 기업의 창고에는 존재하지 않지만 통제권을 기업이 가지고 있을 때에는 창고실사재고에 그러한 항목을 가산하여 기말재고자산으로 보고해야 한다. 따라서 판매가능재고자산은 수익을 인식하였다면 매출원가로 인식하고, 수익을 인식하지 않았다면 기말재고자산에 포함하여야 한다.

POINT 기말재고자산에 포함할 항목

구분	수익인식 ○(→ 매출원가)	수익인식 ×(→ 기말재고자산)
1. 미착상품 FOB 선적지인도기준 FOB 도착지인도기준	매입자: ×1 매입 ○ 판매자: ×1 매출 ○(수익인식 ○) 매입자: ×2 매입 ○ 판매자: ×2 매출 ○(수익인식 ×)	×1 기말재고 ○ ×1 기말재고 × ×1 기말재고 × ×1 기말재고 ○
2. 위탁판매	수탁자가 적송품을 판매한 시점	수탁자가 판매하지 못한 적송품
3. 수탁판매	수탁자의 재고가 아님	재고자산에서 차감
4. 시용판매	매입자가 매입의사표시를 한 시점	매입의사표시가 없는 시송품
5. 할부판매	원칙: 인도 시 수익인식 ○	재고자산 ×
6. 재매입약정	금융약정에 해당하는 경우 차입거래임 (수익인식 ×)	재고자산 ○
7. 저당상품	수익인식 ×	재고자산 ○
8. 미인도청구약정	수행의무를 이행한 것으로 보아 수익인식 ○	재고자산에서 차감

저자 견해 반품권이 있는 판매

과거의 수익인식 기준서에 따르면 반품권이 있는 판매는 반품을 예상할 수 있는 경우에는 제품을 이전할 때 수익을 인식하므로 기말재고에서 제외하며, 반품을 예상할 수 없는 경우에는 제품을 이전할 때 수익을 인식하지 않는다. 따라서 과거에는 반품을 예상할 수 없는 경우의 반품권이 있는 판매는 기말재고자산에 포함하였다. 개정된 K-IFRS 제1115호 '고객과의 계약에서 생기는 수익'에 따르면 반품을 예상할 수 없는 경우의 반품권이 있는 판매의 경우 재고자산을 제거하고 '반환재고회수권'으로 계정을 대체하므로 제품이 이전될 때 수익을 인식하지 않은 경우에도 기말재고자산에서 조정을 할 필요가 없다고 판단된다.

Ⅳ 원가배분

재고자산의 판매가능재고자산(기초재고+당기매입)을 결산일 현재 판매된 매출원가와 판매되지 않고 기업이 보유하는 기말재고자산의 원가로 배분하는 것을 원가배분이라고 한다.

[그림 5-2] 원가배분

상품				
기초재고	×××	매출원가	×××	⬅ (수량 × 단가) 판매된 부분: 수익인식 ○
당기매입	×××			
		기말재고	×××	⬅ (수량 × 단가) 미판매된 부분: 수익인식 ×
판매가능재고	×××	합계	×××	

POINT 재고자산의 수량결정법과 단가결정법

구분	종류
수량결정법	계속기록법, 실지재고조사법, 계속기록법과 실지재고조사법의 병행
단가결정법	개별법, 선입선출법, 후입선출법, 평균법(이동평균법, 총평균법)

01 재고자산 수량결정법

(1) 계속기록법

① 판매 시

(차) 매출원가	×××	(대) 재고자산	×××

② 결산 시

회계처리 없음

(2) 실지재고조사법

① 판매 시

회계처리 없음

② 결산 시

(차) 매출원가	×××	(대) 재고자산(기초)	×××
(차) 매출원가	×××	(대) 매입	×××
(차) 재고자산(기말)	×××	(대) 매출원가	×××

(3) 병행법(계속기록법과 실지재고조사법의 병행)

계속기록법과 실지재고조사법은 모두 도난이나 파손으로 인하여 발생한 감모수량이 기말재고수량과 당기판매수량에 포함되는 문제점이 있다. 따라서 실무에서는 계속기록법과 실지재고조사법을 병행하여 사용하고, 계속기록법의 실제판매수량과 실지재고조사법의 실제기말재고수량을 사용하며, 그 차이를 감모수량으로 파악한다. 이렇게 파악된 감모수량은 적절한 단가를 적용하여 당기비용으로 인식한다.

POINT 수량결정법

구분	수량 파악 방법
계속기록법	기초재고수량 + 당기매입수량 - 당기판매수량 = 기말재고수량
실지재고조사법	기초재고수량 + 당기매입수량 - 기말재고수량 = 당기판매수량
병행법	기초재고수량 + 당기매입수량 - 당기판매수량 - 기말재고수량 = 감모수량

02 재고자산 단가결정법

참고 재고자산의 단위원가 결정방법과 관련된 K-IFRS

① 통상적으로 상호교환될 수 없는 재고자산항목의 원가와 특정 프로젝트별로 생산되고 분리되는 재화 또는 용역의 원가에 개별법을 사용하도록 규정하고 있다. 그러나 통상적으로 상호교환 가능한 대량의 재고자산 항목에 개별법을 적용하는 것은 적절하지 않다. 그러한 경우에는 기말재고로 남아 있는 항목을 선택하는 방식을 이용하여 손익을 자의적으로 조정할 수도 있기 때문이다.

② 통상적으로 상호교환될 수 없는 재고자산항목의 원가와 특정 프로젝트별로 생산되고 분리되는 재화 또는 용역의 원가가 아닌 재고자산의 단위원가는 선입선출법이나 가중평균법을 사용하여 결정한다.

③ 성격과 용도 면에서 유사한 재고자산에는 동일한 단위원가 결정방법을 적용하여야 하며, 성격이나 용도 면에서 차이가 있는 재고자산에는 서로 다른 단위원가 결정방법을 적용할 수 있다. 예를 들어, 동일한 재고자산이 동일한 기업 내에서 영업부문에 따라 서로 다른 용도로 사용되는 경우도 있다. 그러나 재고자산의 지역별 위치나 과세방식이 다르다는 이유만으로 동일한 재고자산에 다른 단위원가 결정방법을 적용하는 것이 정당화될 수는 없다.

④ K-IFRS에서는 재고자산 중 가장 최근의 품목이 우선 판매된 것으로 처리하여 결과적으로 재고자산에 남아 있는 품목은 가장 오래된 것을 인식하여 기말재고자산이 최근에 공정가치를 반영하지 못한다. 따라서 후입선출법은 실제의 재고자산흐름을 신뢰성 있게 표시하지 않기 때문에 인정하지 않고 있다.

V | 재고자산감모손실과 재고자산평가손실

[그림 5-3] 감모손실과 평가손실

상품			
기초재고	×××	판매된 부분	×××
당기매입	×××		
		판매 이외의 재고감소액	×××
		기말재고	×××
판매가능재고	×××	합계	×××

01 재고자산감모손실

재고자산의 장부수량보다 실제수량이 적은 경우에 발생하는 손실을 재고자산감모손실이라고 한다. K-IFRS에서는 모든 감모손실은 감모가 발생한 기간에 비용으로 인식하도록 규정하고 있다.[1)]

재고자산감모손실 = 장부수량 - 실제수량

02 재고자산평가손실(저가법의 적용)

재고자산은 판매를 통하여 미래 경제적 효익이 회수되는 데 자산의 장부금액이 판매나 사용으로부터 실현될 것으로 기대되는 금액을 초과하여서는 안 된다는 원칙에 따라 저가법을 적용하는 것이 일반적이다. 따라서 K-IFRS에서도 재고자산은 취득원가와 순실현가능가치 중 낮은 금액으로 측정하도록 규정하고 있다. 여기서 순실현가능가치는 통상적인 영업과정의 예상 판매가격에서 예상되는 추가 완성원가와 판매비용을 차감한 금액을 말한다.

- 재고자산의 저가법: Min[취득원가, 순실현가능가치]
- 순실현가능가치: 예상 판매가격 - 예상되는 추가 완성원가 - 예상되는 판매비용

1) 회계관행상 정상적인 영업과정에 발생하는 정상감모손실은 매출원가로, 일시적·우발적으로 발생하는 비정상감모손실은 기타비용으로 인식하는 것이 일반적이다. 그러나 수험목적상으로는 K-IFRS에서 감모손실을 구체적으로 매출원가나 기타비용으로 인식하도록 규정하지 않았기 때문에 문제의 언급에 따라 풀이하여야 한다.

> ⊘ 참고 **순실현가능가치와 순공정가치**
>
> 순실현가능가치는 통상적인 영업과정에서 재고자산의 판매를 통해 실현할 것으로 기대하는 순매각금액을 말한다. 공정가치는 측정일에 재고자산의 주된 (또는 가장 유리한) 시장에서 시장참여자 사이에 일어날 수 있는 그 재고자산을 판매하는 정상거래의 가격을 반영한다. 전자는 기업특유가치이지만, 후자는 그러하지 아니하다. 재고자산의 순실현가능가치는 순공정가치와 일치하지 않을 수도 있다.

(1) 재고자산을 순실현가능가치로 감액한 평가손실은 감액이 발생한 기간에 비용으로 인식한다. 순실현가능가치의 상승으로 인한 재고자산평가손실의 환입은 환입이 발생한 기간의 비용으로 인식된 재고자산 금액의 차감액으로 인식한다.[2)]

(2) 재고자산의 저가법은 일반적으로 순실현가능가치가 감소하는 상황에서 발생하는 데, 다음의 경우에는 재고자산의 원가를 회수하기 어려울 수 있다.

> ① 물리적으로 손상된 경우
> ② 완전히 또는 부분적으로 진부화된 경우
> ③ 판매가격이 하락한 경우
> ④ 완성하거나 판매하는 데 필요한 원가가 상승한 경우

(3) 재고자산을 순실현가능가치로 감액하는 저가법은 항목별로 적용한다. 그러나 경우에 따라서는 서로 비슷하거나 관련된 항목들을 통합하여 적용하는 것이 적절할 수 있다. 이러한 경우로는 재고자산 항목이 비슷한 목적 또는 최종 용도를 갖는 같은 제품군과 관련되고, 같은 지역에서 생산되어 판매되며, 실무적으로 그 제품군에 속하는 다른 항목과 구분하여 평가할 수 없는 경우를 들 수 있다. 그러나 재고자산의 분류(예 완제품)나 특정 영업부문에 속하는 모든 재고자산에 기초하여 저가법을 적용하는 것은 적절하지 않다.

(4) 순실현가능가치를 추정할 때 재고자산의 보유 목적도 고려하여야 한다. 예를 들어 확정판매계약 또는 용역계약을 이행하기 위하여 보유하는 재고자산의 순실현가능가치는 계약가격에 기초한다. 만일 보유하고 있는 재고자산의 수량이 확정판매계약의 이행에 필요한 수량을 초과하는 경우에는 그 초과 수량의 순실현가능가치는 일반 판매가격에 기초한다. 재고자산 보유 수량을 초과하는 확정판매계약에 따른 충당부채나 확정매입계약에 따른 충당부채는 K-IFRS 제1037호 '충당부채, 우발부채, 우발자산'에 따라 회계처리한다.

(5) 완성될 제품이 원가 이상으로 판매될 것으로 예상하는 경우에는 그 생산에 투입하기 위해 보유하는 원재료 및 기타 소모품을 감액하지 아니한다. 그러나 원재료 가격이 하락하여 제품의 원가가 순실현가능가치를 초과할 것으로 예상된다면 해당 원재료를 순실현가능가치로 감액한다. 이 경우 원재료의 현행대체원가는 순실현가능가치에 대한 최선의 이용가능한 측정치가 될 수 있다.

(6) 매 후속기간에 순실현가능가치를 재평가한다. 재고자산의 감액을 초래했던 상황이 해소되거나 경제상황의 변동으로 순실현가능가치가 상승한 명백한 증거가 있는 경우에는 최초의 장부금액을 초과하지 않는 범위 내에서 평가손실을 환입한다. 그 결과 새로운 장부금액은 취득원가와 수정된 순실현가능가치 중 작은 금액이 된다. 판매가격의 하락 때문에 순실현가능가치로 감액한 재고항목을 후속기간에 계속 보유하던 중 판매가격이 상승한 경우가 이에 해당한다.

---

2) 재고자산평가손실은 일반적으로 재고자산의 가격변동에 의하여 정상적인 영업과정에서 발생하는 사항이므로 매출원가로 비용처리하고 환입금액은 매출원가에서 조정하는 것이 일반적이다. 그러나, K-IFRS에서는 당기비용으로 인식하도록 규정하고 있으므로 문제의 언급에 따라 풀이하여야 한다.

> ⊘ 참고 **저가법의 근거와 문제점**
>
> 재고자산을 순실현가능가치로 감액하는 저가법의 이론적인 근거는 자산의 장부금액은 판매나 사용으로 실현될 것으로 기대되는 미래 경제적 효익을 초과해서는 안 된다는 것이다.
>
> 이러한 저가법은 보유이익은 인식하지 않고 보유손실은 인식하므로 논리적 일관성이 없으며, 매 보고기간마다 어떤 기간에는 원가로 또 다른 기간에는 순실현가능가치로 평가하게 되어 기간별 비교가능성을 왜곡시킨다. 또한 당기순이익을 과소표시하게 되어 주주에게 불리한 정보를 제공하며, 배당의 재원인 이익잉여금도 과소표시되는 문제점이 있다.

03 재고자산감모손실과 재고자산평가손실의 계산방법

재고자산감모손실과 재고자산평가손실은 발생한 기간에 당기비용으로 인식한다. 실지재고조사법에 의한 회계처리를 나타내면 다음과 같다.

(1) 매출원가

(차) 매출원가	×××	(대) 재고자산(기초)	×××
(차) 매출원가	×××	(대) 매입	×××
(차) 재고자산(기말)	×××	(대) 매출원가	×××

(2) 재고자산감모손실

(차) 재고자산감모손실(기타비용)	×××	(대) 재고자산	×××
매출원가	×××		

(3) 재고자산평가손실

(차) 재고자산평가손실(매출원가)	×××	(대) 재고자산평가충당금	×××

(4) 재고자산평가손실환입

(차) 재고자산평가충당금	×××	(대) 재고자산평가손실환입(매출원가)	×××

POINT 재고자산감모손실과 재고자산평가손실의 계산방법과 회계처리

구분	재고자산감모손실	재고자산평가손실
정의	장부금액 - 감모가 반영된 장부금액	Min[취득원가, 순실현가능가치3)]
계산방법	(장부수량 - 실제수량) × 취득원가	실제수량 × (취득원가 - Min[취득원가, NRV])
회계처리	비용으로 인식	비용으로 인식

3) 순실현가능가치: 예상판매가격 - 추가 완성원가 - 판매비용

또한 상품재고장에 수량부족분, 취득원가 및 순실현가능가치가 모두 포함된 자료가 제시된다면 다음과 같은 방법으로 계산할 수 있으며 상품 T계정을 요약하면 아래와 같다.

[그림 5-4] 감모손실과 평가손실의 계산방법

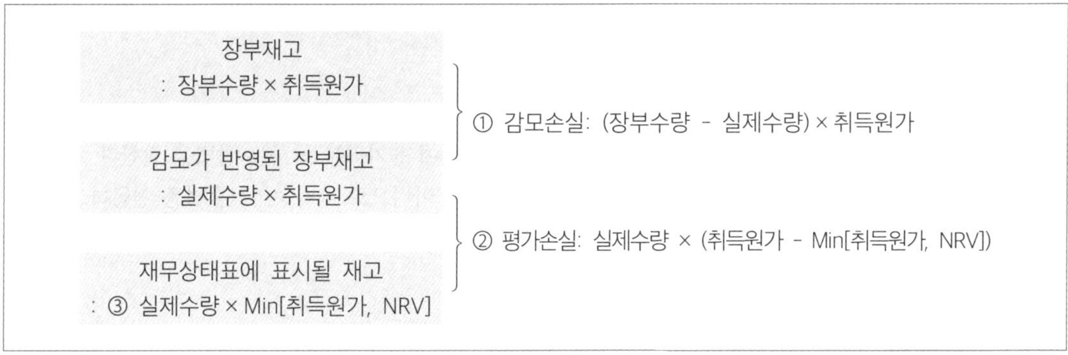

POINT 상품 T계정 요약

상품

기초상품	×××	판매된 부분 ➡ 역산	×××	
		평가손실 ②	×××	매출원가
당기매입	×××	정상감모손실 ① × 정상감모율	×××	
		비정상감모손실 ① × 비정상감모율	×××	기타비용
		기말상품 ③	×××	
판매가능상품	×××		×××	

⊘ 참고 **두 보고기간의 재고자산감모손실과 재고자산평가손실**

(1) 재무상태표에 표시할 기말재고: 실제수량 × Min[취득원가, NRV]
(2) 감모손실: (장부수량 - 실제수량) × 취득원가
(3) 비정상감모손실: 감모손실 × 비정상감모율
(4) 정상감모손실: 감모손실 × 정상감모율
(5) 재고자산평가손실(환입): 기말재고자산평가충당금 - 기초재고자산평가충당금
 ① 기말재고자산평가충당금: 기말실제수량 × (기말취득원가 - 기말 NRV)
 ② 기초재고자산평가충당금: 기초실제수량 × (기초취득원가 - 기초 NRV)

Ⅵ 매출총이익률법

01 정의

매출총이익률법이란 과거 보고기간의 매출총이익률을 이용하여 원가배분을 하는 방법을 말한다. K-IFRS는 당기 매출총이익률을 사용하지 않아 합리적인 원가배분이 아니므로 매출총이익률법을 언급하고 있지 않지만 실무상 화재가 발생하였을 때 화재손실액을 추정하기 위하여 사용하던 방법이다.

02 계산방법

[그림 5-5] 매출총이익률법

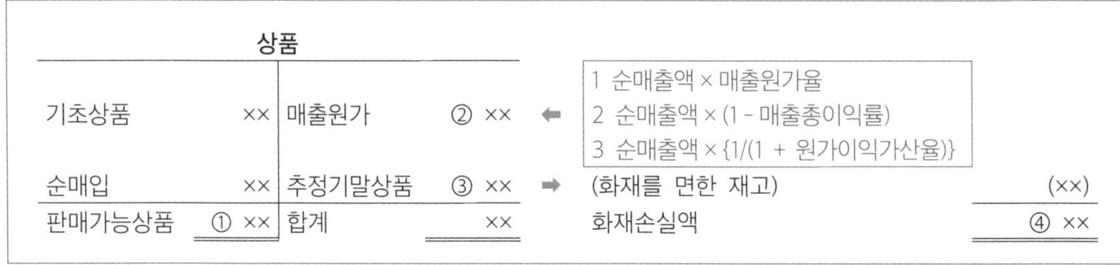

(1) 매출총이익률법의 주어진 자료들 중 매입에서 발생하는 매입운임, 매입에누리와 환출, 매입할인은 각각 총매입액에서 가감하여 순매입액을 계산하고, 매출에서 발생하는 매출에누리와 환입, 매출할인은 각각 총매출액에서 차감하여 순매출액을 계산한 후, 기초상품에 순매입액을 더하여 판매가능상품의 금액을 산출한다.

- 순매입액 = 총매입액 - 매입에누리와 환출 - 매입할인 + 매입운임
- 순매출액 = 총매출액 - 매출에누리와 환입 - 매출할인

(2) 순매출액에 매출원가율, (1-매출총이익률) 및 1/(1+원가이익가산율)을 곱하여 매출원가를 산출한다.

(3) 판매가능상품에서 매출원가를 차감하여 추정기말상품금액을 산출한다.

(4) 추정기말상품에서 화재를 면한 재고를 차감하여 화재손실액을 추정한다.

⊘ 참고 **매출총이익률과 원가이익가산율**

① 매출총이익률 + 매출원가율
 = 매출총이익/매출액 + 매출원가/매출액 = (매출액 - 매출원가)/매출액 + 매출원가/매출액 = 1

② 원가 + 이익 = 매가
원가 × (1 + 이익/원가) = 매가
원가 × (1 + 원가이익가산율) = 매가
원가 = 매가 × [1/(1 + 원가이익가산율)]

Ⅶ 소매재고법

01 정의

소매재고법[4]은 기말재고자산(매가)에 적절한 원가율을 곱하여 기말재고자산(원가)을 구하는 방법이다. K-IFRS에서 소매재고법은 이익률이 유사하고 품종변화가 심한 다품종 상품을 취급하는 유통업에서 실무적으로 다른 원가측정법을 사용할 수 없는 경우에 한하여 인정하고 있다. 소매재고법에서 재고자산의 원가는 재고자산의 판매가격을 적절한 총이익률을 반영하여 환원하는 방법으로 결정한다. 이때 적용되는 이익률은 최초판매가격 이하로 가격이 인하된 재고자산을 고려하여 계산하고, 일반적으로 판매부문별 평균이익률을 사용한다.

> ⊘ 참고 **소매재고법에서 원가율이 서로 다른 상품군을 통합하여 적용할 수 있는가?**
>
> 소매재고법은 판매가격을 기준으로 한 기말재고액에 원가율을 적용하여 기말재고자산금액을 산정하므로 원가율이 서로 다른 상품을 통합하여 매출가격환원법을 적용할 경우 매출원가 및 재고자산금액에 신뢰성이 결여될 수 있다. 따라서 매출가격환원법은 원가율이 유사한 상품별로 적용되는 것이 타당하며, 원가율의 차이가 큰 상품이 있을 경우 원가율이 유사한 상품군으로 구분하여 각각 소매재고법을 적용함이 타당할 것이다.

02 특수항목이 포함된 소매재고법

특수항목이 포함된 소매재고법의 매출원가와 기말재고(원가)를 산정할 때 일반적으로 다음의 4단계 절차에 의하여 계산한다.

[그림 5-6] 소매재고법의 계산구조

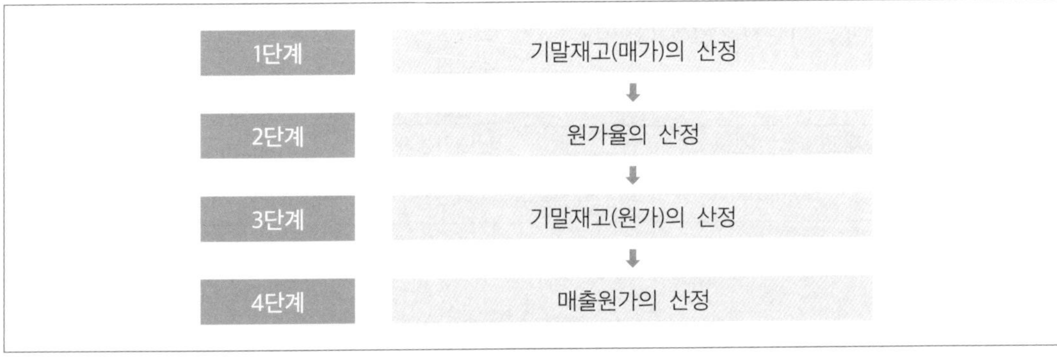

4) 소매재고법을 다른 용어로 매출가격환원법이라고도 한다.

[1단계] 기말재고(매가)의 산정

상품(원가)과 상품(매가)의 원장을 완성하고 대차차액으로 기말재고(매가)를 계산한다.

(1) 소매재고법의 주어진 자료들 중 매입에서 발생하는 매입운임, 매입에누리와 환출, 매입할인은 각각 총매입액(원가)과 총매입액(매가)에서 가감하여 당기순매입(원가)과 당기순매입(매가)을 먼저 계산하고, 매출에서 발생하는 매출에누리와 환입, 매출할인은 각각 총매출액에서 차감하여 순매출액(매가)을 구한다.

① 순매입액(원가) = 총매입액 - 매입에누리와 환출 - 매입할인 + 매입운임
② 순매입액(매가) = 총매입액 - 매입환출
③ 순매출액(매가) = 총매출액 - 매출에누리와 환입 - 매출할인

(2) 소매재고법의 경우 상품매입시점의 매가와 판매시점의 매가에 차이가 발생할 수 있다. 이를 순인상액과 순인하액이라고 하는데 이는 상품의 판매가에만 영향을 미치므로 순인상액[5)]과 순인하액[6)]을 상품(매가)의 원장 차변에서 조정한다.

(3) 정상적인 영업과정에서 발생한 정상파손은 상품(매가)의 원장에 대기하고 상품(원가)의 원장에서는 실익이 없으므로 반영하지 않는다.[7)] 그러나 일시적 · 우발적인 이유로 발생하는 비정상파손의 경우에는 상품(원가)과 상품(매가)의 차변에서 차감하는데 이러한 비정상파손을 원가율 산정 시에 제외하기 위함이다.[8)]

(4) 종업원할인의 경우 일반적인 판매가에 영향을 주지 않기 때문에 상품(매가)에 대기하여 기말재고(매가)에서만 조정한다. 왜냐하면 종업원할인을 대기하지 않으면 상품(매가)이 과대계상되어 상품(원가)이 과대계상될 수 있기 때문이다.

(5) 상품(원가)과 상품(매가)의 원장을 나타내면 아래와 같다.

상품(원가)				상품(매가)			
기초재고	×××	매출원가	?	기초재고	×××	당기순매출	×××
당기순매입	×××			당기순매입	×××	정상적파손	×××
비정상적파손	(×××)	기말재고(원가)	?	순인상	×××	종업원할인	×××
				순인하	(×××)		
				비정상적파손	(×××)	기말재고(매가)	대차차액
판매가능재고(원가)(A)	×××	계	×××	판매가능재고(매가)(B)	×××	계	×××

5) 순인상 = 가격인상 - 가격인상취소
6) 순인하 = 가격인하 - 가격인하취소
7) 정상파손(원가)을 상품(원가)의 원장 차변에 기입하더라도 매출원가를 산출할 때 다시 가산해주어야 한다. 상품(원가)에 대변을 제외시키고 계산하더라도 매출원가는 동일하다.
8) 비정상파손(원가, 매가)은 '자산의 감소'이므로 대변에 기입하는 것이 옳지만 원가율 산정 시 제외하기 위하여 차변에 (-)의 부호로 반영하는 것이 일반적이다.

[2단계] 원가율의 산정

원가율은 위의 상품 원장에서 [판매가능재고(원가)(A)/판매가능재고(매가)(B)]로 쉽게 산출할 수 있으며, 각각 원가흐름의 가정에 따라 그 내용이 달라지는데 이를 구체적으로 살펴보면 다음과 같다.

(1) 가중평균소매재고법은 기초재고와 당기매입분이 평균적으로 판매된다고 가정하므로 원가율은 기초재고, 당기순매입, 순인상액, 순인하액을 모두 포함하고 비정상파손은 차감하여 계산한다.

(2) 선입선출소매재고법은 먼저 구입한 재고자산이 먼저 판매된다고 가정하므로 가중평균소매재고법의 원가율에서 기초재고자산은 고려하지 않는다.

(3) 저가기준가중평균소매재고법은 기말재고를 가능한 낮게 표시하기 위하여 가중평균소매재고법의 원가율에서 순인하액을 원가율 분모에서 제외시켜 원가율을 낮게 계상하는 방법이다.

(4) 저가기준선입선출소매재고법은 가중평균소매재고법의 원가율에서 기초재고자산은 고려하지 않고 순인하액도 분모에서 제외시키는 방법이다. 이하 4가지 방법의 원가율을 요약하면 다음과 같다.

구분	원가율
가중평균법	$\frac{\text{기초재고(원가)} + \text{당기순매입(원가)} - \text{비정상적파손}}{\text{기초재고(매가)} + \text{당기순매입(매가)} + \text{순인상액} - \text{순인하액} - \text{비정상적파손}}$
선입선출법	$\frac{\text{당기순매입(원가)} - \text{비정상적파손}}{\text{당기순매입(매가)} + \text{순인상액} - \text{순인하액} - \text{비정상적파손}}$
저가기준가중평균법 (전통적 소매재고법)	$\frac{\text{기초재고(원가)} + \text{당기순매입(원가)} - \text{비정상적파손}}{\text{기초재고(매가)} + \text{당기순매입(매가)} + \text{순인상액} - \text{비정상적파손}}$
저가기준선입선출법	$\frac{\text{당기순매입(원가)} - \text{비정상적파손}}{\text{당기순매입(매가)} + \text{순인상액} - \text{비정상적파손}}$

별해 원가율의 산정

구분	원가율
가중평균법	$\frac{\text{판매가능재고(원가)(A)}}{\text{판매가능재고(매가)(B)}}$
선입선출법	$\frac{\text{판매가능재고(원가)(A)} - \text{기초재고(원가)}}{\text{판매가능재고(매가)(B)} - \text{기초재고(매가)}}$
저가기준가중평균법 (전통적 소매재고법)	$\frac{\text{판매가능재고(원가)(A)}}{\text{판매가능재고(매가)(B)} + \text{순인하}}$
저가기준선입선출법	$\frac{\text{판매가능재고(원가)(A)} - \text{기초재고(원가)}}{\text{판매가능재고(매가)(B)} - \text{기초재고(매가)} + \text{순인하}}$

[3단계] 기말재고(원가)의 산정

기말재고(원가) = 기말재고(매가)[1단계] × 원가율[2단계]

[4단계] 매출원가의 산정

매출원가 = 판매가능재고(원가)(A) - 기말재고(원가)

03 소매재고법의 특수항목

특수항목	반영방법
매입운임	당기매입(원가)에서 가산한다.
매입에누리와 환출	당기매입(원가)에서 차감하고, 매입환출의 경우는 당기매입(매가)에서도 차감한다.
매입할인	당기매입(원가)에서 차감한다.
매출에누리와 환입	총매출액에서 차감한다.
매출할인	총매출액에서 차감한다.
정상파손	정상파손은 기말재고(매가)에서 차감하고 원가율 산정 시에는 포함시켜야 한다.
비정상파손	비정상파손은 기말재고(원가)와 기말재고(매가)에서 모두 차감하고 원가율 산정 시 제외시켜야 한다.
종업원할인	종업원할인은 일반적인 판매가에 영향을 주지 않기 때문에 기말재고(매가)에서 조정하고 원가율에는 반영하지 않는다.

보론 1 | 농림어업

01. 정의

농림어업활동	판매목적 또는 수확물이나 추가적인 생물자산으로의 전환목적으로 생물자산의 생물적 변환과 수확을 관리하는 활동
특성	① 변화할 수 있는 능력: 살아 있는 동물과 식물은 생물적 변환을 할 수 있는 능력이 있다. ② 변화의 관리: 관리는 생물적 변환의 발생과정에 필요한 조건을 향상시키거나 적어도 유지시켜 생물적 변환을 용이하게 한다. ③ 변화의 측정: 생물적 변환이나 수확으로 인해 발생한 질적 변화나 양적 변화는 일상적인 관리기능으로 측정되고 관찰된다.
생물자산과 생산용식물 및 수확물의 정의	① 생물자산: 생물자산은 살아 있는 동물이나 식물을 말하며, 찻잎, 포도, 기름야자 열매, 고무나무의 유액 등 생산용 식물에서 자라는 생산물을 포함하는 개념이다. ② 생산용식물: 생산용식물은 다음 요건을 모두 충족하는 살아있는 식물을 말하는데, 생산용식물의 정의를 충족하는 생물자산은 유형자산으로 회계처리하여야 한다. a. 수확물을 생산하거나 공급하는 데 사용한다. b. 한 회계기간을 초과하여 생산물을 생산할 것으로 예상한다. c. 수확물로 판매될 가능성이 희박하다. (단, 부수적인 폐물(Scrap)로 판매하는 경우는 제외한다) ③ 수확물: 수확물은 생물자산에서 수확한 생산물 ④ 수확 후 가공품: 수확물이 가공되어 판매되는 것

⊘ 참고 **생산용식물의 정의를 충족하는 생물자산의 회계처리 개정**

생산용식물은 자체로 팔리지 않고 생산용식물의 공정가치 변동이 기업의 미래현금흐름에 직접 영향을 미치지는 않으며, 매각목적의 자산이 아니라 생산물을 생산하기 위한 사용목적의 자산이다. 따라서 공정가치로 측정하는 것이 보유목적에 적합하지 않으며, 활성화된 시장이 없어 공정가치를 측정할 수도 없다. 따라서 이러한 실무적 어려움을 국제회계기준위원회에 건의하여 2014년 유형자산으로 회계처리하도록 개정되었다.

⊘ 참고 **생산용식물이 아닌 예**

다음은 생산용식물이 아니다.

(1) 수확물로 수확하기 위해 재배하는 식물(예 목재로 사용하기 위해 재배하는 나무)

(2) 부수적인 폐물 판매가 아닌, 수확물로도 식물을 수확하고 판매할 가능성이 희박하지 않은 경우 수확물을 생산하기 위해 재배하는 식물(예 과일과 목재 모두를 얻기 위해 재배하는 나무)

(3) 한해살이 작물(예 옥수수와 밀)

02. 인식 및 측정

(1) 인식기준

다음의 조건이 모두 충족되는 경우에 한하여 생물자산이나 수확물로 인식한다.

> ① 과거사건의 결과로 자산을 통제한다.
> ② 자산과 관련된 미래 경제적 효익의 유입가능성이 높다.
> ③ 자산의 공정가치나 원가를 신뢰성 있게 측정할 수 있다.

(2) 측정

구분	수익인식과 측정
생물자산 (생산용식물 제외)	① 최초인식시점과 매 보고기간 말에 공정가치에서 추정 매각부대원가를 차감한 금액(이하 '순공정가치'라 한다)으로 측정하고 여기에서 발생한 평가손익은 발생한 기간의 당기손익에 반영함 ② 생물자산을 최초로 인식하는 시점에 시장 공시가격을 구할 수 없고, 대체적인 공정가치측정치가 명백히 신뢰성 없게 결정되는 경우에는 생물자산은 원가에서 감가상각누계액과 손상차손누계액을 차감한 금액으로 측정함
생물자산(생산용식물)	유형자산으로 분류하여 감가상각을 수행함
생물자산에서 수확된 수확물	수확시점에 순공정가치로 측정하고 발생한 평가손익은 발생한 기간에 당기손익에 반영함
수확 후 가공품	재고자산의 규정을 준용함

> ⊘ 참고 **생산용식물에서 자라는 생산물**
>
> 생산용식물에서 자라는 생산물(예 찻잎, 포도, 기름야자 열매, 고무나무 유액)은 농림어업의 적용범위에 포함된다. 즉, 생물자산으로 회계처리되며 수확물(재고자산)이 아니므로 순공정가치로 측정하여 발생한 평가손익을 당기손익으로 인식하여야 함에 유의하여야 한다.

(3) 정부보조금

구분	내용
순공정가치로 측정하는 생물자산과 관련된 정부보조금에 다른 조건이 없는 경우	수취할 수 있게 되는 시점에 당기손익으로 인식함
순공정가치로 측정하는 생물자산과 관련된 정부보조금에 부수되는 조건이 있는 경우	그 조건을 충족하는 시점에 당기손익으로 인식함
원가에서 감가상각누계액과 손상차손누계액을 차감한 금액으로 측정하는 생물자산	K-IFRS 제1020호 '정부보조금의 회계처리와 정부지원의 공시'를 적용함

> ⊘ 참고 **정부보조금의 조건**
>
> 정부보조금의 조건은 다양하다. 예를 들어, 특정지역에서 5년 동안 경작할 것을 요구하고, 경작기간이 5년 미만인 경우에는 모두 반환해야 하는 보조금이 있을 수 있다. 이러한 경우에는 5년이 경과하기 전까지는 보조금을 당기손익으로 인식하지 아니한다. 그러나 시간의 경과에 따라 보조금의 일부가 기업에 귀속될 수 있는 경우에는 시간의 경과에 따라 그 정부보조금을 당기손익으로 인식한다.

해커스 IFRS 김원종 POINT 중급회계

회계사·세무사·경영지도사 단번에 합격!
해커스 경영아카데미 cpa.Hackers.com

Chapter 06

유형자산

I 유형자산의 일반론

유형자산의 정의	재화나 용역의 생산이나 제공, 타인에 대한 임대 또는 관리활동에 사용할 목적으로 보유하는 물리적 형태가 있는 자산으로서 한 회계기간을 초과하여 사용할 것이 예상되는 자산
유형자산의 분류	토지, 건물, 구축물, 기계장치, 선박, 항공기, 차량운반구, 사무용비품, 건설중인자산, 기타유형자산

Ⅱ 최초인식

01 인식기준 및 최초원가

인식기준	다음의 인식기준을 모두 충족하여야 함 ① 자산으로부터 발생하는 미래 경제적 효익이 기업에 유입될 가능성이 높음 ② 자산의 원가를 신뢰성 있게 측정
예비부품, 대기성장비 및 수선용구	① 유형자산의 정의를 충족: 유형자산으로 분류 ② 유형자산의 정의를 충족하지 않음: 재고자산으로 분류
개별적으로 경미한 항목	금형, 공구 및 틀 등과 같이 개별적으로 경미한 항목은 통합하여 그 전체가치에 대하여 인식기준을 적용하는 것이 적절함
규제상 취득하는 자산	안전 또는 환경상의 이유로 취득하는 유형자산은 그 자체로는 직접적인 미래 경제적 효익을 얻을 수 없지만, 다른 자산에서 미래 경제적 효익을 얻기 위하여 필요할 수 있음

02 후속원가

유형자산을 매입하거나 건설할 때 최초로 발생하는 원가가 아니라 후속적으로 증설, 대체 또는 수선·유지와 관련하여 발생하는 원가를 후속원가라 말한다. K-IFRS에서는 이러한 후속원가를 자산의 취득원가로 포함할 수 있는지에 대해서는 최초인식과 동일하게 판단하도록 규정하고 있다. 즉, 유형자산의 인식기준을 충족하면 자산의 취득원가로 처리하고 인식기준을 충족하지 못하면 발생시점에 당기비용으로 인식한다.

(1) 자본적 지출과 수익적 지출

구분	자본적 지출	수익적 지출
정의	유형자산의 인식기준을 모두 충족하여 자산의 취득원가로 처리하는 지출	유형자산의 인식기준을 충족하지 못하여 발생시점에 당기비용으로 처리하는 지출
회계처리	(차) 유형자산 ××× (대) 현금 ×××	(차) 수선유지비 ××× (대) 현금 ×××
예	내용연수의 증가, 미래 경제적 효익의 양이나 질의 증대	원상회복, 능력유지, 소액지출

(2) 유형자산의 후속원가

후속원가	자산의 취득원가로 포함 여부는 최초인식과 동일하게 판단
일상적인 수선 · 유지비	일상적인 수선 · 유지와 관련하여 발생하는 원가는 해당 유형자산의 장부금액에 포함하여 인식하지 아니하며, 발생시점에 당기손익으로 인식함
정기적인 교체	유형자산의 일부를 대체할 때 발생하는 원가가 인식기준을 충족하는 경우에는 이를 해당 유형자산의 장부금액에 포함하여 인식하며, 대체되는 부분의 장부금액은 제거 규정에 따라 제거함
정기적인 종합검사	① 정기적인 종합검사과정에서 발생하는 원가가 인식기준을 충족하는 경우에는 유형자산의 일부가 대체되는 것으로 보아 해당 유형자산의 장부금액에 포함하여 인식함 ② 이 경우 직전에 이루어진 종합검사에서의 원가와 관련되어 남아 있는 장부금액을 제거함 ③ 위의 회계처리는 해당 유형자산을 매입하거나 건설할 때 종합검사와 관련된 원가를 분리하여 인식하였는지 여부와 관계가 없음

Ⅲ 최초측정

최초측정	재무상태표에 인식하는 유형자산은 원가로 측정함
원가의 정의	자산을 취득하기 위하여 자산의 취득시점이나 건설시점에서 지급한 현금 또는 현금성자산이나 제공한 기타 대가의 공정가치

01 취득원가

(1) 취득원가의 구성요소

K-IFRS에서는 유형자산의 원가는 다음의 구입가격, 자산취득에 직접 관련되는 원가 및 복구원가로 구성된다고 규정하고 있다.

구입가격	구입가격 (관세 및 환급불가능한 취득관련 세금을 가산하고 매입할인과 리베이트 등을 차감한 금액)
자산취득에 직접 관련되는 원가	경영진이 의도하는 방식으로 사용할 수 있도록 준비하는 데 직접 관련된 원가 ① 유형자산의 매입 또는 건설과 직접적으로 관련되어 발생한 종업원급여 ② 설치장소 준비원가 ③ 최초의 운송 및 취급관련 원가 ④ 설치원가 및 조립원가 ⑤ 유형자산이 정상적으로 작동되는지 여부를 시험하는 과정에서 발생하는 원가 ⑥ 전문가에게 지급하는 수수료
복구원가	유형자산을 해체, 제거하거나 부지를 복구하는 데 소요될 것으로 최초에 추정되는 원가

참고 시험과정에서 생산된 재화의 순매각금액

경영진이 의도한 방식으로 가동할 수 있는 장소와 상태에 이르게 하는 동안에 재화(자산이 정상적으로 작동되는지를 시험할 때 생산되는 시제품)가 생산될 수 있다. 그러한 재화를 판매하여 얻은 매각금액과 그 재화의 원가는 적용 가능한 기준서에 따라 당기손익으로 인식한다. 즉, 시제품의 순매각금액은 당기손익으로 인식한다.

(2) 취득원가에 포함되지 않는 항목

유형자산의 원가가 아닌 예	① 새로운 시설을 개설하는 데 소요되는 원가 ② 새로운 상품과 서비스를 소개하는 데 소요되는 원가 예 광고 및 판촉활동과 관련된 원가 ③ 새로운 지역에서 또는 새로운 고객층을 대상으로 영업을 하는 데 소요되는 원가 예 직원 교육훈련비 ④ 관리 및 기타 일반간접원가
유형자산의 장부금액에 포함되지 아니하는 원가	① 유형자산이 경영진이 의도하는 방식으로 가동될 수 있으나 아직 실제로 사용되지는 않고 있는 경우 또는 가동수준이 완전조업도 수준에 미치지 못하는 경우에 발생하는 원가 ② 유형자산과 관련된 산출물에 대한 수요가 형성되는 과정에서 발생하는 가동손실과 같은 초기 가동손실 ③ 기업의 영업 전부 또는 일부를 재배치하거나 재편성하는 과정에서 발생하는 원가
부수적인 영업활동	부수적인 영업은 유형자산을 경영진이 의도하는 방식으로 가동하는 데 필요한 장소와 상태에 이르게 하기 위해 필요한 활동이 아니므로 그러한 수익과 관련 비용은 당기손익으로 인식하고 각각 수익과 비용항목으로 구분하여 표시함 예 건설이 시작되기 전에 건설용지를 주차장 용도로 사용

02 유형별 취득원가

(1) 장기할부구입

장기할부구입의 취득원가	① 취득원가: 현금가격상당액(현재가치) ② 대금지급이 일반적인 신용기간을 초과하여 이연되는 경우, 현금가격상당액과 실제 총지급액과의 차액은 차입원가에 따라 자본화하지 않는 한 신용기간에 걸쳐 이자비용으로 인식함

(2) 토지의 구입

토지의 취득원가	구입가격 + 취득세 + 중개수수료 + 구획정리비 + 토지정지비, 하수처리장 분담금 + 개발부담금 + 내용연수가 영구적이거나 정부나 지방자치단체가 유지보수하는 배수공사비, 조경관리비, 진입도로공사비와 상하수도공사비 + 이전 소유자가 부담하기로 한 토지와 관련된 취득 이전에 발생한 미지급재산세
토지의 취득원가가 아닌 예	① 토지를 취득한 이후에 발생한 재산세와 종합부동산세 등의 세금은 당기비용으로 처리함 ② 내용연수가 영구적이지 않거나 회사가 유지보수하는 배수공사비, 조경관리비, 진입도로공사비 및 상하수도공사비는 구축물로 분류함

POINT 배수공사비, 조경관리비, 진입도로공사비와 상하수도공사비

영구성이 있는 경우 (유지 및 보수책임이 정부 및 지방자치단체에 있는 경우)	토지 취득원가에 가산
영구성이 없는 경우 (유지 및 보수책임이 회사에 있는 경우)	구축물 취득원가에 가산한 후 감가상각 수행

(3) 토지와 건물의 일괄구입

a. 토지와 건물을 모두 사용하는 경우
 : 일괄구입가격을 각 자산의 상대적 공정가치 비율에 의해 개별자산에 배분함
b. 토지만 사용하는 경우: 모두 토지원가로 처리함(순철거비용과 토지정지비 가산)
c. 건물을 신축하기 위하여 이미 보유 중인 건물을 철거하는 경우
 : 건물의 장부금액과 철거비용은 전액 당기비용으로 처리함

(4) 유형자산과 국공채의 일괄구입

유형자산 등의 취득과 관련하여 국 · 공채를 불가피하게 매입하는 경우 국 · 공채의 매입금액과 공정가치(현재가치)와의 차액은 취득에 직접 소요된 지출액이므로 유형자산의 취득원가에 가산한다.

(5) 자가건설

자가건설의 정의	기업이 유형자산을 외부로부터 구입하지 않고 직접 건설하는 경우
자가건설의 회계처리	① 건설원가발생 시 (차) 건설중인자산 ××× (대) 현금 등 ××× ② 건설완료시점 (차) 유형자산 ××× (대) 건설중인자산 ×××
유의사항	① 자가건설에 따른 내부이익과 자가건설 과정에서 원재료, 인력 및 기타 자원의 낭비로 인한 비정상적인 원가는 자산의 원가에 포함하지 않음 ② 경영진이 의도하는 방식으로 사용하는 데에 필요한 장소와 상태에 이르기 전에는, 생산용식물을 자가건설 유형자산과 같은 방법으로 회계처리함

(6) 교환거래

교환거래로 인하여 취득한 비화폐성자산의 취득원가는 상업적 실질이 있는지 여부에 따라 달라진다. 교환거래의 결과 미래현금흐름이 얼마나 변동될 것인지를 고려하여 해당 교환거래에 상업적 실질이 있는지를 결정하는데 다음 ① 또는 ②에 해당하면서 ③을 충족하는 경우에 교환거래는 상업적 실질이 있는 것으로 본다.

① 취득한 자산과 관련된 현금흐름의 구성(위험, 유출입시기, 금액)이 제공한 자산과 관련된 현금흐름의 구성과 다르다.
② 교환거래의 영향을 받는 영업 부분의 기업특유가치[1)]가 교환거래의 결과로 변동한다.
③ 위 ①이나 ②의 차이가 교환된 자산의 공정가치에 비하여 유의적이다.

1) 교환거래에 상업적 실질이 있는지 여부를 결정할 때 교환거래의 영향을 받는 영업 부분의 기업특유가치는 세후현금흐름을 반영하여야 한다.

구분	상업적 실질이 있는 경우	상업적 실질이 없는 경우
취득원가	① 제공한 자산의 공정가치(원칙) ※ 취득원가 = 제공한 자산의 공정가치 + 현금지급액 - 현금수취액 ② 취득한 자산의 공정가치가 더 명백한 경우 : 취득한 자산의 공정가치(예외) ③ 교환대상 자산들의 공정가치를 신뢰성 있게 측정할 수 없는 경우 : 제공한 자산의 장부금액(예외)	제공한 자산의 장부금액 ※ 취득원가 = 제공한 자산의 장부금액 +현금지급액 - 현금수취액
유형자산 처분이익	처분손익을 인식함 ※ 처분손익 = 공정가치 - 장부금액	처분손익을 인식하지 아니함 ※ 처분손익 = ₩0

(7) 무상취득

인식기준을 충족한 증여받은 유형자산은 취득한 자산의 공정가치로 측정하고 자본거래가 아니라면 자산수증이익의 과목으로 당기이익으로 인식함

(차) 유형자산	×××	(대) 자산수증이익	×××

(8) 현물출자

현물출자의 정의	신주발행의 대가로 현금이 납입되는 것이 아니라 유형자산 등의 비화폐성자산이 납입되는 것
현물출자의 회계처리	① 납입된 비화폐성자산의 공정가치를 발행금액으로 결정 ② 납입된 비화폐성자산의 공정가치가 신뢰성 있게 측정되지 않는다면, 발행된 주식의 공정가치를 참고하여 발행금액을 결정

(9) 복구원가

복구원가란 자산을 해체, 제거하거나 부지를 복구하는 데 소요될 것으로 최초에 추정되는 원가를 말한다. 이와 관련된 회계처리를 요약하면 다음과 같다.

① 유형자산 취득 시

(차) 유형자산	×××	(대) 현금	×××
		복구충당부채	×××

② 매 보고기간 말

(차) 감가상각비	×××	(대) 감가상각누계액	×××
(차) 이자비용	×××	(대) 복구충당부채	×××

③ 실제복구원가 지출시점

(차) 복구충당부채	×××	(대) 현금	×××
		복구공사이익	×××

(차) 복구충당부채	×××	(대) 현금	×××
복구공사손실	×××		

정의	유형자산의 경제적 사용이 종료된 후에 원상회복을 위하여 그 자산을 제거, 해체하거나 또는 부지를 복원하는 데 소요될 것으로 추정되는 비용
회계처리	① 복구원가의 현재가치를 복구충당부채로 인식하고, 유형자산의 취득원가에 가산하여 내용연수에 걸쳐 감가상각함 ② 복구충당부채의 현재가치와 미래 예상지출액의 차액은 유효이자율법을 적용하여 이자비용으로 인식함 ③ 복구원가를 지출하는 시점에 실제복구원가 발생액과 복구충당부채의 장부금액의 차이를 복구공사손익(당기손익)으로 인식함

[그림 6-1] 복구원가의 당기손익의 영향

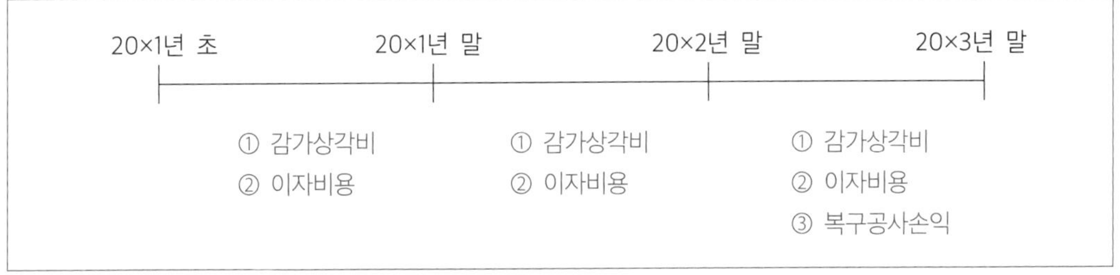

참고 재고자산을 생산하기 위한 유형자산의 복구원가

특정기간 동안 재고자산을 생산하기 위해 유형자산을 사용한 결과로 동 기간에 발생한 그 유형자산을 해체, 제거하거나 부지를 복구할 의무의 원가에 대해서는 K-IFRS 제1002호 '재고자산'을 적용한다.

Ⅳ 정부보조금

01 의의

정부지원의 정의	일정한 기준을 충족하는 기업에게 경제적 효익을 제공하기 위한 정부의 행위
정부보조금의 정의	기업의 영업활동과 관련하여 과거나 미래에 일정한 조건을 충족하였거나 충족할 경우 기업에게 자원을 이전하는 형식의 정부지원

02 회계처리방법

정부보조금에 부수되는 조건의 준수와 보조금 수취에 대한 합리적인 확신이 모두 있을 경우에만 정부보조금을 인식한다.

구분	자본접근법	수익접근법
정의	보조금을 당기손익 이외의 항목으로 인식하는 방법	보조금을 하나 이상의 회계기간에 걸쳐 당기손익으로 인식하는 방법
지지하는 논거	① 정부보조금은 하나의 금융수단이므로 관련된 비용항목과 상계하기 위해 당기손익으로 인식하지 않고 재무상태표에 자금조달로 처리하여야 함 ② 정부보조금은 수익을 창출한 것이 아니라 관련원가 없이 정부에게서 받은 장려금이기 때문에 정부보조금을 당기손익으로 인식하는 것은 적절하지 않음	① 정부보조금은 주주 이외의 원천으로부터 수취하기 때문에 자본으로 직접 인식할 수 없음 ② 정부보조금은 무상으로 지급되는 경우가 거의 없으며, 정부보조금은 조건을 준수하고 부여된 의무를 충족함으로 얻음. 따라서 정부보조금으로 보전하려고 하는 관련원가를 비용으로 인식하는 기간에 걸쳐 당기손익으로 인식하여야 함 ③ 법인세와 그 밖의 세금은 비용이기 때문에 재정정책의 일환인 정부보조금도 당기손익에 표시하는 것이 논리적임
K-IFRS	K-IFRS에서는 정부보조금을 수익접근법에 따라 회계처리함 ① 대부분의 경우 정부보조금과 관련된 원가나 비용을 인식하는 기간은 쉽게 확정할 수 있으므로 특정 비용을 인식하는 기간에 보조금을 당기손익으로 인식함 ② 비상각자산과 관련된 정부보조금이 일정한 의무의 이행도 요구한다면 그 의무를 충족시키기 위한 원가를 부담하는 기간에 그 정부보조금을 당기손익으로 인식함 ③ 이미 발생한 비용이나 손실에 대한 보전 또는 향후의 관련원가 없이 기업에 제공되는 즉각적인 금융지원으로 수취하는 정부보조금은 정부보조금을 수취할 권리가 발생하는 기간에 당기손익으로 인식함	

03 자산관련보조금

회계처리	유형자산의 정부보조금은 다음의 두 가지 방법 중 하나를 선택하여 회계처리함 ① 자산차감법: 정부보조금을 유형자산의 장부금액에서 차감하고 유형자산의 내용연수에 걸쳐 정부보조금을 감가상각비와 상계함 ② 이연수익법: 정부보조금을 이연수익으로 인식하고 유형자산의 내용연수에 걸쳐 정부보조금을 수익으로 인식함
매 보고기간 말	정부보조금은 다음과 같이 수익으로 인식하거나 감가상각비와 상계하여 당기손익에 반영함 → 매년 수익으로 인식되거나 감가상각비와 상계되는 정부보조금 : 감가상각비 × {정부보조금/감가상각대상금액(= 취득원가 - 잔존가치)}
처분 시	① 자산차감법: 정부보조금의 잔액을 모두 제거하여 자산의 처분손익에 가감함 ② 이연수익법: 이연정부보조금수익의 잔액을 일시에 정부보조금수익으로 인식함
상환의무 발생 시	상환의무가 발생하게 된 정부보조금은 회계추정치의 변경으로 회계처리함 ① 자산차감법: 관련자산의 장부금액을 증가시키고 보조금이 없었을 경우 인식했어야 할 누적적인 추가 감가상각비를 즉시 비용으로 인식함 ② 이연수익법: 이연수익에서 차감하고 초과금액은 즉시 비용(정부보조금상환손실)처리함

⊘ 참고 **자산관련보조금의 현금흐름표 표시**

자산의 취득과 이와 관련된 보조금의 수취는 재무상태표에 보조금이 관련 자산에서 차감하여 표시되는지와 관계없이 현금흐름표에 별도 항목으로 표시한다.

사례 1 자산관련정부보조금과 처분

(주)대한은 20×1년 초에 정부로부터 기계장치 구입에 필요한 자금으로 ₩700,000을 보조받아 내용연수 5년, 잔존가치 ₩200,000인 기계장치를 ₩1,200,000에 취득하였다. (주)대한의 결산일은 매년 12월 31일이며 감가상각방법은 정액법이다. (주)대한은 기계장치가 회사의 영업활동에 적합하지 않아 20×2년 초에 ₩500,000에 매각하였다.

물음 1 정부보조금을 자산의 장부금액에서 차감하는 방법에 의할 경우 회계처리를 수행하고, 20×1년 말 재무상태표에 나타낼 기계장치의 장부금액을 표시하시오.

물음 2 정부보조금을 이연수익으로 인식하는 방법에 의한 회계처리를 수행하고, 20×1년 말 재무상태표에 나타낼 기계장치의 장부금액과 이연정부보조금수익(부채)의 장부금액을 표시하시오.

해답 물음 1

1. 자산차감법의 회계처리

일자	회계처리			
20×1년 초	(차) 현금	700,000	(대) 정부보조금(자산차감항목)	700,000
	(차) 기계장치	1,200,000	(대) 현금	1,200,000
20×1년 말	(차) 감가상각비	200,000[1)]	(대) 감가상각누계액	200,000
	(차) 정부보조금	140,000[2)]	(대) 감가상각비	140,000
20×2년 초	(차) 현금	500,000	(대) 기계장치	1,200,000
	감가상각누계액	200,000	유형자산처분이익	60,000
	정부보조금	560,000		

1) (₩1,200,000 - ₩200,000) ÷ 5년 = ₩200,000
2) ₩200,000 × ₩700,000/(₩1,200,000 - ₩200,000) = ₩140,000

2. 기계장치의 장부금액

부분재무상태표

(주)대한 20×1년 12월 31일

기계장치	₩1,200,000	
감가상각누계액	₩(200,000)[1)]	
정부보조금	₩(560,000)[2)]	
장부금액	₩440,000	

1) (₩1,200,000 - ₩200,000) ÷ 5년 = ₩200,000
2) ₩700,000 - ₩200,000 × ₩700,000/(₩1,200,000 - ₩200,000) = ₩560,000

물음 2

1. 이연수익법의 회계처리

일자	회계처리			
20×1년 초	(차) 현금	700,000	(대) 이연정부보조금수익(부채)	700,000
	(차) 기계장치	1,200,000	(대) 현금	1,200,000
20×1년 말	(차) 감가상각비	200,000[1)]	(대) 감가상각누계액	200,000
	(차) 이연정부보조금수익	140,000[2)]	(대) 정부보조금수익	140,000
20×2년 초	(차) 현금	500,000	(대) 기계장치	1,200,000
	감가상각누계액	200,000		
	유형자산처분손실	500,000		
	(차) 이연정부보조금수익	560,000	(대) 정부보조금수익	560,000

1) (₩1,200,000 - ₩200,000) ÷ 5년 = ₩200,000
2) ₩200,000 × ₩700,000/(₩1,200,000 - ₩200,000) = ₩140,000

2. 기계장치의 장부금액과 이연정부보조금수익의 장부금액

부분재무상태표

(주)대한			20×1년 12월 31일
기계장치	₩1,200,000	이연정부보조금수익	₩560,000[2)]
감가상각누계액	₩(200,000)[1)]		
장부금액	₩1,000,000		

1) (₩1,200,000 - ₩200,000) ÷ 5년 = ₩200,000

2) ₩700,000 - ₩200,000 × ₩700,000/(₩1,200,000 - ₩200,000) = ₩560,000

해설 1. [사례 1]의 20×1년 말 재무상태표에 기계장치의 장부금액, 20×1년 말 재무상태표에 부채의 장부금액, 20×1년 포괄손익계산서의 당기순손익에 미치는 영향, 20×2년 초의 당기순손익에 미치는 영향은 다음과 같다.

2. 그림풀이

₩700,000(① + ③)	₩300,000(② + ④)	
① ₩140,000 (정부보조금상각액)	② ₩60,000	⬅ 감가상각비 ₩200,000(20×1년)
③ ₩560,000 (정부보조금미상각잔액)	④ ₩240,000	
⑤ ₩200,000 (잔존가치)		

3. 재무상태표 잔액 및 당기순손익에 미치는 영향

구분	자산차감법	이연수익법
20×1년 말 기계장치의 장부금액	④ + ⑤ = ₩440,000	③ + ④ + ⑤ = ₩1,000,000
20×1년 말 부채의 장부금액	₩0	③ = ₩560,000
20×1년 당기순손익에 미치는 영향	감가상각비: ② = ₩(60,000) ∴ 당기순손익에 미치는 영향 : ② = ₩(60,000)	1. 감가상각비: ① + ② = ₩(200,000) 2. 정부보조금수익: ① = ₩140,000 ∴ 당기순손익에 미치는 영향 : ② = ₩(60,000)
20×2년 초 당기순손익에 미치는 영향	유형자산처분손익: 현금수수액 - 장부금액 = ₩500,000 - ₩440,000(④ + ⑤) = ₩60,000 ∴ 당기순손익에 미치는 영향: ₩60,000	1. 유형자산처분손익 : 현금수수액 - 장부금액 = ₩500,000 - ₩1,000,000(③ + ④ + ⑤) = ₩(500,000) 2. 정부보조금수익: ③ = ₩560,000 ∴ 당기순손익에 미치는 영향: ₩60,000

4. 자산관련보조금이 있는 자산의 처분이 발생했을 때는 자산차감법에서는 정부보조금의 잔액을 모두 제거하여 자산의 처분손익에 가감하며, 이연수익법에서는 이연정부보조금수익의 잔액을 일시에 정부보조금수익으로 인식한다.

사례 2 자산관련정부보조금과 상환

(주)대한은 20×1년 초에 정부로부터 기계장치 구입에 필요한 자금으로 ₩700,000을 보조받아 내용연수 5년, 잔존가치 ₩200,000인 기계장치를 ₩1,200,000에 취득하였다. (주)대한의 결산일은 매년 12월 31일이며 감가상각방법은 정액법이다. (주)대한은 정부보조금의 요건을 충족하지 못하여 20×2년 초에 정부보조금 ₩700,000을 상환하였다.

물음 1 정부보조금을 자산의 장부금액에서 차감하는 방법에 의할 경우 회계처리를 수행하고, 20×2년 초에 위 상환거래가 포괄손익계산서의 당기순손익에 미치는 영향은 얼마인가?

물음 2 정부보조금을 이연수익으로 인식하는 방법에 의한 회계처리를 수행하고, 20×2년 초에 위 상환거래가 포괄손익계산서의 당기순손익에 미치는 영향은 얼마인가?

해답 물음 1

1. 자산차감법의 회계처리

일자	회계처리			
20×1년 초	(차) 현금	700,000	(대) 정부보조금(자산차감항목)	700,000
	(차) 기계장치	1,200,000	(대) 현금	1,200,000
20×1년 말	(차) 감가상각비	200,000[1]	(대) 감가상각누계액	200,000
	(차) 정부보조금	140,000[2]	(대) 감가상각비	140,000
20×2년 초	(차) 정부보조금	560,000	(대) 현금	700,000
	감가상각비	140,000		

[1] (₩1,200,000 - ₩200,000) ÷ 5년 = ₩200,000

[2] ₩200,000 × ₩700,000/(₩1,200,000 - ₩200,000) = ₩140,000

2. 20×2년 초에 위 상환거래가 포괄손익계산서의 당기순손익에 미치는 영향
₩200,000 × ₩700,000/(₩1,200,000 - ₩200,000) = ₩(140,000)

물음 2

1. 이연수익법의 회계처리

일자	회계처리			
20×1년 초	(차) 현금	700,000	(대) 이연정부보조금수익(부채)	700,000
	(차) 기계장치	1,200,000	(대) 현금	1,200,000
20×1년 말	(차) 감가상각비	200,000[1]	(대) 감가상각누계액	200,000
	(차) 이연정부보조금수익	140,000[2]	(대) 정부보조금수익	140,000
20×2년 초	(차) 이연정부보조금수익	560,000	(대) 현금	700,000
	정부보조금상환손실	140,000		

[1] (₩1,200,000 - ₩200,000) ÷ 5년 = ₩200,000

[2] ₩200,000 × ₩700,000/(₩1,200,000 - ₩200,000) = ₩140,000

2. 20×2년 초에 위 상환거래가 포괄손익계산서의 당기순손익에 미치는 영향
₩200,000 × ₩700,000/(₩1,200,000 - ₩200,000) = ₩(140,000)

해설 1. [사례 2]의 20×1년 말 재무상태표에 기계장치의 장부금액, 20×1년 말 재무상태표에 부채의 장부금액, 20×1년 포괄손익계산서의 당기순손익에 미치는 영향, 20×2년 초의 당기순손익에 미치는 영향은 다음과 같다.

2. 그림풀이

₩700,000(①+③) ₩300,000(②+④)

① ₩140,000 (정부보조금상각액)	② ₩60,000
③ ₩560,000 (정부보조금미상각잔액)	④ ₩240,000
⑤ ₩200,000 (잔존가치)	

⬅ 감가상각비 ₩200,000(20×1년)

3. 재무상태표 잔액 및 당기순손익에 미치는 영향

구분	자산차감법	이연수익법
20×1년 말 기계장치의 장부금액	④ + ⑤ = ₩440,000	③ + ④ + ⑤ = ₩1,000,000
20×1년 말 부채의 장부금액	₩0	③ = ₩560,000
20×1년 당기순손익에 미치는 영향	감가상각비: ②=₩(60,000) ∴ 당기순손익에 미치는 영향 : ② = ₩(60,000)	1. 감가상각비: ① + ② = ₩(200,000) 2. 정부보조금수익: ① = ₩140,000 ∴ 당기순손익에 미치는 영향 : ②=₩(60,000)
20×2년 초 당기순손익에 미치는 영향	감가상각비: ① = ₩140,000 ∴ 당기순손익에 미치는 영향 : ① = ₩140,000	정부보조금상환손실: ① = ₩140,000 ∴ 당기순손익에 미치는 영향 : ① = ₩140,000

4. 상환의무가 발생하게 된 정부보조금은 회계추정치의 변경으로 회계처리한다.
   ① 자산차감법: 상환하는 경우는 상환금액만큼 자산의 장부금액을 증가시키고 보조금이 없었더라면 현재까지 당기손익으로 인식했어야 하는 추가 감가상각누계액은 즉시 당기손익으로 인식한다.
   ② 이연수익법: 이연계정을 초과하거나 이연계정이 없는 경우에는 초과금액 또는 상환금액을 즉시 당기손익으로 인식한다.

04 수익관련보조금

정의	자산관련보조금 이외의 정부보조금
회계처리	수익관련보조금은 당기손익의 일부로 별도의 계정이나 기타수익과 같은 일반계정으로 표시하거나 대체적인 방법으로 관련 비용에서 보조금을 차감할 수 있음

(1) 수익인식법

[회계처리] 정부보조금 수령 시

(차) 현금	×××	(대) 이연정부보조금수익	×××

[회계처리] 기타수익 인식 시

(차) 이연정부보조금수익	×××	(대) 정부보조금수익	×××

(2) 비용차감법

[회계처리] 정부보조금 수령 시

(차) 현금	xxx	(대) 정부보조금	xxx

[회계처리] 관련비용 지출 시

(차) 정부보조금	xxx	(대) 관련비용	xxx

05 비화폐성 정부보조금

정의	토지나 그 밖의 자원과 같은 비화폐성자산을 기업이 사용하도록 이전하는 형식을 취하는 보조금
회계처리	① 일반적으로 비화폐성자산의 공정가치를 평가하여 보조금과 자산 모두를 그 공정가치로 회계처리함 ② 비상각자산과 관련된 정부보조금이 일정한 의무의 이행도 요구한다면 그 의무를 충족시키기 위한 원가를 부담하는 기간에 그 정부보조금을 당기손익으로 인식함 ③ 예를 들어 건물을 건설하는 조건으로 토지를 보조금으로 받은 경우 건물의 내용연수 동안 보조금을 당기손익으로 인식하는 것이 적절할 수 있음

06 상환면제가능대출

상환면제가능대출이란 대여자가 규정된 일정한 조건에 따라 상환받는 것을 포기하는 경우의 대출을 말한다. 여기서 유의할 점은 정부의 상환면제가능대출은 당해 기업이 대출의 상환면제조건을 충족할 것이라는 합리적인 확신이 있을 때 정부보조금으로 처리한다는 것이다.

[회계처리] 정부보조금 수령 시

(차) 현금	xxx	(대) 이연정부보조금수익	xxx

[회계처리] 상환면제조건을 충족할 것이라는 합리적인 확신이 있을 시점

(차) 이연정부보조금수익	xxx	(대) 정부보조금수익	xxx

07 시장이자율보다 낮은 이자율의 정부대여금

① 시장이자율보다 낮은 이자율의 정부대여금의 효익은 정부보조금으로 처리함
② 대여금은 K-IFRS 제1109호 '금융상품'에 따라 인식하고 측정함
③ 시장이자율보다 낮은 이자율의 효익은 K-IFRS 제1109호 '금융상품'에 따라 산정되는 정부대여금의 최초 장부금액과 수취한 대가의 차이로 측정하고 이를 정부보조금으로 인식함

V 원가모형

> ① 기업은 유형자산을 취득한 이후 매 보고기간 말에 원가모형이나 재평가모형 중 하나를 회계정책으로 선택하여 유형자산 유형별로 동일하게 적용함
> ② 유형자산의 장부금액(원가모형): 원가 - 감가상각누계액 - 손상차손누계액

01 감가상각

감가상각의 정의	① 자산의 감가상각대상금액을 그 자산의 내용연수에 걸쳐 체계적으로 배분하는 것 ② 감가상각은 자산을 평가하는 과정이 아니라 자산의 원가를 비용화하는 배분과정임
K-IFRS 규정	① 유형자산을 구성하는 일부의 원가가 당해 유형자산의 전체원가에 비교하여 유의적이라면, 해당 유형자산을 감가상각할 때 그 부분은 별도로 구분하여 감가상각함 예 항공기 동체와 엔진을 별도로 구분하여 감가상각하는 것이 적절할 수 있음 ② 또한, 유형자산의 전체원가에 비교하여 해당 원가가 유의적이지 않은 부분도 별도로 분리하여 감가상각할 수 있음 ③ 각 기간의 감가상각액은 다른 자산의 장부금액에 포함되는 경우가 아니라면 일반적으로 당기손익으로 인식함. 그러나 유형자산에 내재된 미래 경제적 효익이 다른 자산을 생산하는 데 사용되는 경우에는 유형자산의 감가상각액은 해당 자산 원가의 일부가 됨 예 제조설비의 감가상각액: 제조원가, 개발활동에 사용되는 유형자산의 감가상각액: 해당 무형자산의 원가 ④ 토지와 건물을 동시에 취득하는 경우에도 이들은 분리가능한 자산이므로 별개의 자산으로 회계처리함. 채석장이나 매립지 등을 제외하고는 토지는 내용연수가 무한하므로 감가상각하지 아니함 ⑤ 토지의 원가에 해체, 제거 및 복구원가가 포함된 경우에는 그러한 원가를 관련 경제적 효익이 유입되는 기간에 감가상각함. 경우에 따라 토지의 내용연수가 한정되는 경우에는 관련 경제적 효익이 유입되는 형태를 반영하는 방법으로 토지를 감가상각함

(1) 감가상각대상금액과 감가상각기간

감가상각대상금액	취득원가 - 잔존가치
잔존가치	내용연수 종료시점에 자산의 처분으로부터 획득할 금액 - 추정 처분부대원가
내용연수	기업이 자산을 사용할 수 있을 것으로 예상하는 기간이나 자산에서 얻을 것으로 예상하는 생산량 또는 이와 비슷한 단위 수량
K-IFRS 규정	① 유형자산의 잔존가치와 내용연수는 적어도 매 회계연도 말에 재검토하며, 재검토결과 추정치가 종전 추정치와 다르다면 그 차이는 회계추정치의 변경으로 회계처리함 ② 유형자산의 공정가치가 장부금액을 초과하더라도 잔존가치가 장부금액을 초과하지 않는 한 감가상각액을 계속 인식함 ③ 유형자산의 잔존가치는 해당 자산의 장부금액과 같거나 큰 금액으로 증가할 수도 있다. 이 경우에는 자산의 잔존가치가 장부금액보다 작은 금액으로 감소될 때까지는 유형자산의 감가상각액은 영(0)이 됨 ④ 유형자산의 감가상각은 자산이 사용가능한 때부터 시작함 ⑤ 감가상각은 자산이 매각예정자산으로 분류되는(또는 매각예정으로 분류되는 처분자산집단에 포함되는) 날과 자산이 제거되는 날 중 이른 날에 중지한다. 따라서 유형자산이 운휴 중이거나 적극적인 사용상태가 아니어도, 감가상각이 완전히 이루어지기 전까지는 감가상각을 중단하지 않는다. 그러나 유형자산의 사용정도에 따라 감가상각을 하는 경우에는 생산활동이 이루어지지 않을 때 감가상각액을 인식하지 않을 수 있음 ⑥ 유형자산의 미래 경제적 효익은 주로 사용함으로써 소비하는 것이 일반적이다. 그러나 자산을 사용하지 않더라도 기술적 또는 상업적 진부화와 마모 또는 손상 등의 다른 요인으로 인하여 자산에서 얻을 것으로 예상하였던 경제적 효익이 감소될 수 있으므로 자산의 내용연수를 결정할 때에는 다른 요인들을 고려해야 함

(2) 감가상각방법

감가상각방법	감가상각대상금액을 내용연수 동안 합리적이고 체계적인 방법으로 매 보고기간에 배분하는 방법
K-IFRS 규정	① 감가상각방법은 해당 자산에 내재되어 있는 미래 경제적 효익의 예상 소비형태를 가장 잘 반영하는 방법을 선택하고, 예상 소비형태가 달라지지 않는 한 매 회계기간에 일관성 있게 적용해야 함 ② 자산의 사용을 포함하는 활동에서 창출되는 수익에 기초한 감가상각방법은 적절하지 않음. 그러한 활동으로 창출되는 수익은 일반적으로 자산의 경제적 효익의 소비 외의 요소를 반영함. 예를 들어, 수익은 그 밖의 투입요소와 과정, 판매활동과 판매수량 및 가격 변동에 영향을 받는다. 수익의 가격 요소는 자산이 소비되는 방식과 관계가 없는 인플레이션에 영향을 받을 수 있음 ③ 유형자산의 감가상각방법은 적어도 매 회계연도 말에 재검토함. 자산에 내재된 미래 경제적 효익의 예상되는 소비형태가 유의적으로 달라졌다면, 달라진 소비형태를 반영하기 위하여 감가상각방법을 변경하고 회계추정치의 변경으로 회계처리함

구분		감가상각비 계산공식	핵심가정
정액법		$(\text{취득원가} - \text{잔존가치}) \times \dfrac{1}{\text{내용연수}}$	자산의 가치는 시간의 경과에 따라 감소
체감잔액법	정률법	$(\text{취득원가} - \text{기초감가상각누계액}) \times \text{상각률}$	진부화
	이중체감법	$(\text{취득원가} - \text{기초감가상각누계액}) \times \dfrac{2}{\text{내용연수}}$	
	연수합계법	$(\text{취득원가} - \text{잔존가치}) \times \dfrac{\text{내용연수역순}}{\Sigma\ \text{내용연수}}$	
생산량비례법		$(\text{취득원가} - \text{잔존가치}) \times \dfrac{\text{당기실제생산량}}{\text{총예상생산량}}$	물리적인 사용

> ⊙ 참고 **연수합계법의 내용연수 합계**
>
> 내용연수의 합계는 등차수열의 합계에 해당하므로 내용연수가 n년이라고 하면 다음과 같이 계산할 수 있다.
>
> $$\text{내용연수의 합계: } \frac{n(n+1)}{2}$$

(3) 기중취득

기중취득	유형자산을 보고기간 중에 취득하는 것
감가상각	취득일로부터 보고기간 말까지 기간에 해당하는 금액을 월할상각함
정액법, 연수합계법	1년치 감가상각비를 계산한 후 월수에 비례하여 배분하는 방법을 사용함
정률법, 이중체감법	1년치 감가상각비를 계산한 후 월수에 비례하여 배분하는 방법을 사용하거나 취득한 이후의 보고기간에는 월수에 비례하지 않고 기초장부금액에 상각률을 곱하여 계산해도 동일한 금액이 계산됨

[그림 6-2] 기중취득

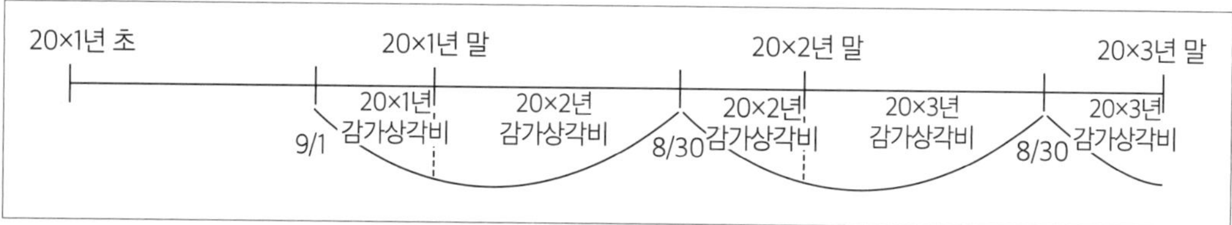

(4) 자본적 지출

자본적 지출의 감가상각	유형자산을 취득한 이후 회계기간 중에 자본적 지출이 발생한 경우에는 자본적 지출이 발생한 시점부터 해당자산의 잔존내용연수에 걸쳐 월할상각함
회계추정치의 변경	자본적 지출로 인하여 내용연수, 잔존가치의 증가가 생긴다면 이는 회계추정치의 변경으로 회계처리함

02 원가모형의 손상

K-IFRS에서는 매 보고기간 말마다 자산손상 징후가 있는지를 검토하고 그러한 징후가 있다면 해당 자산의 회수가능액을 추정하도록 규정하고 있다.

(1) 회수가능액

회수가능액이란 자산의 처분부대원가를 뺀 공정가치(이하 '순공정가치'라 함)와 사용가치 중 더 큰 금액을 말한다.

회수가능액: Max[① 순공정가치, ② 사용가치]
① 순공정가치: 공정가치 - 처분부대원가
② 사용가치: 자산에서 얻을 것으로 예상되는 미래현금흐름의 현재가치

(2) 손상차손

유형자산손상차손: 장부금액 - 회수가능액[1)]

1) 회수가능액: Max[① 순공정가치, ② 사용가치]

[회계처리] 유형자산손상차손

(차) 유형자산손상차손	×××	(대) 손상차손누계액	×××

(3) 손상차손환입

유형자산손상차손환입: 회수가능액[1)] - 장부금액

1) 한도: 손상되지 않았을 경우의 장부금액

[회계처리] 유형자산손상차손환입

(차) 손상차손누계액	×××	(대) 유형자산손상차손환입	×××

(4) 손상에 대한 보상

손상, 소실 또는 포기된 유형자산에 대해 제3자로부터 보상금을 받는 경우가 있다. 이 경우 보상금은 수취할 권리가 발생하는 시점에 당기손익으로 반영한다.

POINT 원가모형의 손상

회계처리	손상차손을 당기손실(유형자산손상차손)로 인식하고, 회수가능액이 회복되는 경우 당기이익(유형자산손상차손환입)으로 인식함
손상차손	손상차손: 장부금액 - 회수가능액[1)]
손상차손환입	손상차손환입: 회수가능액[2)] - 장부금액
손상에 대한 보상	손상, 소실 또는 포기된 유형자산에 대해 제3자로부터 보상금을 받는 경우 보상금은 수취할 권리가 발생하는 시점에 당기손익으로 반영함

1) 회수가능액: Max[① 순공정가치, ② 사용가치]

2) 한도: 손상되지 않았을 경우의 장부금액

03 유형자산의 제거

유형자산 제거의 정의	유형자산을 처분하는 때 또는 사용이나 처분을 통하여 미래 경제적 효익이 기대되지 않을 때 자산의 장부금액을 재무상태표에서 제거하는 것
유형자산처분손익	유형자산처분손익: 순매각금액 - 장부금액
기중처분	보고기간 중에 감가상각자산의 처분이 이루어진 경우 기초시점부터 처분시점까지 감가상각을 수행한 후에 처분에 관한 회계처리를 하여야 함(선상각후처분)

Ⅵ 재평가모형

01 재평가모형의 의의와 회계처리

재평가모형의 의의	재평가일의 공정가치에서 재평가액을 기준으로 감가상각한 감가상각누계액과 손상차손누계액을 차감한 금액을 장부금액으로 기록하는 방법 ① 동일유형별 재평가 수행: 동일한 분류 내의 유형자산은 동시에 재평가를 실시함 ② 빈도: 보고기간 말에 자산의 장부금액이 공정가치와 중요하게 차이가 나지 않도록 주기적으로 수행하며, 재평가된 자산의 공정가치가 장부금액과 중요하게 차이가 나는 경우에는 추가적인 재평가가 필요함
회계처리	재평가의 회계처리는 다음 중 하나의 방법을 적용함 ① 비례법: 장부금액이 재평가금액과 일치하도록 감가상각누계액과 총장부금액을 비례적으로 수정하는 방법 ② 감가상각누계액제거법: 장부금액이 재평가금액과 일치하도록 총장부금액에서 기존의 감가상각누계액을 제거하는 방법
장부금액의 증가	① 재평가잉여금의 과목으로 기타포괄손익으로 인식하고 자본(기타포괄손익누계액)에 가산함 ② 동일한 자산에 대하여 이전에 당기손실로 인식한 재평가감소액이 있다면 그 금액을 한도로 재평가증가액을 당기이익으로 인식하고 잔액을 재평가잉여금으로 처리함
장부금액의 감소	① 재평가손실(당기손실)로 인식함 ② 해당 자산에 대한 재평가잉여금 잔액이 있다면 재평가감소액을 재평가잉여금(기타포괄손익)에서 먼저 감소시키고 잔액을 재평가손실(당기손실)로 처리함
사용과 제거	① 자산의 사용에 따라 재평가잉여금의 일부(재평가된 금액에 의한 감가상각액과 취득원가에 의한 감가상각액의 차이)를 매년 재평가잉여금에서 이익잉여금으로 대체할 수 있음 ② 자본에 계상된 재평가잉여금은 관련 자산이 제거될 때 직접 이익잉여금으로 대체할 수 있음

02 재평가모형의 손상

(1) 손상 여부의 판단

K-IFRS에 따라 재평가모형을 적용하는 유형자산의 경우에 자산의 공정가치와 그 자산의 순공정가치의 유일한 차이는 자산의 처분에 직접 기인하는 증분원가이다. 따라서 재평가모형의 유형자산 손상 여부는 처분부대원가의 중요성에 따라 다음과 같이 판단한다.

① 처분부대원가가 무시해도 될 정도인 경우: 재평가자산의 회수가능액은 당연히 재평가금액에 가깝거나 이보다 크다. 이 경우에 재평가 규정을 적용한 후라면 재평가자산이 손상되었을 것 같지 않으므로 회수가능액을 추정할 필요가 없다.

② 처분부대원가가 무시할 수 없는 정도인 경우: 재평가된 자산의 순공정가치는 당연히 그 자산의 공정가치보다 적다. 자산의 사용가치가 재평가금액보다 적다면 재평가된 자산은 손상된 것이다. 이 경우에는 재평가 규정을 적용한 다음에 자산이 손상되었는지를 판단해야 한다.

(2) 회계처리

회계처리	① 재평가모형의 손상차손은 재평가감소액으로 처리하여 당해 자산의 재평가잉여금과 상계하고 잔액을 당기손실로 인식함 ② 재평가자산의 손상차손환입은 기타포괄손익으로 인식하고 그만큼 해당 자산의 재평가잉여금을 증액하나, 해당 재평가자산의 손상차손을 과거에 당기손익으로 인식한 부분까지는 그 손상차손환입도 당기손익으로 인식함
손상차손	손상차손: 장부금액(공정가치) - 회수가능액(= Max[순공정가치, 사용가치])
손상차손환입	손상차손환입[1] = 회수가능액 - 장부금액

[1] 한도: 과거에 당기손익으로 인식한 손상차손

Ⅶ 차입원가의 일반론

01 의의

차입원가의 정의	자금의 차입과 관련하여 발생하는 이자 및 기타 원가
차입원가의 자본화	의도된 용도로 사용하거나 판매가능한 상태에 이르게 하는 데 상당한 기간을 필요로 하는 적격자산의 취득, 건설 또는 생산과 직접 관련된 차입원가는 당해 자산 원가의 일부로 인식하는 것
차입원가의 자본화의 이론적 근거	① 수익·비용 대응 원칙: 적격자산의 취득이 완료되기 전에는 수익이 발생하지 않으므로 차입원가를 일시에 비용으로 인식한다면 수익이 발생하는 기간과 비용이 인식되는 기간이 일치하지 않음 ② 취득원가의 일부: 적격자산을 의도된 용도로 사용하거나 판매가능한 상태에 이르게 하는 데 상당한 기간을 필요로 한다면 자금의 차입과 관련하여 발생하는 차입원가도 자산을 취득하지 않았다면 부담하지 않았을 비용임

02 용어의 정의

(1) 적격자산

적격자산이란 의도된 용도로 사용하거나 판매가능한 상태에 이르게 하는 데 상당한 기간을 필요로 하는 자산을 말한다. 따라서 적격자산은 다음과 같은 자산이 포함된다.

① 재고자산	② 제조설비자산	③ 전력생산설비
④ 무형자산	⑤ 투자부동산	⑥ 생산용식물

그러나 여기서 유의할 점은 금융자산이나 생물자산과 단기간 내에 제조되거나 다른 방법으로 생산되는 재고자산은 적격자산에 해당하지 않는다는 것이다. 또한 취득시점에 의도된 용도로 사용할 수 있거나 판매가능한 상태에 있는 자산인 경우에도 적격자산에 해당하지 아니한다.

참고 금융자산, 생물자산 등이 적격자산에 해당하지 않는 이유

① 금융자산과 생물자산(생산용식물 제외)은 대부분 취득시점에 판매가능상태에 있는 자산이며 차입원가를 자산의 취득원가로 처리하여도 매 보고기간 말에 공정가치 또는 순공정가치로 평가하면 공정가치평가손익에 가감되므로 차입원가의 자본화에 실익이 없기 때문에 적격자산에서 제외한다. 즉, 이러한 자산의 측정은 건설 또는 생산기간 동안 발생하는 차입원가에 의하여 영향을 받지 않기 때문에 적격자산에서 제외한다.

② 단기간 내에 제조되거나 다른 방법으로 생산되는 재고자산은 차입원가를 자산의 취득원가로 처리하여도 단기간 내에 판매되는 경우에 매출원가로 비용처리되므로 자본화에 실익이 없어 적격자산에서 제외한다.

③ 취득시점에 의도된 용도로 사용할 수 있거나 판매가능한 상태에 있는 자산은 현재 수익이 발생하고 있으므로 차입원가를 비용화해도 수익과 비용이 적절하게 대응된다.

(2) 자본화가능차입원가

적격자산의 취득, 건설 또는 생산과 직접 관련된 차입원가는 당해 적격자산과 관련된 지출이 발생하지 아니하였다면 부담하지 않았을 차입원가이다. K-IFRS에서는 자본화가능차입원가에 다음과 같은 항목들을 포함할 수 있다고 규정하고 있다.

> ① 유효이자율법을 사용하여 계산된 이자비용
> ② 리스에 따라 인식하는 금융리스 관련 금융원가
> ③ 외화차입금과 관련되는 외환차이 중 이자원가의 조정으로 볼 수 있는 부분

> ⊙ **참고**
>
> 1. **차입원가가 자산의 원가를 구성하기 위한 요건**
>   적격자산의 취득, 건설 또는 생산과 직접 관련된 차입원가는 당해 자산 원가를 구성한다. 이러한 차입원가는 미래 경제적 효익의 발생가능성이 높고 신뢰성 있게 측정가능할 경우에 자산 원가의 일부로 자본화한다.
> 2. **복구충당부채와 관련된 이자비용**
>   한국채택국제회계기준해석서 제2101호 '사후처리 및 복구관련 충당부채의 변경'에 의하면 복구충당부채에서 인식한 이자비용은 당기비용으로 인식하며 자본화를 허용하지 않고 있다. 왜냐하면 복구충당부채는 적격자산의 취득을 위한 차입금이 아니며 특정자산을 위하여 지출된 비용이기 때문이다.

03 자본화 기간

자본화의 개시	차입원가는 자본화 개시일부터 적격자산 원가의 일부로 자본화(세 가지 조건 모두 충족) ① 적격자산에 대하여 지출이 발생함 ② 차입원가를 발생시킴 ③ 적격자산을 의도된 용도로 사용하거나 판매가능한 상태에 이르게 하는 데 필요한 활동을 수행함
자본화의 중단	적격자산에 대한 적극적인 개발활동을 중단한 기간에는 차입원가의 자본화를 중단함 ① 상당한 기술 및 관리활동을 진행하고 있는 기간에는 차입원가의 자본화를 중단하지 아니함 ② 일시적인 지연이 필수적인 경우에도 차입원가의 자본화를 중단하지 아니함 예 건설기간 동안 해당 지역의 하천수위가 높아지는 현상이 일반적이어서 교량건설이 지연되는 경우
자본화의 종료	적격자산을 의도된 용도로 사용하거나 판매가능한 상태에 이르게 하는 데 필요한 대부분의 활동이 완료된 시점에 차입원가의 자본화를 종료함

> ⊙ **참고 자본화의 개시와 관련된 유의사항**
>
> 적격자산을 의도된 용도로 사용하거나 판매가능한 상태에 이르게 하는 데 필요한 활동은 당해 자산의 물리적인 제작뿐만 아니라 그 이전단계에서 이루어진 기술 및 관리상의 활동도 포함한다. 예를 들어, 물리적인 제작 전에 각종 인허가를 얻기 위한 활동 등을 들 수 있다. 그러나 자산의 상태에 변화를 가져오는 생산 또는 개발이 이루어지지 아니하는 상황에서 단지 당해 자산의 보유는 필요한 활동으로 보지 아니한다. 예를 들어, 토지가 개발되고 있는 경우 개발과 관련된 활동이 진행되고 있는 기간 동안 발생한 차입원가는 자본화 대상에 해당한다. 그러나 건설목적으로 취득한 토지를 별다른 개발활동 없이 보유하는 동안 발생한 차입원가는 자본화조건을 충족하지 못한다.

04 차입원가의 자본화의 계산구조

[그림 6-3] 차입원가의 자본화의 계산구조

1단계	적격자산에 대한 연평균지출액을 산정
2단계	일반차입금의 자본화이자율의 계산
3단계	특정차입금과 일반차입금의 자본화가능차입원가의 계산

(1) 적격자산에 대한 연평균지출액

$$\text{연평균지출액: 발생시점의 지출액} \times \frac{\text{지출시점부터 자본화종료시점까지 기간}}{\text{12개월}}$$

적격자산에 대한 지출액은 현금의 지급, 다른 자산의 제공 또는 이자부 부채의 발생 등에 따른 지출액을 의미한다. 그러나 적격자산과 관련하여 수취하는 정부보조금과 건설 등의 진행에 따라 수취하는 금액은 적격자산에 대한 지출액에서 차감한다. 또한 한 회계기간 동안 적격자산의 평균장부금액은 일반적으로 그 기간에 자본화이자율이 적용되는 당해기간 동안 지출액의 적절한 근사치이므로 이미 자본화된 차입원가를 포함할 수 있다.

저자 견해 **전기에 이미 자본화된 차입원가를 연평균지출액에 포함해야 하는가?**

전기에 이미 자본화된 차입원가를 연평균지출액에 포함해야 하는지 여부에 대한 다양한 견해가 존재한다. 이자는 복리계산을 원칙으로 하므로 이론적으로 전기에 이미 자본화된 차입원가를 연평균지출액에 포함하는 것이 우수하고 실무적으로도 이미 자본화된 차입원가가 건설중인자산계정에 포함되어 있어 간편하게 계산이 가능하므로 이미 자본화된 차입원가를 연평균지출액에 포함해야 한다는 견해를 저자는 가지고 있다. 그러나 회계사 및 세무사 기출문제에는 포함 여부에 대하여 제시되어 있으므로 문제에서 제시한 대로 풀이하면 된다.

(2) 일반차입금의 자본화이자율

$$\text{자본화이자율:} \ \frac{\text{일반차입금에 대한 총차입원가}}{\text{연평균일반차입금}}$$

일반적인 목적으로 자금을 차입하고 이를 적격자산의 취득을 위해 사용하는 경우에 한하여 당해 자산 관련 지출액에 자본화이자율을 적용하는 방식으로 자본화가능차입원가를 결정한다. 자본화이자율은 회계기간에 존재하는 기업의 모든 차입금에서 발생된 차입원가를 가중평균하여 산정한다. 그러나 어떤 적격자산을 의도된 용도로 사용(또는 판매)가능하게 하는 데 필요한 대부분의 활동이 완료되기 전까지는, 그 적격자산을 취득하기 위해 특정 목적으로 차입한 자금에서 생기는 차입원가는 위에서 기술된 자본화이자율 산정에서 제외한다.

여기서 유의할 사항은 일반차입금의 경우 당해 적격자산의 자본화의 개시가 회계기간 중에 시작되거나 회계기간 중에 완료되는 경우 또는 자본화중단기간이 있는 경우라고 하더라도 자본화이자율은 회계기간 12개월 전체를 기준으로 산정해야 한다는 것이다. 왜냐하면 실무에서는 일반차입금으로 분류되는 종류와 수가 많기 때문에 자본화기간에서만 자본화이자율을 산정하는 시간과 비용에 비하여 효익이 적기 때문이다.

(3) 자본화가능차입원가

① **특정차입금**: 특정차입금의 경우 당해 적격자산과 직접 관련된 차입원가는 쉽게 식별할 수 있다. 따라서 특정차입금에 한하여 회계기간 동안 그 차입금에서 실제 발생한 차입원가를 전액 자본화한다. 적격자산과 관련한 자금조달약정에 따라 차입금을 미리 조달하여 자금의 전부 또는 일부가 사용되기 전에 관련 차입원가가 발생할 수 있다. 이러한 경우 기업은 적격자산에 대한 지출이 이루어지기 전에 차입금을 일시적으로 운용할 수 있다. 따라서 특정차입금과 관련된 자본화가능차입원가는 회계기간 동안 발생한 차입원가에서 차입금의 일시적 운용으로부터 획득한 모든 투자수익을 차감하여 산정한다.

특정차입금의 자본화가능차입원가: (자본화기간 중 특정차입금의 차입원가 - 일시투자수익)

⊘ 참고 특정차입금의 자본화기간과 차입기간이 다른 경우

특정차입금의 자본화기간과 차입기간이 다른 경우에는 자본화기간에 해당하는 차입원가를 자본화해야 한다. 한국채택국제회계기준 제1023호 '차입원가'에서 특정차입금과 관련된 자본화가능차입원가는 회계기간 동안 발생한 차입원가에서 차입금의 일시적 운용으로부터 획득한 모든 투자수익을 차감하여 산정한다고 규정하고 있으므로 회계기간에 해당하는 차입원가를 자본화해야 한다고 해석할 수 있다. 그러나 특정차입금의 경우 개별적으로 추적이 가능하므로 자본화기간에 해당하는 차입원가만을 자본화해야 수익·비용 대응 원칙에 입각한 회계처리라고 판단된다. 예를 들어 적격자산의 자본화기간은 20×1년 2월 1일부터 6월 30일까지이며 특정차입금의 차입기간은 20×1년 1월 1일부터 12월 31일까지라면 자본화기간과 차입기간이 일치하는 20×1년 2월 1일부터 6월 30일의 기간에서 발생한 특정차입금과 관련된 차입원가만 적격자산의 취득원가로 자본화해야 한다.

② **일반차입금:** 일반차입금의 경우 적격자산의 연평균지출액에서 특정차입금이 먼저 사용하고 남은 부분에 대해서 일반차입금이 사용되었다고 가정하기 때문에 연평균지출액에서 특정차입금의 연평균환산액을 차감한 금액에 자본화이자율을 곱하여 일반차입금에 대한 자본화가능차입원가를 계산한다. 한편, 회계기간 동안 자본화한 차입원가는 당해 회계기간 동안 실제 발생한 차입원가를 초과할 수 없다. 여기서 자본화기간이 회계기간 중의 일부라고 할지라도 일반차입금의 자본화할 차입원가는 실무상의 이유로 당해 회계기간 전체를 기준으로 산정해야 한다. 또한 일반차입금의 경우 종류와 수가 많기 때문에 일시적 운용으로부터 획득한 투자수익을 추적하기가 실무상 어렵기 때문에 일시적 운용수익을 차감하지 아니한다.

일반차입금의 자본화가능차입원가: (연평균지출액 - 특정차입금의 연평균환산액[1]) × 자본화이자율
[한도] 당해 회계기간 동안 실제 발생한 차입원가

[1] 특정차입금의 일시적 운용과 관련된 연평균환산액은 차감함

⊘ **참고**

1. **일반차입금의 자본화한 차입원가의 한도와 일시적 운용수익**
   일반차입금의 자본화기간과 차입기간이 다른 경우에도 회계기간 동안의 계산된 자본화이자율과 당해 회계기간 동안 실제 발생한 차입원가를 한도로 계산한다. 또한 일시적 운용수익을 차감하지 아니한다. 일반차입금의 경우 종류와 수가 많고, 일시적 운용으로부터 획득한 투자수익을 추적하기가 어렵기 때문에 실무적인 편의를 위한 규정이라 판단된다.

2. **차입원가의 자본화에 대한 논쟁**
   차입원가의 자본화는 이론적으로 ① 차입원가를 모두 당기비용으로 인식하자는 견해, ② 타인자본에 대한 차입원가만을 자본화하자는 견해, ③ 타인자본의 차입원가와 자기자본의 기회이자를 모두 자본화하자는 견해가 있다. K-IFRS는 실제 발생한 차입원가를 자산의 원가로 포함하는 타인자본에 대한 차입원가를 자본화하자는 견해를 채택했으므로 특정차입금, 일반차입금, 자기자본 순으로 지출액이 사용되었다고 가정한다.

[그림 6-4] 연평균지출액의 사용순서

연평균지출액	자금 사용순서
	①순위: 특정차입금 ⬇
	②순위: 일반차입금 ⬇
	③순위: 자기자본

POINT 차입원가의 자본화의 계산방법

구분	산식	유의사항
연평균지출액	연평균으로 환산(연이자율을 적용하기 위함)	① 적격자산과 관련하여 수취하는 정부보조금과 건설 등의 진행에 따라 수취하는 금액은 적격자산에 대한 지출액에서 차감함 ② 자본화 중단기간 제외함 ③ 전기 이전에 자본화된 차입원가도 평균지출액에 포함할 수 있음
자본화이자율의 산정	자본화이자율 = $\frac{\text{일반차입금 총차입원가}}{\text{연평균일반차입금}}$	① 회계연도 중에 자산의 취득이 시작되거나 취득이 완료된 경우, 또는 자본화중단기간이 있는 경우에도 당해연도 전체를 기준으로 자본화이자율을 산정함 ② 자본화이자율은 회계기간에 존재하는 기업의 모든 차입금에서 발생한 차입원가를 가중평균하여 산정함(자본화가 종료된 후에 남은 특정차입금은 일반차입금으로 간주)
차입원가의 자본화	특정차입금에 대한 차입원가	① 자본화기간 동안 발생한 차입원가를 한도 없이 전액 자본화함 ② 특정차입금의 일시적 운용에서 발생한 수익은 자본화가능차입원가에서 차감함
	일반차입금에 대한 차입원가 → (연평균지출액 - 특정차입금연환산액[1]) × 자본화이자율	① 한도: 일반차입금 총차입원가 ② 일반차입금의 일시적 운용에서 발생한 수익은 자본화가능차입원가에서 차감하지 아니함

[1] 특정차입금 중 일시적 운용에 사용된 부분은 제외

[회계처리] 보고기간 중 이자비용 발생 시

(차) 이자비용	×××	(대) 현금	×××

[회계처리] 보고기간 중 지출액 발생 시

(차) 건설중인자산	×××	(대) 현금	×××

[회계처리] 보고기간 말 또는 취득완료시점까지 자본화할 차입원가

(차) 건설중인자산	×××	(대) 이자비용	×××

[회계처리] 취득완료 시

(차) 유형자산	×××	(대) 건설중인자산	×××

Ⅷ 차입원가의 기타사항

01 토지의 자본화가능차입원가

건물을 새롭게 건설할 목적으로 토지를 취득하는 경우 토지의 취득이 개시되어 토지 취득이 완료되는 시점까지의 차입원가를 토지의 취득원가로 처리하는 것에 대해서는 이견이 없다. 그러나 토지 취득이 완료된 이후에 토지와 관련된 차입원가는 토지에서 아직 수익이 발생하지 않아 비용처리하게 되면 수익과 비용이 대응되지 않는 문제가 발생하므로 토지 취득 이후에 발생한 토지와 관련한 차입원가는 건물의 취득원가로 처리한다.

[그림 6-5] 토지와 건물의 자본화가능차입원가

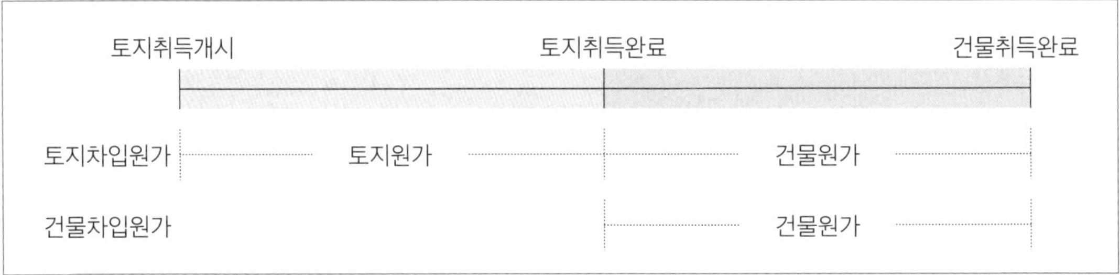

02 외화차입금과 관련되는 외환차이 중 이자원가의 조정으로 볼 수 있는 부분

자본화가능차입원가에는 유효이자율법을 사용하여 계산된 이자비용, 리스에 따라 인식하는 금융리스 관련 금융원가뿐만 아니라 외화차입금과 관련되는 외환차이 중 이자원가의 조정으로 볼 수 있는 부분도 포함된다. 여기서 외화차입금과 관련된 외환차이는 환율의 변동으로 발생하는 외화환산손익과 외환차손익 등의 환율변동손익을 의미한다. 외화차입금과 관련되어 발생한 이자비용과 환율변동손익이 동시에 발생하였을 경우 외화차입금과 관련되는 외환차이 중 이자원가의 조정으로 볼 수 있는 부분이 어느 정도의 금액을 의미하는지 파악해야 하는데 유의할 점은 다음과 같다.

(1) 외화차입금과 관련되어 발생한 이자비용은 전액 자본화한다.

(2) 외화차입금에서 환율변동이익이 발생한 경우라면 환율변동이익은 자본화되는 이자비용에서 차감해야 한다.

(3) 외화차입금에서 환율변동손실이 발생한 경우라면 이자비용의 조정으로 볼 수 있는 부분까지만 자본화하며 초과분은 당기비용으로 인식한다. 위에서 이자비용의 조정으로 볼 수 있는 부분이란 유사한 조건의 원화차입금에 대한 이자율이나 기업의 원화차입금의 가중평균차입이자율을 적용하여 계산한 이자비용을 초과하지 않는 범위까지의 금액을 말한다.[2)]

---

2) 외화차입금의 비교대상이 되는 유사한 원화차입금에 대한 이자비용을 계산할 때 기초부터 존재하는 외화차입금이라면 기초의 환율을 적용하고, 당해 회계기간 중에 차입한 외화차입금이라면 차입시점의 환율을 적용하여 계산해야 한다.

사례

외화차입금의 이자비용이 ₩10, 환율변동손실이 ₩3이며, 특정외화차입금의 연평균차입금액이 ₩100이라고 하면 자본화대상이 될 수 있는 차입원가는 ₩13(₩10 + ₩3)이다. 그러나 유사한 조건의 원화차입금의 이자율이 8%, 12% 및 16%인 경우 각각 자본화할 차입원가가 다음과 같이 달라진다.

구분	외화차입금 이자비용	외화차입금 환율변동손실	유사한 원화차입금 이자비용	자본화할 차입원가
원화차입금이자율 8%	₩10	₩3	₩8	₩10[3]
원화차입금이자율 12%	₩10	₩3	₩12	₩12
원화차입금이자율 16%	₩10	₩3	₩16	₩13

외화차입금과 관련된 이자비용	전액 자본화
외화차입금과 관련된 환율변동이익	자본화해야 할 이자비용에 차감
외화차입금과 관련된 환율변동손실	유사한 원화차입금의 이자비용을 한도로 자본화

03 차입원가 자본화에 대한 논쟁

차입원가의 자본화는 이론적으로 (1) 차입원가를 모두 당기비용으로 인식하자는 견해, (2) 타인자본에 대한 차입원가만을 자본화하자는 견해, (3) 타인자본의 차입원가와 자기자본의 기회이자를 모두 자본화하자는 견해가 있다. K-IFRS는 실제 발생한 차입원가를 자산의 원가로 포함하는 타인자본에 대한 차입원가를 자본화하자는 견해를 채택하였다. 차입원가의 자본화에 대한 다양한 견해의 지지근거와 반대근거는 다음과 같다.

(1) 차입원가를 모두 당기비용으로 인식하는 방법

차입원가를 자본화하지 않고 모두 이자비용으로 처리하는 방법이다. 이 방법은 차입원가를 자본화하면 자산의 취득원가가 자금조달방법에 따라 달라지므로 재무활동과 관련된 차입원가는 모두 비용처리하자는 견해이다. 그러나 이 방법은 수익이 발생하지 않는 자산의 취득기간에 비용이 인식되므로 수익과 비용이 대응되지 않는 단점이 있다.

3) 외화차입금과 관련된 이자비용은 한도 없이 전액 자본화한다.

(2) 타인자본에 대한 차입원가만을 자본화하는 방법

실제 금융기관으로부터 차입한 타인자본(차입금)에서 발생한 차입원가만을 자산의 취득원가로 처리하는 방법이다. 이 방법은 적격자산을 의도된 용도로 사용하거나 판매가능한 상태에 이르게 하는 데 상당한 기간을 필요로 한다면 자금의 차입과 관련하여 발생하는 차입원가도 자산을 취득하지 않았다면 부담하지 않았을 비용이므로 취득원가의 일부를 구성해야 하며, 실제 발생한 차입원가만을 자본화하므로 역사적원가주의에 근거하고 있다. 따라서 K-IFRS는 실제 발생한 차입원가를 자산의 원가로 포함하는 타인자본에 대한 차입원가를 자본화하자는 견해를 채택하였다. 그러나 차입원가를 자본화하면 자산의 취득원가가 자금조달방법에 따라 달라진다는 단점이 있다.

(3) 타인자본의 차입원가와 자기자본의 기회이자를 모두 자본화하는 방법

실제 금융기관으로부터 차입한 타인자본(차입금)에서 발생한 차입원가와 유상증자 등을 통하여 자금조달을 한 자기자본에서 발생한 기회이자도 자본화하는 방법이다. 이 방법은 주주로부터 조달한 자금도 다른 투자안에 투자되지 않는다면 기회비용이 발생하므로 이러한 암묵적 이자도 자본화해야 한다는 견해이다. 그러나 자기자본에 대한 기회비용은 자의적인 조작이 가능하며, 자산의 증감 및 변화를 일으키지 않는 사건에 대하여 회계처리하므로 역사적원가주의에 위배되는 단점이 있다. K-IFRS 제1023호 '차입원가'에서는 자본(부채로 분류되지 않는 우선주자본금 포함)의 실제원가 또는 내재원가는 차입원가의 자본화의 적용범위에 해당되지 않는다고 규정함으로써 자기자본에서 발생한 기회이자는 자본화하지 않는 방법을 채택하고 있다.

보론 1 사후처리 및 복구관련 충당부채의 변경

복구의무를 이행하기 위해 필요한 경제적 효익이 내재된 자원의 유출 시기나 현금유출금액 추정의 변경 또는 할인율의 변경, 시간의 경과에 따른 부채의 증가로 인하여 기존 사후처리 및 복구관련 충당부채의 측정을 변경하는 경우 다음과 같이 회계처리한다.

01. 원가모형

(1) 부채의 변경은 아래 (2)의 경우를 충족시키는 조건으로 당기에 관련자산의 원가에 가산하거나 차감한다.

(2) 자산의 원가에서 차감되는 금액은 그 자산의 장부금액을 초과할 수 없다. 만약 부채의 감소가 자산의 장부금액을 초과한다면 그 초과액은 즉시 당기손익으로 인식한다.

(3) 조정으로 인하여 자산의 원가가 증가한 경우, 관련자산의 새로운 장부금액이 회수가능한지를 고려하여야 한다. 만약 회수가능성이 의심이 된다면, 회수가능액을 추정하여 자산손상 여부를 검토하고, 손상된 경우에는 손상차손으로 회계처리한다.

[회계처리] 충당부채가 증가되는 경우

(차) 유형자산	×××	(대) 복구충당부채	×××

[회계처리] 충당부채가 감소되는 경우

(차) 복구충당부채	×××	(대) 유형자산	×××

02. 재평가모형

(1) 부채의 변경은 당해 자산에 대하여 이전에 인식한 재평가잉여금을 조정하여 회계처리한다.

a. 부채의 감소는(아래 b의 경우를 충족시키는 조건) 기타포괄손익으로 인식하고 자본항목 중 재평가잉여금을 증가시킨다. 다만, 그 금액 중 자산에 대하여 이전에 당기손익으로 인식한 재평가감소에 해당하는 금액은 당기손익으로 환입한다.

b. 부채의 증가는 당기손익으로 인식한다. 다만, 그 금액 중 해당 자산과 관련된 재평가잉여금의 잔액을 한도로 기타포괄손익으로 인식하고 자본항목 중 재평가잉여금을 감소시킨다.

(2) 당해 자산이 원가모형으로 평가되었다면 인식되었을 장부금액을 초과하여 부채가 감소되는 경우, 그 초과액은 즉시 당기손익으로 인식한다.

(3) 부채의 변경은 당해 자산의 장부금액이 보고기간 말의 공정가치를 사용하여 결정되었을 금액과 중요하게 다르지 않도록 하기 위하여 재평가가 필요할 수도 있다는 것을 의미한다. 이러한 재평가는 위 (1)에 따라 당기손익 또는 기타포괄손익으로 인식될 금액을 결정하는 데 고려하여야 한다. 재평가가 필요한 경우에는 동일 종류의 자산을 모두 재평가해야 한다.

(4) 부채의 변경에서 발생하는 재평가잉여금의 변동은 별도로 인식하고 공시하여야 한다.

[회계처리] 충당부채가 증가되는 경우

(차) 재평가잉여금	×××	(대) 복구충당부채	×××
재평가손실	×××		

[회계처리] 충당부채가 감소되는 경우

(차) 복구충당부채	×××	(대) 재평가이익	×××
		재평가잉여금	×××

03. 기타사항

(1) 자산의 조정된 감가상각대상금액은 그 내용연수 동안 상각한다. 그러므로 일단 당해 자산의 내용연수가 종료되면, 관련부채의 모든 후속적인 변경은 발생 즉시 당기손익으로 인식한다. 이러한 회계처리는 원가모형과 재평가모형에 모두 적용한다.

(2) 할인액의 상각은 발생 시 금융원가로 당기손익에 인식한다. 그러나 할인액의 상각은 적격자산 원가의 일부로 자본화는 허용되지 않는다.

POINT 사후처리 및 복구관련 충당부채의 변경

원가모형	부채의 변경은 당기에 관련자산의 원가에 가산하거나 차감함
재평가모형	부채의 변경은 당해 자산에 대하여 이전에 인식한 재평가잉여금을 조정함 ① 부채의 감소는 기타포괄손익으로 인식하고 자본항목 중 재평가잉여금을 증가시키나 그 금액 중 자산에 대하여 이전에 당기손익으로 인식한 재평가감소에 해당하는 금액은 당기손익으로 환입함 ② 부채의 증가는 당기손익으로 인식하나 그 금액 중 해당 자산과 관련된 재평가잉여금의 잔액을 한도로 기타포괄손익으로 인식하고 자본항목 중 재평가잉여금을 감소시킴

보론 2 타인에게 임대할 목적으로 보유하던 유형자산의 판매

통상적인 활동과정에서 타인에게 임대할 목적으로 보유하던 유형자산을 판매하는 기업은, 유형자산의 임대가 중단되고 판매목적으로 보유하게 되는 시점에 이러한 자산의 장부금액을 재고자산으로 대체하여야 한다. 이러한 자산의 판매 대가는 K-IFRS 제1115호 '고객과의 계약에서 생기는 수익'에 따라 수익으로 인식해야 하며, 재고자산의 장부금액은 비용(매출원가)으로 인식해야 한다.

POINT 타인에게 임대할 목적으로 보유하던 유형자산의 판매

타인에게 임대할 목적으로 보유하던 유형자산의 판매	통상적인 활동과정에서 타인에게 임대할 목적으로 보유하던 유형자산을 판매하는 기업은, 유형자산의 임대가 중단되고 판매목적으로 보유하게 되는 시점에 이러한 자산의 장부금액을 재고자산으로 대체함
판매 시 회계처리	자산의 판매 대가는 K-IFRS 제1115호 '고객과의 계약에서 생기는 수익'에 따라 수익으로 인식해야 하며, 재고자산의 장부금액은 비용(매출원가)으로 인식해야 함

사례

타인에게 임대할 목적으로 보유하던 유형자산의 판매

(주)강남렌트카는 자동차렌트를 주업으로 하는 기업으로 차량운반구를 구입한 후 3년 후에 더 이상 렌트 목적으로 사용하지 않고 중고차로 판매하고 있다. 20×1년 초 렌트에 사용하던 차량운반구 그랜저(장부금액 ₩15,000,000, 취득원가 ₩30,000,000)가 구입한지 3년이 되어 중고차매매업자에게 판매하기로 결정하였다. 또한 20×1년 3월 1일 (주)강남렌트카는 ₩16,000,000에 그랜저를 중고차매매업자에게 현금 판매하였다. 본 사례의 회계처리를 나타내면 다음과 같다.

일자	회계처리					
20×1년 초	(차)	감가상각누계액	15,000,000	(대)	차량운반구	30,000,000
		재고자산	15,000,000			
20×1. 3. 1.	(차)	현금	16,000,000	(대)	매출	16,000,000
	(차)	매출원가	15,000,000	(대)	재고자산	15,000,000

해커스 IFRS 김원종 POINT 중급회계

Chapter 07

무형자산

Ⅰ 무형자산 일반론
Ⅱ 최초인식과 측정
Ⅲ 내부적으로 창출한 무형자산
Ⅳ 원가모형
Ⅴ 재평가모형
Ⅵ 손상과 제거
Ⅶ 영업권

보론 1 웹 사이트 원가
보론 2 노천광산 생산단계의 박토원가
보론 3 탐사평가자산

Ⅰ 무형자산 일반론

01 정의

정의	물리적 실체는 없지만 식별가능한 비화폐성자산 (1) 식별가능성, (2) 통제, (3) 미래 경제적 효익
(1) 식별가능성	무형자산은 다음 중 하나에 해당하는 경우에 식별가능함 ① 분리가능성: 기업에서 분리하거나 분할할 수 있고, 개별적으로 또는 관련된 계약, 식별가능한 자산이나 부채와 함께 매각, 이전, 라이선스, 임대, 교환할 수 있음 ② 계약상 권리 또는 기타 법적 권리로부터 발생: 그러한 권리가 이전가능한지 여부 또는 기업이나 기타 권리와 의무에서 분리가능한지 여부는 고려하지 아니함
(2) 통제	① 기초가 되는 자원에서 유입되는 미래 경제적 효익을 확보할 수 있고 그 효익에 대한 제3자의 접근을 제한할 수 있다면 기업이 자산을 통제하고 있는 것임 ② 무형자산의 미래 경제적 효익에 대한 통제능력은 일반적으로 법원에서 강제할 수 있는 법적 권리에서 나오며, 법적 권리가 없는 경우에는 통제를 제시하기 어렵다. 그러나 다른 방법으로도 미래 경제적 효익을 통제할 수 있기 때문에 권리의 법적 집행가능성이 통제의 필요조건은 아님
(3) 미래 경제적 효익	제품의 매출, 용역수익, 원가절감 또는 자산의 사용에 따른 기타 효익의 형태로 발생함

기업의 무형자산의 통제 여부를 판단하는 구체적인 사례는 다음과 같다.

사례1

시장에 대한 지식과 기술적 지식

시장에 대한 지식과 기술적 지식에서도 미래 경제적 효익이 발생할 수 있다. 이러한 지식이 저작권, 계약상의 제약이나 법에 의한 종업원의 기밀유지의무 등과 같은 법적 권리에 의하여 보호된다면, 기업은 그러한 지식에서 얻을 수 있는 미래 경제적 효익을 통제하고 있는 것이다.

사례2

숙련된 종업원

기업은 숙련된 종업원으로 구성된 팀을 보유할 수 있고, 교육훈련을 통하여 습득된 미래 경제적 효익을 가져다 줄 수 있는 종업원의 기술 향상을 식별할 수 있다. 기업은 또한 그러한 숙련된 기술을 계속하여 이용할 수 있을 것으로 기대할 수 있다. 그러나 기업은 숙련된 종업원이나 교육훈련으로부터 발생하는 미래 경제적 효익에 대해서는 일반적으로 무형자산의 정의를 충족하기에는 충분한 통제를 가지고 있지 않다. 이와 유사한 이유로 특정 경영능력이나 기술적 재능도 그것을 사용하여 미래 경제적 효익을 확보하는 것이 법적 권리에 의하여 보호되지 않거나 무형자산 정의의 기타 요건을 충족하지 않는다면 일반적으로 무형자산의 정의를 충족할 수 없다.

사례3

고객관계와 고객충성도

기업은 고객구성이나 시장점유율에 근거하여 고객관계와 고객충성도를 잘 유지함으로써 고객이 계속하여 거래할 것이라고 기대할 수 있다. 그러나 그러한 고객관계나 고객충성도를 지속할 수 있는 법적 권리나 그것을 통제할 기타 방법이 없다면 일반적으로 고객관계나 고객충성도에서 창출될 미래 경제적 효익에 대해서는 그러한 항목(예 고객구성, 시장점유율, 고객관계와 고객충성도)이 무형자산의 정의를 충족하기에 기업이 충분한 통제를 가지고 있지 않다.

그러나 고객관계를 보호할 법적 권리가 없는 경우에도, 동일하거나 유사한, 비계약적 고객관계를 교환하는 거래는 고객관계로부터 기대되는 미래 경제적 효익을 통제할 수 있다는 증거를 제공한다. 그러한 교환거래는 고객관계가 분리가능하다는 증거를 제공하므로 그러한 고객관계는 무형자산의 정의를 충족한다.

02 식별

① 유형의 요소와 무형의 요소를 모두 포함하고 있는 자산을 유형자산에 따라 회계처리하는지 아니면 무형자산으로 회계처리하는지를 결정해야 할 때에는, 어떤 요소가 더 유의적인지를 판단하여야 함 예 컴퓨터로 제어되는 기계장치가 특정 컴퓨터소프트웨어가 없으면 가동이 불가능한 경우에는 그 소프트웨어를 관련된 하드웨어의 일부로 보아 유형자산으로 회계처리함. 관련된 하드웨어의 일부가 아닌 소프트웨어는 무형자산으로 회계처리함

② 연구와 개발활동의 목적은 지식의 개발에 있으므로, 이러한 활동으로 인하여 물리적 형체(예 시제품)가 있는 자산이 만들어지더라도, 그 자산의 물리적 요소는 무형자산 요소로 봄

Ⅱ 최초인식과 측정

01 인식기준

인식기준	무형자산으로 재무상태표에 인식되기 위해서는 그 항목이 다음의 조건을 모두 충족한다는 사실을 기업이 제시하여야 함 (1) 무형자산의 정의 (2) 무형자산의 인식기준 ① 자산으로부터 발생하는 미래 경제적 효익이 기업에 유입될 가능성이 높다. ② 자산의 원가를 신뢰성 있게 측정할 수 있다.
유의사항	미래 경제적 효익을 얻기 위해 지출이 발생하더라도 인식할 수 있는 무형자산이나 다른 자산이 획득 또는 창출되지 않는다면 발생시점에 즉시 비용으로 인식하며 이러한 예는 다음과 같음 (1) 사업개시활동에 대한 지출 (2) 교육훈련을 위한 지출 (3) 광고 및 판매촉진 활동을 위한 지출(우편 주문 카탈로그 포함) (4) 기업의 전부나 일부의 이전 또는 조직 개편에 관련된 지출

참고 미래경제적효익이 기업에 유입될 가능성의 평가

미래경제적효익이 기업에 유입될 가능성은 무형자산의 내용연수 동안의 경제적 상황에 대한 경영자의 최선의 추정치를 반영하는 합리적이고 객관적인 가정에 근거하여 평가하여야 한다. 자산의 사용에서 발생하는 미래경제적효익의 유입에 대한 확실성 정도에 대한 평가는 무형자산을 최초로 인식하는 시점에서 이용 가능한 증거에 근거하며, 외부 증거에 비중을 더 크게 둔다.

02 최초측정

① 재무상태표에 인식하는 무형자산은 원가로 측정함
② 원가: 자산을 취득하기 위하여 자산의 취득시점이나 건설시점에서 지급한 현금 또는 현금성자산이나 제공한 기타 대가의 공정가치

(1) 개별취득

개별취득 시 인식기준	일반적으로 무형자산을 개별 취득하기 위하여 지급하는 가격에는 그 자산이 갖는 기대 미래 경제적 효익이 기업에 유입될 확률에 대한 기대를 반영하고 있음. 따라서 개별 취득하는 무형자산은 미래 경제적 효익이 유입될 시기와 금액이 불확실하더라도 기업에 미래 경제적 효익의 유입이 있을 것으로 기대하고 있어, 미래 경제적 효익이 유입될 가능성이 높다는 인식기준을 항상 충족하는 것으로 봄
개별취득하는 무형자산의 원가	(1) 구입가격 + (2) 자산 취득에 직접 관련되는 원가
(1) 구입가격	구입가격 (관세 및 환급불가능한 취득관련 세금을 가산하고 매입할인과 리베이트를 차감한 금액)
(2) 자산 취득에 직접 관련되는 원가	자산을 의도한 목적에 사용할 수 있도록 준비하는 데 직접 관련되는 원가 ① 자산을 사용가능한 상태로 만드는 데 직접적으로 발생하는 종업원급여 ② 자산을 사용가능한 상태로 만드는 데 직접적으로 발생하는 전문가 수수료 ③ 자산이 적절하게 기능을 발휘하는지 검사하는 데 발생하는 원가
무형자산의 원가에 포함하지 않는 지출의 예	① 새로운 제품이나 용역의 홍보원가(광고와 판매촉진활동 원가를 포함) ② 새로운 지역에서 또는 새로운 계층의 고객을 대상으로 사업을 수행하는 데서 발생하는 원가(교육훈련비를 포함) ③ 관리원가와 기타 일반경비원가
무형자산의 원가에 포함하지 아니하는 예	무형자산 원가의 인식은 그 자산을 경영자가 의도하는 방식으로 운용될 수 있는 상태에 이르면 중지가 되므로 다음의 원가는 무형자산의 장부금액에 포함하지 아니함 ① 경영자가 의도하는 방식으로 운용될 수 있으나 아직 사용하지 않고 있는 기간에 발생한 원가 ② 자산의 산출물에 대한 수요가 확립되기 전까지 발생하는 손실과 같은 초기 영업손실 ③ 무형자산을 사용하거나 재배치하는 데 발생하는 원가

(2) 유형별 무형자산의 취득원가

장기할부구입	① 최초측정: 현금가격상당액 ② 현금가격상당액과 실제 총지급액과의 차액은 차입원가에 따라 자본화하지 않는 한 신용기간에 걸쳐 이자비용으로 인식함
사업결합으로 인한 취득	① 최초측정: 취득일 공정가치 ② 사업결합 전에 그 자산을 피취득자가 인식하였는지 여부에 관계없이, 취득자는 취득일에 피취득자의 무형자산을 영업권과 분리하여 인식함
정부보조에 의한 취득	① 최초측정: 무형자산과 정부보조금 모두를 최초에 공정가치로 인식할 수 있음 ② 회계처리: 유형자산과 동일함
교환에 의한 취득	① 상업적 실질이 있는 교환거래: 제공한 자산의 공정가치 ② 상업적 실질이 결여된 교환거래: 제공한 자산의 장부금액 ③ 회계처리: 유형자산과 동일함
내부적으로 창출된 영업권	무형자산으로 인식하지 아니함(∵ 원가를 신뢰성 있게 측정할 수 없고 기업이 통제하고 있는 식별가능한 자원이 아님)

Ⅲ 내부적으로 창출한 무형자산

01 의의

내부적으로 창출한 무형자산이 인식기준을 충족하는지를 평가하기 위하여 무형자산의 창출과정을 연구단계와 개발단계로 구분해야 한다. 연구단계과 개발단계의 정의와 일반적인 예는 다음과 같다.

① 연구(Research)단계: 새로운 과학적, 기술적 지식이나 이해를 얻기 위해 수행하는 독창적이고 계획적인 탐구활동
② 개발(Development)단계: 상업적인 생산이나 사용 전에 연구결과나 관련 지식을 새롭거나 현저히 개량된 재료, 장치, 제품, 공정, 시스템이나 용역의 생산을 위한 계획이나 설계에 적용하는 활동

02 회계처리

구분	연구단계	개발단계
활동	탐구, 탐색, 평가, 선택, 응용 등	금형, 모형, 주형, 공구, 기구, 시제품, 시험공장의 설계 등
회계처리	발생한 기간에 비용(연구비)으로 인식함	① 무형자산 인식요건을 충족한 경우 : 자산(개발비) ② 무형자산 인식요건을 충족하지 못한 경우 : 비용(경상개발비)
개발단계에서 발생한 무형자산의 인식기준	다음의 사항을 모두 제시하여야 함 ① 무형자산을 사용하거나 판매하기 위해 그 자산을 완성할 수 있는 기술적 실현가능성 ② 무형자산을 완성하여 사용하거나 판매하려는 기업의 의도 ③ 무형자산을 사용하거나 판매할 수 있는 기업의 능력 ④ 무형자산이 미래 경제적 효익을 창출하는 방법 ⑤ 무형자산의 개발을 완료하고 그것을 판매하거나 사용하는 데 필요한 기술적, 재정적 자원 등의 입수가능성 ⑥ 개발과정에서 발생한 무형자산 관련 지출을 신뢰성 있게 측정할 수 있는 기업의 능력	
유의사항	① 무형자산을 창출하기 위한 내부 프로젝트를 연구단계와 개발단계로 구분할 수 없는 경우에는 그 프로젝트에서 발생한 지출은 모두 연구단계에서 발생한 것으로 봄 ② 내부적으로 창출한 브랜드, 제호, 출판표제, 고객 목록과 이와 실질이 유사한 항목은 사업을 전체적으로 개발하는 데 발생한 원가와 구별할 수 없으므로 무형자산으로 인식하지 않음 ③ 내부적으로 창출한 무형자산의 원가는 그 무형자산이 인식기준을 최초로 충족시킨 이후에 발생한 지출금액만을 포함하므로, 이미 과거 보고기간에 비용으로 인식한 지출은 그 이후의 보고기간에 무형자산의 원가로 인식할 수 없음	

[그림 7-1] 연구단계와 개발단계의 일반적인 예

구분	활동
연구단계	① 새로운 지식을 얻고자 하는 활동 ② 연구결과나 기타 지식을 탐색, 평가, 최종 선택, 응용하는 활동 ③ 재료, 장치, 제품, 공정, 시스템이나 용역에 대한 여러 가지 대체안을 탐색하는 활동 ④ 새롭거나 개선된 재료, 장치, 제품, 공정, 시스템이나 용역에 대한 여러 가지 대체안을 제안, 설계, 평가, 최종 선택하는 활동
⬇	⬇
개발단계	① 생산이나 사용 전의 시제품과 모형을 설계, 제작, 시험하는 활동 ② 새로운 기술과 관련된 공구, 지그[1], 주형, 금형 등을 설계하는 활동 ③ 상업적 생산 목적으로 실현가능한 경제적 규모가 아닌 시험공장을 설계, 건설, 가동하는 활동 ④ 신규 또는 개선된 재료, 장치, 제품, 공정, 시스템이나 용역에 대하여 최종적으로 선정된 안을 설계, 제작, 시험하는 활동

1) 기계의 부품을 가공할 때에 그 부품을 일정한 자리에 고정하여 칼날이 닿을 위치를 쉽고 정확하게 정하는 데에 쓰는 보조용 기구

Ⅳ 원가모형

기업은 무형자산의 회계정책으로 원가모형이나 재평가모형을 선택할 수 있다.

내용연수가 유한한 무형자산의 상각	내용연수가 유한한 무형자산의 상각대상금액은 내용연수 동안 체계적인 방법으로 배분함 [내용연수] Min[경제적 내용연수, 법적 내용연수] [상각기간과 상각방법] ① 상각은 자산을 사용할 수 있는 시점부터 시작함 ② 무형자산의 상각방법은 합리적인 방법을 사용함. 다만, 신뢰성 있게 결정할 수 없는 경우에는 정액법을 사용함 ③ 무형자산의 상각액은 당기손익으로 인식함. 단, 다른 자산의 생산에 소모되는 경우, 그 자산의 상각액은 다른 자산의 원가를 구성함 [잔존가치] ① 내용연수가 유한한 무형자산의 잔존가치는 영(0)임(예외: 2가지) ② 무형자산의 잔존가치는 해당 자산의 장부금액과 같거나 큰 금액으로 증가하는 경우에 자산의 잔존가치가 장부금액보다 작은 금액으로 감소될 때까지는 무형자산의 상각액은 영(0)임
내용연수가 비한정인 무형자산의 상각	① '비한정'이라는 용어는 '무한'을 의미하지 않음 ② 내용연수가 비한정인 무형자산은 상각하지 아니함 ③ 내용연수가 비한정인 무형자산은 매년 또는 무형자산의 손상을 시사하는 징후가 있을 경우에 회수가능액과 장부금액을 비교하여 손상검사를 수행함 ④ 비한정 내용연수를 유한 내용연수로 재평가하는 것은 그 자산의 손상을 시사하는 하나의 징후가 되므로 K-IFRS '자산손상'에 따라 결정된 회수가능액과 장부금액을 비교하여 그 자산에 대한 손상검사를 하고, 회수가능액을 초과하는 장부금액을 손상차손으로 인식함

V 재평가모형

1. 재평가모형의 의의	① 무형자산의 회계정책으로 원가모형이나 재평가모형을 선택할 수 있음 ② 재평가모형을 적용하여 무형자산을 회계처리하는 경우에는, 같은 유형의 기타 모든 자산도 그에 대한 활성시장이 없는 경우를 제외하고는 동일한 방법을 적용하여 회계처리함 ③ 기업이 재평가모형을 선택하는 경우 최초인식 후에 무형자산은 재평가일의 공정가치에서 이후의 상각누계액과 손상차손누계액을 차감한 재평가금액을 장부금액으로 함
(1) 빈도	① 보고기간 말에 자산의 장부금액이 공정가치와 중요하게 차이가 나지 않도록 주기적으로 재평가를 실시함 ② 재평가된 자산의 공정가치가 장부금액과 중요하게 차이가 나는 경우에는 추가적인 재평가가 필요함
(2) 유형별 재평가	① 자산을 선택적으로 재평가하거나 재무제표에서 서로 다른 기준일의 원가와 가치가 혼재된 금액을 보고하는 것을 방지하기 위하여 같은 유형 내의 무형자산 항목들은 동시에 재평가함 ② 재평가한 무형자산과 같은 유형 내의 무형자산을 그 자산에 대한 활성시장이 없어서 재평가할 수 없는 경우에는 원가에서 상각누계액과 손상차손누계액을 차감한 금액으로 표시함. 만약 자산의 공정가치를 이후의 측정일에 활성시장을 기초로 하여 측정할 수 있는 경우에는 그날부터 재평가모형을 적용함 ③ 재평가한 무형자산의 공정가치를 더 이상 활성시장을 기초로 하여 측정할 수 없는 경우에는 자산의 장부금액은 활성시장을 기초로 한 최종 재평가일의 재평가금액에서 이후의 상각누계액과 손상차손누계액을 차감한 금액으로 함
2. 재평가모형의 회계처리	관련된 내용은 유형자산의 재평가모형과 일치함

Ⅵ 손상과 제거

01 무형자산의 손상

① K-IFRS에서는 매 보고기간 말마다 자산손상 징후가 있는지를 검토하고 그러한 징후가 있다면 해당 자산의 회수가능액을 추정하도록 규정함
② 자산의 회수가능액이 장부금액에 못 미치는 경우에 자산의 장부금액을 회수가능액으로 감액하고 해당 감소금액을 손상차손 과목으로 당기손익으로 인식함
③ 다음의 무형자산의 경우에는 자산손상의 징후가 있는지 상관없이 매년 손상검사를 하여야 함
  a. 내용연수가 비한정인 무형자산
  b. 아직 사용할 수 없는 무형자산
  c. 사업결합으로 취득한 영업권
④ 회계처리: 유형자산과 동일함

02 제거

정의	무형자산을 처분하는 때 또는 사용이나 처분을 통하여 미래 경제적 효익이 기대되지 않을 때 자산의 장부금액을 재무상태표에서 제거하는 것
회계처리	무형자산의 제거로 인하여 발생하는 손익은 순매각금액과 장부금액의 차이로 결정하며, 무형자산의 제거로 인하여 발생하는 손익은 자산을 제거할 때 무형자산처분손익(당기손익)으로 인식함

Ⅶ 영업권

영업권의 정의	개별적으로 식별하여 별도로 인식할 수 없으나, 사업결합에서 획득한 그 밖의 자산에서 생기는 미래 경제적 효익을 나타내는 자산
영업권의 발생	이전대가 > 식별할 수 있는 취득자산과 인수부채의 순액
계산방법	이전대가 - 식별할 수 있는 순자산 공정가치
사업결합으로 취득한 영업권	영업권(무형자산)으로 인식함
내부적으로 창출된 영업권	무형자산으로 인식하지 아니함 (∵ 원가를 신뢰성 있게 측정할 수 없고 기업이 통제하고 있는 식별가능한 자원이 아님)
회계처리	① 사업결합으로 취득한 영업권은 상각하지 않으며, 매 보고기간마다 손상검사를 수행 ② 영업권에 대해 인식한 손상차손은 후속기간에 환입할 수 없음 (내부적으로 창출된 영업권으로 간주)

[그림 7-2] 영업권

순자산 공정가치 < 이전대가의 공정가치

차변		대변	
취득자산(공정가치)	×××	인수부채(공정가치)	×××
		이전대가(공정가치)	×××
영업권	×××		

보론 1 | 웹 사이트 원가

01. 의의

웹 사이트 원가	웹 사이트에서 내부 또는 외부 접근을 위한 기업 자체의 웹 사이트의 개발과 운영에 대한 내부 지출
웹 사이트에 대한 지출	웹 사이트에 대한 지출은 개발단계와 운영단계로 구분되며, 웹 사이트 개발단계는 다음과 같음 (1) 계획단계: 실현가능성 연구, 목적과 세부사항 정의, 대안의 평가 및 선택을 포함한다. (2) 응용프로그램과 하부구조 개발단계: 도메인 등록, 하드웨어와 운영 소프트웨어의 구매와 개발, 개발한 응용프로그램의 설치와 안정성 테스트를 포함한다. (3) 그래픽 디자인 개발단계: 웹 페이지의 외양설계를 포함한다. (4) 콘텐츠 개발단계: 웹 사이트 개발이 완료되기 전에 텍스트나 그래픽 속성의 정보를 창출·구매·작성하여 웹 사이트에 올리는 것을 포함한다.
인식	(1) 기업이 내부 또는 외부 접근을 위해 개발한 자체의 웹 사이트는 내부적으로 창출한 무형자산임 (2) 자체적으로 개발한 웹 사이트는 무형자산의 인식기준 2가지와 내부적으로 창출된 무형자산의 자산인식요건 6가지를 모두 충족하는 경우에만 무형자산으로 인식함

02. 인식과 측정

개발단계	계획단계	연구단계와 성격이 유사하므로 계획단계에서의 지출은 발생시점에 당기비용으로 인식함
	응용프로그램과 하부구조 개발단계, 그래픽 디자인 단계, 콘텐츠 개발단계	재화와 용역의 광고와 판매촉진 목적으로 개발된 것이 아닌 경우: 개발단계와 성격이 유사하므로 이러한 단계에서 발생한 지출이 웹 사이트의 창출, 제조 및 경영자가 의도하는 방식으로 운영될 수 있게 준비하는 데 직접 관련되며 필수적인 경우에는 무형자산으로 인식하는 웹 사이트의 취득원가에 포함함
	콘텐츠 개발단계	콘텐츠가 기업 자체의 재화와 용역을 광고하고 판매를 촉진하기 위하여 개발된 경우: 발생시점에 당기비용으로 인식함
운영단계		운영단계에서 발생한 지출은 무형자산의 인식기준을 충족하지 못하면 발생시점에 당기비용으로 인식함

보론 2 | 노천광산 생산단계의 박토원가

의의	노천채광작업에서 광상에 접근하기 위하여 광산폐석제거활동(박토)에서 발생한 원가
인식기준	① 박토활동과 관련된 미래 경제적 효익이 기업에 유입될 가능성이 높음 ② 접근이 개선된 광체의 구성요소를 식별할 수 있음 ③ 그 구성요소와 관련된 박토활동의 원가를 신뢰성 있게 측정할 수 있음
최초인식	박토원가의 인식기준을 충족하면 박토활동에서 발생하는 효익이 광석에 대한 접근을 개선하는 정도까지는 박토활동원가를 비유동자산(유형자산 또는 무형자산)으로 인식함
최초측정	박토활동자산은 최초에 원가로 측정함 (직접 발생한 원가의 누계액 + 직접 관련되는 간접원가 배분액)
후속측정	① 기존 자산의 일부를 구성하는 박토활동자산은 원가모형 또는 재평가금액모형으로 측정함 ② 예상내용연수에 걸쳐 체계적인 방법에 따라 박토활동자산을 감가상각하거나 상각함 ③ 상각방법은 다른 방법이 더 적절하지 않다면 생산량비례법을 적용함

⊘ 참고 **박토원가의 최초측정**

박토활동자산은 최초에 원가로 측정한다. 이 원가는 광체의 식별된 구성요소에 대한 접근을 개선하는 박토활동을 수행하기 위해 직접 발생한 원가의 누계액에 직접 관련되는 간접원가 배분액을 더한 금액이다. 생산 관련 박토활동을 계획대로 계속하기 위해 필요한 것은 아니나 일부 부수적인 작업이 생산 관련 박토활동과 동시에 수행되는 경우에 이러한 부수적인 작업과 관련된 원가는 박토활동자산의 원가에 포함하지 않는다.

박토활동자산의 원가와 생산된 재고자산의 원가를 별도로 식별할 수 없는 경우, 관련된 생산측정치를 기초로 한 배분 기준을 이용하여 생산 관련 박토원가를 생산된 재고자산과 박토활동자산에 배분한다. 이 생산측정치는 광체의 식별된 구성요소에 대해 산정되고, 미래 효익을 창출하는 추가적인 활동이 발생하는 정도를 식별하기 위한 기준치로 사용된다.

보론 3 | 탐사평가자산

구분	내용
정의	광물자원 추출의 기술적 실현가능성과 상업화가능성을 제시하기 전에 광물자원의 탐사와 평가와 관련하여 발생한 지출을 탐사와 평가 관련 지출과 관련하여 기업의 회계정책에 따라 자산으로 인식한 탐사와 평가 관련 지출
최초측정	탐사평가자산은 원가로 측정함
후속측정	① 광물자원의 탐사와 평가활동 전에 발생한 지출은 어떠한 특정 광물자산과 관련될 수 없으므로 발생한 기간에 당기비용으로 처리하고 탐사평가자산으로 인식하지 않음 ② 광물자원의 개발과 관련된 지출은 무형자산에서 살펴본 내부적으로 창출된 무형자산의 개발단계에 발생한 예와 유사하므로 탐사평가자산으로 인식하지 아니하고, 무형자산의 인식기준에 따라 회계처리함 ③ 광물자원 추출에 대한 기술적 실현가능성과 상업화가능성을 제시할 수 있는 시점에는 더 이상 탐사평가자산으로 분류하지 아니함. 이 경우 탐사평가자산은 적절한 과목의 유형자산이나 무형자산으로 재분류하며, 탐사평가자산을 재분류하기 전에 손상을 검토하여 손상차손을 인식함 ④ 광물자원 추출에 대한 기술적 실현가능성과 상업화가능성을 제시할 수 있는 시점 이후에 발생한 지출은 해당 재고자산의 원가로 처리함 ⑤ 광물자원의 탐사와 평가를 수행한 결과로 특정기간에 제거와 복구 의무가 발생한 때에는 K-IFRS 제1037호 '충당부채, 우발부채, 우발자산'에 따라 의무를 복구충당부채로 인식함 ⑥ 탐사평가자산을 인식한 후에는 원가모형이나 재평가모형을 적용하며, 재평가모형의 회계처리는 유형자산에서 살펴본 내용과 동일함
표시	① 탐사평가자산은 그 성격에 따라 유형자산이나 무형자산으로 분류하고 이 분류를 일관되게 적용함 ② 탐사평가자산은 무형자산(예 시추권)이나 유형자산(예 차량운반구, 시추장비)으로 처리됨
손상	탐사평가자산의 장부금액이 회수가능액을 초과하는 사실이나 상황이 나타나면 K-IFRS 제1036호 '자산손상'에 따라 손상차손을 측정, 표시하고 공시하여야 함

[그림 7-3] 탐사평가자산의 회계처리

탐사와 평가활동 전 지출	:	발생한 기간의 당기비용
⬇		
탐사의 법적 권리의 취득 후 광물자원의 탐사와 평가	:	탐사평가자산으로 인식
⬇		
광물자원의 개발활동과 관련된 지출	:	무형자산의 개발단계에서 발생한 지출로 처리
⬇		
기술적 실현가능성과 상업화가능성 제시 시점	:	탐사평가자산을 유형자산과 무형자산으로 재분류
⬇		
기술적 실현가능성과 상업화가능성 제시 시점 이후에 발생한 지출	:	재고자산의 원가로 인식

해커스 IFRS 김원종 POINT 중급회계

Chapter 08

투자부동산

I 투자부동산의 일반론

01 정의

투자부동산은 임대수익이나 시세차익 또는 두 가지 모두를 얻기 위하여 소유자가 보유하거나 리스이용자가 사용권자산으로 보유하고 있는 부동산을 말한다.

02 투자부동산과 자가사용부동산(유형자산)의 분류

투자부동산으로 분류되는 예와 투자부동산이 아닌 항목의 예는 다음과 같다.

구분	내용
투자부동산으로 분류되는 예	① 장기 시세차익을 얻기 위하여 보유하고 있는 토지[1] ② 장래 용도를 결정하지 못한 채로 보유하고 있는 토지[2] ③ 직접 소유하고 운용리스로 제공하고 있는 건물 (또는 보유하는 건물에 관련되고 운용리스로 제공하는 사용권자산) ④ 운용리스로 제공하기 위하여 보유하고 있는 미사용 건물 ⑤ 미래에 투자부동산으로 사용하기 위하여 건설 또는 개발 중인 부동산
투자부동산이 아닌 항목의 예	① 통상적인 영업과정에서 판매하기 위한 부동산이나 이를 위하여 건설 또는 개발 중인 부동산[3] → 재고자산 ② 자가사용부동산[4] → 유형자산 ③ 금융리스로 제공한 부동산 → 자산의 처분으로 회계처리

03 투자부동산과 자가사용부동산의 식별

구분	내용
부동산 중 일부분은 투자목적으로, 나머지 부분은 자가사용목적으로 보유하는 경우	① 부분별 분리 매각이 가능한 경우 : 투자부동산과 유형자산으로 각각 분리하여 회계처리 ② 부분별 분리 매각이 불가능한 경우 : 자가사용부분이 경미한 경우에만 당해 부동산을 투자부동산으로 분류
부동산 소유자가 부수적인 용역을 제공하는 경우	① 제공용역이 경미한 경우: 투자부동산으로 분류 예 건물 관리용역 제공 ② 제공용역이 유의적인 경우: 유형자산으로 분류 예 호텔경영
지배기업 또는 다른 종속기업에게 부동산을 리스하는 경우	부동산을 소유하고 있는 개별기업 관점에서는 투자부동산으로 분류하지만 연결재무제표에서는 투자부동산으로 분류할 수 없으며, 유형자산으로 분류함

1) 통상적인 영업과정에서 단기간에 판매하기 위하여 보유하는 토지는 제외한다.
2) 만약 토지를 자가사용할지 또는 통상적인 영업과정에서 단기간에 판매할지를 결정하지 못한 경우 해당 토지는 시세차익을 얻기 위하여 보유한다고 본다.
3) 예를 들면 가까운 장래에 판매하거나 개발하여 판매하기 위한 목적으로만 취득한 부동산이 있다.
4) 미래에 자가사용하기 위한 부동산, 미래에 개발 후 자가사용할 부동산, 종업원이 사용하고 있는 부동산(종업원이 시장가격으로 임차료를 지급하고 있는지 여부는 관계없음), 처분예정인 자가사용부동산을 포함한다.

Ⅱ 최초인식

인식기준	소유 투자부동산은 다음의 조건을 모두 충족할 때, 자산으로 인식함 ① 투자부동산에서 생기는 미래 경제적 효익의 유입가능성이 높음 ② 투자부동산의 원가를 신뢰성 있게 측정할 수 있음
후속원가	① 투자부동산의 원가에는 취득하기 위하여 최초로 발생한 원가와 후속적으로 발생한 추가원가, 대체원가 또는 유지원가를 포함함 ② 수선·유지비: 일상적인 수선·유지와 관련하여 발생하는 원가는 해당 투자부동산의 장부금액에 포함하여 인식하지 아니함 ③ 대체: 대체하는 데 소요되는 원가가 인식기준을 충족한다면 원가발생 시점에 투자부동산의 장부금액에 인식하고, 대체되는 부분의 장부금액은 제거함

Ⅲ 최초측정

최초측정	원가로 측정하며, 거래원가는 최초측정치에 포함함
원가	자산을 취득하기 위하여 자산의 취득시점이나 건설시점에서 지급한 현금 또는 현금성자산이나 제공한 기타 대가의 공정가치

01 취득원가

투자부동산의 취득원가	(1) 구입금액 + (2) 구입에 직접 관련이 있는 지출
(1) 구입금액	구입금액
(2) 구입에 직접 관련이 있는 지출	구입에 직접 관련된 원가 ① 법률용역의 대가로 전문가에게 지급하는 수수료 ② 부동산 구입과 관련된 세금 ③ 그 밖의 거래원가
투자부동산의 장부금액에 포함하지 않는 예	① 경영진이 의도하는 방식으로 부동산을 운영하는 데 필요한 상태에 이르게 하는 데 직접 관련이 없는 초기원가 ② 계획된 사용수준에 도달하기 전에 발생하는 부동산의 운영손실 ③ 건설이나 개발 과정에서 발생한 비정상인 원재료, 인력 및 기타 자원의 낭비 금액

02 유형별 취득원가

장기할부구입	취득시점의 현금가격상당액(현재가치)으로 측정하며, 현금가격상당액과 총지급액과의 차액은 신용기간 동안의 이자비용으로 인식함
교환거래	[Ch-06 유형자산]과 동일
리스이용자가 사용권자산으로 보유하는 투자부동산	최초인식시점에 K-IFRS 제1116호 '리스'에 따라 원가로 측정함

Ⅳ 후속측정

평가방법의 선택	모든 투자부동산에 대하여 원가모형이나 공정가치모형을 선택하여 동일하게 적용하여야 함
공정가치모형	① 최초인식 후 모든 투자부동산을 공정가치로 측정하고, 공정가치 변동으로 발생하는 손익은 발생한 기간의 당기손익에 반영함 ② 공정가치 모형에 의하여 측정하는 투자부동산은 감가상각을 하지 않음 ③ 기업은 투자부동산의 공정가치를 계속하여 신뢰성 있게 측정할 수 있다고 추정하지만, 예외적인 경우에 처음으로 취득한 투자부동산의 공정가치를 계속하여 신뢰성 있게 측정하기가 어려울 것이라는 명백한 증거가 있을 수 있다. 만일 기업이 건설 중인 투자부동산의 공정가치를 신뢰성 있게 측정할 수 없지만, 건설이 완료된 시점에서는 공정가치를 신뢰성 있게 측정할 수 있다고 기대하는 경우에는, 공정가치를 신뢰성 있게 측정할 수 있는 시점과 건설이 완료되는 시점 중 빠른 시점까지는 건설 중인 투자부동산을 원가로 측정한다. 만약 기업이 투자부동산의 공정가치를 계속하여 신뢰성 있게 측정할 수 없다고 결정하면, 원가모형을 사용하여 그 투자부동산을 측정한다. 이때, 투자부동산의 잔존가치는 영(0)으로 가정하며, 해당 투자부동산은 처분할 때까지 원가모형을 적용한다. ④ 투자부동산을 공정가치로 측정해 온 경우라면 비교할 만한 시장의 거래가 줄어들거나 시장가격 정보를 쉽게 얻을 수 없게 되더라도, 당해 부동산을 처분할 때까지 또는 자가사용부동산(유형자산)으로 대체하거나 통상적인 영업과정에서 판매하기 위하여 개발을 시작하기 전까지는 계속하여 공정가치로 측정함
원가모형	① 원가모형에 의하여 측정하는 투자부동산 중 감가상각대상자산은 감가상각을 수행함 ② 유형자산 원가모형의 손상규정을 준용함

V | 계정대체

부동산의 용도가 변경되는 경우에 계정과목을 투자부동산에서 유형자산이나 재고자산으로 또는 유형자산이나 재고자산에서 투자부동산으로 계정과목을 변경해야 하는데, 이를 투자부동산의 계정대체라고 한다.

01 용도의 변경

K-IFRS에서는 다음과 같은 예를 용도 변경의 증거로 인정하고 있다.

① 자가사용의 개시나 자가사용을 목적으로 개발을 시작: 투자부동산에서 자가사용부동산(유형자산)으로 대체
② 통상적인 영업과정에서 판매할 목적으로 개발을 시작: 투자부동산에서 재고자산으로 대체
③ 자가사용의 종료: 자가사용부동산(유형자산)에서 투자부동산으로 대체
④ 제3자에 대한 운용리스 제공의 약정: 재고자산에서 투자부동산으로 대체

유의할 사항은 투자부동산을 개발하지 않고 처분하기로 결정하는 경우에는 그 부동산이 제거될 때까지 재무상태표에 투자부동산으로 계속 분류하며 재고자산으로 재분류하지 않는다는 것이다. 이와 비슷하게 투자부동산을 재개발하여 미래에도 계속 투자부동산으로 사용하려는 경우 또한 재개발기간에 계속 투자부동산으로 분류하며 자가사용부동산으로 재분류하지 않는다.

[그림 8-1] 용도의 변경에 따른 계정대체

자가사용의 개시	:	투자부동산	➡	유형자산
판매할 목적으로 개발을 시작	:	투자부동산	➡	재고자산
자가사용의 종료	:	유형자산	➡	투자부동산
운용리스 제공의 약정	:	재고자산	➡	투자부동산

02 투자부동산에서 대체

(1) 투자부동산을 원가모형으로 평가하는 경우에 투자부동산에서 자가사용부동산(유형자산), 재고자산으로 대체가 발생할 때에는 대체 전 자산의 장부금액을 승계하며 자산의 원가를 변경하지 않는다.

(2) 공정가치로 평가한 투자부동산을 자가사용부동산(유형자산)이나 재고자산으로 대체하는 경우에 후속적인 회계를 위한 간주원가는 용도 변경시점의 공정가치가 된다. 용도 변경시점에 발생한 평가손익은 당기손익으로 인식한다.

03 투자부동산으로 대체

(1) 자가사용부동산(유형자산)과 재고자산을 원가모형으로 평가하는 투자부동산으로 대체가 발생할 때에는 대체 전 자산의 장부금액을 승계하며 자산의 원가를 변경하지 않는다.

(2) 재고자산을 공정가치로 평가하는 투자부동산으로 대체하는 경우, 재고자산의 장부금액과 대체시점의 공정가치의 차액은 당기손익으로 인식한다. 따라서 재고자산을 공정가치로 평가하는 투자부동산으로 대체하는 회계처리는 재고자산을 매각하는 경우의 회계처리와 일관성이 있다.

(3) 자가사용부동산(유형자산)을 공정가치로 평가하는 투자부동산으로 대체하는 경우, 용도 변경시점까지 그 부동산을 감가상각하고, 발생한 손상차손을 인식한다. 용도 변경시점의 부동산의 장부금액과 공정가치의 차액은 재평가모형의 회계처리와 동일한 방법으로 회계처리한다.

① **장부금액의 감소분**: 부동산 장부금액의 감소분은 당기손익으로 인식한다. 다만, 부동산의 장부금액에 재평가잉여금이 포함되어 있다면 그 금액을 한도로 하여 기타포괄손익으로 인식하고 재평가잉여금을 감소시킨다.

② **장부금액의 증가분**: 부동산 장부금액의 증가분은 다음과 같이 회계처리한다.

a. 이전에 인식한 손상차손을 한도로 하여 당기손익으로 인식한다. 손익으로 인식하는 금액은 손상차손을 인식하기 전 장부금액(감가상각 차감 후)을 초과할 수 없다.

b. 증가분 중 잔여금액은 재평가잉여금으로 하여 기타포괄손익으로 인식하고 재평가잉여금을 증가시킨다. 후속적으로 투자부동산을 처분할 때에 자본에 포함된 재평가잉여금은 이익잉여금으로 대체할 수 있는데, 이때 재평가잉여금은 당기손익의 인식과정을 거치지 않고 직접 이익잉여금으로 대체한다.

(4) 공정가치로 평가하게 될 자가건설 투자부동산의 건설이나 개발이 완료되면 해당일의 공정가치와 기존 장부금액의 차액은 당기손익으로 인식한다.

POINT 투자부동산의 계정대체

구분	회계처리
투자부동산(원가) → 유형자산(원가), 재고자산	대체 전 장부금액을 승계
투자부동산(공정가치) → 유형자산, 재고자산	용도변경시점의 공정가치로 대체하고, 장부금액과 공정가치 차액은 당기손익으로 인식
유형자산(원가), 재고자산 → 투자부동산(원가)	대체 전 장부금액을 승계
재고자산 → 투자부동산(공정가치)	공정가치로 대체하고, 장부금액과 공정가치의 차액을 당기손익으로 인식
유형자산(원가모형, 재평가모형) → 투자부동산(공정가치) ① 장부금액 감소분: ② 장부금액 증가분:	재평가모형의 회계처리와 동일함 재평가잉여금(기타포괄손익) → 재평가손실(당기손실) 손상차손환입(당기이익) → 재평가잉여금(기타포괄손익)

Ⅵ 손상과 제거

01 손상

투자부동산의 손상	투자부동산의 회수가능액이 장부금액에 못 미치는 경우에 자산의 장부금액을 회수가능액으로 감액하고 해당 감소금액을 손상차손 과목으로 당기손익 인식하는 것
공정가치모형	공정가치변동을 당기손익에 반영하므로 손상차손을 인식할 필요가 없음
원가모형	매 보고기간 말마다 자산손상 징후가 있는지를 검토하고 그러한 징후가 있다면 해당 자산의 회수가능액을 추정하고, 자산의 회수가능액이 장부금액에 못 미치는 경우에 자산의 장부금액을 회수가능액으로 감액하고 해당 감소금액을 손상차손 과목으로 당기손익 인식하여야 하는데 구체적인 회계처리는 유형자산의 원가모형의 손상과 동일함

02 제거

투자부동산을 처분하거나, 투자부동산의 사용을 영구히 중지하고 처분으로도 더 이상의 경제적 효익을 기대할 수 없는 경우

① 투자부동산의 폐기나 처분으로 발생하는 손익은 순처분금액과 장부금액의 차액이며 폐기나 처분이 발생한 기간에 당기손익으로 인식함

② 투자부동산의 손상, 멸실 또는 포기로 제3자에게서 받는 보상은 받을 수 있게 되는 시점에 당기손익으로 인식함

해커스 IFRS 김원종 POINT 중급회계

회계사 · 세무사 · 경영지도사 단번에 합격!
해커스 경영아카데미 cpa.Hackers.com

Chapter 09

금융자산

I 금융자산의 일반론

01 금융자산의 정의

[그림 9-1] 금융자산, 금융부채 및 지분상품의 관계

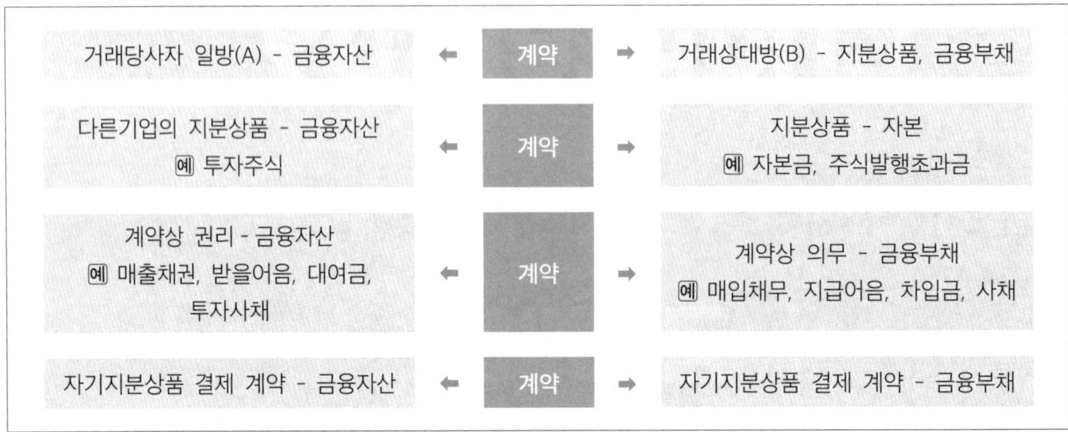

(1) 금융상품과 금융자산의 정의

구분	내용
금융상품의 정의	금융상품은 거래당사자 어느 한쪽에게는 금융자산이 생기게 하고 거래상대방에게 금융부채나 지분상품이 생기게 하는 모든 계약
금융자산의 정의	① 현금 ② 다른 기업의 지분상품 ③ 계약상 권리: 다음 중 어느 하나에 해당하는 계약상 권리 a. 거래상대방에게서 현금 등 금융자산을 수취할 계약상 권리 b. 잠재적으로 유리한 조건으로 거래상대방과 금융자산이나 금융부채를 교환하기로 한 계약상 권리 ④ 자기지분상품: 기업 자신의 지분상품(이하 '자기지분상품'이라 한다)으로 결제하거나 결제할 수 있는 다음 중 하나의 계약 a. 수취할 자기지분상품의 수량이 변동가능한 비파생상품 b. 확정 수량의 자기지분상품을 확정 금액의 현금 등 금융자산과 교환하여 결제하는 방법 외의 방법으로 결제하거나 결제할 수 있는 파생상품

(2) K-IFRS 규정

① 계약 및 계약상이란 명확한 경제적 결과를 가지고 있고, 대개 법적으로 집행가능하기 때문에 당사자가 그러한 경제적 결과를 자의적으로 회피할 여지가 적은 둘 이상의 당사자 사이의 합의를 말한다. 계약에 의하지 않은 부채나 자산은 금융부채나 금융자산이 아니므로 정부가 부과하는 법적 요구에 따라 발생하는 법인세와 관련된 부채나 의제의무도 계약에서 생긴 것이 아니며, 금융부채가 아님
② 금융상품을 수취, 인도, 교환하는 계약상 권리나 계약상 의무는 그 자체로 금융상품임
③ 금융보증은 자금 차입자가 채무를 이행하지 못하는 경우에 자금 대여자가 보증인에게서 현금을 수취할 계약상 권리이며, 이에 대응하여 보증인이 자금 대여자에게 현금을 지급할 계약상 의무이다. 금융보증의 예와 같은 조건부 권리나 의무는 이에 관련되는 자산과 부채가 항상 재무제표에 인식되지 않더라도, 금융자산과 금융부채의 정의를 충족함
④ 리스제공자는 금융리스를 금융상품으로 보나, 리스제공자는 지급기일에 이르러 리스이용자가 지급해야 하는 개별 지급액을 제외하고는 운용리스를 금융상품으로 보지 않음
⑤ 실물자산(예 재고자산, 유형자산), 사용권자산, 무형자산(예 특허권, 상표권)은 금융자산이 아님
⑥ 어떤 자산의 미래 경제적 효익이 현금 등 금융자산을 수취할 권리가 아니라 재화나 용역의 수취라면 그 자산(예 선급비용)은 금융자산이 아니다. 마찬가지로 선수수익과 대부분의 품질보증의무와 같은 항목도 현금 등 금융자산을 지급할 계약상 의무가 아니라 재화나 용역을 인도하여 해당 항목과 관련된 경제적 효익이 유출될 것이므로 금융부채가 아님

02 사업모형과 계약상 현금흐름 특성

금융자산은 해당 자산의 계약상 현금흐름 특성과 금융자산관리를 위한 사업모형에 근거하여 분류한다.

(1) 계약상 현금흐름 특성

K-IFRS 제1109호 '금융상품'에서는 금융자산의 계약상 현금흐름 특성에 기초하여 금융자산을 채무상품과 지분상품으로 분류하고 있다. 여기서 계약상 현금흐름 특성은 금융자산의 계약조건에 따라 특정일에 원리금 지급만으로 구성되어 있는 현금흐름이 발생하는 것을 말한다. 따라서 계약상 현금흐름 특성은 원리금 지급만으로 구성되어 있느냐에 따라 다음 두 가지로 분류할 수 있다.

① 금융자산의 계약조건에 따라 특정일에 원리금 지급만으로 구성되어 있는 현금흐름이 발생한다. 예 채무상품
② 원리금의 지급만으로 구성되어 있지 않는 현금흐름이 발생한다. 예 지분상품

(2) 금융자산관리를 위한 사업모형

K-IFRS 제1109호 '금융상품'에서는 금융자산의 관리를 위한 사업모형에 근거하여 금융자산을 분류하도록 요구하고 있다. 여기서 사업모형이란 현금흐름을 창출하기 위해 금융자산을 관리하는 방식을 의미한다. 즉, 사업모형에 따라 현금흐름의 원천이 금융자산의 계약상 현금흐름의 수취인지, 매도인지 또는 둘 다인지가 결정된다. 금융자산관리를 위한 사업모형은 다음과 같이 구분할 수 있다.

① 계약상 현금흐름을 수취하기 위해 자산을 보유하는 것이 목적인 사업모형 ② 계약상 현금흐름 수취목적의 사업모형이나 계약상 현금흐름 수취와 매도 둘 다가 목적인 사업모형 ③ 그 밖의 사업모형: 금융자산의 매도를 통해 현금흐름을 실현할 목적인 사업모형 등

03 금융자산의 분류

현금및현금성자산을 제외한 금융자산은 ① 금융자산의 관리를 위한 사업모형과 ② 금융자산의 계약상 현금흐름 특성 모두에 근거하여 후속적으로 상각후원가, 기타포괄손익-공정가치, 당기손익-공정가치로 측정되도록 분류한다.

(1) 현금및현금성자산

현금 및 유동성이 매우 높은 단기 투자자산

(2) 상각후원가측정금융자산

다음 두 가지 조건을 모두 충족한다면 금융자산을 상각후원가로 측정한다.

① 계약상 현금흐름을 수취하기 위해 보유하는 것이 목적인 사업모형 하에서 금융자산을 보유한다.
② 금융자산의 계약조건에 따라 특정일에 원금과 원금잔액에 대한 이자 지급(이하 '원리금 지급')만으로 구성되어 있는 현금흐름이 발생한다.

(3) 기타포괄손익공정가치측정금융자산

다음 두 가지 조건을 모두 충족한다면 금융자산을 기타포괄손익 – 공정가치로 측정한다.

① 계약상 현금흐름의 수취와 금융자산의 매도 둘 다를 통해 목적을 이루는 사업모형 하에서 금융자산을 보유한다.
② 금융자산의 계약조건에 따라 특정일에 원리금 지급만으로 구성되어 있는 현금흐름이 발생한다.

(4) 당기손익공정가치측정금융자산

금융자산은 상각후원가로 측정되거나 기타포괄손익-공정가치로 측정하는 경우가 아니라면, 당기손익-공정가치로 측정한다.

① 단기매매항목

a. 주로 단기간에 매각하거나 재매입할 목적으로 취득하거나 부담한다.

b. 최초인식시점에 공동으로 관리하는 특정 금융상품 포트폴리오의 일부로 운용 형태가 단기적 이익 획득 목적이라는 증거가 있다.

c. 파생상품이다. (다만 금융보증계약인 파생상품이나 위험회피수단으로 지정되고 위험회피에 효과적인 파생상품은 제외한다)

② 공정가치 기준으로 관리하고 그 성과를 평가하는 금융자산의 포트폴리오

POINT 금융자산의 분류

구분	계약상 현금흐름 특성	금융자산관리를 위한 사업모형	금융자산의 분류
채무상품	원리금 지급만으로 구성되어 있음	계약상 현금흐름 수취목적	상각후원가측정금융자산[1]
		계약상 현금흐름 수취 및 금융자산 매도목적	기타포괄손익공정가치측정금융자산[1]
		기타목적 예 금융자산의 매도 등	당기손익공정가치측정금융자산
지분상품	원리금 지급만으로 구성되어 있지 않음	계약상 현금흐름 특성조건을 충족하지 못함(원칙)	당기손익공정가치측정금융자산[2]
		최초인식 시 후속적인 공정가치 변동을 기타포괄손익으로 표시하기로 한 경우(선택)	기타포괄손익공정가치측정금융자산

한편, 이러한 분류기준에도 불구하고 기업은 금융자산의 최초인식시점에 해당 금융자산을 다음과 같이 측정하기로 선택할 수 있으며, 이러한 선택은 이후에 취소할 수 없다.

1) 상각후원가측정금융자산과 기타포괄손익공정가치측정금융자산은 서로 다른 기준에 따라 자산이나 부채를 측정하거나 그에 따른 손익을 인식하는 경우에 발생하는 측정이나 인식의 불일치('회계불일치'라고 함)를 제거하거나 유의적으로 줄이는 경우 당기손익공정가치측정금융자산으로 선택할 수 있다. 다만 한번 지정하면 이를 취소할 수 없다.

2) 지분상품에 대한 투자로서 단기매매항목이 아니고 사업결합에서 취득자가 인식하는 조건부대가가 아닌 지분상품에 대한 투자의 후속적인 공정가치 변동을 기타포괄손익으로 표시할 수 있다. 이러한 선택은 최초인식시점에만 가능하며 이후에 취소할 수 없다.

Ⅱ 금융자산의 인식과 측정

01 최초인식과 측정

(1) 최초측정

POINT 금융자산의 최초인식

구분	금융자산의 분류	최초인식 및 측정	거래원가
채무상품	상각후원가측정금융자산	공정가치 (최초인식시점에 공정가치가 거래가격과 다른 경우에는 그 차이를 당기손익으로 인식함)	공정가치에 가산
	기타포괄손익공정가치측정 금융자산		공정가치에 가산
	당기손익공정가치측정 금융자산		당기손익
지분상품	당기손익공정가치측정 금융자산		당기손익
	기타포괄손익공정가치측정 금융자산		공정가치에 가산

(2) 금융자산의 정형화된 매입 또는 매도

정형화된 매매거래	금융자산의 정형화된 매입 또는 매도는 매매일이나 결제일에 인식하거나 제거하며, 이때 선택한 방법은 같은 방식으로 분류한 금융자산의 매입이나 매도 모두에 일관성 있게 같은 방법을 사용하여 적용함
상각후원가측정금융자산	자산의 가치변동은 인식하지 아니함
당기손익공정가치측정 금융자산	자산의 가치변동은 당기손익으로 인식함
기타포괄손익공정가치측정 금융자산	자산의 가치변동은 기타포괄손익으로 인식함

02 보유손익

(1) 지분상품의 배당금수익

[회계처리] 배당결의일

(차) 미수배당금	×××	(대) 배당금수익	×××

[회계처리] 배당지급일

(차) 현금	×××	(대) 미수배당금	×××

(2) 채무상품의 이자수익

투자채무상품의 경우 보유기간 동안 이자수익이 발생한다. K-IFRS에서 투자채무상품은 유효이자율법에 의하여 보유기간 동안에 이자수익을 당기손익으로 인식하도록 규정하고 있다.

03 후속측정(기말평가)

(1) 금융자산 분류별 후속측정

현금및현금성자산을 제외한 금융자산은 금융자산의 관리를 위한 사업모형과 금융자산의 계약상 현금흐름 특성 모두에 근거하여 후속적으로 상각후원가, 기타포괄손익-공정가치, 당기손익-공정가치로 측정되도록 분류한다. 따라서 상각후원가측정금융자산의 경우 상각후원가로 후속측정하며, 당기손익공정가치측정금융자산의 경우 공정가치로 후속측정하여 공정가치 변동분을 당기손익으로 인식한다. 한편, 지분상품인 기타포괄손익공정가치측정금융자산은 공정가치로 후속측정하여 공정가치 변동분을 기타포괄손익으로 인식하지만, 채무상품인 기타포괄손익공정가치측정금융자산의 경우 먼저 유효이자율법에 의하여 보유기간의 이자수익을 인식하여 상각후원가로 측정한 후 공정가치로 후속측정하여 공정가치 변동분을 기타포괄손익으로 인식하는 것에 유의해야 한다.

(2) 공정가치

금융자산의 공정가치란 합리적 판단력과 거래의사가 있는 매입자와 합리적 판단력과 거래의사가 있는 매도자 사이에 합의된 가격을 말한다. 이러한 공정가치는 활성시장의 공시가격이 있는 금융상품과 활성시장의 공시가격이 없는 금융상품으로 나누어 측정된다.

① **활성시장의 공시가격이 있는 금융상품**: 활성시장이 존재하는 경우 활성시장에서 공시되는 가격이 공정가치의 최선의 증거이므로, 금융상품의 공정가치는 활성시장의 공시가격이다.
② **활성시장의 공시가격이 없는 금융상품**: 활성시장이 존재하지 않는 경우 금융상품에는 시장접근법, 원가접근법 및 이익접근법 등의 가치평가기법을 사용하여 공정가치를 측정한다.

04 제거(처분)

금융자산의 제거(Derecognition)는 이미 인식한 금융자산을 재무제표에서 삭제하는 것을 말한다. K-IFRS에서는 금융자산의 경우 금융자산의 제거의 범위를 판단하고, 금융자산이 양도된 경우 제거 여부를 결정하도록 규정하고 있다. 관련된 내용은 절을 달리하여 설명하기로 하고 여기에서는 금융자산의 양도가 제거요건을 충족하고 금융자산 전체를 제거하는 경우의 회계처리를 살펴보기로 한다.
금융자산 전체를 제거하는 경우에는 다음 (1)과 (2)의 차액을 당기손익으로 인식한다.

(1) 수취한 대가(새로 획득한 모든 자산에서 새로 부담하게 된 모든 부채를 차감한 금액 포함)
(2) 금융자산의 장부금액(제거일에 측정)

여기서 채무상품으로 분류된 기타포괄손익공정가치측정금융자산을 처분한 경우 당기나 과거 기간에 인식한 기타포괄손익을 재분류하여 당기손익(금융자산처분이익)에 반영한다. 그러나 지분상품으로 분류된 기타포괄손익공정가치측정금융자산을 처분한 경우 당기나 과거 기간에 인식한 기타포괄손익을 재분류하지 않는다는 것에 유의해야 한다. 단, 자본 내에서 누적손익을 다른 자본항목(예 이익잉여금)으로 이전할 수 있다.

05 손상

손상은 최초인식 후에 신용위험이 유의적으로 증가한 모든 금융상품에 대해 미래전망 정보를 포함하는 합리적이고 뒷받침될 수 있는 모든 정보를 고려하여, 개별평가나 집합평가로 전체기간 기대신용손실을 인식하는 것을 말한다.

06 재분류

금융자산을 관리하는 사업모형을 변경하는 경우 금융자산을 재분류해야 한다. 단, 지분상품 또는 파생상품은 사업모형을 변경할 수 없으므로 원칙적으로 재분류가 불가능하고 채무상품인 경우에만 재분류가 가능하다.

POINT 금융자산의 인식과 측정

구분	금융자산의 분류	최초측정	거래원가	보유손익	기말평가	제거(처분손익)
채무상품	상각후원가측정금융자산	공정가치[3]	공정가치에 가산	이자수익	상각후원가	수취한 대가 - 장부금액
	기타포괄손익공정가치측정금융자산		공정가치에 가산	이자수익	상각후원가 + 공정가치(OCI)	수취한 대가 - 장부금액
	당기손익공정가치측정금융자산		당기손익	이자수익	공정가치(NI)	수취한 대가 - 장부금액
지분상품	당기손익공정가치측정금융자산		당기손익	배당금수익	공정가치(NI)	수취한 대가 - 장부금액
	기타포괄손익공정가치측정금융자산		공정가치에 가산	배당금수익	공정가치(OCI)	처분 시 재분류조정을 인정하지 아니함

3) 최초인식시점에 공정가치가 거래가격과 다른 경우에는 그 차이를 당기손익으로 인식한다.

Ⅲ 투자지분상품의 회계처리

01 당기손익공정가치측정금융자산

기업이 지분상품을 취득한 경우 동 지분상품은 원리금 지급만으로 구성된다는 계약상 현금흐름 특성을 충족하지 못하므로 원칙적으로 당기손익공정가치측정금융자산으로 분류한다. 여기서 단기매매항목이란 다음의 항목을 말한다.

① 주로 단기간에 매각하거나 재매입할 목적으로 취득하거나 부담한다.
② 최초인식시점에 공동으로 관리하는 특정 금융상품 포트폴리오의 일부로 운용 형태가 단기적 이익 획득 목적이라는 증거가 있다.
③ 파생상품이다.
(다만 금융보증계약인 파생상품이나 위험회피수단으로 지정되고 위험회피에 효과적인 파생상품은 제외한다)

POINT 당기손익공정가치측정금융자산(지분상품)의 인식과 측정

구분	내용
최초측정	① 최초인식 시 공정가치로 측정 ② 취득에 직접 관련된 거래원가는 당기비용 처리함
보유손익(배당)	① 현금배당: 배당을 받을 권리가 확정되는 시점에 배당금수익(당기손익)을 인식함 ② 주식배당과 무상증자: 회계처리 없음
후속측정(기말평가)	매 보고기간 말에 공정가치로 평가함(공정가치 변동분: 당기손익으로 인식)
제거(처분)	① 금융자산처분손익: 순처분금액(매각관련수수료 차감) - 처분직전장부금액 ② 단가산정: 합리적인평가기법(주로 이동평균법 사용)

POINT 당기손익공정가치측정금융자산(지분상품) 요약

구분			산식
재무상태표		당기손익공정가치측정금융자산	기말 공정가치
포괄손익계산서	당기순손익(NI)	① 수수료비용	전액 당기비용
		② 배당금수익	주식수 × 주당배당금
		③ 당기손익공정가치측정금융자산평가손익	기말 공정가치 - 평가직전장부금액
		④ 금융자산처분손익	순처분금액 - 처분직전장부금액
	기타포괄손익(OCI)	N/A	N/A

02 기타포괄손익공정가치측정금융자산

기업이 지분상품을 취득한 경우 원리금 지급만으로 구성된다는 계약상 현금흐름 특성을 충족하지 못하므로 원칙적으로 당기손익공정가치측정금융자산으로 분류한다. 다만, 단기매매항목이 아니고 사업결합에서 취득자가 인식하는 조건부대가가 아닌 지분상품에 대한 후속적인 공정가치 변동을 기타포괄손익으로 표시하도록 선택할 수 있으며, 이러한 선택은 최초인식시점에만 가능하며 이후에 취소할 수 없다.

POINT 기타포괄손익공정가치측정금융자산(지분상품)의 인식과 측정

최초인식	① 최초인식 시 공정가치로 측정 ② 취득에 직접 관련된 거래원가는 취득원가에 가산
보유손익(배당)	① 현금배당: 배당을 받을 권리가 확정되는 시점에 배당금수익(당기손익)을 인식함 ② 주식배당과 무상증자: 회계처리 없음
후속측정(기말평가)	매 보고기간 말에 공정가치로 평가함(공정가치 변동분: 기타포괄손익으로 인식)
제거(처분)	① 기타포괄손익공정가치측정금융자산을 처분하는 경우 공정가치로 선평가하여 공정가치변동분을 기타포괄손익으로 인식한 후에 처분과 관련된 회계처리를 수행함 ② 처분 시 자본항목에 계상된 기타포괄손익누계액을 후속적으로 재분류할 수 없으나, 자본 내에서 누적손익을 다른 자본항목(예 이익잉여금)으로 이전할 수 있음 ③ 금융자산처분손익: 원칙 ₩0(거래원가가 존재하는 경우: 거래원가)

⊙ 참고 **기타포괄손익공정가치측정금융자산(지분상품)의 재분류조정**

기타포괄손익공정가치측정금융자산으로 분류된 지분상품의 경우 취득시점 이후의 공정가치변동으로 인식한 평가손익누계액은 후속적으로 재분류되지 않는다. 따라서 처분시점에 공정가치로 재측정하지 않으면 기초시점부터 처분시점까지의 공정가치변동분이 당기손익으로 인식되어 재분류되기 때문에 반드시 공정가치로 선평가하여 공정가치변동분을 기타포괄손익으로 인식한 후 처분과 관련된 회계처리를 수행해야 한다.

POINT 기타포괄손익공정가치측정금융자산(지분상품)의 요약

구분			산식
재무상태표		기타포괄손익공정가치측정금융자산	기말 공정가치
		기타포괄손익공정가치측정금융자산평가손익(기타포괄손익누계액)	기말 공정가치 - 취득원가(실질 장부금액)
포괄손익계산서	당기순손익(NI)	① 금융자산처분손익	원칙: ₩0 (거래원가가 존재하는 경우: 거래원가)
		② 배당금수익	주식수 × 주당배당금
	기타포괄손익(OCI)	기타포괄손익공정가치측정금융자산평가손익(기타포괄손익)	기말 공정가치 - 평가직전장부금액

Ⅳ 투자채무상품의 회계처리

채무상품은 ① 금융자산의 관리를 위한 사업모형과 ② 금융자산의 계약상 현금흐름 특성 모두에 근거하여 후속적으로 상각후원가, 기타포괄손익-공정가치, 당기손익-공정가치로 측정되도록 분류한다. 앞에서 설명한 채무상품의 분류는 다음과 같다.

구분	계약상 현금흐름 특성	금융자산관리를 위한 사업모형	금융자산의 분류
채무상품	원리금 지급만으로 구성되어 있음	계약상 현금흐름 수취목적	상각후원가측정금융자산[4]
		계약상 현금흐름 수취 및 금융자산 매도목적	기타포괄손익공정가치측정금융자산[4]
		기타목적 예 금융자산의 매도 등	당기손익공정가치측정금융자산

01 당기손익공정가치측정금융자산

기업이 채무상품을 상각후원가로 측정하거나 기타포괄손익 - 공정가치로 측정하는 경우가 아니라면 당기손익- 공정가치로 측정한다. 즉, 금융자산(채무상품)을 매도목적으로 보유하는 경우에는 당기손익공정가치측정금융자산으로 분류한다.

POINT 당기손익공정가치측정금융자산(채무상품)의 인식과 측정

구분	내용
최초측정	① 최초인식 시 공정가치로 측정함 ② 취득에 직접 관련된 거래원가는 당기비용 처리함 ③ 경과이자부분은 취득원가에서 제외함(미수이자 고려)
후속측정(기말평가)	매 보고기간 말에 공정가치로 평가함(공정가치 변동분 - 당기손익으로 인식)
제거(처분)	① 금융자산처분손익: 순처분금액(매각관련수수료 차감) - 장부금액 ② 이자지급일 사이에 처분하는 경우에는 처분일까지 이자수익을 인식한 후 수취한 대가에서 당기손익공정가치측정금융자산의 장부금액과 이자지급일과 처분일 사이에서 발생한 미수이자의 합계액을 차감한 금액을 금융자산처분손익으로 인식함

4) 상각후원가측정금융자산과 기타포괄손익공정가치측정금융자산은 서로 다른 기준에 따라 자산이나 부채를 측정하거나 그에 따른 손익을 인식하는 경우에 발생하는 측정이나 인식의 불일치('회계불일치'라고 함)를 제거하거나 유의적으로 줄이는 경우 당기손익공정가치측정금융자산으로 선택할 수 있으며, 이러한 선택은 이후에 취소할 수 없다.

POINT 당기손익공정가치측정금융자산(채무상품) 요약

구분			산식
재무상태표		당기손익공정가치측정금융자산	기말 공정가치
포괄손익계산서	당기순손익(NI)	① 수수료비용	전액 당기비용
		② 이자수익	액면금액 × 액면이자율 × 보유기간
		③ 당기손익공정가치측정금융자산평가손익	기말 공정가치 - 평가직전장부금액
		④ 금융자산처분손익	순처분금액 - 처분직전장부금액
	기타포괄손익(OCI)	N/A	N/A

02 상각후원가측정금융자산

금융자산의 ① 계약조건에 따라 특정일에 원리금 지급만으로 구성되어 있는 현금흐름이 발생하고, ② 계약상 현금흐름을 수취하기 위해 보유하는 것이 목적인 사업모형 하에서 금융자산을 보유하면 금융자산을 상각후원가측정금융자산으로 분류한다.

(1) 이자지급일 사이에 사채를 취득한 경우

이자지급일 사이의 사채 취득은 사채권에 표시된 발행일과 사채가 실제 발행된 날이 일치하지 않는 경우이다. 사채는 채권시장에서 거래되므로 투자자가 이자지급일 사이의 사채를 취득하는 경우는 흔하지 않다.

[그림 9-2] 이자지급일 사이에 사채의 가치

이자지급일 사이에 사채의 가치	=	직전 이자지급일의 사채의 현재가치	+	유효이자		
이자지급일 사이에 사채의 가치	=	직전 이자지급일의 사채의 현재가치	+	상각액	+	액면이자
이자지급일 사이에 사채의 가치	=	상각후원가측정금융자산의 장부금액			+	미수이자

(2) 상각후원가측정금융자산의 회계처리

① 최초측정: 상각후원가측정금융자산은 최초인식 시 공정가치로 측정한다. 이때 발생하는 취득과 직접 관련되는 거래원가(예 매매수수료, 증권거래세 등)는 최초인식 시 공정가치에 가산하여 취득원가에 포함한다. 이자지급일 사이에 채무상품을 취득한 경우 이자지급일과 구입일 사이에 발생한 경과이자가 포함되어 있으므로 관련 미수이자를 채무상품의 취득원가와 별도로 회계처리해야 한다.

② 후속측정: 상각후원가측정금융자산은 매 보고기간 말 유효이자율법에 의하여 상각후원가로 측정하고 해당기간의 이자수익은 당기손익으로 인식한다. 상각후원가측정금융자산은 매도를 통하여 현금흐름을 실현할 사업모형 하에서 보유하고 있지 않으므로 매 보고기간 말 공정가치로 측정하지 않음에 유의하여야 한다.

③ 제거(처분): K-IFRS에서는 상각후원가측정금융자산 전체를 제거하는 경우 수취한 대가에서 금융자산의 장부금액을 차감한 차액을 당기손익으로 인식하도록 규정하고 있다. 이때 수취한 대가는 처분대금에서 처분과 관련된 수수료를 차감한 금액인 순처분금액이다. 이자지급일 사이에 채무상품을 처분하는 경우 제거일까지 발생한 이자수익을 인식한 후 처분손익을 인식하여야 한다.

금융자산처분손익 = 순처분금액(미수이자포함) - (직전이자지급일의 현재가치 + 액면이자 + 상각액)
= 순처분금액(미수이자포함) - (직전이자지급일의 현재가치 + 유효이자)
= 순처분금액(미수이자제외) - (직전이자지급일의 현재가치 + 상각액)
= 순처분금액(미수이자제외) - (상각후원가)

POINT 상각후원가측정금융자산(채무상품)의 인식과 측정

최초측정	① 최초인식 시 공정가치로 측정함 ② 취득에 직접 관련된 거래원가는 공정가치에 가산하여 취득원가에 포함함 ③ 경과이자부분은 취득원가에서 제외함(미수이자 고려)
후속측정(기말평가)	매 보고기간 말에 상각후원가로 측정함
제거(처분)	① 금융자산처분손익: 순처분금액(매각관련수수료 차감) - 처분직전장부금액(상각후원가) ② 이자지급일 사이에 채무상품을 처분하는 경우 제거일까지 발생한 이자수익을 인식한 후 처분손익을 인식함

POINT 상각후원가측정금융자산(채무상품) 요약

구분			산식
재무상태표		상각후원가측정금융자산	상각후원가
포괄손익계산서	당기순손익(NI)	① 이자수익	직전장부금액 × 유효이자율 × 보유기간
		② 금융자산처분손익	순처분금액 - 처분직전장부금액(상각후원가)
	기타포괄손익(OCI)	N/A	N/A

03 기타포괄손익공정가치측정금융자산

채무상품이 다음 두 가지 조건을 모두 충족한다면 금융자산을 기타포괄손익공정가치측정금융자산으로 분류한다.

① 계약상 현금흐름의 수취와 금융자산의 매도 둘 다를 통해 목적을 이루는 사업모형 하에서 금융자산을 보유한다.
② 금융자산의 계약조건에 따라 특정일에 원리금 지급만으로 구성되어 있는 현금흐름이 발생한다.

(1) 최초측정

기타포괄손익공정가치측정금융자산은 최초인식 시 공정가치로 측정한다. 이때 발생하는 취득과 직접 관련되는 거래원가(예 매매수수료, 증권거래세 등)는 최초인식 시 공정가치에 가산하여 취득원가에 포함한다. 이자지급일 사이에 채무상품을 취득한 경우 이자지급일과 구입일 사이에 발생한 경과이자가 포함되어 있으므로 관련 미수이자를 채무상품의 취득원가와 별도로 회계처리해야 한다.

(2) 후속측정

기타포괄손익공정가치측정금융자산(채무상품)은 매 보고기간 말 유효이자율법에 의하여 우선 상각후원가로 측정하고 해당기간의 이자수익은 당기손익으로 인식한다. 기타포괄손익공정가치측정금융자산(채무상품)은 매 보고기간 말에 공정가치로 측정하며, 공정가치변동분은 기타포괄손익으로 처리하여 재무상태표에 자본항목(기타포괄손익누계액)으로 계상한다.

(3) 제거(처분)

K-IFRS에서는 기타포괄손익공정가치측정금융자산 전체를 제거하는 경우 수취한 대가에서 금융자산의 장부금액을 차감한 차액을 당기손익으로 인식하도록 규정하고 있다. 이때 수취한 대가는 처분대금에서 처분과 관련된 수수료를 차감한 금액인 순처분금액이다. 여기서 유의할 점은 채무상품으로 분류된 기타포괄손익공정가치측정금융자산을 처분한 경우 당기나 과거 기간에 인식한 기타포괄손익을 재분류하여 당기손익(금융자산처분이익)에 반영한다는 것이다. 따라서 기타포괄손익공정가치측정금융자산을 처분할 경우 금융자산처분손익은 당기나 과거 기간에 인식한 기타포괄손익이 재분류된 금액을 고려하면 상각후원가측정금융자산의 금융자산처분손익과 항상 일치한다. 이를 산식으로 나타내면 다음과 같다.

금융자산처분손익 = 처분대가 - (장부금액 ± 기타포괄손익누계액)
= 처분대가 - 상각후원가(실질장부금액)

이자지급일 사이에 채무상품을 처분하는 경우 제거일까지 발생한 이자수익을 인식한 후 처분손익을 인식하여야 한다.

금융자산처분손익 = 순처분금액(미수이자포함) - (직전이자지급일의 현재가치 + 액면이자 + 상각액)
= 순처분금액(미수이자포함) - (직전이자지급일의 현재가치 + 유효이자)
= 순처분금액(미수이자제외) - (직전이자지급일의 현재가치 + 상각액)
= 순처분금액(미수이자제외) - (상각후원가)

POINT 기타포괄손익공정가치측정금융자산(채무상품)의 인식과 측정

최초측정	① 최초인식 시 공정가치로 측정함 ② 취득에 직접 관련된 거래원가는 공정가치에 가산하여 취득원가에 포함함 ③ 경과이자부분은 취득원가에서 제외함(미수이자 고려)
후속측정(기말평가)	매 보고기간 말에 상각후원가 + 공정가치 평가(공정가치 변동분: 기타포괄손익으로 인식)
제거(처분)	① 금융자산처분손익: 순처분금액(매각관련수수료 차감) - 실질장부금액(상각후원가) ② 이자지급일 사이에 채무상품을 처분하는 경우 제거일까지 발생한 이자수익을 인식한 후 처분손익을 인식함

POINT 기타포괄손익공정가치측정금융자산(채무상품) 요약

구분			산식
재무상태표		기타포괄손익공정가치측정금융자산	기말 공정가치
		기타포괄손익공정가치측정금융자산 평가손익(기타포괄손익누계액)	기말 공정가치 - 상각후원가(실질장부금액)
포괄 손익계산서	당기순손익(NI)	① 이자수익	직전상각후원가 × 유효이자율 × 보유기간
		② 금융자산처분손익	순처분금액 - 상각후원가(실질장부금액)
	기타포괄손익(OCI)	기타포괄손익공정가치측정금융자산 평가손익(기타포괄손익)	기말 기타포괄손익누계액 - 기초 기타포괄손익누계액

V | 금융자산의 손상

01 금융자산 손상의 의의

기업이 계약상 현금흐름을 수취할 목적으로 금융자산을 보유하고 있는 경우, 해당 금융자산의 발행자의 신용손실과 기대신용손실을 평가하여 미래에 계약에 따라 지급받기로 한 모든 계약상 현금흐름과 수취할 것으로 예상하는 모든 계약상 현금흐름의 차이 즉, 모든 현금 부족액을 최초 유효이자율로 할인한 금액을 당기손실로 인식하는 과정을 손상이라고 한다.

> **참고 기대손실모형**
>
> 과거 K-IFRS 제1039호 '금융상품'에서는 금융자산이 손상되었다는 객관적 증거가 존재하는 경우에만 손상차손을 인식하는 발생손실모형(Incurred Loss Model)을 적용하였다. 그러나 이 모형은 미래에 발생가능한 채무불이행 사건으로 인한 기대신용손실을 반영하지 못하는 단점이 있었다. 이러한 단점을 극복하기 위하여 2015년 9월 25일 제정된 K-IFRS 제1109호 '금융상품'에서는 미래에 발생가능한 채무불이행 사건으로 인한 기대신용손실을 반영하는 기대손실모형(Expected Credit Loss Model)을 도입하여 보고기간 말 발생한 손실뿐만 아니라 발생가능한 금융상품의 채무불이행 사건으로 인한 기대신용손실을 손상차손으로 인식하도록 개정하였다. 기대손실모형을 도입한 이유는 재무제표이용자에게 미래현금흐름의 금액, 시기 불확실성에 대한 보다 목적적합한 정보를 제공하기 때문이다.

POINT 손상차손의 범위

구분	금융자산의 분류	손상차손
채무상품	상각후원가측정금융자산	기대손실모형 적용
	기타포괄손익공정가치측정금융자산	기대손실모형 적용
	당기손익공정가치측정금융자산	손상차손 규정을 적용하지 아니함
지분상품	당기손익공정가치측정금융자산	손상차손 규정을 적용하지 아니함
	기타포괄손익공정가치측정금융자산	손상차손 규정을 적용하지 아니함

(1) 신용손실과 기대신용손실

구분	내용
현금부족액	(계약상 현금흐름 - 수취할 것으로 예상하는 계약상 현금흐름)
신용손실	현금 부족액의 현재가치5)
기대신용손실	개별 채무불이행 발생 위험으로 가중평균한 신용손실
전체기간 기대신용손실	금융상품의 기대존속기간에 발생할 수 있는 모든 채무불이행 사건에 따른 기대신용손실
12개월 기대신용손실	보고기간 말 후 12개월 내에 발생가능한 금융상품의 채무불이행 사건으로 인한 기대신용손실을 나타내는, 전체기간 기대신용손실의 일부

5) 최초 유효이자율로 할인한 금액(취득 시 신용이 손상되어 있는 금융자산은 신용 조정 유효이자율로 할인)

> ⊘ 참고 **기대신용손실의 측정 시 금융상품의 기대신용손실**
>
> 기대신용손실의 측정 시 금융상품의 기대신용손실은 다음 사항을 반영하도록 측정한다.
> ① 일정 범위의 발생가능한 결과를 평가하여 산정한 금액으로서 편의가 없고 확률로 가중한 금액
> ② 화폐의 시간가치
> ③ 보고기간 말에 과거사건, 현재 상황과 미래 경제적 상황의 예측에 대한 정보로서 합리적이고 뒷받침될 수 있으며 과도한 원가나 노력 없이 이용할 수 있는 정보

(2) 적용할 할인율

신용손실에 적용할 할인율	신용손실을 측정할 때 현금 부족액의 현재가치를 최초 유효이자율로 할인한 금액을 사용한다. 다만, 취득 시 신용이 손상되어 있는 금융자산[6]은 신용조정 유효이자율로 할인한다.
유효이자율	금융자산의 기대존속기간에 추정 미래현금수취액의 현재가치를 금융자산의 총장부금액과 정확히 일치시키는 이자율
신용조정 유효이자율	취득 시 신용이 손상되어 있는 금융자산의 기대존속기간에 추정 미래현금지급액이나 수취액의 현재가치를 해당 금융자산의 상각후원가와 정확히 일치시키는 이자율
총장부금액	손실충당금 조정 전 금융자산의 상각후원가
금융자산의 상각후원가	총장부금액 - 손실충당금

02 신용위험이 발생한 경우

신용위험이 발생한 경우의 손상차손은 신용위험이 유의적으로 증가한 경우와 신용위험이 유의적으로 증가하지 아니한 경우로 구분하여 기대신용손실에 해당하는 금액을 추정해야 한다.

최초인식 후에 금융상품의 신용위험이 유의적으로 증가한 경우에는 매 보고기간 말에 전체기간 기대신용손실에 해당하는 금액으로 손실충당금을 측정한다. 여기서 전체기간 기대신용손실은 신용손실 추정액에 전체기간 채무불이행 발생확률을 곱한 금액을 말한다. 반면에 최초인식 후에 금융상품의 신용위험이 유의적으로 증가하지 아니한 경우에는 보고기간 말에 12개월 기대신용손실에 해당하는 금액으로 손실충당금을 측정한다. 여기서 12개월 기대신용손실은 신용손실 추정액에 12개월 채무불이행 발생확률을 곱한 금액이다.

K-IFRS에서는 신용위험이 유의적으로 증가하지 아니한 경우라도 다음의 경우에는 전체기간 기대신용손실에 해당하는 금액으로 손실충당금을 측정하도록 규정하고 있다.

6) 최초인식시점에 최초 발생시점이나 매입할 때 신용이 손상되어 있는 금융자산을 말한다.

(1) 취득 시 신용이 손상되어 있는 금융자산

취득 시 신용이 손상되어 있는 금융자산은 보고기간 말에 최초인식 이후 전체기간 기대신용손실의 누적 변동분만을 손실충당금으로 인식한다.

(2) 매출채권, 계약자산, 리스채권에 대한 간편법

다음 항목은 항상 전체기간 기대신용손실에 해당하는 금액으로 손실충당금을 측정한다.

① 다음 중 하나를 충족하는, 기업회계기준서 제1115호 '고객과의 계약에서 생기는 수익'의 적용범위에 포함되는 거래에서 생기는 매출채권이나 계약자산
 a. 유의적인 금융요소를 포함하고 있지 않은 경우
 b. 유의적인 금융요소가 있으나, 전체기간 기대신용손실에 해당하는 금액으로 손실충당금을 측정하는 것을 회계정책으로 선택한 경우
② 기업회계기준서 제1116호 '리스'의 적용범위에 포함되는 거래에서 생기는 리스채권으로서, 전체기간 기대신용손실에 해당하는 금액으로 손실충당금을 측정하는 것을 회계정책으로 선택한 경우

⊘ 참고 **기대손실의 계산(K-IFRS 사례)**

기업 A는 10년 만기, 원리금 분할상환 조건으로 ₩1,000,000을 대출하였다. 기업 A는 신용위험이 비슷한 금융상품, 차입자의 신용위험, 향후 12개월의 경제 전망에 대한 예상을 고려하여, 최초인식시점에 대출의 채무불이행 발생확률을 향후 12개월에 0.5%로 추정하였다. 또 기업 A는 최초인식 후에 신용위험이 유의적으로 증가하였는지를 판단할 때 그 12개월 발생확률 변동을 전체기간 발생확률 변동의 합리적인 근사치로 본다. 보고기간 말에 12개월 채무불이행 발생확률에는 변동이 없었으며 기업 A는 최초인식 후에 신용위험이 유의적으로 증가하지 않았다고 판단하였다. 기업 A는 대출금에 채무불이행이 발생할 경우에 총 장부금액의 25%의 손실을 볼 것으로 판단하였다.
기업 A는 0.5%의 12개월 채무불이행 발생확률을 이용하여 12개월 기대신용손실에 해당하는 금액으로 손실충당금을 측정한다. 따라서 보고기간 말에 12개월 기대신용손실에 해당하는 손실충당금은 ₩1,250(= 0.5% × 25% × ₩1,000,000)이다.

POINT 기대신용손실의 적용

<table>
<tr><td>최초인식 후에 금융상품의 신용위험이 유의적으로 증가하지 아니한 경우</td><td>12개월 기대신용손실
(추정신용손실 × 12개월 채무불이행 발생확률)</td></tr>
<tr><td>최초인식 후에 금융상품의 신용위험이 유의적으로 증가한 경우</td><td rowspan="5">전체기간 기대신용손실
(추정신용손실 × 전체기간 채무불이행 발생확률)</td></tr>
<tr><td>취득 시 신용이 손상되어 있는 금융자산</td></tr>
<tr><td>유의적인 금융요소를 포함하고 있지 않은 매출채권이나 계약자산</td></tr>
<tr><td>유의적인 금융요소가 있으나, 전체기간 기대신용손실에 해당하는 금액으로 손실충당금을 측정하는 것을 회계정책으로 선택한 경우의 매출채권이나 계약자산</td></tr>
<tr><td>전체기간 기대신용손실에 해당하는 금액으로 손실충당금을 측정하는 것을 회계정책으로 선택한 경우의 리스채권</td></tr>
</table>

03 신용이 손상된 경우

금융자산의 추정미래현금흐름에 악영향을 미치는 하나 이상의 사건이 생긴 경우에 해당 금융자산의 신용이 손상된 것이다. 금융자산의 신용이 손상된 증거는 다음의 사건에 대한 관측가능한 정보를 포함한다.

(1) 발행자나 차입자의 유의적인 재무적 어려움
(2) 채무불이행이나 연체 같은 계약 위반
(3) 차입자의 재무적 어려움에 관련된 경제적이나 계약상 이유로 당초 차입조건의 불가피한 완화
(4) 차입자의 파산가능성이 높아지거나 그 밖의 재무구조조정가능성이 높아짐
(5) 재무적 어려움으로 해당 금융자산에 대한 활성시장의 소멸
(6) 이미 발생한 신용손실을 반영하여 크게 할인한 가격으로 금융자산을 매입하거나 창출하는 경우

신용손상을 일으킨 단일 사건을 특정하여 식별하는 것이 불가능할 수 있으며, 오히려 여러 사건의 결합된 효과가 신용손상을 초래할 수도 있다.
보고기간 말에 신용이 손상된 금융자산(취득 시 신용이 손상되어 있는 금융자산은 제외)의 기대신용손실은 (1) 해당 자산의 총장부금액과 (2) 추정미래현금흐름을 최초 유효이자율로 할인한 현재가치의 차이로 측정한다. 조정금액은 손상차손(환입)으로 당기손익에 인식한다.
반면에 취득 시 신용이 손상되어 있는 금융자산은 최초인식 후 전체기간 기대신용손실의 누적변동분을 손실충당금으로 계상하며, 신용조정 유효이자율로 할인한 금액으로 측정한다.

04 유효이자율법의 적용

유효이자율법은 금융자산이나 금융부채의 상각후원가를 계산하고 관련 기간에 이자수익이나 이자비용을 당기손익으로 인식하고 배분하는 방법을 말한다. 신용이 손상되지 않은 금융자산은 총장부금액에 유효이자율을 적용하여 이자수익을 산출한다. 다만, 다음의 경우는 제외한다.

(1) 취득 시 신용이 손상되어 있는 금융자산: 최초인식시점부터 상각후원가에 신용조정 유효이자율을 적용한다.
(2) 취득 시 신용이 손상되어 있는 금융자산은 아니지만 후속적으로 신용이 손상된 금융자산: 그러한 금융자산의 경우에는 후속 보고기간에 상각후원가에 유효이자율을 적용한다.

POINT 기대신용손실 요약

<table>
<tr><th colspan="3">구분</th><th>손실충당금</th><th>이자수익</th></tr>
<tr><td>정상</td><td>1단계</td><td>신용위험이 유의적으로 증가하지 아니한 경우</td><td>12개월 기대신용손실</td><td rowspan="2">총장부금액 × 유효이자율</td></tr>
<tr><td rowspan="2">부실</td><td>2단계</td><td>신용위험이 유의적으로 증가한 경우</td><td>전체기간 기대신용손실</td></tr>
<tr><td>3단계</td><td>신용이 손상된 경우</td><td>전체기간 기대신용손실</td><td>상각후원가 × 유효이자율</td></tr>
<tr><td colspan="3">취득 시 신용이 손상된 금융자산</td><td>전체기간 기대신용손실의 누적변동분</td><td>상각후원가 × 신용조정 유효이자율</td></tr>
</table>

05 상각후원가측정금융자산의 손상

(1) 신용위험이 발생한 경우

상각후원가측정금융자산은 기대손실모형을 적용하여 신용이 손상되지 않은 경우라도 기대신용손실을 측정하여 손실충당금을 인식하여야 한다. 손실충당금으로 계상할 금액은 신용위험이 유의적으로 증가하지 아니한 경우에는 12개월 기대신용손실을 적용하며, 신용위험이 유의적으로 증가한 경우에는 전체기간 기대신용손실을 적용한다.

① 이자수익: 총장부금액 × 유효이자율
② 금융자산손상차손: 당기말 손실충당금 - 전기말 손실충당금 > 0
③ 금융자산손상차손환입: 당기말 손실충당금 - 전기말 손실충당금 < 0

(2) 신용이 손상된 경우

상각후원가측정금융자산은 신용이 손상된 경우에는 전체기간 기대신용손실을 계산하여 손실충당금을 인식하여야 한다. 보고기간 말에 신용이 손상된 금융자산(취득 시 신용이 손상되어 있는 금융자산은 제외)의 기대신용손실은 ① 해당 자산의 총장부금액과 ② 추정미래현금흐름을 최초 유효이자율로 할인한 현재가치의 차이로 측정한다. 조정금액은 손상차손(환입)으로 당기손익에 인식한다. 신용이 손상된 이후의 보고기간의 이자수익은 상각후원가에 최초의 유효이자율을 적용하여 산출한다.

① 이자수익: 상각후원가 × 유효이자율
② 기대신용손실: 총장부금액 - 추정미래현금흐름을 최초 유효이자율로 할인한 금액(상각후원가)
③ 금융자산손상차손: 당기말 기대신용손실 - 전기말 기대신용손실
④ 금융자산손상차손환입: 추정미래현금흐름을 최초 유효이자율로 할인한 금액(상각후원가) - 장부금액

06 기타포괄손익공정가치측정금융자산의 손상

(1) 신용위험이 발생한 경우

기타포괄손익공정가치측정금융자산은 기대손실모형을 적용하여 신용이 손상되지 않은 경우라도 기대신용손실을 측정하여 손실충당금을 인식하여야 한다. 손실충당금으로 계상할 금액은 신용위험이 유의적으로 증가하지 아니한 경우에는 12개월 기대신용손실을 적용하며, 신용위험이 유의적으로 증가한 경우에는 전체기간 기대신용손실을 적용한다.

여기서 유의할 점은 기타포괄손익공정가치측정금융자산의 손실충당금을 인식하고 측정하는 데 손상의 요구사항을 적용한다는 것이다. 그러나 해당 손실충당금은 기타포괄손익에서 인식하고 재무상태표에서 금융자산의 장부금액을 줄이지 아니한다. 즉 상각후원가측정금융자산은 기대신용손실을 손실충당금 계정을 사용하여 총장부금액에서 차감하여 표시하지만, 기타포괄손익공정가치측정금융자산의 경우 기대신용손실을 별도의 손실충당금 계정을 사용하지 않고 기타포괄손익누계액과 상계하며 금융자산의 장부금액을 줄이지 않는다.

① 이자수익: 총장부금액 × 유효이자율
② 금융자산손상차손: 당기말 기대신용손실 - 전기말 기대신용손실 > 0
③ 금융자산손상차손환입: 당기말 기대신용손실 - 전기말 기대신용손실 < 0

(2) 신용이 손상된 경우

기타포괄손익공정가치측정금융자산은 신용이 손상된 경우에는 전체기간 기대신용손실을 계산하여 손실충당금을 인식하여야 한다. 그러나 해당 손실충당금은 기타포괄손익에서 인식하고 재무상태표에서 금융자산의 장부금액을 줄이지 아니한다. 즉 상각후원가측정금융자산은 기대신용손실을 손실충당금 계정을 사용하여 총장부금액에서 차감하여 표시하지만, 기타포괄손익공정가치측정금융자산의 경우 기대신용손실을 별도의 손실충당금 계정을 사용하지 않고 기타포괄손익누계액과 상계하며 금융자산의 장부금액을 줄이지 않는다.

보고기간 말에 신용이 손상된 금융자산(취득 시 신용이 손상되어 있는 금융자산은 제외)의 기대신용손실은 (1) 해당 자산의 총장부금액과 (2) 추정미래현금흐름을 최초 유효이자율로 할인한 현재가치의 차이로 측정한다. 조정금액은 손상차손(환입)으로 당기손익에 인식한다. 신용이 손상된 이후의 보고기간의 이자수익은 상각후원가에 최초의 유효이자율을 적용하여 산출한다.

① 이자수익: 상각후원가 × 유효이자율
② 기대신용손실: 총장부금액 - 추정미래현금흐름을 최초 유효이자율로 할인한 금액(상각후원가)
③ 금융자산손상차손: 당기말 기대신용손실 - 전기말 기대신용손실
④ 금융자산손상차손환입: 추정미래현금흐름을 최초 유효이자율로 할인한 금액(상각후원가) - 장부금액

07 매출채권의 손상(대손회계)

(1) 매출채권 손상의 의의

재무상태표상의 자산은 회수가 가능한 금액을 초과하여 표시되어서는 아니 된다. 매출채권 역시 미래 현금으로 회수될 것으로 추정되는 금액을 초과하여 계상할 수 없으며, 회수가 불가능하다고 판단되는 매출채권 금액은 회수예상금액으로 장부금액을 감소시켜야 하는데, 이때 매출채권에 손상이 발생했다고 표현한다.

(2) 대손회계처리

기말 결산 시	대손충당금 설정	매출채권에서 발생할 미래현금흐름의 현재가치를 추정한 후 현재의 장부금액과 비교하여 대손충당금으로 추가 인식할 금액을 결정하고, 동 추가 인식액은 대손상각비의 계정과목으로 당기비용에 반영함
기중 회계처리	매출채권의 회수불능	매출채권을 제각(Write-off)하고, 설정된 대손충당금을 감소시킴. 단, 설정된 충당금을 초과하는 제각액은 대손상각비(당기비용)로 인식함
	제각채권의 회수	회수된 현금을 인식함과 동시에 해당 금액만큼 대손충당금을 증가시킴

[회계처리] 대손금액 추정: 기말 결산 시

(차) 대손상각비	×××	(대) 대손충당금	×××

[회계처리] 매출채권의 회수불능 시: 기중

(차) 대손충당금	×××	(대) 매출채권	×××
대손상각비	×××		

[회계처리] 대손처리된 매출채권의 회수 시: 기중

(차) 현금	×××	(대) 대손충당금	×××

> **참고 제각의 의미**
> 금융자산 전체나 일부의 회수를 합리적으로 예상할 수 없는 경우에는 해당 금융자산의 총장부금액을 직접 줄인다. 제각은 금융자산을 제거하는 사건으로 본다. (K-IFRS 제1109호 '금융상품' 문단 5.4.4)

POINT 대손회계의 재무제표 영향

구분		산식
재무상태표	매출채권의 BV	기말매출채권 - 기말대손충당금
포괄손익계산서	당기순손익에 미치는 영향	기말대손충당금 - 기초대손충당금 + 대손판명액 - 현금회수액

Ⅵ 금융자산의 재분류

01 금융자산 재분류의 의의

금융자산 재분류	금융자산을 관리하는 사업모형을 변경하는 경우에만, 영향받는 모든 금융자산을 재분류함
채무상품	사업모형 변경이 가능하므로 재분류 가능
지분상품, 파생상품	사업모형 변경이 불가능하므로 재분류 불가능
재분류일	금융자산의 재분류를 초래하는 사업모형의 변경 후 첫 번째 보고기간의 첫 번째 날
회계처리	① 재분류일부터 전진적으로 적용함 ② 재분류 전에 인식한 손익이나 이자는 다시 작성하지 않음

⊘ 참고 **사업모형의 변경**

사업모형의 변경은 매우 드물 것으로 예상하며, 외부나 내부의 변화에 따라 기업의 고위 경영진이 결정해야 하고 기업의 영업에 유의적이고 외부 당사자에게 제시할 수 있어야 한다. 따라서 사업모형의 변경은 사업계열의 취득, 처분, 종결과 같이 영업에 유의적인 활동을 시작하거나 중단하는 경우에만 생길 것이다.

그러나 다음은 사업모형의 변경이 아니다.

① 특정 금융자산과 관련된 의도의 변경(시장 상황이 유의적으로 변경되는 경우도 포함)

② 금융자산에 대한 특정 시장의 일시적 소멸

③ 기업 내 서로 다른 사업모형을 갖고 있는 부문 간 금융자산의 이전

02 상각후원가 측정 범주에서 다른 범주로 재분류

(1) 상각후원가 측정 범주에서 당기손익 - 공정가치 측정 범주로 재분류

금융자산을 상각후원가 측정 범주에서 당기손익 - 공정가치 측정 범주로 재분류하는 경우에 재분류일의 공정가치로 측정한다. 금융자산의 재분류 전 상각후원가와 공정가치의 차이에 따른 손익은 당기손익으로 인식한다. 관련 회계처리는 다음과 같다.

(차) 당기손익공정가치측정금융자산	×××	(대) 상각후원가측정금융자산	×××
(차) 손실충당금	×××	(대) 당기손익공정가치측정금융자산평가이익(NI)	×××

(2) 상각후원가 측정 범주에서 기타포괄손익 - 공정가치 측정 범주로 재분류

금융자산을 상각후원가 측정 범주에서 기타포괄손익 – 공정가치 측정 범주로 재분류하는 경우에 재분류일의 공정가치로 측정한다. 금융자산의 재분류 전 상각후원가와 공정가치의 차이에 따른 손익은 기타포괄손익으로 인식한다. 유효이자율과 기대신용손실 측정치는 재분류로 인해 조정되지 않는다. 즉, 금융자산을 상각후원가 측정 범주에서 기타포괄손익 – 공정가치 측정 범주로 재분류하는 경우 손실충당금은 제거하여 총장부금액에 대한 조정으로 더 이상 인식하지 않는 대신 같은 금액의 누적손상금액을 기타포괄손익으로 인식하고 재분류일부터 공시한다. 관련 회계처리는 다음과 같다.

(차) 기타포괄손익공정가치측정금융자산	×××	(대) 상각후원가측정금융자산	×××
(차) 손실충당금	×××	(대) 기타포괄손익공정가치측정금융자산평가이익(OCI)	×××

POINT 상각후원가 측정 범주에서 다른 범주로의 재분류

상각후원가측정금융자산에서	당기손익공정가치측정금융자산으로 재분류	기타포괄손익공정가치측정금융자산으로 재분류
재분류일의 측정	공정가치	공정가치
재분류 전 상각후원가와 공정가치의 차이	당기손익으로 인식함	기타포괄손익으로 인식함
손실충당금	손실충당금은 제거하여 당기손익에 가감함	손실충당금은 제거하여 같은 금액의 누적손상금액을 기타포괄손익으로 인식함

03 당기손익 - 공정가치 측정 범주에서 다른 범주로 재분류

(1) 당기손익 - 공정가치 측정 범주에서 상각후원가 측정 범주로 재분류

금융자산을 당기손익 – 공정가치 측정 범주에서 상각후원가 측정 범주로 재분류하는 경우에 재분류일의 공정가치가 새로운 총장부금액이 된다. 금융자산을 당기손익 – 공정가치 측정 범주에서 상각후원가 측정 범주로 재분류하는 경우의 유효이자율은 재분류일의 금융자산 공정가치에 기초하여 산정한다. 이때, 재분류일의 금융자산에 적용할 때 재분류일을 상각후원가측정금융자산의 최초인식일로 본다. 또한, 재분류일부터 상각후원가측정금융자산은 금융자산의 손상의 요구사항을 적용해야 하므로 기대신용손실을 인식하여 동 금액을 금융자산손상차손과 손실충당금으로 각각 인식해야 한다. 관련 회계처리는 다음과 같다.

(차) 상각후원가측정금융자산	×××	(대) 당기손익공정가치측정금융자산	×××
(차) 금융자산손상차손	×××	(대) 손실충당금	×××

(2) 당기손익 - 공정가치 측정 범주에서 기타포괄손익 - 공정가치 측정 범주로 재분류

금융자산을 당기손익 – 공정가치 측정 범주에서 기타포괄손익 – 공정가치 측정 범주로 재분류하는 경우에 계속 공정가치로 측정한다. 금융자산을 당기손익 – 공정가치 측정 범주에서 기타포괄손익 – 공정가치 측정 범주로 재분류하는 경우의 유효이자율은 재분류일의 금융자산 공정가치에 기초하여 산정한다. 이때, 재분류일의 금융자산에 적용할 때 재분류일을 기타포괄손익공정가치측정금융자산의 최초인식일로 본다. 또한, 재분류일부터 기타포괄손익공정가치측정금융자산은 금융자산의 손상의 요구사항을 적용해야 하므로 기대신용손실을 인식하여 동 금액을 금융자산손상차손과 기타포괄손익으로 각각 인식해야 한다. 관련 회계처리는 다음과 같다.

(차) 기타포괄손익공정가치측정금융자산	×××	(대) 당기손익공정가치측정금융자산	×××
(차) 금융자산손상차손	×××	(대) 기타포괄손익공정가치측정금융자산평가이익(OCI)	×××

POINT 당기손익 - 공정가치 측정 범주에서 다른 범주로의 재분류

당기손익공정가치측정금융자산에서	상각후원가측정금융자산으로 재분류	기타포괄손익공정가치측정금융자산으로 재분류
재분류일의 측정	공정가치	공정가치
재분류 전 장부금액과 공정가치의 차이	차이 없음	차이 없음
유효이자율	재분류일의 금융자산 공정가치에 기초하여 산정함	재분류일의 금융자산 공정가치에 기초하여 산정함
기대신용손실	기대신용손실을 손실충당금으로 인식함	기대신용손실을 기타포괄손익으로 인식함

04 기타포괄손익 - 공정가치 측정 범주에서 다른 범주로 재분류

(1) 기타포괄손익 - 공정가치 측정 범주에서 상각후원가 측정 범주로 재분류

금융자산을 기타포괄손익 – 공정가치 측정 범주에서 상각후원가 측정 범주로 재분류하는 경우에 재분류일의 공정가치로 측정한다. 그러나 재분류 전에 인식한 기타포괄손익누계액은 자본에서 제거하고 재분류일의 금융자산의 공정가치에서 조정한다. 따라서 최초인식시점부터 상각후원가로 측정했었던 것처럼 재분류일에 금융자산을 측정한다. 여기서 유의할 점은 이러한 조정은 기타포괄손익에 영향을 미치지만 당기손익에는 영향을 미치지 아니하므로 재분류조정에 해당하지 않는다는 것이다. 재분류에 따라 유효이자율과 기대신용손실 측정치는 조정하지 않는다. 그러나 금융자산을 기타포괄손익 – 공정가치 측정 범주에서 상각후원가 측정 범주로 재분류하는 경우의 손실충당금은 재분류일부터 금융자산의 총장부금액에 대한 조정으로 인식하여야 한다. 관련 회계처리는 다음과 같다.

(차) 상각후원가측정금융자산	×××	(대) 기타포괄손익공정가치측정금융자산	×××
기타포괄손익공정가치측정금융자산평가이익(OCI)	×××	손실충당금	×××

기타포괄손익으로 조정한 손실충당금은 재분류일부터 금융자산의 총장부금액에 대한 조정으로 인식한다.

(2) 기타포괄손익 - 공정가치 측정 범주에서 당기손익 - 공정가치 측정 범주로 재분류

금융자산을 기타포괄손익 – 공정가치 측정 범주에서 당기손익 – 공정가치 측정 범주로 재분류하는 경우에 계속 공정가치로 측정한다. 재분류 전에 인식한 기타포괄손익누계액은 재분류일에 재분류조정으로 자본에서 당기손익으로 재분류한다. 관련 회계처리는 다음과 같다.

(차) 당기손익공정가치측정금융자산	×××	(대) 기타포괄손익공정가치측정금융자산	×××
기타포괄손익공정가치측정금융자산평가이익(OCI)	×××	당기손익공정가치측정금융자산평가이익(NI)	×××

POINT 기타포괄손익 - 공정가치 측정 범주에서 다른 범주로의 재분류

기타포괄손익공정가치측정 금융자산에서	상각후원가측정금융자산으로 재분류	당기손익공정가치측정금융자산으로 재분류
재분류일의 측정	공정가치	공정가치
재분류 전 장부금액과 공정가치의 차이	최초인식시점부터 상각후원가로 측정했었던 것처럼 측정함	차이 없음
기타포괄손익누계액의 처리	기타포괄손익누계액을 금융자산의 공정가치에서 조정(재분류조정이 아님)	당기손익으로 재분류 (재분류조정임)
기대신용손실	기대신용손실을 손실충당금으로 인식	N/A

Ⅶ 금융자산의 제거

01 금융자산 제거의 의의

금융자산의 제거는 이미 인식한 금융자산을 재무제표에서 삭제하는 것을 말한다. 그리고 금융자산의 양도란 금융자산의 보유자가 금융자산의 현금흐름을 수취할 권리 등을 거래상대방에게 이전하는 것을 말한다. 회계는 법적인 형식보다는 경제적 실질을 우선시하므로 양도라는 사건의 발생으로 금융자산을 제거하는 것이 아니라 제거조건을 충족한 양도의 경우에만 금융자산을 제거한다.

[그림 9-3] 금융자산의 제거 여부의 판단

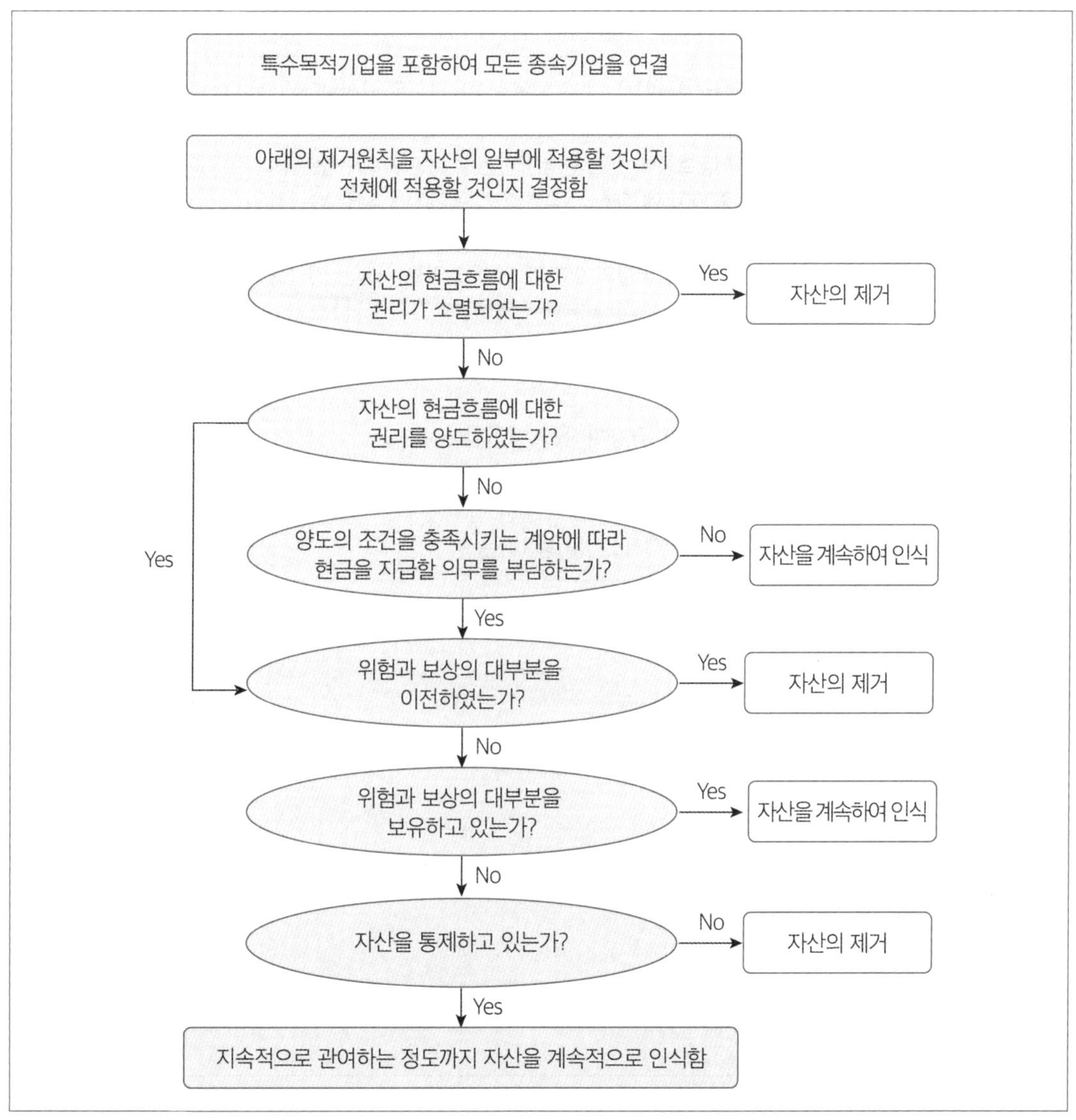

02 금융자산의 제거 여부의 판단

(1) 모든 종속기업을 연결

연결재무제표를 작성하는 경우 금융자산의 제거 여부의 판단은 연결관점에서 적용한다. 따라서 한국채택국제회계기준 제1110호 '연결재무제표'에 따라 모든 종속기업을 연결한 후 해당 연결실체에 금융자산의 제거 여부를 판단하여야 한다.

(2) 제거대상의 결정

금융자산을 양도한 경우 제거 여부와 제거 정도의 적정성을 평가하기 전에 금융자산의 일부에 적용하여야 하는지 아니면 전체에 적용하여야 하는지를 결정해야 한다. 제거 대상이 다음 세 가지 조건 중 하나를 충족하는 경우에만 금융자산의 일부가 제거된 것으로 본다. 다만, 다음 세 가지 조건 중 하나라도 충족하지 못하면 금융자산의 전체에 대하여 제거의 회계처리를 적용해야 한다.[7)]

① 제거 대상이 금융자산의 현금흐름에서 식별된 특정 부분만으로 구성된다.
　예 원금에 대한 권리는 없고 이자 부분에 대한 권리만 있는 경우
② 제거 대상이 금융자산의 현금흐름에 완전히 비례하는 부분만으로 구성된다.
　예 채무상품의 현금흐름 중 90%에 대한 권리를 가지는 계약을 체결하는 경우
③ 제거 대상이 금융자산의 현금흐름에서 식별된 특정 부분 중 완전히 비례하는 부분만으로 구성된다.
　예 채무상품의 현금흐름 중 이자 부분의 90%에 대한 권리를 가지는 계약을 체결하는 경우

(3) 금융자산의 제거조건

다음 중 하나에 해당하는 경우에만 금융자산을 제거한다.

① 금융자산의 현금흐름에 대한 계약상 권리가 소멸한 경우
② 금융자산을 양도하며 그 양도가 제거조건을 충족하는 경우

금융자산의 정형화된 매도 등 금융자산의 현금흐름에 대한 계약상 권리가 소멸한 경우에는 금융자산을 제거한다.

7) 예를 들면 (가) 금융자산에서 회수되는 현금 중 처음이나 마지막 90%에 대한 권리를 양도하거나 (나) 수취채권 집합의 현금흐름 중 90%에 대한 권리를 양도하면서 매입자에게 수취채권 원금의 8%까지 신용손실을 보상하기로 하는 지급보증을 제공하는 경우에는, 해당 금융자산의 전체에 적용한다.

(4) 금융자산의 양도 및 제거조건

금융자산의 양도는 다음 중 하나의 경우에만 해당된다.

> ① 금융자산의 현금흐름을 수취할 계약상 권리를 양도하는 경우
> ② 금융자산의 현금흐름을 수취할 계약상 권리를 보유하고 있으나, 해당 현금흐름을 하나 이상의 거래상대방(수취인)에게 지급할 계약상 의무를 부담하는 경우[8)]

금융자산을 양도한 경우에 양도자는 금융자산의 소유에 따른 위험과 보상의 보유 정도를 평가하여 다음과 같이 회계처리한다.

> ① 양도자가 금융자산의 소유에 따른 위험과 보상의 대부분을 이전한 경우
> : 해당 금융자산을 제거하고 양도하여 생기거나 갖게 된 권리와 의무는 각각 자산과 부채로 인식한다.
> ② 양도자가 금융자산의 소유에 따른 위험과 보상의 대부분을 보유한 경우: 해당 금융자산을 계속 인식한다.
> ③ 양도자가 금융자산의 소유에 따른 위험과 보상의 대부분을 보유하지도 이전하지도 않은 경우(양도자가 해당 금융자산을 통제하는지를 판단)
> a. 양도자가 금융자산을 통제하고 있지 않은 경우: 해당 금융자산을 제거하고 양도하여 생기거나 보유하게 된 권리와 의무는 각각 자산과 부채로 인식한다.
> b. 양도자가 금융자산을 통제하고 있는 경우
> : 해당 금융자산에 지속적으로 관여하는 정도까지 그 금융자산을 계속 인식한다.

(5) 위험과 보상의 이전 여부

위험과 보상의 이전 여부는 양도자산의 순현금흐름의 금액과 시기의 변동에 대한 양도 전 · 후 양도자의 익스포저를 비교하여 평가한다. 양도자가 소유에 따른 위험과 보상을 대부분 이전하거나 또는 보유하는 경우의 예는 각각 다음과 같다.

---

8) 금융자산(최초 자산)의 현금흐름을 수취할 계약상 권리를 갖고 있으나 해당 현금흐름을 하나 이상의 거래상대방(최종 수취인)에게 지급할 계약상 의무를 부담하는 경우에 그 거래가 다음 세 가지 조건을 모두 충족하는 경우에만 양도거래로 본다.
① 최초 자산에서 최종 수취인에게 지급할 금액에 상응하는 금액을 회수하지 못한다면, 그 금액을 최종 수취인에게 지급할 의무가 없다.
② 현금흐름을 지급할 의무를 이행하기 위해 최종 수취인에게 담보물로 제공하는 경우를 제외하고는, 양도자는 양도계약의 조건 때문에 최초 자산을 매도하거나 담보물로 제공하지 못한다.
③ 양도자는 최종 수취인을 대신해서 회수한 현금을 중요하게 지체하지 않고 최종 수취인에게 지급할 의무가 있다. 또 양도자는 해당 현금을 재투자할 권리가 없다.

POINT 양도자가 소유에 따른 위험과 보상을 대부분 이전하거나 또는 보유하는 경우의 예

양도자가 소유에 따른 위험과 보상의 대부분을 이전하는 경우	양도자가 소유에 따른 위험과 보상의 대부분을 보유하는 경우
a. 금융자산을 아무런 조건 없이 매도한 경우 b. 양도자가 매도한 금융자산을 재매입시점의 공정가치로 재매입할 수 있는 권리를 보유하고 있는 경우 c. 양도자가 매도한 금융자산에 대한 콜옵션을 보유하고 있거나 양수자가 당해 금융자산에 대한 풋옵션을 보유하고 있지만, 당해 콜옵션이나 풋옵션이 깊은 외가격(권리행사를 할 경우 손실을 볼 수 있는 가격) 상태이기 때문에 만기 이전에 당해 옵션이 내가격(권리행사를 할 경우 이익을 볼 수 있는 가격) 상태가 될 가능성이 매우 낮은 경우	a. 양도자가 매도 후에 미리 정한 가격 또는 매도가격에 양도자에게 금전을 대여하였더라면 그 대가로 받았을 이자수익을 더한 금액으로 양도자산을 재매입하는 거래의 경우 b. 유가증권대여계약을 체결한 경우 c. 시장위험을 다시 양도자에게 이전하는 총수익스왑과 함께 금융자산을 매도한 경우 d. 양도자가 매도한 금융자산에 대한 콜옵션을 보유하고 있거나 양수자가 당해 금융자산에 대한 풋옵션을 보유하고 있으며, 당해 콜옵션이나 풋옵션이 깊은 내가격 상태이기 때문에 만기 이전에 당해 옵션이 외가격 상태가 될 가능성이 매우 낮은 경우 e. 양도자가 양수자에게 발생가능성이 높은 대손의 보상을 보증하면서 단기 수취채권을 매도한 경우

(6) 양도자산의 통제 여부

양도자가 양도자산을 통제하고 있는지는 양수자가 그 자산을 매도할 수 있는 능력을 가지는지에 따라 결정한다. 양수자가 자산 전체를 독립된 제3자에게 매도할 수 있는 실질적 능력을 가지고 있으며 양도에 추가 제약을 할 필요 없이 그 능력을 일방적으로 행사할 수 있다면, 양도자는 양도자산에 대한 통제를 상실한 것이다. 이 경우 외에는 양도자가 양도자산을 통제하고 있는 것으로 판단한다.

(7) 양도자산에 대한 지속적 관여

양도자가 양도자산의 소유에 따른 위험과 보상의 대부분을 보유하지도 이전하지도 않고, 양도자가 양도자산을 통제하고 있다면, 그 양도자산에 지속적으로 관여하는 정도까지 그 양도자산을 계속 인식한다. 이때 지속적 관여 정도는 양도자산의 가치변동에 양도자가 노출되는 정도를 말한다.

POINT 금융자산의 제거 여부의 판단

금융자산의 양도	금융자산 보유자가 현금흐름을 수취할 권리를 이전하는 것
제거대상의 결정	다음의 세 가지 조건 중 하나를 충족하는 경우에만 금융자산 일부에 대해서 제거조건의 충족 여부를 판단할 수 있으며, 이외의 경우에는 금융자산 전체에 대해 제거조건의 충족 여부를 판단해야 함 ① 제거대상이 금융자산의 현금흐름에서 식별된 특정부분으로만 구성 ② 제거대상이 금융자산의 현금흐름에 완전히 비례하는 부분으로만 구성 ③ 제거대상이 금융자산의 현금흐름에서 식별된 특정부분 중 완전히 비례하는 부분으로만 구성
금융자산의 제거	① 현금흐름에 대한 수취 권리가 소멸된 경우: 금융자산을 제거함 ② 양도한 금융자산: 소유에 따른 위험과 보상의 이전 여부에 따라 제거 여부 및 제거정도가 결정됨 a. 위험과 보상의 대부분을 이전한 경우: 금융자산을 제거 b. 위험과 보상의 대부분을 보유한 경우: 계속 인식 c. 위험과 보상을 대부분 이전하지도 아니하고 보유하지도 않은 경우: 양도자산의 통제 여부에 따라 결정됨 • 자산을 통제할 수 없는 경우: 금융자산을 제거 • 자산을 통제할 수 있는 경우: 지속적 관여의 정도까지 자산을 계속 인식
위험과 보상의 이전 여부	위험과 보상의 이전 여부는 양도자산의 순현금흐름의 금액과 시기의 변동에 대한 양도 전·후 양도자의 익스포저를 비교하여 평가함
양도자산의 통제 여부	양수자가 자산 전체를 독립된 제3자에게 매도할 수 있는 실질적 능력을 가지고 있으며 양도에 추가 제약을 할 필요 없이 그 능력을 일방적으로 행사할 수 있다면, 양도자는 양도자산에 대한 통제를 상실한 것임
양도자산에 대한 지속적 관여	지속적 관여 정도는 양도자산의 가치변동에 양도자가 노출되는 정도를 말함

03 금융자산 제거의 회계처리

제거조건을 충족하는 양도	일반적으로 금융자산 전체를 제거하는 경우에는 다음 (1)과 (2)의 차액을 당기손익으로 인식함 (1) 수취한 대가 (2) 제거일에 측정한 금융자산의 장부금액
제거조건을 충족하지 않은 양도	그 양도자산 전체를 계속 인식하며 수취한 대가는 금융부채로 인식함 예 차입금

참고 금융자산의 일부 제거

양도자산이 양도하기 전 금융자산 전체 중 일부이고(예 채무상품의 현금흐름 중 이자 부분의 양도) 그 양도한 부분 전체가 제거 조건을 충족한다면, 양도하기 전 금융자산 전체의 장부금액은 계속 인식하는 부분과 제거하는 부분에 대해 양도일 현재 각 부분의 상대적 공정가치를 기준으로 배분한다. 이 경우에 관리용역자산은 계속 인식하는 부분으로 처리한다. 다음 (1)과 (2)의 차액은 당기손익으로 인식한다.

(1) 제거하는 부분에 배분된 금융자산의 장부금액(제거일에 측정)
(2) 제거한 부분에 대하여 수취한 대가(새로 획득한 모든 자산에서 새로 부담하게 된 모든 부채를 차감한 금액 포함)

04 받을어음의 할인

(1) 받을어음 할인의 의의

매출채권의 회수와 관련하여 기업은 받을어음의 만기 이전에 동 어음을 금융기관에 양도하여 대금의 조기회수 효과를 얻을 수도 있는데, 이를 받을어음의 할인이라고 한다. 받을어음을 양도하여 해당 어음의 소유에 따른 위험과 보상이 이전되는 경우 해당 어음은 장부에서 제거하고 동 제거에 따른 처분손실을 인식하여야 하며, 어음의 소유에 따른 위험과 보상의 이전이 없는 경우에는 동 양도거래를 자금의 차입과 실질이 같은 것으로 보아 차입금을 인식하는 회계처리를 해야 한다.

(2) 받을어음 할인의 회계처리

[회계처리] 제거조건을 충족하는 어음할인

① 보유기간 이자수익 인식

(차) 미수이자	×××	(대) 이자수익	×××

② 양도시점

(차) 현금	×××	(대) 매출채권	×××
금융자산처분손실	×××	미수이자	×××

[회계처리] 제거조건을 충족하지 않은 어음할인

① 보유기간 이자수익 인식

(차) 미수이자	×××	(대) 이자수익	×××

② 양도시점

(차) 현금	×××	(대) 차입금	×××
이자비용	×××	미수이자	×××

③ 만기시점

(차) 차입금	×××	(대) 매출채권	×××

POINT 어음할인 시 금액의 계산

구분	계산방법
(1) 받을어음 만기금액	어음의 액면금액 × (1 + 액면이자율 × $\frac{\text{어음기간 월수}}{12}$)
(2) 금융기관할인액	어음의 만기금액 × 금융기관 할인율 × $\frac{\text{할인기간 월수}}{12}$
(3) 현금수취액	(1) - (2)
(4) 받을어음 장부금액 (미수이자 포함)	어음의 액면금액 × (1 + 액면이자율 × $\frac{\text{보유기간 월수}}{12}$) = 액면금액 + 미수이자
(5) 금융자산처분손실	(3) - (4)

05 팩토링

(1) 팩토링 거래의 의의

기업이 외상매출금을 보유하고 있을 때 외상매출금을 양도하면서 자금을 조달하는 형태의 금융기법이 있는데 이를 팩토링이라 말한다. 여기서 외상매출금을 양수하는 금융기관을 팩토링회사 또는 팩터라고 말한다.

[그림 9-4] 팩토링 거래

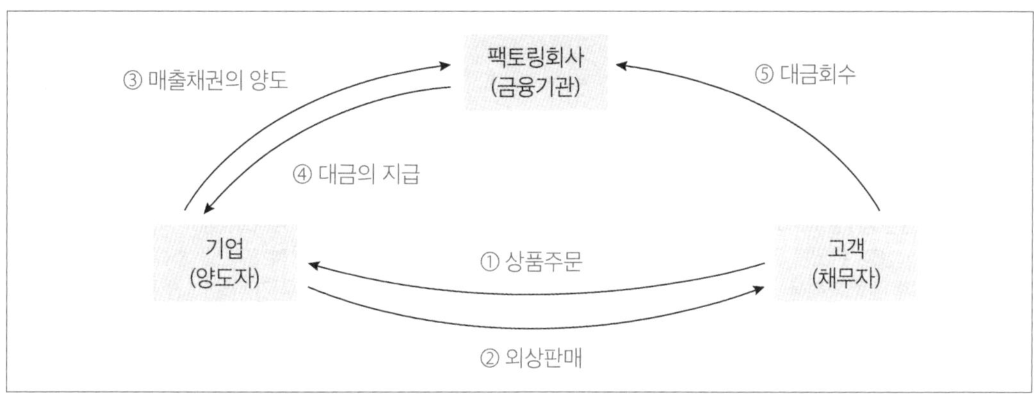

(2) 팩토링의 회계처리

① 금융자산의 제거조건을 충족한 경우

일자	회계처리			
양도시점	(차) 현금	×××	(대) 매출채권	×××
	팩토링미수금	×××		
	금융자산처분손실	×××		
정산시점	(차) 매출(에누리와 환입)	×××	(대) 팩토링미수금	×××
	매출(할인)	×××		
	현금	×××		

② 금융자산의 제거조건을 충족하지 못한 경우

일자	회계처리			
양도시점	(차) 현금	×××	(대) 차입금	×××
	팩토링미수금	×××		
	이자비용	×××		
정산시점	(차) 매출(에누리와 환입)	×××	(대) 팩토링미수금	×××
	매출(할인)	×××		
	현금	×××		
	(차) 차입금	×××	(대) 매출채권	×××

참고 팩토링 거래의 상환청구권이 존재하는 경우

상환청구권(Recourse)이란 채무자가 대금을 연체하는 경우 금융기관이 외상매출금의 양도자에게 대금의 지급을 요청할 수 있는 권리를 말한다. 그러나 상환청구권이 없는 경우 금융자산의 제거조건을 충족한다고 판단할 수 없으며, 관련 계약을 검토하여 판단하여야 한다. 단지 상환청구권이 없다면 채무자가 대손이 발생할 경우 대손상각비를 금융기관이 부담하게 되고, 상환청구권이 있다면 양도자(기업)가 대손상각비를 부담하면 된다.

POINT 팩토링

구분	계산방법	
팩토링 거래의 현금수령액	현금수수액	
	매출채권총액	₩×××
	매출할인	₩(×××)
	매출에누리와 환입	₩(×××)
	수수료	₩(×××)
	현금수령액	₩×××

06 지속적 관여자산: 보증을 제공하는 형태

양도자가 양도자산의 소유에 따른 위험과 보상의 대부분을 보유하지도 이전하지도 않고, 양도자가 양도자산을 통제하고 있다면, 그 양도자산에 지속적으로 관여하는 정도까지 그 양도자산을 계속 인식한다. 이때 지속적 관여 정도는 양도자산의 가치변동에 양도자가 노출되는 정도를 말한다. 만약 양도자가 보증을 제공하는 형태로 지속적으로 관여하는 경우 그 양도자산에 대하여 양도자산의 처분손익(금융자산처분손익)과 보증의 대가(공정가치)를 인식하고, 지속적으로 관여하는 정도까지는 그 양도자산을 계속하여 인식하며, 관련부채도 인식한다. 또한 양도자는 양도자산에서 생기는 수익을 지속적으로 관여하는 정도까지 계속 인식하며, 관련부채에서 생기는 모든 비용을 인식한다.

(1) 금융자산처분손익

금융자산처분손익: 양도자산의 공정가치 - 양도자산의 장부금액

(2) 보증의 대가

보증의 대가: 총양도대가 - 양도자산의 공정가치

(3) 지속적 관여자산

지속적 관여자산: Min[양도자산의 장부금액, 보증금액]

(4) 관련부채

관련부채: 지속적 관여자산 ± 양도자가 보유하는 권리와 의무(보증)의 상각후원가 또는 독립된 공정가치

(5) 회계처리

일자	회계처리					
양도시점	(차)	현금	×××	(대)	대여금	×××
		지속적 관여자산	×××		관련부채	×××[9]
					금융자산처분이익	×××
보증수익의 인식	(차)	관련부채	×××	(대)	보증수익	×××
대손발생 시	(차)	대손상각비	×××	(대)	대손충당금	×××
	(차)	관련부채	×××	(대)	지속적 관여자산	×××
보증의무소멸 시	(차)	관련부채	×××	(대)	지속적 관여자산	×××

POINT 지속적 관여자산: 보증을 제공하는 형태

상황	양도자가 보증을 제공하는 형태로 지속적으로 관여하는 경우 양도자가 양도자산의 소유에 따른 위험과 보상의 대부분을 보유하지도 이전하지도 않고, 양도자가 양도자산을 통제하고 있다면, 그 양도자산에 지속적으로 관여하는 정도까지 그 양도자산을 계속 인식함
지속적 관여	양도자산의 가치변동에 양도자가 노출되는 정도
관련계정과목	① 금융자산처분손익: 양도자산의 공정가치 - 양도자산의 장부금액 ② 보증의 대가: 총양도대가 - 양도자산의 공정가치 ③ 지속적 관여자산: Min[양도자산의 장부금액, 보증금액] ④ 관련부채 : 지속적 관여자산 ± 양도자가 보유하는 권리와 의무(보증)의 상각후원가 또는 독립된 공정가치

9) 지속적 관여자산 + 보증의 대가

보론 1 | 사업모형과 계약상 현금흐름 특성

금융자산은 해당 자산의 계약상 현금흐름 특성과 금융자산관리를 위한 사업모형에 근거하여 분류한다.

01. 계약상 현금흐름 특성

K-IFRS 제1109호 '금융상품'에서는 금융자산의 계약상 현금흐름 특성에 기초하여 금융자산을 채무상품과 지분상품으로 분류하고 있다. 여기서 계약상 현금흐름 특성은 금융자산의 계약조건에 따라 특정일에 원리금 지급만으로 구성되어 있는 현금흐름이 발생하는 것을 말한다. 따라서 계약상 현금흐름 특성은 원리금 지급만으로 구성되어 있느냐에 따라 다음 두 가지로 분류할 수 있다.

① 금융자산의 계약조건에 따라 특정일에 원리금 지급만으로 구성되어 있는 현금흐름이 발생한다. 예 채무상품
② 원리금의 지급만으로 구성되어 있지 않는 현금흐름이 발생한다. 예 지분상품

여기서 계약상 현금흐름 특성을 적용할 때 원금과 이자의 의미는 다음과 같다.

① 원금(Principal)은 최초인식시점의 금융자산의 공정가치이다.
② 이자(Interest)는 화폐의 시간가치에 대한 대가, 특정 기간에 원금잔액과 관련된 신용위험에 대한 대가, 그 밖의 기본적인 대여 위험과 원가에 대한 대가뿐만 아니라 이윤으로 구성된다.

(1) 원리금 지급만으로 구성되어 있는 계약상 현금흐름

원리금 지급만으로 구성되는 계약상 현금흐름은 기본대여계약과 일관된다. 기본대여계약에서 화폐의 시간가치와 신용위험에 대한 대가는 일반적으로 이자의 가장 유의적인 요소이다. 그러나 그러한 기본대여계약에서 이자는 특정 기간에 금융자산을 보유하는 것과 관련된 그 밖의 기본대여계약의 위험(예 유동성위험)과 원가(예 관리원가)를 포함할 수도 있다. 또 이자는 기본대여계약과 일관되는 이윤을 포함할 수 있다. 극단적인 경제상황에서는, 예를 들어 금융자산의 보유자가 명시적으로나 암묵적으로 특정기간에 금전의 예치에 대해 대가를 지급한다면 그리고 그러한 수수료가 금융자산의 보유자가 화폐의 시간가치, 신용위험, 그 밖의 기본적인 대여의 위험과 원가에 대해 수취하는 대가를 초과한다면 이자가 음(−)이 될 수 있다. 그러나 주식가격이나 일반상품(Commodity)가격의 변동에 대한 익스포저와 같이 기본대여계약과 관련 없는 계약상 현금흐름의 위험이나 변동성에 노출시키는 계약조건은 원리금 지급만으로 구성되는 계약상 현금흐름이 생기지 아니한다. 창출하거나 매입한 금융자산은 법적형식이 대여금인지와 상관없이 기본대여계약에 해당할 수 있다.

원금은 최초인식시점에 금융자산의 공정가치이다. 그러나 원금은 금융자산의 존속기간에 걸쳐 변동할 수 있다(예 원금의 상환이 있는 경우). 계약상 현금흐름이 원리금 지급만으로 구성되는지는 금융자산의 표시통화로 평가한다. 레버리지(Leverage)는 일부 금융자산의 계약상 현금흐름의 특성이다. 레버리지는 계약상 현금흐름의 변동성을 높이므로 이러한 계약상 현금흐름은 이자의 경제적 특성을 가지고 있지 않다. 독립된 옵션, 선도계약, 스왑계약은 레버리지를 포함하고 있는 금융자산의 예이다. 따라서 그러한

계약은 금융자산의 계약조건에 따라 특정일에 원리금 지급만으로 구성되어 있는 현금흐름이 발생조건을 충족하지 않으며 후속적으로 상각후원가나 기타포괄손익-공정가치로 측정할 수 없다.

(2) 화폐의 시간가치에 대한 대가

화폐의 시간가치는 오직 시간 경과의 대가를 나타내는 이자의 요소이다. 즉, 화폐의 시간가치 요소는 금융자산의 보유와 관련된 그 밖의 위험이나 원가에 대한 대가가 아니다. 화폐의 시간가치 요소가 오직 시간 경과의 대가를 나타내는지를 평가하기 위해서는 판단이 필요하고, 금융자산의 표시통화와 이자율이 설정되는 기간과 같은 관련 요소를 고려한다.

그러나 일부 경우에 화폐의 시간가치 요소는 불완전할 수도 있다. 예를 들어 금융자산의 이자율이 정기적으로 재설정되지만 재설정의 빈도가 이자율의 기간과 일치하지 않는 경우 또는 금융자산의 이자율이 정기적으로 특정한 장단기 이자율의 평균으로 재설정되는 경우를 들 수 있다. 이러한 경우에는 계약상 현금흐름이 원리금 지급만을 나타내는지를 판단하기 위해 그 변경을 평가해야 한다. 일부 상황에서는 화폐의 시간가치 요소에 대한 질적 평가를 통해 결정할 수 있는 반면 다른 상황에서는 양적 평가가 필수적일 수 있다.

변형된 화폐의 시간가치 요소를 평가하는 목적은 할인하지 아니한 계약상 현금흐름이 화폐의 시간가치 요소가 변형되지 아니하였다면 생겼을 할인하지 아니한 현금흐름과 얼마나 다른지를 판단하는 것이다. 예를 들어 평가대상인 금융자산이 1년 이자율로 매월 재설정되는 변동금리 조건이라면 1개월 이자율로 매월 재설정되는 변동금리 조건을 제외하고는 계약조건과 신용위험이 같은 금융상품과 비교한다. 변형된 화폐의 시간가치 요소 때문에 할인하지 아니한 계약상 현금흐름이 할인하지 아니한 기준 현금흐름과 유의적으로 다를 수 있다면 해당 금융자산은 원리금 지급만으로 구성되어 있는 현금흐름 발생 조건과 금융자산의 계약조건에 따라 특정일에 원리금 지급만으로 구성되어 있는 현금흐름이 발생 조건을 충족하지 아니한다. 이러한 판단을 하기 위해서는 변형된 화폐의 시간가치 요소의 영향을 매 보고기간에 그리고 해당 금융자산의 존속기간에 걸쳐 누적적으로 고려해야 한다. 이런 방식으로 이자율을 설정하는 이유와 해당 분석은 관련이 없다. 별도로 상세히 분석하지 않아도, 평가대상인 금융자산의 할인하지 아니한 계약상 현금흐름이 할인하지 아니한 기준 현금흐름과 유의적으로 다를 수 있는지 또는 다를 수 없는지가 명확하다면 상세한 평가를 수행할 필요가 없다.

02. 금융자산관리를 위한 사업모형

K-IFRS 제1110호 '금융상품'에서는 금융자산의 관리를 위한 사업모형에 근거하여 금융자산을 분류하도록 요구하고 있다. 여기서 사업모형이란 현금흐름을 창출하기 위해 금융자산을 관리하는 방식을 의미한다. 즉, 사업모형에 따라 현금흐름의 원천이 금융자산의 계약상 현금흐름의 수취인지, 매도인지 또는 둘 다인지가 결정된다. 금융자산관리를 위한 사업모형은 다음과 같이 구분할 수 있다.

① 계약상 현금흐름을 수취하기 위해 자산을 보유하는 것이 목적인 사업모형
② 계약상 현금흐름 수취목적의 사업모형이나 계약상 현금흐름 수취와 매도 둘 다가 목적인 사업모형
③ 그 밖의 사업모형: 금융자산의 매도를 통해 현금흐름을 실현할 목적인 사업모형 등

사업모형은 특정 사업 목적을 이루기 위해 금융자산의 집합을 함께 관리하는 방식을 반영하는 수준에서 결정한다. 사업모형은 개별 상품에 대한 경영진의 의도와는 무관하다. 따라서 이 조건은 금융상품별 분류접근법이 아니며 더 높은 수준으로 통합하여 결정해야 한다. 그러나 하나의 기업은 금융상품을 관리하는 둘 이상의 사업모형을 가질 수 있다. 따라서 분류가 보고실체 수준에서 결정될 필요는 없다. 예를 들어 계약상 현금흐름을 얻기 위해 관리하는 투자 포트폴리오와 공정가치 변동을 실현하기 위해 거래할 목적으로 관리하는 또 다른 투자 포트폴리오를 보유하고 있을 수 있다. 이와 비슷하게 일부 상황에서는 금융자산을 관리하는 수준을 반영하기 위하여 금융자산의 포트폴리오를 하위 포트폴리오로 세분화하는 것이 적절할 수도 있다. 예를 들면 부동산담보대출 포트폴리오를 창출하거나 매입하여 일부 대출은 계약상 현금흐름의 수취 목적으로 관리하고 나머지 대출은 매도 목적으로 관리하는 경우가 이에 해당될 수 있다.

(1) 계약상 현금흐름을 수취하기 위해 자산을 보유하는 것이 목적인 사업모형

계약상 현금흐름을 수취하기 위해 자산을 보유하는 것이 목적인 사업모형에서 보유되는 금융자산은 해당 금융상품의 존속기간에 걸쳐 계약상 지급액을 수취하여 현금흐름을 실현하도록 관리한다. 즉, 금융자산 포트폴리오의 자산을 보유하기도 하고 매도하기도 하면서 금융자산 포트폴리오의 전반적인 수익을 관리하는 것이 아니라 특정 계약상 현금흐름을 수취하기 위해 금융자산 포트폴리오의 자산을 관리한다. 금융자산의 현금흐름이 계약상 현금흐름의 수취를 통해 실현되는지를 판단할 때 과거 기간 매도의 빈도, 금액, 시기, 이유, 미래의 매도활동에 대한 예상을 고려할 필요가 있다.

사업모형의 목적이 계약상 현금흐름을 수취하기 위해 금융자산을 보유하는 것이더라도 그러한 모든 금융상품을 만기까지 보유할 필요는 없다. 따라서 금융자산의 매도가 일어나거나 미래에 일어날 것으로 예상되는 경우에도 사업모형은 계약상 현금흐름을 수취하기 위해 금융자산을 보유하는 것일 수 있다.

금융자산의 신용위험이 증가하여 해당 금융자산을 매도하더라도 계약상 현금흐름을 수취하기 위해 자산을 보유하는 것이 목적인 사업모형일 수 있다. 자산의 신용위험이 증가했는지를 판단하기 위해서는 미래전망 정보를 포함하여 합리적이고 뒷받침될 수 있는 정보를 고려한다. 매도의 빈도와 금액에 상관없이 신용위험의 증가로 인해 매도한다고 해서, 계약상 현금흐름을 수취하기 위해 금융자산을 보유하는 것이 목적인 사업모형과 상충되는 것이 아니다. 이는 금융자산의 신용의 질이 계약상 현금흐름을 수취할 수 있는 능력과 관련되기 때문이다. 신용악화로 인한 잠재적인 신용손실을 최소화하는 것이 목적인 신용위험관리활동은 이러한 사업모형에 필수적이다. 신용위험의 증가로 인한 매도의 예로서, 문서화한 투자방침에서 정한 신용 기준을 더는 충족하지 못하게 되어 금융자산을 매도하는 경우를 들 수 있다. 그러나 이러한 방침이 없는 경우에는 다른 방법으로 신용위험의 증가로 인한 매도임을 제시할 수도 있다.

신용집중위험을 관리하기 위한 매도와 같이 그 밖의 이유로 인한 매도도 계약상 현금흐름을 수취하기 위해 금융자산을 보유하는 것이 목적인 사업모형과 일관될 수 있다. 특히, 매도 금액이 유의적이더라도 이러한 매도가 빈번하지 않거나 매도가 빈번하더라도 개별적으로 또는 집합적으로 매도 금액이 유의적이지 않다면 계약상 현금흐름을 수취하기 위해 금융자산을 보유하는 것이 목적인 사업모형과 일관될 수 있다.

(2) 현금흐름 수취와 금융자산 매도 둘 다가 목적인 사업모형

계약상 현금흐름의 수취와 금융자산의 매도 둘 다를 통해 목적을 이루는 사업모형에서 금융자산을 보유할 수 있다. 이러한 형태의 사업모형에서 주요 경영진은 계약상 현금흐름의 수취와 금융자산의 매도 둘 다가 사업모형의 목적을 이루는 데에 필수적이라고 결정한다. 다양한 목적이 이러한 형태의 사업모형과 일관될 수 있다. 예를 들면 사업모형의 목적이 매일 유동성 수요를 관리하거나, 특정 이자수익률 수준을 유지하거나, 금융자산을 조달하는 부채의 듀레이션에 해당 금융자산의 듀레이션을 맞추는 것일 수 있다. 이러한 목적을 이루기 위해 금융자산의 계약상 현금흐름을 수취하기도 하고 매도하기도 한다.

계약상 현금흐름을 수취하기 위해 금융자산을 보유하는 것이 목적인 사업모형과 비교하면, 이러한 사업모형에서는 대체로 더 빈번하게 더 많은 금액을 매도할 것이다. 이 사업모형의 목적을 이루기 위해서는 금융자산의 매도가 부수적이 아니라 필수적이기 때문이다. 그러나 계약상 현금흐름 수취와 금융자산의 매도 둘 다가 사업모형의 목적을 이루는 데에 필수적이기 때문에 이러한 사업모형에서 일어나야만 하는 매도의 빈도나 금액에 대한 기준은 없다.

(3) 그 밖의 사업모형

금융자산을 계약상 현금흐름 수취목적의 사업모형이나 계약상 현금흐름 수취와 매도 둘 다가 목적인 사업모형에서 보유하지 않는 경우에는 해당 금융자산은 당기손익 - 공정가치로 측정한다. 당기손익 - 공정가치로 측정하게 되는 사업모형의 일례는 자산의 매도를 통해 현금흐름을 실현할 목적으로 금융자산을 관리하는 것이다. 해당 자산의 공정가치에 기초하여 의사결정하고 해당 자산의 공정가치를 실현하기 위해 관리한다. 이러한 경우에는 기업의 목적에 따라 일반적으로 적극적으로 매입하고 매도하게 된다. 금융자산을 보유하는 동안에 계약상 현금흐름을 수취하더라도 그러한 사업모형의 목적은 계약상 현금흐름의 수취와 금융자산의 매도 둘 다를 통해 이뤄지는 것은 아니다. 이는 계약상 현금흐름의 수취가 사업모형의 목적을 이루는 데에 필수적이 아니라 부수적이기 때문이다.

공정가치 기준으로 관리하고 그 성과를 평가하는 금융자산의 포트폴리오는 계약상 현금흐름을 수취하기 위해 보유하는 것이 아니며 계약상 현금흐름의 수취와 금융자산의 매도 둘 다를 위해 보유하는 것도 아니다. 기업은 공정가치 정보에 우선적으로 중점을 두고 금융자산의 성과를 평가하고 의사결정을 하는 데 공정가치 정보를 이용한다. 또 단기매매의 정의를 충족하는 금융자산 포트폴리오는 계약상 현금흐름을 수취하기 위해 보유하는 것이 아니며 계약상 현금흐름의 수취와 금융자산의 매도 둘 다를 위해 보유하는 것도 아니다. 이러한 금융자산 포트폴리오는 계약상 현금흐름의 수취가 사업모형의 목적을 이루는 데에 부수적일 뿐이다. 따라서 이러한 금융자산 포트폴리오는 당기손익 - 공정가치로 측정해야 한다.

보론 2 금융자산의 계약상 현금흐름의 변경

① 금융자산의 계약상 현금흐름이 재협상되거나 변경되었으나 그 금융자산이 제거되지 아니하는 경우에는 해당 금융자산의 총장부금액을 재계산하고 변경손익을 당기손익으로 인식함
② 금융자산의 총장부금액
: 재협상되거나 변경된 계약상 현금흐름을 해당 금융자산의 최초 유효이자율로 할인한 현재가치
③ 원가나 수수료
: 변경된 금융자산의 장부금액에 반영하여 해당 금융자산의 남은 존속기간에 상각함
④ 조건변경손익 = 변경전 총장부금액 - 변경후 총장부금액(최초 유효이자율로 할인)

⊘ 참고 **금융자산이 제거되는 경우**

① 금융자산의 계약상 현금흐름이 재협상되거나 변경되었고 그 금융자산이 제거되는 경우에 대해서는 한국채택국제회계기준에 명확한 규정이 없다. 따라서 기존 금융자산이 제거되고 후속적으로 재협상되거나 변경된 금융자산을 금융자산의 최초인식으로 간주해야 하므로 조건변경손익은 변경 전 총장부금액과 변경된 계약상 현금흐름을 해당 금융자산의 현행시장이자율로 할인한 현재가치로 재계산해야 한다. 또한, 발생한 원가나 수수료는 당기손익으로 인식한다.
② 조건변경손익 = 변경 전 총장부금액 - 변경 후 총장부금액(현행시장이자율로 할인)

보론 3 금융자산 제거의 기타사항

01. 양도자산의 관리용역 제공

<table>
<tr><td colspan="2">금융자산 전체가 제거 조건을 충족하는 양도로
금융자산을 양도하고, 수수료를 대가로
해당 양도자산의 관리용역을 제공하는 경우</td><td>관리용역제공계약과 관련하여 자산이나 부채를 인식함</td></tr>
<tr><td rowspan="2">관리용역수수료가
용역제공의
적절한 대가와
일치하지 않는 경우</td><td>관리용역수수료 <
용역제공의 적절한 대가</td><td>용역제공의무에 따른 부채를 공정가치로 인식함
① 관리용역자산: 관리용역수수료
② 관리용역부채: 공정가치</td></tr>
<tr><td>관리용역수수료 >
용역제공의 적절한 대가</td><td>양도하기 전 금융자산 전체의 장부금액 중 양도일 현재 상대적 공정가치에 따라 배분된 금액을 기준으로 용역제공 권리에 따른 자산을 인식함
① 관리용역자산: 상대적 공정가치에 따라 배분된 금액을 기준으로 배분한 금액을 자산으로 인식
② 관리용역부채: 공정가치</td></tr>
</table>

사례1

수수료를 대가로 해당 양도자산의 관리용역을 제공하는 경우

A회사는 장부금액 ₩1,000,000의 금융자산을 양도하고, 금융자산의 이자와 원금을 회수하는 관리용역을 제공하기로 계약하였다. 양도일 현재 A회사가 제공하는 관리용역의무의 공정가치는 ₩30,000으로 평가되었다. 양도일의 금융자산의 공정가치는 ₩1,070,000이며, 양도일에 현금 ₩1,100,000을 수령하였다. 관련 회계처리는 다음과 같다.

일자	회계처리			
양도일	(차) 현금	1,100,000	(대) 금융자산	1,000,000
			관리용역부채	30,000
			금융자산처분이익	70,000
용역제공기간	(차) 관리용역부채	30,000	(대) 관리용역수익	30,000

사례2

관리용역수수료 < 용역제공의 적절한 대가

A회사는 장부금액 ₩1,000,000의 금융자산을 양도하고, 금융자산의 이자와 원금을 회수하는 관리용역을 제공하기로 계약하였다. 관리용역의 대가로 표시이자 1%를 수령할 권리를 보유한다. 1% 이자수령 권리의 공정가치는 ₩27,000이며, 용역제공의 적절한 대가는 ₩30,000이다. 양도일에 현금 ₩1,070,000을 수령하였다. 관련 회계처리는 다음과 같다.

일자	회계처리					
양도일	(차)	현금	1,070,000	(대)	금융자산	1,000,000
		관리용역자산	27,000		관리용역부채	30,000
					금융자산처분이익	67,000
용역제공기간	(차)	관리용역부채	30,000	(대)	관리용역수익	30,000
	(차)	현금	27,000	(대)	관리용역자산	27,000

사례3

관리용역수수료 > 용역제공의 적절한 대가

A회사는 장부금액 ₩1,000,000의 금융자산을 양도하고, 금융자산의 이자와 원금을 회수하는 관리용역을 제공하기로 계약하였다. 관리용역의 대가로 표시이자 1%를 수령할 권리를 보유한다. 1% 이자수령 권리의 공정가치는 ₩40,000이며, 용역제공의 적절한 대가는 ₩30,000이다. 양도일에 현금 ₩1,060,000을 수령하였다. 관련 회계처리는 다음과 같다.

1. 회계처리

일자	회계처리					
양도일	(차)	현금	1,060,000	(대)	금융자산	1,000,000
		관리용역자산	36,364		관리용역부채	30,000
					금융자산처분이익	66,364
용역제공기간	(차)	관리용역부채	30,000	(대)	관리용역수익	30,000
	(차)	현금	40,000	(대)	관리용역자산	36,364
					자산관련수익	3,636

2. 장부금액의 배분

	공정가치	장부금액	
현금수령액	₩1,060,000	₩963,636	(= ₩1,000,000 × ₩1,060,000/₩1,100,000)
1% 이자수취권리	40,000	36,364	(= ₩1,000,000 × ₩40,000/₩1,100,000)
계	₩1,100,000	₩1,000,000	

02. 양도자산에 대한 지속적 관여: 상각후원가로 측정하는 자산

양도자가 발행한 풋옵션에 따른 의무나 양도자가 보유하는 콜옵션에 따른 권리 때문에 양도자산을 제거하지 못하고 해당 양도자산을 상각후원가로 측정한다면, 관련부채는 원가(수취한 대가)로 측정하고 해당 원가와 옵션 만기일 현재 양도자산의 총장부금액의 차액을 상각하여 조정한다.

상황	양도자가 발행한 풋옵션에 따른 의무나 양도자가 보유하는 콜옵션에 따른 권리 때문에 양도자산을 제거하지 못하고 해당 양도자산을 상각후원가로 측정하는 경우
양도자산	① 계속하여 상각후원가로 측정함 ② 원가와 총장부금액의 차이를 유효이자율법으로 상각한 상각후원가로 측정하고 상각액은 당기손익에 반영함
관련부채	① 원가(양도에서 수취한 대가)로 측정함 ② 원가와 옵션만기일의 양도자산의 상각후원가의 차이를 유효이자율법으로 상각한 상각후원가로 측정하고 상각액은 당기손익에 반영함
옵션이 행사된 경우	관련부채의 장부금액과 행사가격의 차이는 당기손익으로 인식함

03. 양도자산에 대한 지속적 관여: 공정가치로 측정하는 자산

(1) 양도자가 콜옵션에 따른 권리를 보유하는 경우

양도자가 콜옵션에 따른 권리를 보유하고 있어서 양도자산이 제거되지 못하고 해당 양도자산이 공정가치로 측정된다면, 그 자산은 계속 공정가치로 측정한다. 관련부채는 (가) 옵션이 내가격 상태이거나 등가격 상태라면 옵션의 행사가격에서 옵션의 시간가치를 차감한 금액으로 측정하고, (나) 옵션이 외가격 상태라면 양도자산의 공정가치에서 옵션의 시간가치를 차감한 금액으로 측정한다. 관련부채 측정치를 조정하면 자산과 관련부채의 순장부금액은 콜옵션에 따른 권리의 공정가치가 된다.

(2) 양도자가 발행한 풋옵션이 있는 경우

양도자가 발행한 풋옵션 때문에 양도자산을 제거하지 못하고 해당 양도자산이 공정가치로 측정된다면, 관련 부채는 옵션의 행사가격에 옵션의 시간가치를 더한 금액으로 측정한다. 양도자산의 공정가치 측정은 옵션의 행사가격과 공정가치 중 적은 금액으로 제한한다. 그 이유는 양도자가 양도자산의 공정가치 증가액 중 옵션의 행사가격 이상인 금액에 대한 권리를 보유하고 있지 아니하기 때문이다. 결국 자산과 관련부채의 순장부금액은 풋옵션에 따른 의무의 공정가치가 된다.

(3) 콜옵션을 매입하고 풋옵션을 발행한 경우

콜옵션을 매입하고 풋옵션을 발행하여 양도자산을 제거하지 못하고, 해당 양도자산을 공정가치로 측정한다면, 자산은 계속 공정가치로 측정한다. 관련부채는 (가) 콜옵션이 내가격 상태이거나 등가격 상태라면 콜옵션의 행사가격과 풋옵션의 공정가치의 합계액에서 콜옵션의 시간가치를 차감한 금액으로 측정하고, (나) 콜옵션이 외가격 상태라면 자산의 공정가치와 풋옵션의 공정가치의 합계액에서 콜옵션의 시간가치를 차감한 금액으로 측정한다. 관련부채를 조정하면 자산과 관련부채의 순장부금액이 양도자가 보유한 옵션과 발행한 옵션의 공정가치가 된다.

해커스 IFRS 김원종 POINT 중급회계

Chapter 10

자산손상과 매각예정비유동자산

I 자산손상

01 의의

자산의 장부금액이 자산을 매각하거나 사용하여 회수될 금액을 초과하면, 자산의 장부금액은 그 자산의 회수가능액보다 더 큰 금액으로 표시된 것이며, 회수가능액을 초과하는 금액을 손상차손으로 인식해야 하는데 이를 자산손상이라고 말한다. 본 자산손상의 내용은 모든 자산의 손상에 관한 회계처리에 적용하지만, 다음의 자산에는 적용하지 않는다.

(1) 재고자산
(2) 계약자산과 계약을 체결하거나 이행하기 위해 든 원가에서 생기는 자산
(3) 이연법인세자산
(4) 종업원급여에서 생기는 자산
(5) 금융자산
(6) 공정가치로 측정하는 투자부동산
(7) 순공정가치로 측정하며 농림어업활동과 관련된 생물자산
(8) 이연신계약비와 보험계약에 따른 보험자의 계약상 권리에서 생기는 무형자산
(9) 매각예정비유동자산

[그림 10-1] 자산손상의 4단계 절차

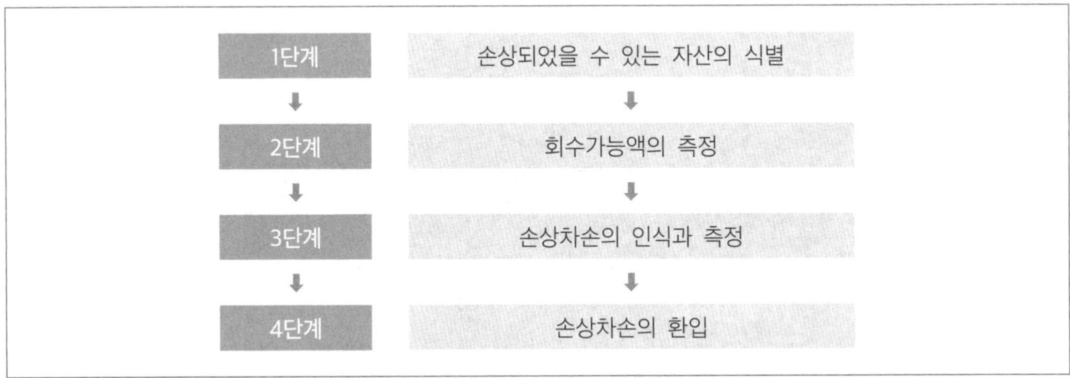

02 손상되었을 수 있는 자산의 식별 [1단계]

(1) 자산이 속하는 현금창출단위의 식별

자산손상 징후가 있다면 개별 자산별로 회수가능액을 추정한다. 개별 자산의 회수가능액을 추정할 수 없는 경우에는 그 자산이 속하는 현금창출단위의 회수가능액을 산정한다.

① 현금창출단위

현금창출단위란 다른 자산이나 자산집단에서 생기는 현금유입과는 거의 독립적인 현금유입을 창출하는 식별할 수 있는 최소 자산집단을 말한다.

② 자산이 속하는 현금창출단위의 식별

자산손상 징후가 있다면 개별 자산별로 회수가능액을 추정한다. 개별 자산의 회수가능액을 추정할 수 없다면 그 자산이 속하는 현금창출단위(자산의 현금창출단위)의 회수가능액을 산정한다.

(2) 영업권을 현금창출단위에 배분

손상검사 목적상, 사업결합으로 취득한 영업권은 취득한 날부터 사업결합의 시너지 효과에서 혜택을 받게 될 것으로 예상되는 각 현금창출단위나 현금창출단위집단에 배분한다. 이때, 사업결합을 한 회계연도 말 이전에 사업결합으로 취득한 영업권의 최초 배분을 완료할 수 없는 경우에는 취득한 날 다음에 최초로 개시되는 회계연도 말 이전에 영업권의 최초 배분을 종료해야 한다.

(3) 손상검사

자산의 장부금액이 회수가능액을 초과할 때 자산은 손상된 것이다. 따라서 보고기간 말마다 자산손상 징후가 있는지를 검토하여 그러한 징후가 있다면 해당 자산의 회수가능액을 추정해야 하는데 이를 손상검사라고 말한다.

① 개별 자산의 손상검사

다음의 경우에는 자산손상 징후가 있는지에 관계없이 회수가능액과 장부금액을 비교하여 일 년에 한 번은 손상검사를 한다.

- 내용연수가 비한정인 무형자산이나 아직 사용할 수 없는 무형자산
- 사업결합으로 취득한 영업권

내용연수가 비한정인 무형자산이나 아직 사용할 수 없는 무형자산의 손상검사를 매년 같은 시기에 수행한다면 연차 회계기간 중 어느 때에라도 할 수 있다. 서로 다른 무형자산은 각기 다른 시점에 손상검사를 할 수 있다. 다만 해당 회계연도 중에 이러한 무형자산을 처음 인식한 경우에는 해당 회계연도 말 전에 손상검사를 한다. 자산손상 징후가 있는지를 검토할 때는 최소한 다음의 징후를 고려하여야 한다.

외부정보원천	내부정보원천
• 자산의 가치의 유의적인 하락 • 기술 · 시장 · 경제 · 법률 환경의 불리한 영향을 미치는 유의적인 변화 • 시장이자율(또는 투자수익률)의 상승 • 기업의 순자산장부금액이 시가총액보다 큼	• 진부화하거나 물리적 손상의 증거 • 자산의 유휴화, 당해 자산을 사용하는 영업부문의 중단, 구조조정 계획 등 자산 사용의 범위와 방법에 대한 불리한 변화 • 자산의 경제적 성과의 감소

② 영업권을 포함하는 현금창출단위의 손상검사

영업권이 관련되어 있지만 영업권을 배분하지는 않은 현금창출단위는, 손상징후가 있을 때마다 영업권을 제외한 현금창출단위의 장부금액을 회수가능액과 비교하여 손상검사를 한다.

현금창출단위의 장부금액에 내용연수가 비한정인 무형자산이나 아직 사용할 수 없는 무형자산이 포함되고 그 무형자산의 손상검사를 현금창출단위의 일부로서만 할 수 있다면, 그 현금창출단위의 손상검사를 일 년에 한 번은 하도록 규정하고 있다. 영업권이 배분된 현금창출단위는 일 년에 한 번 그리고 손상징후가 있을 때마다 영업권을 포함한 현금창출단위의 장부금액을 회수가능액과 비교하여 손상검사를 한다.

영업권이 배분된 현금창출단위는 매년 손상검사를 한다. 손상검사를 매년 같은 시기에 수행한다면 회계연도 중 어느 때에라도 할 수 있다. 서로 다른 현금창출단위는 각기 다른 시점에 손상검사를 할 수도 있다. 다만 현금창출단위에 배분한 영업권의 일부나 전부를 해당 회계연도 중에 일어난 사업결합에서 취득한 경우에는, 해당 회계연도 말 전에 해당 현금창출단위를 손상검사한다.

03 회수가능액의 측정 [2단계]

회수가능액 = Max[순공정가치, 사용가치]
(1) 순공정가치: 공정가치 - 처분부대원가
(2) 사용가치: PV(자산이나 현금창출단위에서 얻을 것으로 예상되는 미래현금흐름)

(1) 순공정가치

순공정가치란 처분부대원가를 차감한 공정가치를 말한다. 여기서 처분부대원가란 자산 또는 현금창출단위의 처분에 직접 기인하는 증분원가를 말하며, 다만 금융원가와 법인세비용은 제외한다.

(2) 사용가치

사용가치란 자산이나 현금창출단위에서 얻을 것으로 예상되는 미래현금흐름의 현재가치를 말한다. 사용가치를 측정하기 위해서는 미래현금흐름의 추정치와 할인율을 결정하여야 한다.

① 미래현금흐름 추정치

미래현금흐름은 자산의 현재 상태를 기초로 추정하므로 아직 확약하지 않은 미래의 구조조정이나 자산의 성능 개선 또는 향상 등으로 인한 사유로 생길 것으로 예상되는 현금유입이나 현금유출을 포함하지 아니한다. 한편, 미래현금흐름 추정치에는 재무활동에서 생기는 현금유입이나 현금유출, 법인세환급액이나 법인세납부액을 포함하지 아니한다.

② 할인율

할인율은 화폐의 시간가치와 미래현금흐름 추정치에 조정하지 아니한 특유한 위험에 대한 현행 시장의 평가를 반영하는 세전할인율로 한다.

여기서 유의할 점은 회수가능액을 측정할 때에 항상 처분부대원가를 뺀 공정가치와 사용가치 모두를 산정할 필요는 없다는 것이다. 왜냐하면 두 금액 중 하나가 자산의 장부금액을 초과한다면 자산이 손상되지 않았으므로 다른 금액을 추정할 필요가 없기 때문이다.

04 손상차손의 인식과 측정 [3단계]

(1) 개별 자산의 손상차손

자산의 회수가능액이 장부금액에 못 미치는 경우에 자산의 장부금액을 회수가능액으로 감액하고, 감소금액은 손상차손으로 인식한다. 원가모형의 자산의 손상차손은 즉시 당기손익으로 인식한다. 그러나 자산이 재평가모형에 따라 재평가금액을 장부금액으로 하는 경우에는 재평가자산의 손상차손은 재평가감소액으로 처리하므로, 총손상금액을 재평가잉여금과 먼저 상계하고 남은 금액을 당기손익으로 인식한다.

(2) 현금창출단위 및 영업권의 손상차손

현금창출단위(영업권이 배분된 최소 현금창출단위집단)의 회수가능액이 장부금액에 못 미치는 경우에는 손상차손을 인식한다. 손상차손은 다음과 같은 순서로 배분하여 현금창출단위(현금창출단위집단)에 속하는 자산의 장부금액을 감액한다.

① 우선 현금창출단위(현금창출단위집단)에 배분한 영업권의 장부금액을 감액한다.
② 다음에 현금창출단위(현금창출단위집단)에 속하는 다른 자산에 각각의 장부금액에 비례하여 배분한다.

현금창출단위(현금창출단위집단)의 손상차손을 배분할 때 개별 자산의 장부금액은 다음 중 가장 많은 금액 이하로 감액할 수 없다.

① 순공정가치(측정할 수 있는 경우)
② 사용가치(산정할 수 있는 경우)
③ 영(0)

위의 제약 때문에 특정 자산에 배분하지 않은 손상차손은 현금창출단위(현금창출단위집단) 내의 다른 자산에 각각의 장부금액에 비례하여 배분한다.

05 손상차손의 환입 [4단계]

보고일마다 영업권을 제외한 자산에 대해 과거 기간에 인식한 손상차손이 더는 존재하지 않거나 감소되었을 수 있는 징후가 있는지를 검토한다. 징후가 있는 경우에는 해당 자산의 회수가능액을 추정한다. 영업권을 제외한 자산에 대해 과거 기간에 인식한 손상차손이 더는 존재하지 않거나 감소되었을 수 있는 징후가 있는지를 검토할 때에는 최소한 다음 징후를 고려한다.

외부정보원천	내부정보원천
• 자산의 가치의 유의적인 상승 • 기술 · 시장 · 경제 · 법률 환경의 유리한 영향을 미치는 유의적인 변화 • 시장이자율(또는 투자수익률)의 하락	• 자산의 성능을 개선 · 향상, 자산 사용의 범위와 방법에 대한 유리한 변화 • 자산의 경제적 성과의 상승

(1) 개별 자산의 손상차손 환입

영업권을 제외한 자산에 대하여 과거 기간에 인식한 손상차손은 직전 손상차손을 인식한 이후 회수가능액을 산정하기 위해 사용한 추정치가 달라진 경우에만 환입한다. 손상차손이 환입되는 경우에는 자산의 장부금액을 회수가능액으로 증액하며, 해당 증가 금액은 손상차손환입이다.

원가모형을 적용하는 자산일 경우 영업권을 제외한 자산의 손상차손환입은 즉시 당기손익으로 인식한다. 다만, 영업권을 제외한 자산의 손상차손환입으로 증액된 장부금액은 과거에 손상차손을 인식하기 전 장부금액의 감가상각 또는 상각 후 남은 금액을 초과할 수 없다. 그러나 재평가모형을 적용하는 자산일 경우 손상차손환입은 재평가증가액으로 처리한다. 재평가자산의 손상차손환입은 기타포괄손익으로 인식하고 그만큼 해당 자산의 재평가잉여금을 증가시킨다. 그러나 해당 재평가자산의 손상차손을 과거에 당기손익으로 인식한 부분까지는 그 손상차손환입도 당기손익으로 인식한다.

(2) 현금창출단위 및 영업권의 손상차손환입

현금창출단위의 손상차손환입은 개별 자산의 경우와 유사하다. 현금창출단위의 손상차손환입은 영업권을 제외한 자산들의 장부금액비례로 배분하고 이러한 장부금액의 증가는 개별 자산에 대한 손상차손환입으로 회계처리한다. 이 경우 현금창출단위의 손상차손환입을 배분할 때 개별 자산의 장부금액은 다음 중 적은 금액을 초과하여 증가시킬 수 없다.

① 회수가능액(결정가능한 경우)
② 과거회계기간에 손상차손이 인식되지 않았을 경우의 장부금액

이러한 제약에 의해 특정 자산에 배분되지 않는 손상차손환입액은 현금창출단위 내의 영업권을 제외한 다른 자산들에 장부금액비례로 각각 배분한다. 여기서 영업권에 대해 인식한 손상차손은 후속기간에 환입될 수 없다. 왜냐하면 영업권에 대해 손상차손을 인식한 이후에 영업권의 회수가능액이 회복된 경우 그 회복된 금액은 내부창출영업권으로 보기 때문이다.

POINT 자산손상

손상되었을 수 있는 자산의 식별	(1) 개별 자산 또는 현금창출단위 (2) 손상검사 목적상 현금창출단위에 사업결합으로 취득한 영업권을 배분 (3) 손상검사: 매 보고기간 말마다 자산손상을 시사하는 징후가 있을 때. 단, 다음의 자산은 손상을 시사하는 징후와 관계없이 매 보고기간마다 손상검사를 실시함 ① 내용연수가 비한정인 무형자산 ② 아직 사용할 수 없는 무형자산 ③ 사업결합으로 취득한 영업권
회수가능액의 측정	Max[순공정가치, 사용가치] (1) 순공정가치: 공정가치 - 처분부대원가 (2) 사용가치: 자산의 사용으로부터 예상되는 미래현금흐름의 현재가치
손상차손의 인식과 측정	(1) 개별 자산의 손상차손: 장부금액 - 회수가능액 ① 원가모형: 당기손실로 처리함 ② 재평가모형: 재평가감소액으로 처리하여 재평가잉여금과 상계하고 잔액은 당기손실로 처리함 (2) 현금창출단위 및 영업권의 손상차손: 장부금액 - 회수가능액 ① 손상차손의 배분순서: 영업권 → 개별자산의 장부금액 비례 ② 손상차손 배분 시 개별 자산의 장부금액은 순공정가치, 사용가치 및 영(0) 중 가장 큰 금액 이하로 감소시킬 수 없음 ③ 위 ②의 제약에 의하여 배분되지 않은 현금창출단위의 손상차손은 현금창출단위 내 다른 자산의 장부금액에 비례하여 재배분함
손상차손의 환입	(1) 개별 자산: 회수가능액[1] - 장부금액 (2) 현금창출단위 및 영업권: 회수가능액 - 장부금액 ① 영업권: 손상차손을 환입할 수 없음(∵ 내부창출영업권으로 봄) ② 개별 자산: 장부금액 비례[2]

1) 한도: 손상차손이 인식되지 않았을 경우의 장부금액

2) 한도: 회수가능액과 손상차손이 인식되지 않았을 경우의 장부금액 중 적은 금액

Ⅱ 매각예정비유동자산

01 의의

비유동자산 또는 처분자산집단의 장부금액이 계속 사용이 아닌 매각거래를 통하여 주로 회수될 것이라면 이를 매각예정비유동자산으로 분류함
① 매각예정으로 분류된 비유동자산은 다른 자산과 별도로 재무상태표에 표시
② 매각예정으로 분류된 처분자산집단에 포함되는 자산이나 부채는 다른 자산이나 부채와 별도로 재무상태표에 표시

02 매각예정의 분류요건

① 매각예정으로 분류하기 위해서는 당해 자산 또는 처분자산집단은 현재의 상태에서 통상적이고 관습적인 거래조건만으로 즉시 매각가능하여야 하며 매각될 가능성이 매우 높아야 함
② 통상적이고 관습적인 거래조건만으로 즉시 매각가능하여야 하며 매각될 가능성이 매우 높아야 한다는 의미는 다음과 같음
  a. 적절한 지위의 경영진이 자산 또는 처분자산집단의 매각계획을 확약하고, 매수자를 물색하고 매각계획을 이행하기 위한 적극적인 업무진행을 이미 시작했어야 한다.
  b. 당해 자산 또는 처분자산집단의 현행 공정가치에 비추어 볼 때 합리적인 가격 수준으로 적극적으로 매각을 추진하여야 한다.
  c. 분류시점에서 1년 이내에 매각완료요건이 충족될 것으로 예상되며, 계획을 이행하기 위하여 필요한 조치로 보아 그 계획이 유의적으로 변경되거나 철회될 가능성이 낮아야 한다.
  d. 매각될 가능성이 매우 높은지에 대한 평가의 일환으로 주주의 승인가능성이 고려되어야 한다.

다음의 각 사례는 매각예정비유동자산으로 분류할 때 유의해야 할 사항들이다.

사례1

처분만을 목적으로 취득한 비유동자산 또는 처분자산집단

처분만을 목적으로 취득한 비유동자산 또는 처분자산집단이 취득일에 1년 요건을 충족하고, 다른 요건을 충족하지 못하였으나 취득 후 빠른 기간(통상 3개월 이내) 내에 충족할 가능성이 매우 높은 경우에는 그 비유동자산 또는 처분자산집단을 취득일에 매각예정으로 분류한다.

사례2

보고기간 후에 요건 충족

매각예정비유동자산으로 분류할 수 있는 요건이 보고기간 후에 충족된 경우 당해 비유동자산 또는 처분자산집단은 보고기간 후 발행되는 당해 재무제표에서 매각예정으로 분류할 수 없다. 그러나 이들 요건이 보고기간 후 공표될 재무제표의 승인 이전에 충족된다면 추가사항을 주석으로 공시한다.

사례3

소유주에게 분배하기로 확약

비유동자산 또는 처분자산집단을 소유주에게 분배하기로 확약한 때 그러한 자산을 소유주에 대한 분배예정으로 분류한다. 이러한 경우에 해당되려면, 그러한 자산이 현재의 상태에서 즉시 분배가능해야 하고 그 분배가능성이 매우 높아야 한다. 그 분배가능성이 매우 높으려면, 분배를 완료하기 위한 조치가 이미 시작되었어야 하고 분배예정으로 분류한 시점에서 1년 이내에 완료될 것으로 예상되어야 한다. 분배를 완료하기 위하여 요구되는 조치들은 그 분배가 유의적으로 변경되거나 철회될 가능성이 낮음을 보여야 한다. 분배될 가능성이 매우 높은지에 대한 평가의 일환으로 주주의 승인가능성이 고려되어야 한다.

사례4

폐기될 비유동자산

폐기될 비유동자산 또는 처분자산집단은 매각예정으로 분류할 수 없다. 왜냐하면 해당 장부금액은 원칙적으로 계속 사용함으로써 회수되기 때문이다.

03 측정

매각예정으로 분류된 비유동자산은 순공정가치와 장부금액 중 작은 금액으로 측정한다. 다만, 매각예정비유동자산 측정 규정이 적용되지 않는 자산과 부채에 대해서는 적용가능한 K-IFRS에 따라 장부금액을 재측정하여 반영해야 하는데 그 내용은 다음과 같다.

① 이연법인세자산
② 종업원급여에서 발생하는 자산
③ 금융자산
④ 공정가치모형으로 회계처리되는 투자부동산
⑤ 순공정가치로 측정되는 생물자산
⑥ 보험계약의 계약상 권리

Min[순공정가치, 장부금액]
① 손상차손: 자산 또는 처분자산집단의 최초 또는 향후 순공정가치의 하락을 손상차손으로 인식
② 손상차손환입: 자산의 순공정가치가 증가하면 이익을 인식하나, 그 금액은 과거에 인식하였던 손상차손누계액을 초과할 수 없음
③ 감가상각 또는 상각: 매각예정으로 분류되거나 매각예정으로 분류된 처분자산집단의 일부이면 그 자산은 감가상각 또는 상각하지 아니함

04 매각계획의 변경

매각계획의 변경	매각예정 요건을 더 이상 충족할 수 없다면 그 자산 또는 처분자산집단은 매각예정으로 분류할 수 없음
매각계획의 변경 시 측정	① 더 이상 매각예정으로 분류할 수 없거나 매각예정으로 분류된 처분자산집단에 포함될 수 없는 비유동자산 또는 처분자산집단은 다음 중 작은 금액으로 측정함 a. 당해 자산 또는 처분자산집단을 매각예정으로 분류하기 전 장부금액에 감가상각, 상각, 또는 재평가 등 매각예정으로 분류하지 않았더라면 인식하였을 조정사항을 반영한 금액 b. 매각하지 않기로 결정한 날의 회수가능액 ② 더 이상 매각예정으로 분류할 수 없는 비유동자산의 장부금액에 반영하는 조정금액은 매각예정 요건을 더 이상 충족하지 않게 된 기간의 계속영업손익에 포함함

Ⅲ 중단영업손익

정의	중단영업: 이미 처분되었거나 매각예정으로 분류되면서 다음 중 하나에 해당하는 기업의 구분단위 ① 별도의 주요 사업계열이나 영업지역 ② 별도의 주요 사업계열이나 영업지역을 처분하는 단일 계획의 일부 ③ 매각만을 목적으로 취득한 종속기업
표시	중단영업의 성과는 포괄손익계산서에 계속영업과 구분하여 별도로 표시함
공시	① 중단영업손익은 a. 세후 중단영업손익과 b. 중단영업에 포함된 자산이나 처분자산집단을 순공정가치로 측정하거나 처분함에 따른 세후 손익의 합계를 포괄손익계산서 단일금액으로 표시함 ② 기업의 구분단위를 매각예정으로 더 이상 분류할 수 없는 경우, 중단영업으로 표시하였던 당해 구분단위의 영업성과를 비교표시되는 모든 회계기간에 재분류하여 계속영업손익에 포함하고 과거 기간에 해당하는 금액이 재분류되었음을 주석으로 기재함 ③ 매각예정으로 분류하였으나 중단영업의 정의를 충족하지 않는 비유동자산 또는 처분자산집단을 재측정하여 인식하는 평가손익은 계속영업손익에 포함함 ④ 과거 재무상태표에 매각예정으로 분류된 비유동자산 또는 처분자산집단에 포함된 자산과 부채의 금액은 최근 재무상태표의 분류를 반영하기 위하여 재분류하거나 재작성하지 아니함

[그림 10-2] 중단영업손익이 없는 경우와 있는 경우의 부분 포괄손익계산서

중단영업손익이 없는 경우	
법인세비용차감전계속영업손익	×××
법인세비용	(×××)
당기순손익	×××
⋮	

중단영업손익이 있는 경우	
법인세비용차감전계속영업손익	×××
법인세비용	(×××)
계속영업손익	×××
중단영업손익(세후단일금액)	×××
당기순손익	×××
⋮	

사례

자산손상 종합사례

1. **개별 자산**(20×1년 말)(건물: 정액법, 잔존내용연수 3년, 잔존가치 0)

구분	장부금액	순공정가치	사용가치	손상차손	배부 후 장부금액
토지	₩200	?	?		₩200
건물	₩300	?	?		₩300
영업권	₩50	?	?		₩50
합계	₩550				₩550

2. **현금창출단위(CGU)의 손상차손**(20×1년 말)

구분	장부금액	순공정가치	사용가치	손상차손	배부 후 장부금액
토지	₩200			₩(40)	₩160
건물	₩300			₩(60)	₩240
영업권	₩50			₩(50)	-
합계	₩550	₩300	₩400	₩(150)	₩400

① 순서: 영업권 → 개별 자산의 장부금액에 비례하여 배분함

② 적용배제 자산: 재고자산, 금융자산, 투자부동산(공정가치모형)

③ 개별 자산의 경우 순공정가치, 사용가치, 영(0) 셋 중 가장 큰 금액 이하로 감소시킬 수 없음

3. **현금창출단위(CGU)의 손상차손환입**(20×2년 말)

구분	장부금액	순공정가치	사용가치	한도	손상차손	배부 후 장부금액
토지	₩160			₩200	₩40	₩200
건물	₩160[1]			₩200[2]	₩40	₩200
영업권	-				-	-
합계	₩320	₩300	₩460	₩400	₩80	₩400

[1] ₩240 - ₩240 × 1/3 = ₩160

[2] ₩300 - ₩300 × 1/3 = ₩200

① 순서: 영업권 손상차손환입 인정하지 아니함 → 개별 자산의 장부금액에 비례 배분함

② 한도: 손상되지 않았을 경우의 장부금액

4. **처분자산집단의 손상차손**(20×1년 말)

구분	장부금액	순공정가치	사용가치	손상차손	배부 후 장부금액
토지	₩160			₩(40)	₩120
건물	₩240			₩(60)	₩180
영업권	-				-
합계	₩400	₩300	~~₩400~~	₩(100)	₩300

① 순서: 영업권 → 개별 자산의 장부금액에 비례 배분함

② 적용배제 자산: 금융자산, 투자부동산(공정가치모형) + 유동자산(재고자산)

해커스 IFRS 김원종 POINT 중급회계

회계사·세무사·경영지도사 단번에 합격!
해커스 경영아카데미 cpa.Hackers.com

Chapter 11

금융부채

Ⅰ 부채의 일반론

Ⅱ 금융부채

Ⅲ 사채

Ⅳ 금융부채의 조건변경

보론 1 당기손익공정가치측정지정금융부채의 신용위험의 변동

보론 2 기타의 특수한 금융부채

보론 3 지분상품에 의한 금융부채의 소멸

Ⅰ 부채의 일반론

01 부채의 정의

부채의 정의	과거사건의 결과로 기업의 경제적 자원을 이전해야 하는 현재의무
부채의 존재요건	다음의 세 가지 조건을 모두 충족하여야 함 (1) 기업에게 의무가 있다. (2) 의무는 경제적 자원을 이전하는 것이다. (3) 의무는 과거사건의 결과로 존재하는 현재의무이다.

02 부채의 분류

유동성	유동부채	정상영업주기 또는 보고기간 후 12개월 이내에 결제될 것으로 예상되거나, 주로 단기매매목적으로 보유하고 있는 부채 등
	비유동부채	유동부채가 아닌 부채
금융항목인지 여부	금융부채	거래상대방에게 현금 등 금융자산을 인도하기로 한 계약상 의무 또는 잠재적으로 불리한 조건으로 거래상대방과 금융자산이나 금융부채를 교환하기로 한 계약상 의무 등 예 매입채무, 사채 등
	비금융부채	금융부채가 아닌 부채 예 선수금, 미지급법인세 등
지출금액과 시기의 불확실성	확정부채	재무상태표일 현재 부채의 존재가 확실하며 지급할 금액도 확정되어 있는 부채
	충당부채	재무상태표일 현재 부채의 금액 또는 지출의 시기가 불확실한 부채

Ⅱ 금융부채

01 금융부채의 의의

구분	내용
금융상품의 정의	거래당사자 어느 한쪽에게는 금융자산이 생기게 하고 거래상대방에게 금융부채나 지분상품이 생기게 하는 모든 계약
금융부채의 정의	① 계약상 의무: 다음 중 어느 하나에 해당하는 계약상 의무 a. 거래상대방에게 현금 등 금융자산을 인도하기로 한 계약상 의무 b. 잠재적으로 불리한 조건으로 거래상대방과 금융자산이나 금융부채를 교환하기로 한 계약상 의무 ② 자기지분상품: 자기지분상품으로 결제하거나 결제할 수 있는 다음 중 하나의 계약 a. 인도할 자기지분상품의 수량이 변동가능한 비파생상품 b. 확정 수량의 자기지분상품을 확정 금액의 현금 등 금융자산과 교환하여 결제하는 방법 외의 방법으로 결제하거나 결제할 수 있는 파생상품

02 금융부채의 분류

금융부채는 인식과 측정의 목적으로 상각후원가측정금융부채, 당기손익공정가치측정금융부채 및 기타 특수한 금융부채로 분류된다.

(1) 상각후원가측정금융부채

상각후원가측정금융부채는 공정가치가 아닌 상각후원가로 후속측정하는 모든 금융부채를 말한다. 금융부채는 실무상 예외적인 상황을 제외하고는 원금과 이자를 상환하기 위하여 발행하기 때문에 모든 금융부채는 다음을 제외하고는 후속적으로 상각후원가로 측정되도록 분류한다.

> ① 당기손익 - 공정가치 측정 금융부채: 파생상품부채를 포함한 이러한 부채는 후속적으로 공정가치로 측정한다.
> ② 금융자산의 양도가 제거조건을 충족하지 못하거나 지속적 관여 접근법이 적용되는 경우에 생기는 금융부채
> ③ 금융보증계약
> ④ 시장이자율보다 낮은 이자율로 대출하기로 한 약정
> ⑤ 사업결합에서 취득자가 인식하는 조건부대가

(2) 당기손익공정가치측정금융부채

당기손익공정가치측정금융부채는 후속적으로 공정가치 변동분을 당기손익으로 측정하는 금융부채를 말한다. 당기손익공정가치측정금융부채는 다시 단기매매금융부채와 당기손익공정가치측정지정금융부채로 분류되며, 그 내용은 다음과 같다.

① 단기매매금융부채[1]: 다음 중 하나에 해당하는 금융부채
  a. 주로 단기간에 매각하거나 재매입할 목적으로 취득하거나 부담한다.
  b. 최초인식시점에 공동으로 관리하는 특정 금융상품 포트폴리오의 일부로 운용 형태가 단기적 이익 획득 목적이라는 증거가 있다.
  c. 파생상품이다. (다만 금융보증계약인 파생상품이나 위험회피수단으로 지정되고 위험회피에 효과적인 파생상품은 제외한다)

② 당기손익공정가치측정지정금융부채: 금융부채를 당기손익 - 공정가치 측정항목으로 지정하는 것이 다음 중 하나 이상을 충족하여 정보를 더 목적적합하게 하는 경우에는 금융부채를 최초인식시점에 당기손익 - 공정가치 측정항목으로 지정할 수 있다. 다만 한번 지정하면 이를 취소할 수 없다.
  a. 당기손익 - 공정가치 측정항목으로 지정하면, 서로 다른 기준에 따라 자산이나 부채를 측정하거나 그에 따른 손익을 인식하여 생길 수 있는 인식이나 측정의 불일치(회계불일치)를 제거하거나 유의적으로 줄인다.
  b. 문서화된 위험관리전략이나 투자전략에 따라, 금융상품 집합을 공정가치 기준으로 관리하고 그 성과를 평가하며 그 정보를 이사회, 대표이사 등 주요 경영진에게 그러한 공정가치 기준에 근거하여 내부적으로 제공한다.

(3) 기타 특수한 금융부채

상각후원가와 당기손익 – 공정가치로 측정하는 것이 어려운 특수한 금융부채의 경우에는 K-IFRS 구체적인 규정에 따라 인식하고 측정해야 한다. 이러한 예로는 금융자산의 양도가 제거조건을 충족하지 못하거나 지속적 관여 접근법이 적용되는 경우에 생기는 금융부채, 금융보증계약, 시장이자율보다 낮은 이자율로 대출하기로 한 약정 및 사업결합에서 취득자가 인식하는 조건부대가가 있으며 구체적인 회계처리는 절을 달리하여 설명하기로 한다.

POINT 금융부채의 분류

상각후원가측정금융부채		당기손익공정가치측정금융부채와 특수한 금융부채를 제외한 모든 금융부채
상각후원가측정 금융부채 이외의 부채	당기손익공정가치 측정금융부채	① 단기매매금융부채 ② 당기손익공정가치측정지정금융부채
	기타 특수한 금융부채	① 금융자산의 양도가 제거조건을 충족하지 못하거나 지속적 관여 접근법이 적용되는 경우에 생기는 금융부채 ② 금융보증계약 ③ 시장이자율보다 낮은 이자율로 대출하기로 한 약정 ④ 사업결합에서 취득자가 인식하는 조건부대가

1) 단기매매금융부채의 예는 다음과 같다.
① 위험회피수단으로 회계처리하지 아니하는 파생상품부채
② 공매자(차입한 금융자산을 매도하고 아직 보유하고 있지 아니한 자)가 차입한 금융자산을 인도할 의무
③ 단기간에 재매입할 의도로 발행하는 금융부채
예 공정가치 변동에 따라 발행자가 단기간에 재매입할 수 있으며 공시가격이 있는 채무상품
④ 최근의 실제 운용형태가 단기적 이익획득 목적이라는 증거가 있으며, 공동으로 관리하는 특정 금융상품 포트폴리오의 일부인 금융부채

03 금융부채의 인식과 측정

(1) 금융부채의 최초인식과 측정

원칙적으로 모든 금융부채는 최초인식 시 공정가치로 측정한다. 금융부채의 발행시점에 거래원가가 발생하는 경우 발행과 직접 관련된 거래원가는 최초인식하는 금융부채의 공정가치에 차감하여 인식한다. 그러나 당기손익공정가치측정금융부채와 관련된 거래원가는 당기손익으로 인식하여야 한다.[2)]

(2) 금융부채의 후속측정

상각후원가측정금융부채는 유효이자율법에 의하여 상각후원가로 측정하며, 당기손익공정가치측정금융부채는 후속적으로 공정가치로 측정하여 평가손익을 당기손익으로 인식한다. 한편, 기타 특수한 금융부채의 후속측정 방법은 다음과 같다.

POINT 기타 특수한 금융부채

구분	후속측정
금융자산의 양도가 제거조건을 충족하지 못하거나 지속적 관여 접근법을 적용하는 금융자산의 양도 시 발생하는 금융부채	① 양도자산을 상각후원가로 측정한다면, 양도자산과 관련부채의 순장부금액이 양도자가 보유하는 권리와 부담하는 의무의 상각후원가가 되도록 관련부채 추정 ② 양도자산을 공정가치로 측정한다면, 양도자산과 관련부채의 순장부금액이 양도자가 보유하는 권리와 부담하는 의무의 독립적으로 측정된 공정가치가 되도록 관련부채 측정
금융보증계약	Max[①, ②] ① 기대신용손실로 산정한 손실충당금 ② 최초인식금액에서 한국채택국제회계기준 제1115호 '고객과의 계약에서 생기는 수익'에 따라 인식한 누계액을 차감한 금액
시장이자율보다 낮은 이자율로 대출하기로 한 약정	
조건부대가	K-IFRS 제1103호 '사업결합'에 따라 금융부채로 분류되는 조건부대가는 공정가치로 후속측정하여 공정가치 변동분을 당기손익으로 인식함

POINT 금융부채의 인식과 측정 요약

구분	최초인식과 측정	거래원가	후속측정
상각후원가측정 금융부채	공정가치로 측정	공정가치에서 차감	상각후원가(유효이자율법에 따른 이자비용인식)
당기손익공정가치 측정금융부채		당기비용으로 인식	공정가치(당기손익)

2) 당기손익공정가치측정금융자산과 같은 논리로 기말시점에 공정가치평가를 수행하면 최초인식시점에 공정가치에 차감하여 인식하나 당기비용으로 인식하나 당기손익에 미치는 영향이 동일하기 때문에 실무상 편의를 위한 규정이다.

(3) 금융부채의 제거

금융부채의 제거	금융부채가 계약상 의무가 이행, 취소, 만료되어 소멸한 경우에만 재무상태표에서 제거함
상환손익	금융부채의 장부금액 - 지급한 대가
금융부채의 일부의 재매입	금융부채의 일부를 재매입하는 경우에 종전 금융부채의 장부금액은 계속 인식하는 부분과 제거하는 부분에 대해 재매입일 현재 각 부분의 상대적 공정가치를 기준으로 배분하여 ①과 ②의 차액은 당기손익으로 인식한다. ① 제거하는 부분에 배분된 금융부채의 장부금액 ② 제거하는 부분에 대하여 지급한 대가(양도한 비현금자산이나 부담한 부채를 포함)

Ⅲ 사채

01 사채

사채란 주식회사가 자금을 조달하기 위하여 일반대중으로부터 비교적 장기의 채권(유가증권)을 발행하여 부담하는 채무를 말한다. 사채의 기본요소는 사채관련 현금흐름을 나타내는 것으로서 다음의 3가지가 있다.

① 액면금액: 사채 원금에 해당하는 것으로 사채의 만기시점에 지급하게 되는 금액
② 액면이자
: 약정된 이자지급일에 지급하기로 약속한 이자금액으로 사채액면금액에 액면이자율을 곱하여 지급하게 됨
③ 사채발행일과 만기일

02 사채발행비

사채발행비(Bond Issuance Cost)란 사채를 발행하는 데 직접적으로 발생한 발행수수료 및 기타 지출비용으로 사채인쇄비용, 법률수수료 및 기타 절차비용, 공고비용 등을 말한다. 사채는 상각후원가로 측정되므로 사채발행 시 거래원가인 사채발행비는 해당 사채의 공정가치(발행가액)에서 차감하여 인식해야 한다. 이러한 회계처리를 수행하면 사채의 장부금액이 감소하므로 새로운 장부금액과 미래현금흐름의 유출액을 일치시키는 유효이자율을 재계산하여 유효이자율법을 적용하여야 한다. 현재가치와 이자율은 역의 관계에 있어 현재가치가 감소하였으므로 유효이자율은 시장이자율에 비해 상승하게 된다.

03 이자지급일 사이에 사채발행한 경우

이자지급일 사이의 사채발행은 사채권에 표시된 발행일과 사채가 실제 발행된 날이 일치하지 않는 경우이다. 사채는 채권시장에서 거래되므로 발행자가 이자지급일 사이의 사채를 발행하는 경우는 흔하지 않다.

사례

(주)서울은 사채의 표시된 발행일이 20×1년 초이며, 만기가 20×3년 말, 액면금액 ₩100,000, 액면이자율 연 8%이며, 이자를 매년 말 지급하는 사채를 20×1년 4월 1일에 발행하였다. 사채를 발행한 시점의 시장이자율은 연 10%이다. 단, 현재가치평가에 적용할 현가계수는 0.75131(3년, 10%, 현가), 2.48685(3년, 10%, 연금현가계수)이다.

1. 20×1년 4월 1일의 사채의 발행가액을 정확하게 계산한다면 다음과 같다.

① 사채의 미래현금흐름

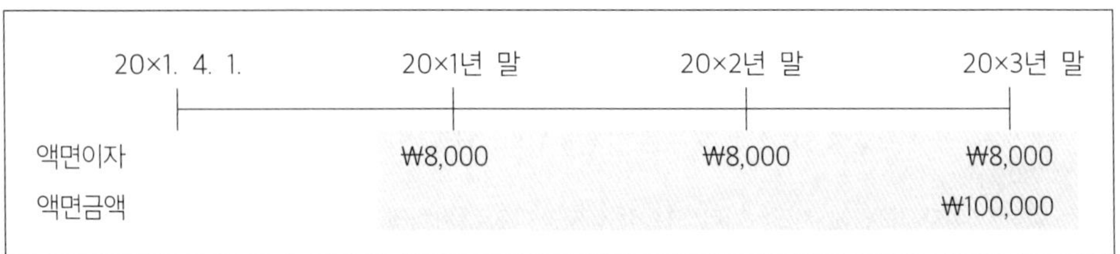

② 사채의 발행금액

$$현재가치: \frac{₩8,000}{1.1^{9/12}} + \frac{₩8,000}{1.1^{21/12}} + \frac{₩108,000}{1.1^{33/12}}$$

③ 공학용계산기 또는 엑셀을 사용하지 않는다면 위의 발행금액을 계산할 수 없으므로 이자지급일 사이에 사채를 발행하는 경우에는 직전 이자지급일에 사채가 발행되었다고 가정하고 여기에 유효이자를 가산하여 이자지급일 사이의 사채의 총가치를 계산한다.

2. 20×1년 4월 1일 사채의 발행가액은 다음과 같이 산출한다.

구분	계산내역	금액
① 20×1년 1월 1일 사채의 현재가치	₩8,000 × 2.48685 + ₩100,000×0.75131 =	₩95,026
② 20×1년 1월 1일 ~ 3월 31일 유효이자	₩95,026 × 10% × 3/12 =	₩2,376
③ 20×1년 4월 1일 사채의 총발행금액	① + ② =	₩97,402
④ 20×1년 1월 1일 ~ 3월 31일 액면이자	₩100,000 × 8% × 3/12 =	₩(2,000)
⑤ 20×1년 4월 1일 순수한 사채의 가치	③ − ④ =	₩95,402

즉, 위의 예에서 유효이자율이 10%이므로 20×1년 4월 1일의 사채의 총발행금액은 20×1년 1월 1일의 사채의 현재가치 ₩95,026에 20×1년 1월 1일부터 3월 31일까지의 유효이자 ₩2,376을 더한 ₩97,402이다. 그러나 이 총발행금액은 미지급이자 ₩2,000이 포함된 금액이므로 미지급이자를 제외하면 순수한 사채의 발행금액이 된다. 또한 간편법으로 사채의 순발행금액은 20×1년 1월 1일의 사채의 현재가치 ₩95,026에 20×1년 1월 1일부터 3월 31일까지의 상각액 ₩376을 더하여 산출하여도 된다.

3. 유효이자율법 상각표

이자지급일 사이에 사채를 발행하였다면 순수한 사채의 가치와 액면금액의 차이를 만기까지 유효이자율법에 의하여 상각하여야 한다. 이때, 상각표는 직전이자지급일에 취득한 것으로 가정하여 작성하고 이를 기준으로 월할상각하여 회계처리를 해야 한다.

일자	장부금액 (상각후원가)	유효이자 (장부금액×10%)	액면이자 (액면금액×8%)	상각액 (유효이자 − 액면이자)
20×1년 초	₩95,026			
20×1년 말	₩96,529	₩9,503	₩8,000	₩1,503
20×2년 말	₩98,182	₩9,653	₩8,000	₩1,653
20×3년 말	₩100,000	₩9,818	₩8,000	₩1,818
계		₩28,974	₩24,000	₩4,974

4. 회계처리(사채할인발행차금을 사용하지 않는 경우)

일자	회계처리					
20×1. 4. 1.	(차)	현금	97,402	(대)	사채	95,402
					미지급이자	2,000
20×1년 말	(차)	이자비용	7,127[1]	(대)	현금	8,000
		미지급이자	2,000[3]		사채	1,127[2]
20×2년 말	(차)	이자비용	9,653	(대)	현금	8,000
					사채	1,653
20×3년 말	(차)	이자비용	9,818	(대)	현금	8,000
					사채	1,818
	(차)	사채	100,000	(대)	현금	100,000

1) ₩9,503 × 9/12 = ₩7,127
2) ₩1,503 × 9/12 = ₩1,127
3) ₩8,000 × 3/12 = ₩2,000

5. 회계처리(사채할인발행차금을 사용하는 경우)

일자	회계처리					
20×1. 4. 1	(차)	현금	97,402	(대)	사채	100,000
		사채할인발행차금	4,598		미지급이자	2,000
20×1년 말	(차)	이자비용	7,127[1]	(대)	현금	8,000
		미지급이자	2,000[3]		사채할인발행차금	1,127[2]
20×2년 말	(차)	이자비용	9,653	(대)	현금	8,000
					사채할인발행차금	1,653
20×3년 말	(차)	이자비용	9,818	(대)	현금	8,000
					사채할인발행차금	1,818
	(차)	사채	100,000	(대)	현금	100,000

1) ₩9,503 × 9/12 = ₩7,127
2) ₩1,503 × 9/12 = ₩1,127
3) ₩8,000 × 3/12 = ₩2,000

[그림 11-1] 이자지급일 사이에 사채의 가치

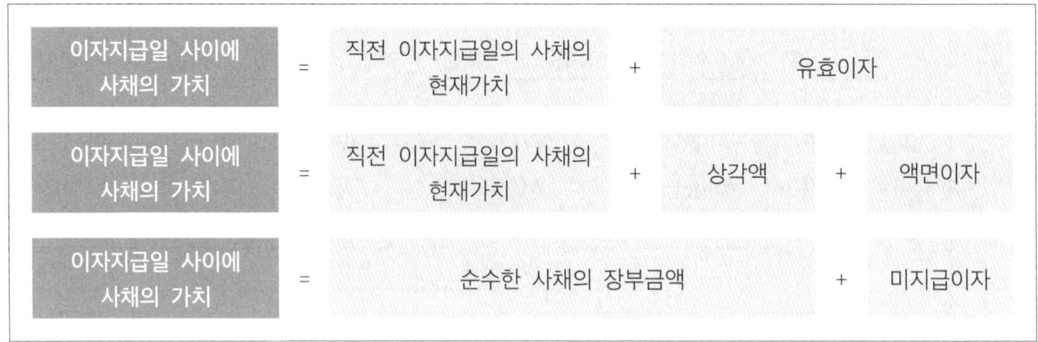

04 이자지급일이 1년에 2회 이상인 경우

사채의 이자지급일이 1년에 2회(매 6개월) 또는 4회(매 3개월) 등인 경우에 액면이자율, 유효이자율, 현가계수를 사용할 때 만기를 수정하여 사용해야 한다. 사채는 이자지급일마다 회계처리해야 하므로 만기가 2년, 액면이자율 8%, 시장이자율 10%이며 1년에 2회 이자를 지급하는 사채의 경우 만기는 4년(= 2년 ×12/6), 액면이자율 4%(= 8% × 6/12), 시장이자율 5%(= 10% × 6/12)로 수정된 만기로 현가계수를 사용하여야 한다. 왜냐하면 1년에 매 6개월마다 2회 이자를 지급하는 사채의 유효이자율은 연 10%가 아니라 $(1+0.1 \times 6/12)^2-1=10.25\%$이므로 이는 연 10%와 일치하지 않기 때문이다.

05 이자지급기간과 보고기간이 다른 경우

보고기간 중에 사채를 발행하는 경우 이자지급일과 보고기간 말일이 일치하지 않게 된다. 이자비용은 발생주의에 의하여 인식하여야 하므로 이자비용을 해당 보고기간의 발생한 부분으로 배분하여 인식한다. 이때 직전 이자지급일부터 보고기간 말까지의 액면이자 해당 부분은 미지급이자로 유효이자 해당 부분은 이자비용으로 인식하며, 두 금액의 차이인 상각액은 사채의 장부금액에서 조정한다.

06 연속상환사채(원금의 분할 상환)

연속상환사채(Serial Bond)는 사채의 원금을 분할하는 형식으로 상환하는 사채를 말한다. 연속상환사채에서 유의할 점은 매년 말 원금을 상환하고 나면 이자의 현금흐름이 변동한다는 것이다. 따라서 최초 발행가액을 계산할 때 이자의 현금흐름은 직전 보고기간 말에 상환되고 남은 액면금액에 액면이자율을 곱하여 계산해야 한다. 나머지 회계처리는 일반사채와 동일하게 회계처리하면 된다.

07 사채의 조기상환

사채를 발행한 회사가 사채의 만기일 전에 채권시장에서 사채를 시장가격으로 매입하여 상환하는 것을 사채의 조기상환이라고 말한다. 이러한 경우 상환시점의 사채 장부금액과 사채 상환금액의 차이에 해당하는 금액을 사채상환손익(당기손익)으로 인식하여야 한다.

```
사채상환손익 = 사채의 장부금액 - 사채의 상환금액
            = (직전 이자지급일의 사채의 현재가치 + 미지급이자 + 상각액) - 사채의 상환금액(미지급이자포함)
            = (직전 이자지급일의 사채의 현재가치 + 유효이자) - 사채의 상환금액(미지급이자포함)
            = (직전 이자지급일의 사채의 현재가치 + 상각액) - 사채의 상환금액(미지급이자제외)
```

사채상환손익이 발생하는 이유는 최초 유효이자율과 현행시장이자율의 차이 때문이다. 사채의 장부금액은 사채의 미래현금흐름을 발행시점의 유효이자율로 할인한 금액이지만 사채의 시장가격은 사채의 미래현금흐름을 상환시점의 현행시장이자율로 할인한 금액이기 때문이다. 즉, 사채상환손익은 시장이자율이 변동되기 때문에 발생한다. 따라서 시장이자율이 상승하면 사채상환이익이 발생하고 시장이자율이 하락하면 사채상환손실이 발생한다.

POINT 사채상환손익

구분		회계처리방법
사채상환손익		= 사채의 장부금액 - 사채의 상환금액 = (기초장부금액 + 미지급이자 + 상각액) - 사채의 상환금액(미지급이자포함) = (기초장부금액 + 유효이자) - 사채의 상환금액(미지급이자포함) = (기초장부금액 + 상각액) - 사채의 상환금액(미지급이자제외)
사채상환손익이 발생하는 이유	사채상환이익	유효이자율 < 현행시장이자율(시장이자율의 상승)
	사채상환손실	유효이자율 > 현행시장이자율(시장이자율의 하락)
참고	사채의 장부금액	사채의 미래현금흐름을 최초 유효이자율로 할인한 금액
	사채의 상환금액	사채의 미래현금흐름을 현행시장이자율로 할인한 금액

⊘ 참고 자기사채의 회계처리

자기사채(Treasury Bonds)는 사채발행자가 만기가 도래하기 전에 재취득하여 보유하고 있는 사채를 말한다. 자기사채를 취득하는 경우는 사채의 상환과 실질이 같으므로 사채의 상환으로 회계처리한다. 만약 동 사채를 재발행하는 경우 신사채의 발행으로 회계처리하고 사채할인발행차금은 잔여기간 동안 유효이자율법을 적용하면 된다.

⊘ 참고 사채의 기중상환 시 당기순손익에 미치는 영향

사채의 기중상환 시 당기순손익에 미치는 영향: (1) + (2)

(1) 사채상환손익: (기초장부금액 + 유효이자) - 사채의 상환금액(미지급이자 포함)

(2) 이자비용: ① + ②

① 상환분: 기초장부금액 × 유효이자율 × 상환비율 × 보유기간

② 미상환분: 기초장부금액 × 유효이자율 × 미상환비율 × 12/12

Ⅳ 금융부채의 조건변경

01 의의

금융부채의 조건변경이란 금융부채의 계약상 현금흐름(원금과 이자)과 만기를 변경하여 기존의 금융부채를 새로운 금융부채로 변경하는 것을 말한다. 이러한 금융부채 조건변경의 회계처리는 조건변경이 실질적으로 변경되었는지 여부에 따라 회계처리가 구분된다.

02 실질적으로 조건이 변경된 경우

기존 차입자와 대여자가 실질적으로 다른 조건으로 채무상품을 교환한 경우에 최초의 금융부채를 제거하고 새로운 금융부채를 인식한다. 이와 마찬가지로, 기존 금융부채의 조건이 실질적으로 변경된 경우[3]에도 최초의 금융부채를 제거하고 새로운 금융부채를 인식한다. 여기서 실질적으로 금융부채의 조건이 변경된 경우란 새로운 조건에 따른 현금흐름의 현재가치와 최초 금융부채의 나머지 현금흐름의 현재가치의 차이가 적어도 10% 이상인 경우를 말한다. 이때 새로운 조건에 따른 현금흐름에는 지급한 수수료에서 수취한 수수료를 차감한 수수료 순액이 포함되며, 현금흐름을 할인할 때에는 최초의 유효이자율을 사용한다.

$$\frac{\text{최초 금융부채의 나머지 현금흐름의 현재가치 PV}^{1)} - \text{새로운 조건의 미래현금흐름(수수료 포함)의 PV}^{1)}}{\text{최초 금융부채의 나머지 현금흐름의 현재가치 PV}^{1)}} \geq 10\%$$

1) 최초의 유효이자율을 적용하여 할인

실질적으로 조건이 변경된 경우에 새로운 금융부채는 조건의 변경에 따른 미래현금흐름을 조건변경시점의 유효이자율로 할인하여 계산한 공정가치로 측정한다. 이때 최초의 금융부채의 장부금액과 새로운 금융부채의 공정가치의 차액을 조건변경이익의 과목으로 당기이익으로 인식한다. 채무상품의 교환이나 계약조건의 변경을 금융부채의 소멸로 회계처리한다면, 발생한 원가나 수수료는 금융부채의 소멸에 따른 손익의 일부로 인식한다.

조건변경이익: 최초 금융부채의 장부금액 - 새로운 금융부채의 공정가치[1] - 거래원가

1) 조건변경시점의 유효이자율을 적용하여 할인

3) 채무자의 재무적 어려움으로 인한 경우와 그렇지 아니한 경우를 포함한다.

03 실질적으로 조건이 변경되지 않는 경우

실질적으로 조건이 변경되지 않은 경우 즉, 새로운 조건에 따른 현금흐름의 현재가치와 최초 금융부채의 나머지 현금흐름의 현재가치의 차이가 적어도 10% 미만인 경우에는 기존의 금융부채를 제거하지 않는다.

$$\frac{\text{최초 금융부채의 나머지 현금흐름의 현재가치 PV}^{1)} - \text{새로운 조건의 미래현금흐름(수수료 포함)의 PV}^{1)}}{\text{최초 금융부채의 나머지 현금흐름의 현재가치 PV}^{1)}} < 10\%$$

[1] 최초의 유효이자율을 적용하여 할인

이는 금융상품의 현금흐름에 대한 추정을 변경하는 경우이므로 실제 현금흐름과 변경된 계약상 추정현금흐름을 반영하여 해당 금융부채의 상각후원가를 조정한다. 이때 해당 금융상품의 최초 유효이자율을 사용하여 계약상 추정미래현금흐름의 현재가치를 계산하는 방식으로 금융부채의 상각후원가를 재계산한다. 이러한 조정금액은 수익이나 비용으로서 조건변경손익과목으로 당기손익으로 인식한다.

조건변경이익: 최초 금융부채의 장부금액 - 변경된 계약상 현금흐름의 현재가치[1]

[1] 최초의 유효이자율을 적용하여 할인

채무상품의 교환이나 계약조건의 변경을 금융부채의 소멸로 회계처리하지 아니한다면, 발생한 원가나 수수료는 부채의 장부금액에서 조정하며, 변경된 부채의 남은 기간에 상각한다.

지급한 수수료에서 수취한 수수료를 차감한 수수료 순액을 결정할 때, 차입자와 대여자 사이에서 지급하거나 수취한 수수료(상대방을 대신하여 지급하거나 수취한 수수료 포함)만 포함한다. 단, 차입자와 대여자 사이에 지급하거나 수취한 수수료에 상대방을 대신하여 제3자에게 지급하거나 제3자로부터 수취한 수수료가 포함되어 있다면 동 수수료는 제외한다.

POINT 금융부채의 조건변경

구분	조건이 실질적으로 변경된 경우	조건이 실질적으로 변경되지 않은 경우
조건변경 판단	$\frac{\text{조정 전 CF의 PV}^{1)} - \text{조정 후 CF(수수료포함)의 PV}^{1)}}{\text{조정 전 CF의 PV}^{1)}} \geq 10\%$ [1] 최초의 유효이자율을 적용하여 할인	$\frac{\text{조정 전 CF의 PV}^{1)} - \text{조정 후 CF(수수료포함)의 PV}^{1)}}{\text{조정 전 CF의 PV}^{1)}} < 10\%$ [1] 최초의 유효이자율을 적용하여 할인
회계처리	기존 채무를 장부에서 제거(조건변경이익을 인식)	계약상 현금흐름 추정의 변경(조건변경이익을 인식)
조건변경 이익	조건변경이익: 최초 금융부채의 장부금액 - 새로운 금융부채의 공정가치[1] - 거래원가 [1] 조건변경시점의 유효이자율을 적용하여 할인	조건변경이익: 최초 금융부채의 장부금액 - 변경된 계약상 현금흐름의 현재가치[1] [1] 최초의 유효이자율을 적용하여 할인
수수료	채무조정이익에서 차감	기존 채무의 장부금액에서 조정하여 변경된 부채의 남은 기간 동안 상각함

보론 1 당기손익공정가치측정지정금융부채의 신용위험의 변동

01. 의의

당기손익공정가치측정금융부채는 후속적으로 공정가치 변동분을 당기손익으로 측정하는 금융부채를 말한다. 당기손익공정가치측정금융부채는 다시 단기매매금융부채와 당기손익공정가치측정지정금융부채로 분류된다. 이때 당기손익 – 공정가치 측정항목으로 지정한 금융부채의 공정가치 변동은 다음과 같이 회계처리한다.

02. 당기손익공정가치측정지정금융부채의 신용위험의 변동

당기손익 – 공정가치 측정항목으로 지정한 금융부채의 손익은 다음과 같이 표시한다.

> **참고 금융부채의 신용위험 변동에 따른 금융부채의 공정가치 변동**
>
> K-IFRS는 당기손익 - 공정가치 측정 항목으로 지정한 금융부채의 신용위험 변동에 따른 금융부채의 공정가치 변동은 기타포괄손익으로 표시하도록 규정하고 있다. 그 이유는 기업이 신용위험이 발생하여 금융부채의 공정가치가 하락하면 부채가 감소하며 금융부채평가이익이 당기손익으로 인식되는 직관에 반하는 회계처리가 되기 때문이다. 회사는 당기손익 - 공정가치 측정 항목으로 금융부채를 지정하였기 때문에 신용위험평가를 통하여 자의적으로 당기손익을 조작할 가능성도 있으므로 당기손익 - 공정가치 측정 항목으로 지정한 금융부채의 신용위험 변동에 따른 금융부채의 공정가치 변동은 기타포괄손익으로 인식하도록 규정하고 있다.

POINT 당기손익공정가치측정지정금융부채의 신용위험 변동에 따른 금융부채의 공정가치 변동

신용위험 변동에 따른 금융부채의 공정가치 변동	당기손익공정가치측정지정금융부채의 신용위험 변동에 따른 금융부채의 공정가치 변동은 기타포괄손익으로 표시함 (기타포괄손익으로 표시하는 금액은 후속적으로 당기손익으로 이전되지 않음)
신용위험을 제외한 나머지 공정가치 변동	해당 부채의 나머지 공정가치 변동은 당기손익으로 표시함

보론 2 기타의 특수한 금융부채

01. 금융자산의 양도 시 발생하는 금융부채

금융자산의 양도가 제거조건을 충족하지 못하거나 지속적 관여 접근법을 적용하는 금융자산의 양도 시 발생하는 금융부채는 다음과 같이 측정한다.

① 양도자산을 상각후원가로 측정하는 경우: 양도자산과 관련부채의 순장부금액이 양도자가 보유하는 권리와 부담하는 의무의 상각후원가가 되도록 관련부채를 측정한다.
② 양도자산을 공정가치로 측정하는 경우: 양도자산과 관련부채의 순장부금액이 양도자가 보유하는 권리와 부담하는 의무의 독립적으로 측정된 공정가치가 되도록 관련부채를 측정한다.

02. 금융보증계약

금융보증계약(Financial Guarantee Contracts)이란 채무상품의 최초 계약조건이나 변경된 계약조건에 따라 지급기일에 특정 채무자가 지급하지 못하여 보유자가 입은 손실을 보상하기 위해 발행자가 특정 금액을 지급하여야 하는 계약을 의미한다. 이러한 금융보증계약은 최초인식시점에 공정가치로 측정한다.
만일 금융보증계약을 독립된 당사자 사이의 거래에서 특수관계가 없는 자에게 발행한다면, 해당 계약의 최초시점의 공정가치는 반증이 없는 한 수취한 대가와 같을 것이다.
최초인식 후에 이러한 계약의 발행자는 해당 계약을 후속적으로 다음 중 큰 금액으로 측정한다.

Max[①, ②]
① 기대신용손실로 산정한 손실충당금
② K-IFRS 제1115호 '고객과의 계약에서 생기는 수익'에 따라 인식한 누계액(이익누계액)을 차감한 금액

03. 시장이자율보다 낮은 이자율로 대출하기로 한 약정

시장이자율보다 낮은 이자율로 대출하기로 한 약정은 최초인식시점에 다른 금융부채와 마찬가지로 공정가치로 측정한다. 그러나 이러한 약정은 대부분의 경우 현금대가가 수취되지 않기 때문에 해당 약정에 따라 생기는 부채를 재무상태표에 인식하지 않을 수 있다. 따라서 최초인식 후에 이러한 약정의 발행자는 후속적으로 해당 약정을 다음 중 큰 금액으로 측정한다.

Max[①, ②]
① 기대신용손실로 산정한 손실충당금
② K-IFRS 제1115호 '고객과의 계약에서 생기는 수익'에 따라 인식한 누계액(이익누계액)을 차감한 금액

04. 조건부대가

조건부대가(Contingent Consideration)는 보통 특정 미래 사건이 일어나거나 특정조건이 충족되는 경우에, 피취득자에 대한 지배력과 교환된 부분으로 피취득자의 이전 소유주에게 자산이나 지분을 추가적으로 이전하여야 하는 취득자의 의무를 말한다. 취득자가 피취득자에 대한 교환으로 이전한 대가에는 조건부대가 약정으로 생긴 자산이나 부채를 모두 포함한다. 취득자는 피취득자에 대한 교환으로 이전한 대가의 일부로서 조건부대가를 취득일의 공정가치로 인식한다.

한편, 취득자는 금융상품의 정의를 충족하는 조건부대가의 지급 의무를 K-IFRS 제1032호 '금융상품: 표시'의 지분상품과 금융부채의 정의에 기초하여 금융부채 또는 자본으로 분류한다. 반면에 취득자는 특정 조건을 충족하는 경우에는 과거의 '이전대가를 회수할 수 있는 권리'를 자산으로 분류한다.

K-IFRS 제1103호 '사업결합'에 따라 취득자가 인식하는 조건부대가가 금융부채로 분류된 경우 후속적으로 당기손익 - 공정가치로 측정한다. 자세한 회계처리는 고급회계를 참조하기 바란다.

POINT 기타 특수한 금융부채

구분	후속측정
금융자산의 양도가 제거조건을 충족하지 못하거나 지속적 관여 접근법을 적용하는 금융자산의 양도 시 발생하는 금융부채	① 양도자산을 상각후원가로 측정하는 경우: 양도자산과 관련부채의 순장부금액이 양도자가 보유하는 권리와 부담하는 의무의 상각후원가가 되도록 관련부채 측정 ② 양도자산을 공정가치로 측정하는 경우: 양도자산과 관련부채의 순장부금액이 양도자가 보유하는 권리와 부담하는 의무의 독립적으로 측정된 공정가치가 되도록 관련부채 측정
금융보증계약	Max[①, ②] ① 기대신용손실로 산정한 손실충당금 ② 최초인식금액에서 K-IFRS 제1115호 '고객과의 계약에서 생기는 수익'에 따라 인식한 누계액(이익누계액)을 차감한 금액
시장이자율보다 낮은 이자율로 대출하기로 한 약정	(상동)
조건부대가	K-IFRS 제1103호 '사업결합'에 따라 금융부채로 분류되는 조건부대가는 공정가치로 후속측정하여 공정가치 변동분을 당기손익으로 인식함

보론 3 | 지분상품에 의한 금융부채의 소멸

01. 의의

금융부채는 일반적으로 현금으로 상환하지만 채권자와 채무자의 채권 · 채무의 재조정을 통하여 금융부채를 주식으로 전환하여 소멸되기도 하는데, 이를 실무에서는 출자전환이라고 한다. 한국채택국제회계기준해석서 제2119호 '지분상품에 의한 금융부채의 소멸'에서는 이러한 회계처리를 규정하고 있다.

02. 회계처리

금융부채의 전부 또는 일부를 소멸시키기 위하여 채권자에게 발행한 지분상품은 금융부채를 제거하기 위해 지급한 대가이다. 따라서 금융부채가 소멸되는 경우에만 재무상태표에서 해당 금융부채를 제거한다.
금융부채의 전부 또는 일부를 소멸시키기 위하여 채권자에게 발행한 지분상품을 최초에 인식할 때, 해당 지분상품의 공정가치를 신뢰성 있게 측정할 수 있다면 공정가치로 측정한다. 그러나 발행된 지분상품의 공정가치를 신뢰성 있게 측정할 수 없다면 소멸된 금융부채의 공정가치를 반영하여 지분상품을 측정한다. 소멸된 금융부채의 장부금액과 지급한 대가의 차이는 채무조정이익 과목으로 당기손익으로 인식한다. 발행된 지분상품은 금융부채가 소멸된 날에 최초로 인식하고 측정한다. 회계처리를 예시하면 다음과 같다.

(차) 금융부채	×××	(대) 자본금	×××
		주식발행초과금	×××
		채무조정이익	×××

사례

20×1년 말 A회사의 재무상태표상 금융부채의 장부금액은 ₩9,000이다. 20×1년 말에 채권자와의 합의를 통하여 지분상품을 발행하여 금융부채를 소멸시키기로 합의하고 20×2년 초 액면금액 ₩5,000이며 공정가치가 ₩7,000인 지분상품을 발행하였으며, 동일 금융부채의 공정가치는 ₩8,000이다. 관련 회계처리를 예시하면 다음과 같다.

1. 지분상품의 공정가치가 신뢰성 있게 측정된 경우의 회계처리

일자	회계처리					
20×2년 초	(차)	금융부채	9,000	(대)	자본금	5,000
					주식발행초과금	2,000
					채무조정이익	2,000

2. 지분상품의 공정가치가 신뢰성 있게 측정되지 않은 경우

일자	회계처리					
20×2년 초	(차)	금융부채	9,000	(대)	자본금	5,000
					주식발행초과금	3,000
					채무조정이익	1,000

POINT 지분상품에 의한 금융부채의 소멸(출자전환)

구분		내용
정의		지분상품에 의한 금융부채의 소멸이란 채무자가 지분상품(주식)을 발행하여 금융부채의 전부 또는 일부를 소멸시키는 것을 말하며, 출자전환이라고도 함
측정	원칙	해당 지분상품의 공정가치를 신뢰성 있게 측정할 수 있는 경우: 지분상품의 공정가치로 측정
	예외	지분상품의 공정가치를 신뢰성 있게 측정할 수 없는 경우 : 소멸된 금융부채의 공정가치를 반영하여 지분상품을 측정

해커스 IFRS 김원종 POINT 중급회계

회계사 · 세무사 · 경영지도사 단번에 합격!
해커스 경영아카데미 cpa.Hackers.com

Chapter 12

충당부채

I 충당부채 일반론

01 정의

구분	내용
충당부채의 정의	지출하는 시기 또는 금액이 불확실한 부채
우발부채의 정의	다음의 ①이나 ②에 해당하는 의무 ① 과거사건으로 생겼으나, 기업이 전적으로 통제할 수는 없는 하나 이상의 불확실한 미래 사건의 발생 여부로만 그 존재 유무를 확인할 수 있는 잠재적 의무 ② 과거사건으로 생겼으나, 다음 a나 b의 경우에 해당하여 인식하지 않는 현재의무 a. 해당 의무를 이행하기 위하여 경제적 효익이 있는 자원을 유출할 가능성이 높지 않은 경우 b. 해당 의무의 이행에 필요한 금액을 신뢰성 있게 측정할 수 없는 경우
우발자산의 정의	과거사건으로 생겼으나, 기업이 전적으로 통제할 수는 없는 하나 이상의 불확실한 미래 사건의 발생 여부로만 그 존재 유무를 확인할 수 있는 잠재적 자산
충당부채의 회계처리	충당부채는 현재의무이고 이를 이행하기 위하여 경제적 효익이 있는 자원을 유출할 가능성이 높고 해당 금액을 신뢰성 있게 추정할 수 있으므로 부채로 인식함
우발부채의 회계처리	다음과 같은 이유로 부채로 인식하지 아니함 ① 기업이 경제적 효익이 있는 자원을 유출할 현재의무를 가지고 있는지가 아직 확인되지 않은 잠재적 의무임 ② 현재의무이지만 이를 이행하기 위하여 경제적 효익이 있는 자원을 유출할 가능성이 높지 않거나 해당 금액을 신뢰성 있게 추정할 수 없으므로 충당부채의 인식기준을 충족하지 못함
우발자산의 회계처리	재무제표에 인식하지 아니함

02 인식

충당부채를 재무상태표에 부채로 인식하기 위해서는 다음의 요건을 모두 충족하여야 하며, 요건을 충족하지 못할 경우에는 충당부채로 인식할 수 없다.

(1) 과거사건의 결과로 현재의무(법적의무나 의제의무)가 존재한다.
(2) 해당 의무를 이행하기 위하여 경제적 효익이 있는 자원을 유출할 가능성이 높다.
(3) 해당 의무를 이행하기 위하여 필요한 금액을 신뢰성 있게 추정할 수 있다.

POINT 충당부채와 우발부채의 인식

미래 경제적 효익의 유출가능성	금액의 신뢰성 있는 추정가능성	
	신뢰성 있게 추정가능	신뢰성 있게 추정불가능
높음(50% 초과)	충당부채로 재무제표에 인식	우발부채로 주석공시
높지 않음	우발부채로 주석공시	
희박함	공시하지 않음	공시하지 않음

(1) 현재의무

① 현재의무란 법적의무와 의제의무를 포함하는 개념이다. 현재의무와 의제의무의 정의는 다음과 같다.

a. 법적의무: 명시적 또는 암묵적 조건에 따른 계약, 법률 및 그 밖의 법적 효력에서 발생하는 의무

b. 의제의무: 과거의 실무관행, 발표된 경영방침, 구체적이고 유효한 약속 등으로 기업이 특정 책임을 부담할 것이라고 상대방에게 표명하고, 그 결과로 기업이 해당 책임을 이행할 것이라는 정당한 기대를 상대방이 가지게 되어 발생하는 의무

② 드물지만 현재의무가 있는지 분명하지 않은 경우가 있다. 이 경우에는 사용할 수 있는 증거를 모두 고려하여 보고기간 말에 현재의무가 존재할 가능성이 존재하지 않을 가능성보다 높으면 과거사건이 현재의무를 생기게 한 것으로 간주한다.

(2) 과거사건

① 현재의무가 생기게 하는 과거사건을 의무발생사건이라고 한다. 의무발생사건이 되려면 해당 사건으로 생긴 의무의 이행 외에는 현실적인 대안이 없어야 하며, 다음의 a나 b의 경우만 이에 해당한다.

a. 의무의 이행을 법적으로 집행할 수 있는 경우

b. 의제의무와 관련해서는 기업이 해당 의무를 이행할 것이라는 정당한 기대를 상대방에게 갖도록 하는 경우

② 재무제표는 미래 시점의 예상 재무상태가 아니라 보고기간 말의 재무상태를 표시하는 것이므로, 미래 영업에서 생길 원가는 충당부채로 인식하지 아니한다. 따라서 보고기간 말에 존재하는 부채만을 재무상태표에 인식한다.

③ 기업의 미래 행위와 관계없이 존재하는 과거사건에서 생긴 의무만을 충당부채로 인식한다. 예를 들면 불법적인 환경오염으로 인한 범칙금이나 환경정화비용은 기업의 미래 행위에 관계없이 해당 의무의 이행에 경제적 효익이 있는 자원의 유출을 불러온다. 이와 마찬가지로 유류보관시설이나 원자력 발전소 때문에 이미 일어난 피해에 대하여 기업은 복구할 의무가 있는 범위에서 유류보관시설이나 원자력 발전소의 사후처리원가와 관련된 충당부채를 인식한다. 반면에 상업적 압력이나 법률 규정 때문에 공장에 특정 정화장치를 설치하는 지출을 계획하고 있거나 그런 지출이 필요한 경우에는 공장 운영방식을 바꾸는 등의 미래 행위로 미래의 지출을 회피할 수 있으므로 미래에 지출을 해야 할 현재의무는 없으며 충당부채도 인식하지 아니한다.

[그림 12-1] 기업의 미래 행위와 충당부채

과거사건의 종류		재무제표의 인식
[기업의 미래 행위와 관계없이 존재하는 과거사건] • 불법적인 환경오염으로 인한 범칙금 • 환경정화비용	➡	충당부채로 인식함 (∵ 회피불가능한 의무)
[기업의 미래 행위와 관계있는 과거사건] 특정 정화장치를 설치하는 지출	➡	충당부채로 인식하지 아니함 (∵ 회피가능한 의무)

④ 의무에는 언제나 해당 의무의 이행 대상이 되는 상대방이 존재한다. 그러나 상대방이 누구인지 반드시 알아야 하는 것은 아니며 경우에 따라서는 일반대중일 수도 있다.

⑤ 어떤 사건은 발생 당시에는 현재의무를 생기게 하지 않지만 나중에 의무를 생기게 할 수 있다. 법률이 제정 · 개정되면서 의무가 생기거나 기업의 행위(예 충분할 정도로 구체적인 공표)에 따라 나중에 의제의무가 생기는 경우가 있기 때문이다. 예를 들어, 일어난 환경오염에 대하여 지금 당장 정화해야 하는 의무가 없는 경우에도 나중에 새로운 법률에서 그러한 환경오염을 정화하도록 요구하거나 기업이 그러한 정화의무를 의제의무로서 공개적으로 수용한다면, 해당 법률의 제정 · 개정 시점이나 기업의 공개적인 수용 시점에 그 환경오염을 일으킨 것은 의무발생사건이 된다.

⑥ 입법 예고된 법률의 세부 사항이 아직 확정되지 않은 경우에는 해당 법안대로 제정될 것이 거의 확실한 때에만 의무가 생긴 것으로 본다.

(3) 경제적 효익이 있는 자원의 유출가능성

① 부채로 인식하기 위해서는 현재의무가 존재하여야 할 뿐만 아니라 해당 의무를 이행하기 위하여 경제적 효익이 있는 자원의 유출가능성이 높아야 한다. 제1037호 '충당부채, 우발부채, 우발자산'에서는 특정 사건이 일어날 가능성이 일어나지 않을 가능성보다 높은 경우에 자원의 유출이나 그 밖의 사건이 일어날 가능성이 높다고 간주한다(예 50% 초과). 현재의무의 존재가능성이 높지 않은 경우에는 우발부채를 공시한다. 다만 해당 의무를 이행하기 위하여 경제적 효익이 있는 자원을 유출할 가능성이 희박한 경우에는 공시하지 아니한다.

② 제품보증이나 이와 비슷한 계약 등 비슷한 의무가 다수 있는 경우에 의무 이행에 필요한 자원의 유출가능성은 해당 의무 전체를 고려하여 판단한다.

(4) 의무에 대한 신뢰성 있는 추정

① 추정치의 사용은 재무제표 작성에 반드시 필요하며 재무제표의 신뢰성을 떨어뜨리지 않는다.

② 극히 드문 경우로 신뢰성 있는 금액의 추정을 할 수 없는 때에는 부채로 인식하지 않고 우발부채로 공시한다.

(5) 우발부채

① 우발부채는 의무를 이행하기 위하여 경제적 효익이 있는 자원을 유출할 가능성이 희박하지 않다면, 우발부채를 주석으로 공시하며 재무제표에 인식하지 아니한다.

② 제3자와 연대하여 의무를 지는 경우에는 이행할 전체 의무 중 제3자가 이행할 것으로 예상되는 부분을 우발부채로 처리한다. 신뢰성 있게 추정할 수 없는 극히 드문 경우를 제외하고는 해당 의무 중에서 경제적 효익이 있는 자원의 유출가능성이 높은 부분에 대하여 충당부채를 인식한다.

[그림 12-2] 연대하여 의무를 지는 경우

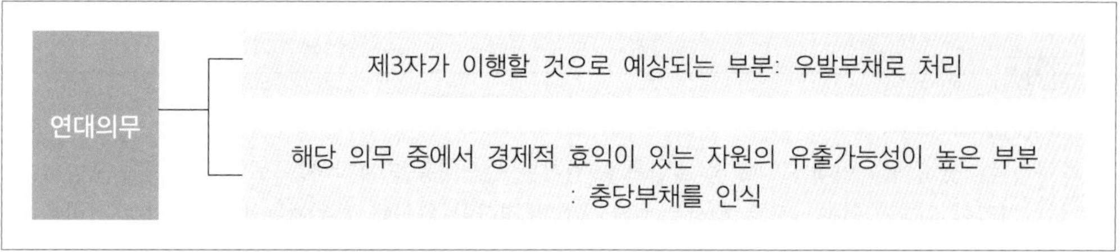

③ 우발부채는 처음에 예상하지 못한 상황에 따라 변할 수 있으므로, 경제적 효익이 있는 자원의 유출가능성이 높아졌는지를 판단하기 위하여 우발부채를 지속적으로 평가한다. 만약, 과거에 우발부채로 처리하였더라도 미래 경제적 효익의 유출가능성이 높아진 경우에는 그러한 가능성의 변화가 생긴 기간의 재무제표에 충당부채로 인식한다.

(6) 우발자산

① 우발자산은 재무제표에 인식하지 아니한다.

② 미래에 전혀 실현되지 않을 수도 있는 수익을 인식하는 결과를 가져올 수 있기 때문에 우발자산은 재무제표에 인식하지 아니한다. 그러나 수익의 실현이 거의 확실하다면 관련 자산은 우발자산이 아니므로 해당 자산을 재무제표에 인식하는 것이 타당하다. 우발자산은 경제적 효익의 유입가능성이 높은 경우에 주석사항으로 공시한다.

POINT 우발자산의 인식

미래 경제적 효익의 유입가능성	금액의 신뢰성 있는 추정가능성	
	신뢰성 있게 추정가능	신뢰성 있게 추정불가능
높음	우발자산으로 주석공시	우발자산으로 주석공시
높지 않음	공시하지 않음	공시하지 않음

03 측정

(1) 최선의 추정치

① 충당부채로 인식하는 금액은 현재의무를 보고기간 말에 이행하기 위하여 필요한 지출에 대한 최선의 추정치이어야 한다.

② 충당부채로 인식하여야 하는 금액과 관련된 불확실성은 상황에 따라 판단한다. 다수의 항목과 관련되는 충당부채를 측정하는 경우에 해당 의무는 가능한 모든 결과에 관련된 확률을 가중평균하여 추정한다. 이러한 통계적 추정방법을 '기댓값'이라고 한다.

사례

기댓값의 계산

구입 후 첫 6개월 이내에 제조상 결함으로 생기는 수선비용을 보장하는 보증을 재화에 포함하여 판매하는 기업이 있다. 판매한 모든 생산품에서 사소한 결함이 확인될 경우에는 1백만원의 수선비용이 발생한다. 판매한 모든 생산품에서 중요한 결함이 확인될 경우에는 4백만원의 수선비용이 발생한다. 기업의 과거 경험과 미래 예상에 따르면 내년에 판매할 재화 중에서 75%는 전혀 결함이 없지만, 20%는 사소한 결함이 있고, 나머지 5%는 중요한 결함이 있을 것으로 예상한다. 이를 요약하면 다음과 같다.

상황	예상수선비용	예상발생확률
전혀 결함이 없는 경우	₩0	75%
사소한 결함이 있는 경우	₩1,000,000	20%
중요한 결함이 있는 경우	₩4,000,000	5%

기업은 보증의무와 관련된 자원의 유출가능성을 해당 의무 전체에 대하여 평가하고 수선비용의 기댓값은 다음과 같이 계산한다.

∴ 기댓값: (₩0 × 75%) + (₩1,000,000 × 20%) + (₩4,000,000 × 5%) = ₩400,000

③ 하나의 의무를 측정하는 경우에는 가능성이 가장 높은 단일의 결과가 해당 부채에 대한 최선의 추정치가 될 수 있다.

[그림 12-3] 충당부채로 인식하여야 하는 금액과 관련된 불확실성

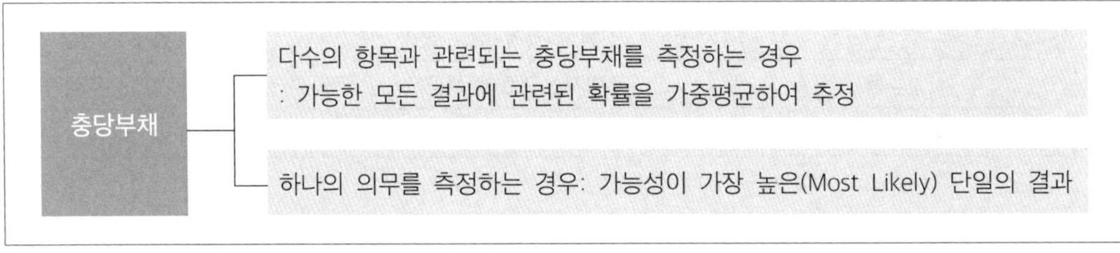

④ 충당부채의 법인세효과와 그 변동은 K-IFRS 제1012호 '법인세'에 따라 회계처리하므로 충당부채는 세전 금액으로 측정한다.

(2) 위험과 불확실성

① 충당부채에 대한 최선의 추정치를 구할 때에는 관련된 여러 사건과 상황에 따르는 불가피한 위험과 불확실성을 고려한다.

② 위험은 결과의 변동성을 의미하므로 위험조정으로 부채의 측정금액이 증가할 수 있다. 불확실한 상황에서는 수익이나 자산을 과대표시하거나 비용이나 부채를 과소표시하지 않도록 유의하여야 한다. 불확실성을 이유로 충당부채를 과도하게 인식하거나 부채를 의도적으로 과대표시하는 것은 정당화될 수 없다.

(3) 현재가치

① 화폐의 시간가치 영향이 중요한 경우에 충당부채는 의무를 이행하기 위하여 예상되는 지출액의 현재가치로 평가한다.

② 할인율은 부채의 특유한 위험과 화폐의 시간가치에 대한 현행 시장의 평가를 반영한 세전이자율이다. 이 할인율에는 미래현금흐름을 추정할 때 고려한 위험을 반영하지 아니한다.

(4) 미래 사건

① 현재의무를 이행하기 위하여 필요한 지출 금액에 영향을 미치는 미래 사건이 일어날 것이라는 충분하고 객관적인 증거가 있는 경우에는 그 미래 사건을 고려하여 충당부채 금액을 추정한다.

② 새로운 법률의 제정이 거의 확실하다는 충분하고 객관적인 증거가 존재할 때 해당 법률의 영향을 고려하여 충당부채를 측정한다.

(5) 예상되는 자산처분

예상되는 자산처분이익은 충당부채를 측정하는 데 고려하지 아니한다. 예상되는 자산처분이 충당부채를 생기게 한 사건과 밀접하게 관련되었더라도 예상되는 자산처분이익은 충당부채를 측정하는 데 고려하지 아니한다. 예상되는 자산처분이익은 해당 자산과 관련된 회계처리를 다루는 다른 K-IFRS에서 규정하는 시점에 인식한다.

04 변제

변제의 정의	기업이 의무를 이행하기 위하여 지급한 금액을 보험약정이나 보증계약 등에 따라 제3자가 보전하거나, 기업이 지급할 금액을 제3자가 직접 지급하는 경우
변제의 회계처리	① 충당부채를 결제하기 위하여 필요한 지출액의 일부나 전부를 제3자가 변제할 것으로 예상되는 경우에는 기업이 의무를 이행한다면 변제를 받을 것이 거의 확실하게 되는 때에만 변제금액을 별도의 자산으로 인식하고 회계처리함 ② 자산으로 인식하는 금액은 관련 충당부채 금액을 초과할 수 없음 ③ 충당부채와 관련하여 포괄손익계산서에 인식한 비용은 제3자의 변제와 관련하여 인식한 금액과 상계하여 표시할 수 있음

[회계처리] 변제

(차) 손실	×××	(대) 충당부채	×××
(차) 자산	×××	(대) 손실 or 수익	×××

05 사용과 변동

(1) 사용

충당부채는 최초인식과 관련 있는 지출에만 사용한다. 즉, 본래의 충당부채와 관련된 지출에만 그 충당부채를 사용한다. 왜냐하면 당초에 다른 목적으로 인식된 충당부채를 그 목적이 아닌 지출에 사용하면 서로 다른 두 사건의 영향이 적절하게 표시되지 않기 때문이다.

(2) 변동

① 보고기간 말마다 충당부채의 잔액을 검토하고, 보고기간 말 현재 최선의 추정치를 반영하여 조정한다. 의무를 이행하기 위하여 경제적 효익이 있는 자원을 유출할 가능성이 높지 않게 된 경우에는 관련 충당부채를 환입한다.

② 충당부채를 현재가치로 평가하여 표시하는 경우에는 장부금액을 기간 경과에 따라 증액하고 해당 증가 금액은 차입원가로 인식한다.

Ⅱ 유형별 충당부채

01 미래의 예상 영업손실

① 미래의 예상 영업손실은 충당부채로 인식하지 아니함
② 미래에 영업손실이 예상되는 경우에는 영업과 관련된 자산이 손상되었을 가능성이 있으므로 손상검사를 수행함

02 손실부담계약

정의	계약상 의무의 이행에 필요한 회피불가능 원가가 그 계약에서 받을 것으로 예상되는 경제적 효익을 초과하는 계약
측정	Min[계약을 이행 시 원가, 계약을 불이행 시 보상금이나 위약금] (손실부담계약에 대한 충당부채를 인식하기 전에 해당 손실부담계약을 이행하기 위하여 사용하는 자산에서 생긴 손상차손을 먼저 인식한다)

03 구조조정

정의	경영진의 계획과 통제에 따라 기업의 사업범위나 사업수행방식을 중요하게 바꾸는 일련의 절차
인식	① 구조조정충당부채는 충당부채의 일반적인 인식기준을 모두 충족하는 경우에만 인식함 ② 구조조정에 대한 의제의무는 다음의 요건을 모두 충족하는 경우에만 발생함 a. 기업이 구조조정에 대한 구체적인 공식 계획을 가지고 있음 b. 기업이 구조조정 계획의 실행에 착수하였거나 구조조정의 주요 내용을 공표함으로써 구조조정의 영향을 받을 당사자가 기업이 구조조정을 실행할 것이라는 정당한 기대를 갖게 함
측정	① 구조조정충당부채로 인식할 수 있는 지출은 구조조정에서 생기는 직접비용만을 포함해야 하며 다음의 요건을 모두 충족하여야 함 a. 구조조정 때문에 반드시 생기는 지출 b. 기업의 계속적인 활동과 관련 없는 지출 ② 다음의 지출은 미래의 영업활동과 관련된 것이므로 보고기간 말에 구조조정충당부채로 인식하지 아니함 a. 계속 근무하는 종업원에 대한 교육훈련과 재배치 b. 마케팅 c. 새로운 제도와 물류체제의 구축에 대한 투자 ③ 구조조정을 완료하는 날까지 생길 것으로 예상되는 영업손실은 손실부담계약과 관련된 경우를 제외하고 충당부채로 인식하지 아니함 ④ 구조조정의 일환으로 자산의 매각을 계획하는 경우라도 구조조정과 관련하여 예상되는 자산 처분이익은 구조조정충당부채를 측정하는 데 고려하지 아니함

04 제품보증충당부채

제품보증이란 제품의 판매와 용역의 제공 후에 제품의 결함이 있을 경우에 그것을 보증하여 수선이나 교환해 주겠다는 구매자와 판매자 사이의 계약을 말한다. 이러한 제품보증으로 인하여 미래에 보증청구를 위한 자원의 유출가능성이 높으며, 자원의 유출금액에 대하여 신뢰성 있는 추정이 가능하다면 제품보증충당부채를 인식해야 한다. 이러한 제품보증은 보증이라는 용역과 결합하여 나타나는 회계처리이므로 [Ch-16 수익(1): 고객과의 계약에서 생기는 수익]에서 구체적으로 설명하기로 한다.

05 환불부채

고객에게서 받은 대가의 일부나 전부를 고객에게 환불할 것으로 예상하는 경우 발생하는 부채를 환불부채라고 말한다. 환불부채는 기업이 받았거나 받을 대가 중에서 권리를 갖게 될 것으로 예상하지 않는 금액으로 측정한다. 또한, 환불부채는 보고기간 말마다 상황의 변동을 반영하여 새로 수정해야 한다. 환불부채는 반품권이 부여된 판매와 결합하여 나타나는 회계처리이므로 [Ch-16 수익(1): 고객과의 계약에서 생기는 수익]에서 구체적으로 설명하기로 한다.

06 복구충당부채

복구원가의 정의	유형자산의 경제적 사용이 종료된 후에 원상회복을 위하여 그 자산을 제거, 해체하거나 또는 부지를 복원하는 데 소요될 것으로 추정되는 비용
회계처리	① 복구원가의 현재가치를 복구충당부채로 인식하고, 유형자산의 취득원가에 가산하여 내용연수에 걸쳐 감가상각함 ② 복구충당부채의 현재가치와 미래 예상지출액의 차액은 유효이자율법을 적용하여 이자비용으로 인식함 ③ 복구원가를 지출하는 시점에 실제복구원가 발생액과 복구충당부채의 장부금액의 차이를 복구공사손익(당기손익)으로 인식함

07 손해배상손실

정의	기업은 정상적인 영업과정에서 다른 기업이나 소비자로부터 재판에 의하여 원고와 피고 사이의 권리와 의무 따위의 법률관계를 확정하여 줄 것을 법원에서 요구받거나 또는 요구받을 가능성이 있는 경우
회계처리	보고기간 말 현재 손해배상을 청구하는 법적 절차가 이미 발생하였고, 법적 전문가에게 질의한 결과 패소할 가능성이 높고, 의무 이행을 위한 자원의 유출가능성이 높으며, 그 금액을 신뢰성 있게 추정할 수 있는 경우에는 의무를 이행하기 위한 최선의 추정치를 당기손실로 인식하고 동 금액만큼 충당부채를 인식하여야 함

[회계처리] 손해배상손실

(차) 손해배상손실	×××	(대) 손해배상손실충당부채	×××

Ⅲ 보고기간후사건

01 의의

정의	보고기간후사건이란 보고기간 말과 재무제표 발행승인일 사이에 발생한 유리하거나 불리한 사건을 말함
유형	① 수정을 요하는 보고기간후사건: 보고기간 말에 존재하였던 상황에 대해 증거를 제공하는 사건 ② 수정을 요하지 않는 보고기간후사건: 보고기간 후에 발생한 상황을 나타내는 사건
재무제표의 발행승인일	① 재무제표를 발행한 이후에 주주에게 승인을 받기 위하여 제출하는 경우: 재무제표 발행승인일은 주주가 재무제표를 승인한 날이 아니라 재무제표를 발행한 날 ② 이사회(비집행이사로만 구성)의 승인을 얻기 위하여 재무제표를 발행하는 경우: 경영진이 감독이사회에 재무제표를 제출하기 위하여 승인한 날

02 인식과 측정

수정을 요하는 보고기간후사건의 회계처리	수정을 요하는 보고기간후사건이 발생한 경우 그 영향을 반영하기 위하여 재무제표를 수정함
수정을 요하는 보고기간후사건의 예	① 보고기간 말에 존재하였던 현재의무가 보고기간 후에 소송사건의 확정에 의해 확인되는 경우 ② 보고기간 말에 이미 자산손상이 발생되었음을 나타내는 정보를 보고기간 후에 입수하는 경우나 이미 손상차손을 인식한 자산에 대하여 손상차손금액의 수정이 필요한 정보를 보고기간 후에 입수하는 경우. 다음과 같은 예를 들 수 있음 a. 보고기간 후의 매출처 파산은 일반적으로 보고기간 말의 매출채권에 손실이 발생하였음을 확인하는 추가적인 정보이므로 매출채권의 장부금액을 수정할 필요가 있음 b. 보고기간 후의 재고자산 판매는 보고기간 말의 순실현가능가치에 대한 증거를 제공할 수 있음 ③ 보고기간 말 이전에 구입한 자산의 취득원가나 매각한 자산의 대가를 보고기간 후에 결정하는 경우 ④ 보고기간 말 이전 사건의 결과로서 보고기간 말에 종업원에게 지급하여야 할 법적의무나 의제의무가 있는 이익분배나 상여금지급 금액을 보고기간 후에 확정하는 경우 ⑤ 재무제표가 부정확하다는 것을 보여주는 부정이나 오류를 발견한 경우
수정을 요하지 않는 보고기간후사건의 회계처리	수정을 요하지 않는 보고기간후사건을 반영하기 위하여 재무제표에 인식된 금액을 수정하지 아니함
수정을 요하지 않는 보고기간후사건의 예	① 보고기간 말과 재무제표 발행승인일 사이에 투자자산의 공정가치 하락을 들 수 있음 ② 보고기간 후부터 재무제표 발행승인일 전 사이에 배당을 선언한 경우, 보고기간 말에 어떠한 의무도 존재하지 않으므로 보고기간 말에 부채로 인식하지 아니함

[그림 12-4] 보고기간후사건

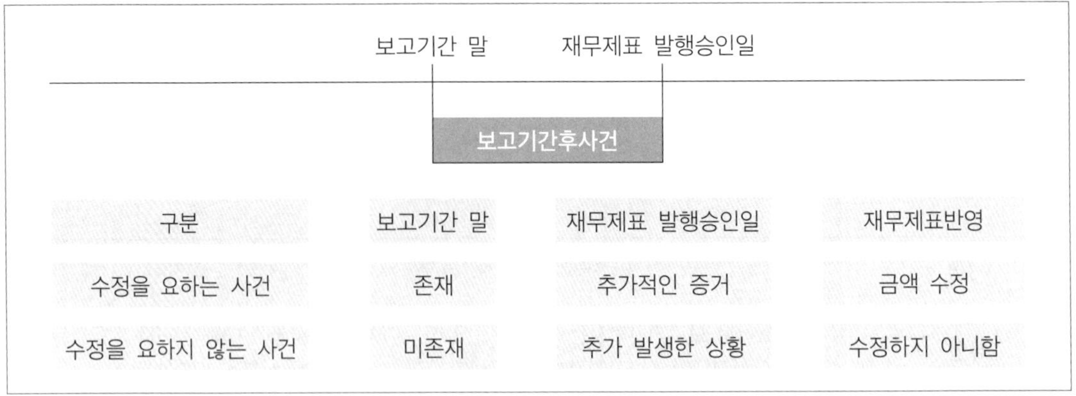

구분	보고기간 말	재무제표 발행승인일	재무제표반영
수정을 요하는 사건	존재	추가적인 증거	금액 수정
수정을 요하지 않는 사건	미존재	추가 발생한 상황	수정하지 아니함

03 계속기업

경영진이 보고기간 후에, 기업을 청산하거나 경영활동을 중단할 의도를 가지고 있거나, 청산 또는 경영활동의 중단 외에 다른 현실적 대안이 없다고 판단하는 경우에는 계속기업의 기준에 따라 재무제표를 작성해서는 안 된다.

해커스 IFRS 김원종 POINT 중급회계

회계사·세무사·경영지도사 단번에 합격!
해커스 경영아카데미 cpa.Hackers.com

Chapter 13

자본

Ⅰ 자본회계의 일반론

01 자본의 의의

자본의 정의	기업의 자산에서 모든 부채를 차감한 후의 잔여지분
자본의 특성	① 주주의 청구권을 나타냄: 주주지분, 소유주지분 ② 채권자의 지분을 차감한 후의 지분임: 잔여지분 ③ 기업 소유주의 순수한 자금임: 자기자본

02 자본의 분류

(1) 자본의 분류

발생원천	경제적 관점	상법 (일반기업회계기준)	자본 분류별 성격	국제회계기준 (예시)
자본거래	불입자본	자본금	법정자본금	납입자본
		자본잉여금	자본거래상의 잉여금	
		자본조정	자본거래 손실 및 임시계정	기타자본구성요소
손익거래	유보이익	기타포괄손익누계액	기타포괄손익의 누적잔액	
		이익잉여금	당기순손익의 누적잔액 (배당으로 유출된 금액 등의 제외)	이익잉여금

(2) 자본의 세부항목

자본금	보통주자본금, 우선주자본금
자본잉여금	주식발행초과금, 감자차익, 자기주식처분이익 등
자본조정	주식할인발행차금, 감자차손, 자기주식처분손실, 자기주식, 미교부주식배당금 등
기타포괄손익누계액	재평가잉여금, 기타포괄손익공정가치측정금융자산평가손익 등
이익잉여금	법정적립금, 임의적립금, 미처분이익잉여금

03 자본거래와 손익거래

(1) 자본거래

자본거래는 보고기업과 보고기업의 지분참여자 사이의 거래를 말한다. 자본거래는 해당 거래의 결과가 포괄손익계산서에 영향을 주지 않고 곧바로 재무상태표에 반영된다.

(2) 손익거래

손익거래는 그 밖의 제3자와의 거래 등을 말한다. 손익거래의 결과는 포괄손익계산서에 수익과 비용으로 인식될 수 있으며, 이렇게 인식된 거래결과는 최종적으로 재무상태표에 반영된다.

[그림 13-1] 거래, 손익 그리고 자본의 관계

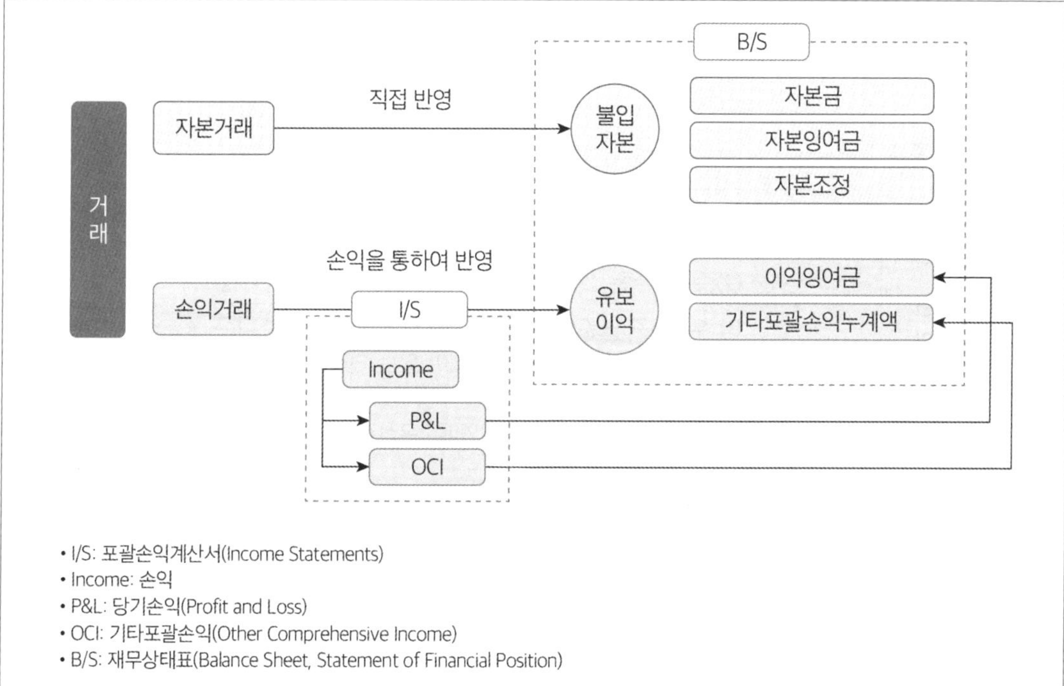

Ⅱ 자본금

01 자본금의 의의

(1) 자본금의 정의

자본금의 정의	자본금은 상법에서 정하는 바에 따라 적립된 법정자본금으로서 소유주가 채권자의 권리를 보호하기 위하여 확보해야 하는 최소한의 자본임
자본금의 결정	(1) 액면주식을 발행한 경우: 자본금은 발행주식의 액면금액 합계액으로 계상 (2) 무액면주식을 발행한 경우: 자본금은 발행금액의 1/2에 미달하지 않는 금액 범위 내에서 이사회가 정한 금액으로 계상

(2) 주식의 종류

주식에 내재된 권리의 내용	보통주	(1) 보통주란 기업이 여러 종류의 주식을 발행한 경우 주주의 권리를 규정함에 있어 다른 종류의 주식과 구분하기 위한 표준이 되는 주식을 말함 (2) 보통주주는 기본적으로 의결권과 신주인수권을 가짐
	우선주	(1) 우선주란 표준이 되는 주식(보통주)과 구분되는 다른 종류의 주식을 말함 (2) 보통주에 기본적으로 내재되어 있는 의결권과 신주인수권이 제한되는 것이 일반적임 (3) 우선권의 종류에 따라 이익배당우선주, 전환우선주, 상환우선주 등으로 구분됨
액면금액의 존재 여부	액면주식	액면금액이 기재되어 있는 주식
	무액면주식	액면금액이 기재되지 않는 주식

[배당금의 배분]

① 이익배당우선주의 구분

누적적우선주	과거 연도분에 대한 배당의 일부 또는 전부를 지급받지 못한 경우 그 이후 연도에 대한 배당 시 과거 연도분 배당을 우선적으로 받을 수 있는 우선주
참가적우선주	우선주와 보통주에게 약정된 배당률 해당분만큼 배당을 하고 남은 부분에 대한 추가배당 시 보통주와 함께 참여할 수 있는 우선주

② 이익배당우선주와 보통주 간에 배당금을 배분하는 절차는 다음과 같다. 먼저 누적적우선주가 있는 경우, 과거 연도분에 대한 배당금을 먼저 배분한 후, 당기분 배당금을 배분한다. 배당금은 보통 해당 주식의 액면금액에 약정 배당률을 곱하여 계산한다. 당기분 배당금을 배분한 후에도 배당재원이 남아 있는 경우에는 보통주와 참가적우선주에게 남은 금액을 배분하는데, 이때에는 각 주식의 자본금에 비례하여 배분한다.

> ⊙ **참고 배당률과 배당수익률**
>
> 배당률은 액면금액에 대한 배당금의 비율이고, 배당수익률은 주가에 대한 배당금의 비율을 말한다. 재무회계에서 배당금의 배분을 구할 때 쓰는 비율은 배당률을 의미한다.
>
> (1) 배당률 = $\frac{\text{배당금}}{\text{액면금액}}$
>
> (2) 배당수익률 = $\frac{\text{배당금}}{\text{주가}}$

02 자본금의 증가(증자)

(1) 유상증자(실질적 증자)

유상증자란 기업의 자본금을 증가시키면서 동시에 순자산이 증가되는 형태의 자본거래를 말한다.

주식의 현금발행	주식의 발행으로 현금이 유입되는 형태의 주식발행
현물출자	주식의 발행으로 비화폐성자산이 유입되는 형태의 주식발행
출자전환	주식의 발행으로 부채가 감소되는 형태의 주식발행

① 액면주식의 현금발행

• 액면주식의 할증발행

(차) 현금	×××	(대) 자본금	×××
		주식발행초과금(자본잉여금)	×××

• 액면주식의 액면발행

(차) 현금	×××	(대) 자본금	×××

• 액면주식의 할인발행

(차) 현금	×××	(대) 자본금	×××
주식할인발행차금(자본조정)	×××		

POINT 주식의 할증발행, 할인발행 및 액면발행

구분	발행조건	주식발행초과금과 주식할인발행차금의 계상
할증발행	발행금액 > 액면금액	주식할인발행차금의 잔액과 먼저 상계한 후 잔액에 대해서만 주식발행초과금으로 계상
할인발행	발행금액 < 액면금액	주식발행초과금의 잔액과 먼저 상계한 후 잔액에 대해서만 주식할인발행차금으로 계상
액면발행	발행금액 = 액면금액	주식발행초과금 및 주식할인발행차금이 발생하지 아니함
신주발행비	주식의 발행금액에서 차감함	

② 무액면주식의 발행

- 발행금액의 1/2에 미달하지 않는 금액 범위 내에서 이사회가 정한 금액을 자본금으로 계상하고 동 자본금을 초과하는 주식발행금액은 주식발행초과금(자본잉여금)으로 계상
- 발행금액이 계상한 자본금에 미달하는 상황이 발생하지 않음(주식할인발행차금이 발생하지 않음)

③ 청약에 의한 신주발행

주식청약 시 신주청약증거금은 회사와 주주와의 거래에서 발생한 임시계정이므로 자본조정으로 계상하였다가 주식발행일에 주식발행가액에 가산하여 자본금과 주식발행초과금으로 대체한다.

- 청약시점

(차) 현금	×××	(대) 신주청약증거금(자본조정)	×××

- 주식발행시점

(차) 현금	×××	(대) 자본금	×××
신주청약증거금(자본조정)	×××	주식발행초과금	×××

(2) 현물출자

(1) 원칙: 납입된 비화폐성자산의 공정가치를 발행금액으로 결정
(2) 예외: 납입된 비화폐성자산의 공정가치가 신뢰성 있게 측정되지 않는다면, 발행된 주식의 공정가치를 참고하여 발행금액을 결정

(3) 출자전환

<table>
<tr><td colspan="2">정의</td><td>지분상품에 의한 금융부채의 소멸이란 채무자가 지분상품(주식)을 발행하여 금융부채의 전부 또는 일부를 소멸시키는 것을 말하며, 출자전환이라고도 함</td></tr>
<tr><td rowspan="2">측정</td><td>원칙</td><td>해당 지분상품의 공정가치를 신뢰성 있게 측정할 수 있는 경우
: 지분상품의 공정가치로 측정</td></tr>
<tr><td>예외</td><td>지분상품의 공정가치를 신뢰성 있게 측정할 수 없는 경우
: 소멸된 금융부채의 공정가치를 반영하여 지분상품을 측정</td></tr>
</table>

[회계처리] 지분상품에 의한 금융부채의 소멸

(차) 금융부채	×××	(대) 자본금	×××
		주식발행초과금	×××
		채무조정이익	×××

⊘ 참고 **출자전환**

금융부채를 소멸시키기 위한 지분상품의 발행이 두 개의 거래로 구성된 것으로 분석될 수 있다. 즉 첫째, 현금을 대가로 채권자에게 새로운 지분상품을 발행하고 둘째, 금융부채를 소멸시키기 위한 그 금액의 현금지급을 채권자가 수용하는 두 개의 거래로 구성된다. 따라서 금융부채를 소멸시키기 위해 발행된 지분상품이 부채를 상환하기 위해 '지급한 대가'이므로 지분상품의 공정가치로 측정하는 것이다.

(4) 무상증자(형식적 증자)

무상증자란 기업의 자본금을 증가시켰음에도 불구하고 기업의 순자산에는 변화가 없는 형태의 자본금 증가를 의미한다.

[회계처리] 무상증자

(차) 자본잉여금(주식발행초과금 등)	×××	(대) 자본금	×××
법정적립금(이익준비금 등)	×××		

03 자본금의 감소(감자)

(1) 유상감자(실질적 감자)

[회계처리] 유상감자

① 감자대가 = 액면금액

(차) 자본금	×××	(대) 현금	×××

② 감자대가 < 액면금액

(차) 자본금	×××	(대) 현금	×××
		감자차익(자본잉여금)	×××

③ 감자대가 > 액면금액

(차) 자본금	×××	(대) 현금	×××
감자차손(자본조정)	×××		

(2) 무상감자(형식적 감자)

무상감자는 자본금을 감소시켜 누적된 결손금을 보전하기 위한 목적으로 수행되는데, 자본총계에 변화가 없고 유출되는 순자산이 없기 때문에 형식적 감자라고도 한다.

POINT 감자의 회계처리

유상감자	(1) 소각주식의 액면금액 > 감자대가 : 감자차손 잔액을 먼저 감소시킨 후 잔액을 감자차익으로 계상 (2) 소각주식의 액면금액 < 감자대가 : 감자차익 잔액을 먼저 감소시킨 후 잔액을 감자차손으로 계상
무상감자	(1) 자본금을 감소시켜 누적된 결손금을 보전하기 위한 목적으로 수행 : 자본금 감소액이 결손보전액보다 더 큰 경우에는 감자차익 발생 (2) 자본금을 감소시키는 방법 ① 발행주식수를 감소시키는 방법(주식병합) ② 액면금액을 감소시키는 방법 ③ 발행주식수와 액면금액을 모두 감소시키는 방법 (3) 유상감자와 다르게 감자차익만 발생함

Ⅲ 자본잉여금과 자본조정

01 자본거래유형과 자본거래손익

자본거래유형	자본거래이익	자본거래손실
주식발행	주식발행초과금	주식할인발행차금
주식소각	감자차익	감자차손
자기주식처분	자기주식처분이익	자기주식처분손실

02 자기주식의 회계처리

자기주식이란 기업이 이미 발행한 주식을 재취득하여 보유하는 경우 해당 주식을 말한다. 자기주식의 이론적인 회계처리방법에 대해서는 서로 다른 여러 학설이 존재하나 K-IFRS에서는 자기주식을 취득한 경우 자본 전체에서 차감할 성격으로 보아 자본조정으로 계상하도록 하고 있다.

⊘ **참고 미발행주식설**

회계학적으로 자기주식을 바라보는 관점은 크게 자산으로 보는 관점과 미발행주식으로 보는 관점으로 구분된다. 자산으로 보는 관점은 자기주식을 처분할 경우 현금이 유입되어 미래 경제적 효익을 기대할 수 있으므로 자기주식을 자산으로 인식하자는 관점이다. 그러나 기업이 자기주식을 취득한 이후에 상법상 소각 또는 처분 둘 중 하나의 의사결정을 할 수 있는데, 소각할 경우에는 미래 경제적 효익이 유입되지 않으며, 회사가 발행한 주식을 자산으로 계상하는 것 자체에 모순이 있으므로, 자기주식은 미발행주식설로 보아 총자본에서 차감하는 형식으로 표시한다. 이러한 이론적인 근거에 입각하여 K-IFRS 제1032호 '금융상품 표시'에서는 기업이 자기지분상품을 재취득하는 경우에는 이러한 지분상품인 자기주식은 자본에서 차감한다고 규정하고 있다. 또한 자기지분상품을 매입, 매도, 발행, 소각하는 경우의 손익은 당기손익으로 인식하지 않는다.

(1) 자기주식의 취득

① 유상취득한 경우

(차) 자기주식(자본조정)	×××	(대) 현금	×××

② 주주로부터 증여받은 경우

회계처리 없음

(2) 자기주식의 처분

① 취득원가 < 처분금액

(차) 현금	×××	(대) 자기주식	×××
		자기주식처분이익(자본잉여금)	×××

② 취득원가 > 처분금액

(차) 현금	×××	(대) 자기주식	×××
자기주식처분손실(자본조정)	×××		

(3) 자기주식의 소각

① 자본금 감소액 > 자기주식의 취득원가

(차) 자본금	×××	(대) 자기주식	×××
		감자차익(자본잉여금)	×××

② 자본금 감소액 < 자기주식의 취득원가

(차) 자본금	×××	(대) 자기주식	×××
감자차손(자본조정)	×××		

POINT 자기주식의 회계처리

구분	내용
자기주식의 취득	(1) 유상취득: 취득에 소요된 금액을 자기주식의 계정으로 하여 자본조정으로 표시 (2) 증여취득: 회계처리 없음
자기주식의 처분	(1) 자기주식의 취득원가 < 처분금액: 자기주식처분이익(자본잉여금) (2) 자기주식의 취득원가 > 처분금액: 자기주식처분손실(자본조정)
자기주식의 소각	(1) 감소되는 자본금 > 자기주식의 취득원가: 감자차익(자본잉여금) (2) 감소되는 자본금 < 자기주식의 취득원가: 감자차손(자본조정)

03 기타자본거래

(1) 전환권대가와 신주인수권대가

전환권대가란 전환사채의 발행가액과 전환사채의 현재가치와의 차액으로서 전환사채에 부여된 자본요소를 말하며, 신주인수권대가란 신주인수권부사채의 발행가액과 신주인수권부사채의 현재가치와의 차액으로서 신주인수권부사채에 부여된 자본요소를 말한다. 전환권대가와 신주인수권대가는 자본조정항목이다.

(2) 주식선택권

주식결제형 주식기준보상거래의 보상원가는 가득시점 또는 가득기간에 걸쳐 주식보상비용의 과목으로 하여 당기비용으로 처리되거나 자산의 취득원가에 포함시키고, 보상원가 상당액을 주식선택권(자본조정)으로 인식한다.

Ⅳ 기타포괄손익누계액과 이익잉여금

01 기타포괄손익누계액

(1) 의의

기타포괄손익누계액의 발생	보고기간 중 발생된 기타포괄손익의 대체
기타포괄손익누계액의 소멸	① 당기손익 재분류 ② 이익잉여금 등으로 직접 대체(자본 내 대체)

(2) 기타포괄손익누계액의 종류

기타포괄손익누계액의 구체적인 항목은 다음과 같다.

① 재평가잉여금
② 재측정요소
③ 해외사업환산손익
④ 기타포괄손익공정가치측정금융자산평가손익(지분상품), 기타포괄손익공정가치측정금융자산평가손익(채무상품)
⑤ 기타포괄손익 - 공정가치로 측정하는 지분상품투자에 대한 위험회피에서 위험회피수단의 평가손익 중 효과적인 부분, 파생상품평가손익(현금흐름위험회피에서 위험회피수단의 평가손익 중 효과적인 부분)
⑥ 당기손익 - 공정가치 측정항목으로 지정한 특정 부채의 신용위험 변동으로 인한 공정가치 변동 금액

02 이익잉여금

이익잉여금이란 기업에 발생한 당기순이익의 누적액에서 배당으로 사외유출되거나 자본의 다른 항목으로 대체된 금액을 제외한 부분을 말한다. 이익잉여금의 종류는 다음과 같다.

법정적립금과 임의적립금	사내적립되어 배당이 제한된 이익잉여금(적립금)으로서, 적립의 강제성 유무에 따라 다음과 같이 구분함 ① 법정적립금: 이익준비금 등 법률의 규정에 따라 적립 ② 임의적립금: 기업의 목적에 따라 정관이나 주주총회 결의로 적립
미처분이익잉여금	배당의 재원이 되거나 사내적립될 수 있는 금액

V 이익잉여금의 처분

미처분이익잉여금은 기업이 유보시킨 당기순이익 중에서 아직 배당되지 않았거나 적립금으로 적립되지 않거나 자본조정과 상각되지 않아 배당의 재원 또는 추가적인 적립금의 적립재원이 될 수 있는 금액이다. 여기서 처분이란 용어의 의미는 배당으로 사외유출되거나 법정적립금이나 임의적립금으로 적립하여 배당이 제한되도록 하는 행위를 말하는데, 미처분이익잉여금의 처분 권한은 주주총회에 있다. 이러한 미처분이익잉여금은 주로 다음과 같은 원인으로 변동한다.

① 당기순손익의 대체 ② 기타포괄손익누계액의 대체 ③ 배당: 현금배당 및 주식배당 등 ④ 법정적립금 및 임의적립금의 적립과 이입 ⑤ 자본거래손실의 상각: 주식할인발행차금, 자기주식처분손실, 감자차손 ⑥ 결손의 보전

01 당기순손익의 대체

[회계처리] 당기순손익의 이익잉여금 대체

① 당기순이익의 대체

(차) 집합손익(당기순이익)	×××	(대) 미처분이익잉여금	×××

② 당기순손실의 대체

(차) 미처분이익잉여금	×××	(대) 집합손익(당기순손실)	×××

02 기타포괄손익누계액의 대체

[회계처리] 기타포괄손익누계액의 이익잉여금 대체

① 기타포괄이익누계액의 대체

(차) 재평가잉여금 등	×××	(대) 미처분이익잉여금	×××

② 기타포괄손실누계액의 대체

(차) 미처분이익잉여금	×××	(대) 기타포괄손익공정가치측정금융자산평가손실 등	×××

03 배당

배당이란 기업에게 발생된 이익을 주주에게 분배하는 행위를 말한다. 배당은 보통 배당의 대상이 되는 주주를 결정하기 위한 배당기준일('주주명부폐쇄일'이라고도 함)을 정하고, 해당 배당기준일 현재 주주로 등록되어 있는 주주에게 주주총회의 결의를 통하여 배당을 확정하여 선언한 후 일정기간 이내에 배당금을 지급하게 된다.

(1) 현금배당

[회계처리] 현금배당의 회계처리

① 배당결의일(주주총회일)

(차) 미처분이익잉여금	×××	(대) 미지급배당금(유동부채)	×××

② 배당금지급일

(차) 미지급배당금(유동부채)	×××	(대) 현금	×××

> **참고 중간배당**
>
> 연 1회의 결산기를 정한 회사는 영업연도 중 1회에 한하여 이사회의 결의로 일정한 날을 정하여 그날의 주주에 대하여 이익을 배당할 수 있음을 정관으로 정할 수 있다. 이를 상법에서 중간배당이라고 한다. 중간배당은 현금뿐만 아니라 금전 외의 재산으로 배당을 할 수 있다. 중간배당을 현금배당으로 실시하였을 경우의 회계처리는 위에서 설명한 회계처리와 동일하다.
>
> 중간배당에 대해서도 법정적립금(이익준비금)을 적립하여야 한다. 이익잉여금의 처분은 차기 정기주주총회에서 결정되므로 정기주주총회에서 적립될 금액은 중간배당과 연차배당을 합한 금액을 기준으로 계산하여야 한다.

(2) 주식배당

[회계처리] 주식배당의 회계처리

① 배당결의일(주주총회일)

(차) 미처분이익잉여금	×××	(대) 미교부주식배당금(자본조정)	×××

② 주식교부일

(차) 미교부주식배당금(자본조정)	×××	(대) 자본금	×××

04 법정적립금 및 임의적립금의 적립과 이입

(1) 법정적립금

법정적립금은 법률에 따라 기업의 이익 중 일부를 적립한 것으로서, 이익준비금이 대표적인 항목이다. 이익준비금은 우리나라의 상법에 따라 기업이 자본금의 1/2에 달할 때까지 매기 결산 시의 주식배당을 제외한 이익배당액의 1/10 이상을 적립한 금액이다.

[회계처리] 법정적립금의 증감

① 법정적립금의 적립

(차) 미처분이익잉여금	×××	(대) 이익준비금 등	×××

② 법정적립금을 재원으로 한 결손보전

(차) 이익준비금 등	×××	(대) 결손금	×××

(2) 임의적립금

임의적립금은 기업이 임의로 정관이나 주주총회의 결의에 따라 이익잉여금의 일부를 적립하여 그 금액만큼 배당을 제한시킨 금액을 말한다.

[회계처리] 임의적립금의 증감

① 임의적립금의 적립

(차) 미처분이익잉여금	×××	(대) 임의적립금	×××

② 임의적립금의 이입

(차) 임의적립금	×××	(대) 미처분이익잉여금	×××

05 자본거래손실의 상각

[회계처리] 자본거래손실과 이익잉여금의 상계

(차) 미처분이익잉여금	×××	(대) 주식할인발행차금	×××
		감자차손	×××
		자기주식처분손실	×××

06 결손의 보전

전술한 바와 같이 기업에 결손금이 누적되어 있는 경우 누적된 결손금은 자본의 다른 항목을 통하여 보전할 수 있는데, 이러한 과정에서 이익잉여금의 부(-)의 금액이 사라지게 된다.

07 이익잉여금처분계산서

이익잉여금처분계산서는 주식회사가 벌어들인 이익이 여러 용도로 처분되고 처분 후 남아 있는 미처분이익잉여금의 잔액을 알려주기 위하여 작성하는 보고서를 말한다. 이익잉여금처분계산서는 한국채택국제회계기준상 재무제표로 규정하고 있지 않지만, 상법에서 이익잉여금처분계산서의 작성을 요구하는 경우에 이익잉여금처분계산서를 주석으로 공시하도록 규정하고 있다.

[그림 13-2] 이익잉여금처분계산서

이익잉여금처분계산서

20×1년 1월 1일부터 20×1년 12월 31일까지

×× 회사 　처분예정일: 20×2년 2월 25일 　(단위: 원)

Ⅰ. 미처분이익잉여금		×××[1]
1. 전기이월미처분이익잉여금	×××	
2. 회계변경누적효과	×××	
3. 전기오류수정손익	×××	
4. 중간배당액	(×××)	
5. 기타포괄손익누계액의 대체	×××	
6. 당기순이익	×××	
Ⅱ. 임의적립금이입액		×××
1. 임의적립금이입	×××	
Ⅲ. 이익잉여금처분액		(×××)
1. 연차배당액(현금배당, 주식배당 및 현물배당)	×××	
2. 법정적립금(이익준비금)의 적립	×××	
3. 임의적립금의 적립	×××	
4. 주식할인발행차금 등의 상각	×××	
Ⅳ. 차기이월미처분이익잉여금		×××

[1] 20×1년 말 재무상태표상 미처분이익잉여금은 이익잉여금처분계산서의 Ⅰ. 미처분이익잉여금이며, Ⅳ. 차기이월미처분이익잉여금이 아님에 유의하기 바란다.

(1) 미처분이익잉여금

Ⅰ. 미처분이익잉여금: 전기이월미처분이익잉여금 ± 회계변경누적효과 ± 전기오류수정손익 - 중간배당액 ± 기타포괄손익누계액의 대체 ± 당기순손익

(2) 차기이월이익잉여금

Ⅳ. 차기이월미처분이익잉여금: Ⅰ. 미처분이익잉여금 + Ⅱ. 임의적립금이입액 - Ⅲ. 이익잉여금처분액

Ⅵ 자본변동표

01 자본변동표의 의의

자본변동표란 기업의 자본 분류별 변동내역을 포괄적으로 보고하는 재무제표이다. 자본변동표에는 자본의 각 구성요소별로 다음의 각 항목에 따른 변동액을 구분하여 표시한, 기초시점과 기말시점의 장부금액 조정내역 등을 표시한다.

① 당기순손익
② 기타포괄손익
③ 소유주로서의 자격을 행사하는 소유주와의 거래(소유주에 의한 출자와 소유주에 대한 배분, 그리고 지배력을 상실하지 않는 종속기업에 대한 소유지분의 변동을 구분하여 표시)

02 자본변동표의 양식

자본변동표의 양식은 다음과 같다.

[그림 13-3] 자본변동표의 양식

자본변동표

20×1년 1월 1일부터 20×1년 12월 31일까지

××회사 (단위: 원)

구분	납입자본	이익잉여금	기타자본요소	지배기업지분합계	비지배지분	자본총계
20×1년 1월 1일	×××	×××	×××	×××	×××	×××
회계변경누적효과		×××		×××	×××	×××
전기오류수정		×××		×××	×××	×××
재작성된 금액	×××	×××	×××	×××	×××	×××
연차배당		(×××)		(×××)		(×××)
유상증자	×××			×××		×××
재평가잉여금의 대체		×××	(×××)	-		-
총포괄손익		×××	×××	×××	×××	×××
20×1년 12월 31일	×××	×××	×××	×××	×××	×××

POINT 자본의 계정과목 요약

구분		내용
자본금		보통주자본금, 우선주자본금
자본잉여금		주식발행초과금, 감자차익, 자기주식처분이익
자본조정	자본손실	주식할인발행차금, 감자차손, 자기주식처분손실, 자기주식
	임시계정	미교부주식배당금, 신주청약증거금, 전환권대가, 신주인수권대가, 주식선택권 등
기타포괄손익누계액		재평가잉여금, 재측정요소, 기타포괄손익공정가치측정금융자산평가손익, 파생상품평가손익, 해외사업환산손익, 당기손익공정가치측정지정금융부채평가손익 등
이익잉여금		법정적립금, 임의적립금, 미처분이익잉여금

참고 자본에 미치는 영향이 '0'인 거래

자본에 미치는 영향이 '0'인 거래는 다음과 같다.

① 무상증자

차변	금액	대변	금액
(차) 주식발행초과금	×××	(대) 자본금	×××
법정적립금	×××		

② 주식배당

차변	금액	대변	금액
(차) 미처분이익잉여금	×××	(대) 자본금	×××

③ 무상감자

차변	금액	대변	금액
(차) 자본금	×××	(대) 결손금	×××

④ 자기주식의 소각

차변	금액	대변	금액
(차) 자본금	×××	(대) 자기주식	×××
		감자차익	×××

차변	금액	대변	금액
(차) 자본금	×××	(대) 자기주식	×××
감자차손	×××		

⑤ 법정적립금 또는 임의적립금의 적립

차변	금액	대변	금액
(차) 미처분이익잉여금	×××	(대) 법정적립금	×××
		임의적립금	×××

⑥ 임의적립금의 이입

차변	금액	대변	금액
(차) 임의적립금	×××	(대) 미처분이익잉여금	×××

Ⅶ 금융부채와 지분상품의 구분

금융상품은 거래당사자 어느 한쪽에게는 금융자산이 생기게 하고 거래상대방에게 금융부채나 지분상품이 생기게 하는 모든 계약을 말한다. 금융상품은 보유자와 발행자로 구분할 수 있는데, 보유자 입장에서는 금융자산으로 인식하고 발행자 입장에서는 금융부채 또는 지분상품으로 인식하게 된다.

[그림 13-4] 금융자산, 금융부채 및 지분상품의 관계

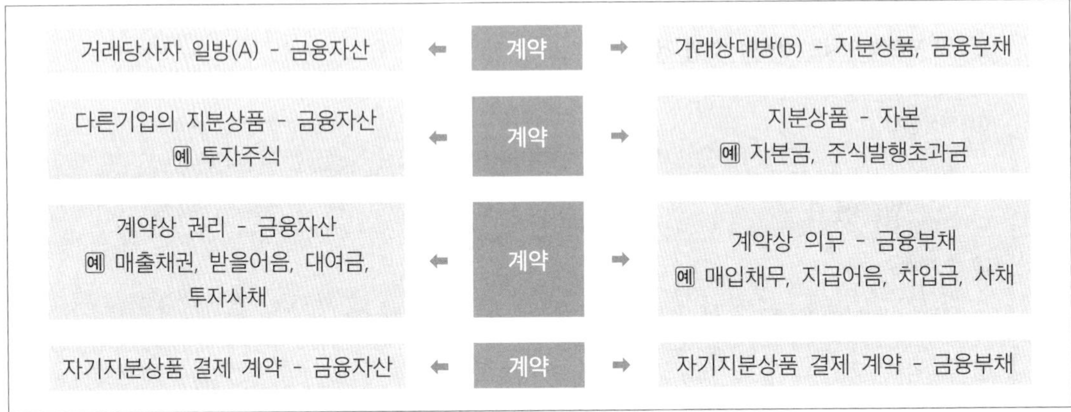

01 지분상품(자본)의 정의

금융상품의 발행자는 계약의 실질과 금융부채, 금융자산 및 지분상품의 정의에 따라 최초인식시점에 금융상품이나 금융상품의 구성요소를 금융부채, 금융자산, 지분상품으로 분류하여야 한다. 다음 조건을 모두 충족하는 금융상품만이 지분상품이다.

① 다음의 계약상 의무를 포함하지 아니한다.
  a. 거래상대방에게 현금 등 금융자산을 인도하기로 한 계약상 의무
  b. 잠재적으로 불리한 조건으로 거래상대방과 금융자산이나 금융부채를 교환하기로 한 계약상 의무
② 자기지분상품: 자기지분상품으로 결제되거나 결제될 수 있는 계약으로서, 다음 중 하나에 해당한다.
  a. 변동가능한 수량의 자기지분상품을 인도할 계약상 의무가 없는 비파생상품
  b. 확정 수량의 자기지분상품에 대하여 확정 금액의 현금 등 금융자산의 교환을 통해서만 결제될 파생상품

(1) 현금 등 금융자산을 인도하기로 한 계약상 의무가 없는 경우

금융부채와 지분상품을 구분하는 중요한 특성은 금융상품의 거래당사자인 발행자가 거래 상대방인 보유자에게 현금 등 금융자산을 인도해야 할 계약상 의무를 부담하는지와 잠재적으로 불리한 조건으로 보유자와 금융자산이나 금융부채를 교환하는 계약상 의무를 부담하는지 여부이다. 지분상품의 보유자가 지분비율에 따라 배당이나 그 밖의 분배를 받을 자격이 있다는 것만으로는 발행자가 보유자에게 현금 등 금융자산을 반드시 인도해야 하는 것은 아니기 때문에 발행자가 그러한 분배를 해야 할 계약상 의무가 없다. 이러한 계약상 의무가 없다면 해당 금융상품은 지분상품으로 분류된다.

① **상환우선주**: 확정되었거나 결정가능한 미래의 시점에 확정되었거나 결정가능한 금액을 발행자가 보유자에게 의무적으로 상환해야 하는 우선주나 보유자가 발행자에게 특정일이나 그 후에 확정되었거나 결정가능한 금액으로 상환해줄 것을 청구할 수 있는 권리가 있는 우선주는 금융부채이다. 그러나 현금으로 상환할 수 있는 권리가 발행자에게 있는 우선주는 발행자가 주식의 보유자에게 금융자산을 이전해야 할 현재의무가 없어 금융부채의 정의를 충족하지 못하므로 지분상품으로 분류해야 한다.

② **풋가능 금융상품**: 금융상품의 보유자가 발행자에게 해당 금융상품의 환매를 요구하여 현금 등 금융자산을 수취할 권리가 부여된 금융상품('풋가능 금융상품')은 금융부채이다.

(2) 자기지분상품으로 결제되는 계약

자기지분상품으로 결제되는 계약에서 비파생상품의 경우 수량이 확정되면 지분상품, 수량이 확정되지 않으면 금융부채로 분류한다. 반면에 파생상품의 경우 수량과 금액이 모두 확정되면 지분상품, 수량과 금액 모두 확정되지 않으면 금융부채로 분류한다.

02 상환우선주의 회계처리

금융상품은 법적형식이 아니라 실질에 따라 재무상태표에 분류하여야 한다. 일반적으로 실질과 법적 형식이 일치하지만 반드시 그런 것은 아니다. 어떤 금융상품은 지분상품의 법적 형식을 가지고 있지만 실질적으로는 금융부채에 해당되는 경우가 있고, 어떤 금융상품은 지분상품의 특성과 금융부채의 특성이 결합되어 있는 경우도 있다. 이러한 금융상품에 대표적인 사례가 상환우선주이다. 상환우선주는 기업이 미래의 특정 시점에 미리 정한 가격으로 상환할 수 있는 권리가 내재된 우선주를 말한다. 상환우선주는 계약의 실질에 따라 발행자가 계약상의 의무를 부담하느냐에 의거하여 금융부채와 지분상품으로 다음과 같이 구분한다. 확정되었거나 결정가능한 미래의 시점에 확정되었거나 결정가능한 금액을 발행자가 보유자에게 의무적으로 상환해야 하는 우선주나 보유자가 발행자에게 특정일이나 그 후에 확정되었거나 결정가능한 금액으로 상환해줄 것을 청구할 수 있는 권리가 있는 우선주는 금융부채이다. 그러나 현금으로 상환할 수 있는 권리가 발행자에게 있는 우선주는 발행자가 주식의 보유자에게 금융자산을 이전해야 할 현재의무가 없어 금융부채의 정의를 충족하지 못하므로 지분상품으로 분류해야 한다. 이를 요약하면 다음과 같다.

[그림 13-5] 상환우선주

(1) 금융부채로 분류하는 상환우선주

K-IFRS에서는 우선주의 보유자가 상환을 청구할 수 있거나, 발행자가 계약상 의무가 있는 상환우선주를 자본이 아닌 금융부채로 분류하도록 규정하고 있는데, 금융부채로 분류되는 상환우선주는 배당의 지급 여부에 따라 다음과 같이 회계처리한다.

① 누적적상환우선주: 지급되지 않은 배당금의 상환금액에 가산되는 누적적상환우선주는 배당을 포함한 금융부채 전체가 금융부채에 해당하며, 이 경우 배당은 이자비용으로 인식한다. 따라서 최초인식 시 상환금액과 배당금의 현재가치를 부채로 인식하며, 배당금을 지급하는 경우 이자비용으로 인식한다.

② 비누적적상환우선주: 상환 전까지 발행자의 재량에 따라 배당이 지급되는 비누적적상환우선주는 상환금액의 현재가치에 해당하는 부채요소와 배당에 해당하는 자본요소가 결합되어 있는 복합금융상품에 해당한다. 따라서 이 경우에는 부채요소와 관련된 현재가치의 할인상각액은 이자비용으로 인식하고, 배당은 자본요소와 관련된 것으로서 이익의 처분으로 인식한다.

POINT 금융부채로 분류되는 상환우선주의 회계처리

구분	원금	배당	분류	최초인식(부채)	배당의 처리
누적적우선주	계약상 의무 ○ (부채)	계약상 의무 ○ (부채)	금융부채	PV (상환금액 + 배당)	이자비용
비누적적우선주	계약상 의무 ○ (부채)	계약상 의무 × (자본)	복합금융상품	PV(상환금액)	이익의 처분

(2) 지분상품으로 분류하는 상환우선주

상환우선주라 하더라도 현금으로 상환할 권리가 발행자에게 있는 경우에는 금융자산을 이전할 계약상 의무가 없으므로 자본으로 분류해야 한다. 또한 배당금을 지급하는 경우에도 이익의 처분으로 회계처리한다.

POINT 지분상품으로 분류되는 상환우선주의 회계처리

구분	원금	배당	분류	최초인식(자본)	배당의 처리
상환우선주	계약상 의무 × (자본)	계약상 의무 × (자본)	지분상품	발행금액	이익의 처분

⊘ 참고 상환우선주의 소각

상법 제345조 1항에 의하면 회사는 정관으로 정하는 바에 따라 회사의 이익으로써 소각할 수 있는 종류주식을 발행할 수 있다. 이 경우 회사는 정관에 상환가액, 상환기간, 상환의 방법과 상환할 주식의 수를 정하여야 한다. 따라서 지분상품으로 분류되는 상환우선주를 소각하는 경우 상법 규정에 따라 이익잉여금의 처분으로 소각해야 한다.

[회계처리] 상환우선주의 발행과 소각

① 상환우선주의 발행

(차) 현금	×××	(대) 우선주자본금	×××
		주식발행초과금	×××

② 상환우선주의 소각

(차) 미처분이익잉여금	×××	(대) 현금	×××

보론 1 | 청약에 의한 신주발행

회사를 처음 설립하여 주식을 발행하거나 또는 상장을 통하여 추가적인 신주를 발행할 경우 청약에 의한 신주발행이 주로 사용된다. 여기서 청약에 의한 신주발행이란 주식청약 시 신주청약증거금(계약금)만 지급하고 나머지 잔액은 주식발행일에 지불할 것을 서명날인하여 신주청약증거금과 나머지 잔액이 모두 납입되었을 때만 주식을 발행하여 주는 것을 의미한다.

주식청약 시 신주청약증거금은 회사와 주주와의 거래에서 발생한 임시계정이므로 자본조정으로 계상하였다가 주식발행일에 주식발행가액에 가산하여 자본금과 주식발행초과금으로 대체한다. 여기서 유의할 점은 만약 신주청약증거금은 납입하였으나 해당 주식의 실권이 발생하였다면 계약의 실질에 따라 신주청약증거금을 구분하여야 한다. 만약 신주청약증거금의 현금상환의무가 없다면 해당 신주청약증거금은 기타자본잉여금으로 대체하나, 신주청약증거금의 현금상환의무가 있다면 해당 신주청약증거금은 부채로 재분류해야 한다. 이와 관련된 회계처리를 예시하면 다음과 같다.

[회계처리]

① 청약시점

(차) 현금	×××	(대) 신주청약증거금(자본조정)	×××

② 주식발행시점

(차) 현금	×××	(대) 자본금	×××
신주청약증거금(자본조정)	×××	주식발행초과금	×××

③ 실권시점(현금상환의무가 존재하지 않는 경우)

(차) 신주청약증거금(자본조정)	×××	(대) 기타자본잉여금	×××

④ 실권시점(현금상환의무가 존재하는 경우)

(차) 신주청약증거금(자본조정)	×××	(대) 미지급금(부채)	×××

보론 2 | 현물배당

현물배당(property dividend)은 배당기준일 현재의 주주들에게 현금을 배당하는 대신 기업이 보유하는 비현금자산을 배분하는 것을 말한다. 현금배당을 실시하면 회사가 일시적인 유동성 위기를 겪을 수 있으므로 회사가 보유한 상품, 금융상품 등으로 배당을 지급하게 되면 주주에게 배당이 원활해지는 장점이 있어 최근에 「상법」에서 도입한 규정이다. 한국채택국제회계기준해석서 제2117호 '소유주에 대한 비현금자산의 분배'에 현물배당과 관련된 내용이 규정되어 있다.

기업은 소유주[1]로서의 자격을 행사하는 소유주에게 비현금자산을 배당으로 분배하는 경우가 있다. 그러한 경우에 기업은 비현금자산을 받거나 현금을 받을 수 있는 선택권을 소유주에게 부여할 수도 있다. 배당을 지급해야 하는 부채는 그 배당이 적절하게 승인되고 더 이상 기업에게 재량이 없는 시점에 인식된다. 소유주에게 배당으로 비현금자산을 분배해야 하는 부채는 분배될 자산의 공정가치로 측정한다. 비현금자산을 받거나 현금을 받을 수 있는 선택권을 기업이 소유주에게 부여한다면, 기업은 각 대안의 공정가치와 소유주가 각 대안을 선택할 확률을 고려하여 미지급배당을 추정한다.

각 보고기간 말과 결제일에, 기업은 미지급배당의 장부금액을 검토하고 조정한다. 이 경우 미지급배당의 장부금액 변동은 분배금액에 대한 조정으로 자본에서 인식한다.

기업이 미지급배당을 결제할 때, 분배된 자산의 장부금액과 미지급배당의 장부금액이 차이가 있다면 이를 당기손익으로 인식한다.

[회계처리] 현물배당의 회계처리

① 배당결의일(주주총회일)

(차) 미처분이익잉여금	×××	(대) 미지급현물배당(유동부채)	×××

② 보고기간 말 및 결제일

(차) 미처분이익잉여금	×××	(대) 미지급현물배당(유동부채)	×××

③ 배당금지급일

(차) 미지급현물배당(유동부채)	×××	(대) 비현금자산	×××
		비현금자산처분이익	×××

예를 들어, A회사가 20×1년 12월 1일 이사회의 결의를 통하여 주주들에게 현물배당을 지급하기로 하였고 그 시점의 현물배당으로 분배될 비현금자산의 공정가치는 ₩1,000,000이다. 20×1년 12월 31일 현물배당으로 분배될 비현금자산의 공정가치가 ₩1,100,000으로 증가하였다. 20×2년 1월 15일 A회사 주주들에게 원안대로 현물배당을 지급하였으며, 이 시점의 현물배당으로 분배될 비현금자산의 공정가치는 ₩1,200,000이며, 비현금자산의 장부금액은 ₩900,000이다. 현물배당과 관련된 일련의 회계처리를 예시하면 다음과 같다.

1) K-IFRS 제1001호 '재무제표 표시'는 소유주를 자본으로 분류되는 금융상품의 보유자로 정의한다.

일자	회계처리					
20×1. 12. 1.	(차)	미처분이익잉여금	1,000,000	(대)	미지급현물배당(부채)	1,000,000
20×1. 12. 31.	(차)	미처분이익잉여금	100,000[1]	(대)	미지급현물배당(부채)	100,000
	[1] ₩1,100,000 - ₩1,000,000 = ₩100,000					
20×2. 1. 15.	(차)	미처분이익잉여금	100,000[1]	(대)	미지급현물배당(부채)	100,000
	(차)	미지급현물배당(부채)	1,200,000	(대)	비현금자산	900,000
					비현금자산처분이익(NI)	300,000
	[1] ₩1,200,000 - ₩1,100,000 = ₩100,000					

보론 3 | 전환상환우선주

01. 정의

전환상환우선주(RCPS, redeemable convertible preferred share)는 채권처럼 만기에 투자금 상환을 요청할 수 있는 상환권과 우선주를 보통주로 전환할 수 있는 전환권을 모두 가지고 있는 우선주를 말한다.

02. 회계처리

전환상환우선주는 상법상 자본으로 분류되어야 하지만 회계는 법적인 형식보다는 경제적 실질에 따라 회계처리해야 하므로 전환권과 상환권의 성격에 따라 금융부채 또는 지분상품으로 분류한다.

(1) 발행자가 상환권을 보유하는 경우

발행자가 상환권을 보유하는 경우 발행자는 계약상의 의무가 없으므로 자기지분상품 관련 계약 규정에 따라 회계처리한다. 즉 전환권의 계약상 수량이 확정된 경우 발행자는 지분상품(자본)으로 분류하고, 전환권의 계약상 수량이 확정되지 않은 경우 발행자는 금융부채로 분류한다.

(2) 투자자가 상환권을 보유하는 경우

투자자가 상환권을 보유하면 발행자는 계약상의 의무가 있으므로 상환권은 금융부채로 분류한다. 여기서 전환권은 상환권과는 별도로 분리 인식해야 한다. 전환권의 수량이 확정되지 않은 경우 금융부채(파생상품)로 분류하고 전환권의 수량이 확정된 경우에는 지분상품으로 분류한 후 전환권과 상환권을 별도로 분리 인식하고 복합금융상품(compound instrument) 혹은 복합계약(hybrid instrument)으로 회계처리해야 한다.

POINT 전환상환우선주의 분류

구분	전환권의 수량이 확정된 경우	전환권의 수량이 확정되지 않은 경우
발행자가 상환권을 보유하는 경우	전환상환우선주 전체를 지분상품(자본)으로 분류함	전환상환우선주 전체를 금융부채로 분류함
투자자가 상환권을 보유하는 경우	금융부채(상환권) + 지분상품(전환권) → 복합금융상품으로 분류함	금융부채(상환권) + 파생상품(전환권) → 복합계약으로 분류함

해커스 IFRS 김원종 POINT 중급회계

Chapter 14

복합금융상품

Ⅰ 복합금융상품의 일반론

Ⅱ 전환사채

Ⅲ 신주인수권부사채

Ⅳ 전환우선주

보론 1 전환사채의 기중전환

보론 2 발행자의 주가 변동에 따라 행사가격이 조정되는 조건이 있는 금융상품

I 복합금융상품의 일반론

01 복합금융상품의 의의

복합금융상품의 정의	부채요소와 자본요소를 모두 가지고 있는 금융상품
전환사채의 정의	사채 + 전환권(사채를 보통주로 전환할 수 있는 권리)
신주인수권부사채의 정의	사채 + 신주인수권(보통주를 발행할 수 있는 권리)

02 복합금융상품의 회계처리

K-IFRS에서는 복합금융상품의 발행자는 금융상품의 조건을 평가하여 당해 금융상품이 자본요소와 부채요소를 모두 포함하고 있는지를 판단해야 하며 각 요소별로 금융부채, 금융자산, 지분상품으로 분류해야 한다. 만약 자본요소와 부채요소를 모두 가지고 있다면 ① 금융부채가 생기게 하는 요소와 ② 발행자의 지분상품으로 전환할 수 있는 옵션(예 전환권, 신주인수권)을 부여하는 요소를 별도로 분리하여 인식하도록 규정하고 있다.

(1) 전환권을 행사할 가능성이 변동되는 경우에도 (특히, 전환권의 행사로 일부 보유자가 경제적으로 유리해지는 경우에도) 전환상품의 부채요소와 자본요소의 분류를 수정하지 않는다.

(2) 지분상품(자본)은 기업의 자산에서 모든 부채를 차감한 후의 잔여지분을 나타낸다. 따라서 복합금융상품의 최초 장부금액을 부채요소와 자본요소에 배분하는 경우 복합금융상품 전체의 공정가치에서 별도로 결정된 부채요소의 금액을 차감한 나머지 금액을 자본요소에 배분한다.

① 복합금융상품 전체의 공정가치 = 부채요소 + 자본요소
② 자본요소 = 복합금융상품 전체의 공정가치 - 부채요소

(3) 복합금융상품의 자본요소(예 보통주 전환권)가 아닌 파생상품의 특성(예 콜옵션)에 해당하는 가치는 부채요소의 장부금액에 포함한다.

(4) 최초인식시점에 부채요소와 자본요소에 배분된 금액의 합계는 항상 금융상품 전체의 공정가치와 같아야 한다. 따라서 금융상품의 구성요소를 분리하여 인식하는 최초인식시점에는 어떠한 손익도 생기지 않는다.

(5) 복합금융상품 발행과 관련된 거래원가는 배분된 발행금액에 비례하여 부채요소와 자본요소로 배분한다.

Ⅱ 전환사채

01 전환사채의 의의

(1) 전환사채의 정의

전환사채는 사채를 보통주로 전환할 수 있는 권리인 전환권이 부여된 채무상품을 말한다. 따라서 발행자는 이러한 모든 거래를 부채요소와 자본요소로 분리하여 재무상태표에 표시해야 한다.

(2) 전환권가치

전환권가치는 당해 전환사채의 발행가액에서 전환권이 없는 일반사채의 공정가치를 차감하여 계산한다. 이 경우 일반사채의 공정가치는 만기일까지 기대되는 미래현금흐름을 사채발행일 현재 발행회사의 전환권이 없는 일반사채의 유효이자율로 할인한 금액이다.

① 전환사채의 발행가액(공정가치) = 일반사채의 현재가치(공정가치) + 전환권가치(공정가치)
② 전환권가치(공정가치) = 전환사채의 발행가액(공정가치) - 일반사채의 현재가치(공정가치)

(3) 전환사채의 종류

① 액면상환조건 전환사채: 만기까지 전환권을 행사하지 않더라도 상환할증금을 지급하지 않는 전환사채
② 상환할증금 지급조건 전환사채: 만기까지 전환권을 행사하지 않으면 상환할증금을 지급하는 전환사채

POINT 전환사채의 종류

구분	미래현금흐름
액면상환조건 전환사채	원금 + 액면이자
상환할증 지급조건 전환사채	원금 + 액면이자 + 상환할증금

(4) 상환할증금

상환할증금의 정의	전환사채의 보유자가 만기까지 전환권을 행사하지 않아 만기상환하는 경우에 사채발행회사가 보유자에게 일정 수준의 수익률을 보장하기 위하여 만기가액에 추가하여 지급하기로 약정한 금액
보장수익률의 정의	상환할증금 지급조건 전환사채에 투자한 투자자는 만기까지 전환권을 행사하지 않아 만기상환하는 경우에 상환할증금을 추가로 수령함으로써 액면이자율 이상의 수익률을 보장해 주는 것
상환할증률의 정의	상환할증금 ÷ 액면금액
상환할증금의 계산	전환사채의 액면금액 × (보장수익률 - 액면이자율) × 연금의 미래가치요소(이자율: 보장수익률) or 전환사채의 액면금액 × 상환할증률

[그림 14-1] 전환사채의 미래현금흐름

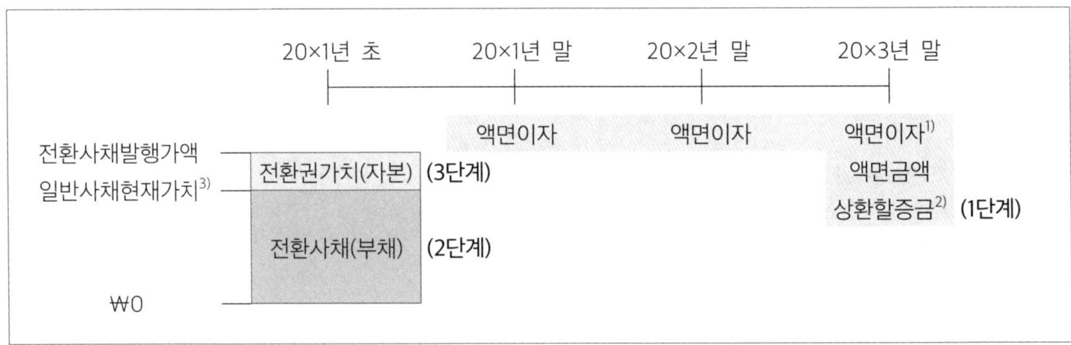

[1] 액면이자: 액면이자율 적용
[2] 상환할증금: 보장수익률 적용
[3] 일반사채의 현재가치: 유효이자율 적용

02 전환사채의 액면발행

전환사채가 액면발행된 경우 발행시점, 이자지급시점, 만기시점 및 전환권행사시점의 회계처리를 살펴보아야 한다. 이와 관련된 내용은 다음과 같다.

> ⊙ 참고 **전환권조정과 사채상환할증금**
>
> 한국채택국제회계기준에서는 전환사채의 차감계정에 해당하는 전환권조정과 전환사채의 가산계정에 해당하는 사채상환할증금을 반드시 사용하라는 명문화된 규정이 없으므로 순액회계처리방법과 총액회계처리방법이 모두 인정된다고 봐야 한다. 실무에서는 주로 총액으로 회계처리하지만 시험대비용으로는 순액으로 회계처리방법이 접근하기 쉬우며 재무상태표와 포괄손익계산서에 미치는 영향을 찾기 수월하다. 따라서 본서에서는 순액회계처리방법을 기초로 해답을 작성하고 실무에 적용하기 위하여 해설에서 총액으로 회계처리하는 방법을 참조 형식으로 추가하여 설명하기로 한다.

(1) 발행시점

[회계처리] 전환사채발행 시(순액회계처리방법)

(차) 현금	×××	(대) 전환사채	×××
		전환권대가(자본조정)	×××

[회계처리] 전환사채발행 시(총액회계처리방법)

(차) 현금	×××	(대) 전환사채	×××
전환권조정	×××	사채상환할증금	×××
		전환권대가(자본조정)	×××

(2) 이자지급시점

[회계처리] 이자지급시점(순액회계처리방법)

(차) 이자비용	×××	(대) 현금	×××
		전환사채	×××

[회계처리] 이자지급시점(총액회계처리방법)

(차) 이자비용	×××	(대) 현금	×××
		전환권조정	×××

(3) 만기시점

[회계처리] 만기시점(순액회계처리방법)

(차) 전환사채	×××	(대) 현금	×××

[회계처리] 만기시점(총액회계처리방법)

(차) 전환사채	×××	(대) 현금	×××
사채상환할증금	×××		

(4) 전환권 행사시점

[회계처리] 전환권 행사시점(순액회계처리방법)

(차) 전환사채	×××	(대) 자본금	×××
		주식발행초과금	×××
(차) 전환권대가	×××	(대) 주식발행초과금	×××

[회계처리] 전환권 행사시점(총액회계처리방법)

(차) 전환사채	×××	(대) 전환권조정	×××
사채상환할증금	×××	자본금	×××
		주식발행초과금	×××
(차) 전환권대가	×××	(대) 주식발행초과금	×××

03 전환사채의 할인발행

전환사채는 할인발행되어 액면금액보다 낮은 금액으로 발행금액이 결정되기도 하며, 할증발행되어 액면금액보다 높은 금액으로 발행금액이 결정되기도 한다. 여기서는 할인발행의 회계처리 위주로 설명하며 할증발행된 경우는 할인발행된 경우와 회계처리가 동일하므로 구체적인 설명은 생략하기로 한다.

POINT 전환사채의 회계처리 요약(발행자 입장)

정의	사채 + 전환권
자본요소(전환권가치)	전환권가치 = 총발행금액 - 전환사채의 미래현금흐름의 현재가치
최초인식	(차) 현금 ××× (대) 전환사채 ××× 전환권대가 ×××
후속측정 (행사되지 않았을 경우)	[이자지급시점] (차) 이자비용 ××× (대) 현금 ××× 전환사채 ××× [만기시점] (차) 전환사채 ××× (대) 현금 ×××
전환권 행사시점	(차) 전환사채 ××× (대) 자본금 ××× 주식발행초과금 ××× (차) 전환권대가 ××× (대) 주식발행초과금 ×××
행사 시 자본에 미치는 영향	전환사채의 장부금액 × 행사비율
행사 시 주식발행초과금에 미치는 영향	(전환사채의 장부금액 + 전환권대가 - 액면금액) × 행사비율

04 전환사채의 유도전환(전환조건변경)

유도전환의 정의	전환사채의 발행자가 전환사채의 조기전환을 유도하기 위하여 좀 더 유리한 전환비율을 제시하거나 특정 시점 이전의 전환에는 추가 대가를 지급하는 등의 방법으로 전환사채의 조건을 변경하는 것
유도전환의 회계처리	조건이 변경되는 시점에 변경된 조건에 따라 전환으로 보유자가 수취하게 되는 대가의 공정가치와 원래의 조건에 따라 전환으로 보유자가 수취하였을 대가의 공정가치의 차이를 전환사채유도전환손실의 과목으로 당기손실로 인식함
전환사채유도전환손실	변경 후 조건의 공정가치 - 변경 전 조건의 공정가치

05 전환사채의 조기상환 또는 재매입

조기상환의 회계처리	① 최초의 전환권이 변동되지 않은 상태에서 조기상환이나 재매입으로 만기 전에 전환상품이 소멸되는 경우 조기상환하거나 재매입하기 위하여 지급한 대가와 거래원가를 거래 발생시점의 부채요소와 자본요소에 배분함 ② 대가를 배분한 결과에서 생기는 손익은 관련 요소에 적용하는 회계원칙에 따라 다음과 같이 회계처리함 a. 부채요소에 관련된 손익은 당기손익(사채상환손익)으로 인식함 b. 자본요소와 관련된 대가는 자본(전환권대가상환손익)으로 인식함
계산방법	① 상환시점의 자본요소의 공정가치 = 전환사채의 총공정가치 - 부채요소의 공정가치 ② 사채상환손익(부채요소에 관련된 손익) = 전환사채의 장부금액 - 부채요소의 공정가치 ③ 전환권대가상환손익(자본요소에 관련된 손익) = 전환권대가의 장부금액 - 자본요소의 공정가치

06 전환사채 발행과 관련된 거래원가

복합금융상품 발행과 관련된 거래원가는 배분된 발행금액에 비례하여 부채요소와 자본요소로 배분한다. 부채요소의 배분된 거래원가는 전환사채의 장부금액에서 차감하여 회계처리하고, 자본요소의 배분된 거래원가는 전환권대가의 장부금액에서 차감하여 회계처리한다. 전환사채와 관련된 거래원가가 발생하면 전환사채의 최초인식금액이 줄어들기 때문에 해당 거래의 유효이자율은 상승함에 유의하기 바란다.

Ⅲ 신주인수권부사채

01 신주인수권부사채의 의의

(1) 신주인수권부사채의 정의

신주인수권부사채란 보통주를 발행할 수 있는 권리인 신주인수권이 부여된 채무상품을 말한다. 따라서 발행자는 이러한 모든 거래를 부채요소와 자본요소로 분리하여 재무상태표에 표시해야 한다.

신주인수권부사채는 복합금융상품이므로 부채요소와 자본요소의 계산 및 회계처리방법이 전환사채와 유사하지만 행사방법에 큰 차이가 존재한다. 전환사채는 전환권이 행사되면 사채가 보통주로 전환되어 사채가 소멸되지만 신주인수권부사채는 신주인수권을 행사하면 보유자가 신주인수권의 행사가격만큼 현금을 납입하여 보통주를 교부받으므로 사채가 존속되는 특징이 있다.

(2) 신주인수권가치

신주인수권가치는 당해 신주인수권부사채의 발행가액에서 신주인수권이 없는 일반사채의 공정가치를 차감하여 계산한다. 이 경우 일반사채의 공정가치는 만기일까지 기대되는 미래현금흐름을 사채발행일 현재 발행회사의 신주인수권이 없는 일반사채의 유효이자율로 할인한 금액이다.

① 신주인수권부사채의 발행가액(공정가치) = 일반사채의 현재가치(공정가치) + 신주인수권가치(공정가치)
② 신주인수권가치(공정가치) = 신주인수권부사채의 발행가액(공정가치) - 일반사채의 현재가치(공정가치)

(3) 신주인수권부사채의 종류

① 상환할증금의 존재 여부

신주인수권부사채는 상환할증금이 존재하는지 여부에 따라 액면상환조건 신주인수권부사채와 상환할증금 지급조건 신주인수권부사채로 구분된다.

- 액면상환조건 신주인수권부사채
  : 만기까지 신주인수권을 행사하지 않더라도 상환할증금을 지급하지 않는 신주인수권부사채
- 상환할증금 지급조건 신주인수권부사채
  : 만기까지 신주인수권을 행사하지 않으면 상환할증금을 지급하는 신주인수권부사채

POINT 상환할증금의 존재 여부에 따른 신주인수권부사채의 종류

구분	미래현금흐름
액면상환조건 신주인수권부사채	원금 + 액면이자
상환할증 지급조건 신주인수권부사채	원금 + 액면이자 + 상환할증금

② 신주인수권의 분리 여부

• 비분리형 신주인수권부사채: 사채와 신주인수권을 한 채권에 발행하는 신주인수권부사채 • 분리형 신주인수권부사채: 사채와 신주인수권을 별도의 증권으로 발행하는 신주인수권부사채

상법에서는 비분리형 신주인수권부사채와 분리형 신주인수권부사채의 발행을 모두 허용하고 있으나 K-IFRS에서는 신주인수권의 분리 여부에 따라 회계처리의 차이가 존재하지 않음으로 회계 실무상 신주인수권의 분리 여부는 중요하지 않다.

(4) 상환할증금

상환할증금의 정의	신주인수권부사채의 보유자가 만기까지 신주인수권을 행사하지 않아 만기상환하는 경우에 사채발행회사가 보유자에게 일정 수준의 수익률을 보장하기 위하여 만기가액에 추가하여 지급하기로 약정한 금액
보장수익률의 정의	상환할증금 지급조건 신주인수권부사채에 투자한 투자자는 만기까지 신주인수권을 행사하지 않아 만기상환하는 경우에 상환할증금을 추가로 수령함으로써 액면이자율 이상의 수익률을 보장해 주는 것
상환할증률의 정의	상환할증금 ÷ 액면금액
상환할증금의 계산	신주인수권부사채의 액면금액 × (보장수익률 - 액면이자율) × 연금의 미래가치요소(이자율: 보장수익률) or 신주인수권부사채의 액면금액 × 상환할증률

[그림 14-2] 신주인수권부사채의 미래현금흐름

[1] 액면이자: 액면이자율 적용
[2] 상환할증금: 보장수익률 적용
[3] 일반사채의 현재가치: 유효이자율 적용

02 신주인수권부사채의 액면발행

신주인수권부사채가 액면발행된 경우 발행시점, 이자지급시점, 만기시점 및 신주인수권 행사시점의 회계처리를 살펴보아야 한다. 이와 관련된 내용은 다음과 같다.

(1) 발행시점

[회계처리] 신주인수권부사채발행 시(순액회계처리방법)

차변	금액	대변	금액
(차) 현금	×××	(대) 신주인수권부사채	×××
		신주인수권대가(자본조정)	×××

[회계처리] 신주인수권부사채발행 시(총액회계처리방법)

차변	금액	대변	금액
(차) 현금	×××	(대) 신주인수권부사채	×××
신주인수권조정	×××	사채상환할증금	×××
		신주인수권대가(자본조정)	×××

(2) 이자지급시점

[회계처리] 이자지급시점(순액회계처리방법)

차변	금액	대변	금액
(차) 이자비용	×××	(대) 현금	×××
		신주인수권부사채	×××

[회계처리] 이자지급시점(총액회계처리방법)

차변	금액	대변	금액
(차) 이자비용	×××	(대) 현금	×××
		신주인수권조정	×××

(3) 만기시점

[회계처리] 만기시점(순액회계처리방법)

차변	금액	대변	금액
(차) 신주인수권부사채	×××	(대) 현금	×××

[회계처리] 만기시점(총액회계처리방법)

차변	금액	대변	금액
(차) 신주인수권부사채	×××	(대) 현금	×××
사채상환할증금	×××		

(4) 신주인수권 행사시점

[회계처리] 신주인수권 행사시점(순액회계처리방법)

(차) 현금	×××	(대) 자본금	×××
신주인수권부사채[1]	×××	주식발행초과금	×××
(차) 신주인수권대가	×××	(대) 주식발행초과금	×××

1) 상환할증금의 현재가치

[회계처리] 신주인수권 행사시점(총액회계처리방법)

(차) 현금	×××	(대) 신주인수권조정[2]	×××
사채상환할증금[1]	×××	자본금	×××
		주식발행초과금	×××
(차) 신주인수권대가	×××	(대) 주식발행초과금	×××

1) 상환할증금 명목금액

2) 상환할증금의 미상각잔액 = 상환할증금 - 상환할증금의 현재가치

POINT 신주인수권부사채의 회계처리 요약(발행자 입장)

구분	내용
정의	사채 + 신주인수권
자본요소(신주인수권가치)	신주인수권가치 = 총발행금액 - 신주인수권부사채의 미래현금흐름의 현재가치
최초인식	(차) 현금 ××× (대) 신주인수권부사채 ××× 신주인수권대가 ×××
후속측정 (행사되지 않았을 경우)	[이자지급시점] (차) 이자비용 ××× (대) 현금 ××× 신주인수권부사채 ××× [만기시점] (차) 신주인수권부사채 ××× (대) 현금 ×××
신주인수권 행사시점	(차) 현금 ××× (대) 자본금 ××× 신주인수권부사채[1] 주식발행초과금 ××× (차) 신주인수권대가 ××× (대) 주식발행초과금 ×××
행사 시 자본에 미치는 영향	(현금납입액 + 상환할증금의 현재가치) × 행사비율
행사 시 주식발행초과금에 미치는 영향	(현금납입액 + 상환할증금의 현재가치 + 신주인수권대가 - 액면금액) × 행사비율

1) 상환할증금의 현재가치

Ⅳ 전환우선주

전환우선주의 정의	우선주의 보유자가 전환권을 행사할 수 있는 우선주로서, 전환권을 행사하면 보통주로 전환되는 주식
발행 시 회계처리	전환권의 가치를 인식하지 아니하고 일반우선주와 동일하게 회계처리함
전환 시 회계처리	보통주의 발행금액은 전환우선주의 장부금액으로 함

보론 1 | 전환사채의 기중전환

전환사채에서 전환권을 행사하는 시점이 기초시점이나 기말시점이 아니라 보고기간 중일 경우 이론적으로 발행자는 전환일까지 전환사채이므로 이자를 지급해야 하며, 전환일 이후에는 보통주의 주주이므로 배당금을 지급해야 한다. 다만, 우리나라 상법에 따르면 이자 및 배당금 지급의 실무적 편의를 위하여 보고기간 중에 전환된 경우 기초나 기말에 전환된 것으로 간주하여 이자 및 배당금을 지급할 수 있도록 규정하고 있었다. 이를 상법에서 전환간주일이라고 한다. 만약 전환간주일이 기초이면 기초에 전환된 것으로 보아 배당금만을 지급하고, 전환간주일이 기말이면 기말에 전환된 것으로 보아 이자만을 지급한다. 그러나 우리나라 상법(제 350조)의 전환금융상품이 기중에 전환되는 경우 전환간주일 규정은 2021년 폐지되었다.
K-IFRS에서는 전환간주일과 관련된 명시적인 규정이 없다. 그러나 전환권 행사시점의 회계처리는 실제 전환이 이루어진 날을 기준으로 실시하며, 실제 전환일까지는 이자를 지급하고 전환일 이후에는 배당금을 지급하는 것으로 회계처리하는 것이 이론적으로 우수한 방법이다. 만약 실제 전환일까지 액면이자를 지급하지 않는다면 전환시점까지의 미지급이자는 지급되지 않으므로 전환 시에 주주지분으로 대체된다.

POINT 전환사채의 기중전환

전환사채 기중전환의 회계처리	① 전환권 행사시점의 회계처리는 실제 전환이 이루어진 날을 기준으로 실시하며, 실제 전환일까지는 이자를 지급하고 전환일 이후에는 배당금을 지급하는 것으로 회계처리함 ② 실제 전환일까지 액면이자를 지급하지 않는다면 전환시점까지의 미지급이자는 지급되지 않으므로 전환 시에 주주지분으로 대체됨

보론 2 발행자의 주가 변동에 따라 행사가격이 조정되는 조건이 있는 금융상품

발행자의 주가 변동에 따라 행사가격이 조정(refixing)되는 조건이 있는 전환사채의 경우 전환권은 자기지분상품 결제 계약 중 수량이 확정되지 않은 파생상품에 해당한다. 따라서 전환사채는 금융부채로 분류하고 전환권도 수량이 변동되므로 금융부채로 분류하여야 한다. 여기서 금융부채로 분류되는 전환권은 주가가 상승하면 전환권(금융부채)의 공정가치는 상승하여 평가손실을 인식하게 되고, 주가가 하락하면 전환권(금융부채)의 공정가치는 하락하여 평가이익을 인식하게 되어 당기순이익에 변동을 발생시킬 수 있다. 그러나 전환권(금융부채)은 향후 행사를 통하여 소멸되기 때문에 현금의 유출입을 발생시키지 않으므로 전환권에 대한 공정가치를 평가하게 되면 기업의 순자산이 변동되지 않으면서 당기순이익이 변동되는 문제가 발생할 수 있다. 따라서 K-IFRS 제1001호 '재무제표 표시'에서는 2023년부터 발행자의 주가 변동에 따라 행사가격이 조정되는 조건이 있는 금융상품의 경우 해당 보고기간에 발생한 평가손익을 주석에 공시할 수 있도록 규정을 신설하였다. 관련 규정은 다음과 같다.

발행자의 주가 변동에 따라 행사가격이 조정되는 조건이 있는 금융상품의 전부나 일부가 K-IFRS 제1032호 '금융상품: 표시'의 금융부채 정의 중 금융부채로 분류되는 경우에는 그 전환권이나 신주인수권 또는 이를 포함하는 금융부채에 대하여 다음 금액을 주석으로 공시한다.

(1) 최초 인식시점 장부금액과 보고기간 말 장부금액
(2) 보고기간에 발생한 평가손익
(3) 법인세비용차감전계속사업손익에서 (2)를 제외한 금액

저자 견해 **행사가격이 조정되는 조건이 있는 금융상품의 공정가치 평가를 면제하는 이유**

행사가격이 조정되는 조건이 있는 금융상품 중 전환사채라고 한다면, 전환권은 파생상품(금융부채)에 해당한다. 따라서 주가가 상승하면 전환권(금융부채)의 공정가치가 상승하여 파생상품평가손실을 당기순손실로 인식해야 한다. 그러나 파생상품평가손실은 기업의 순자산의 변동을 초래하지 않는 손익이며, 기업이 사업을 잘 운영하여 주가가 상승하는 데 당기순손실을 인식해야 하는 직관에 반하는 회계처리가 되므로 우리나라에서는 이를 주석으로 공시할 수 있도록 규정을 신설하였다고 판단된다.

해커스 IFRS 김원종 POINT 중급회계

회계사·세무사·경영지도사 단번에 합격!
해커스 경영아카데미 cpa.Hackers.com

Chapter 15

리스

Ⅰ 리스의 일반론

01 리스의 의의

리스	대가와 교환하여 자산의 사용권을 일정 기간 이전하는 계약이나 계약의 일부
기초자산	리스제공자가 리스이용자에게 자산의 사용권을 제공하는 리스의 대상이 되는 자산
리스제공자	대가와 교환하여 기초자산 사용권을 일정 기간 제공하는 기업
리스이용자	대가와 교환하여 기초자산의 사용권을 일정 기간 얻게 되는 기업

[그림 15-1] 리스거래의 형태

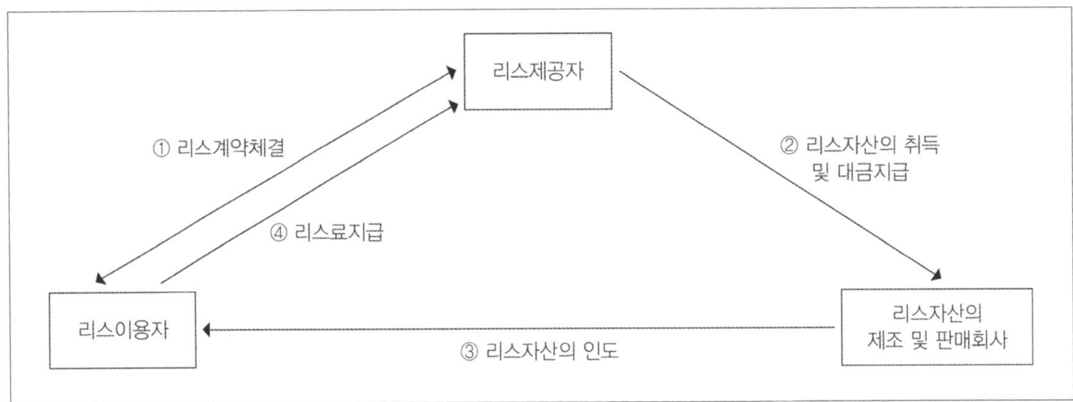

참고 리스의 자본화 논쟁

리스의 회계처리에서 가장 기본적인 문제는 리스이용자 입장에서 법적 소유권이 없는 기초자산을 리스이용자의 자산으로 계상할 수 있는가, 즉 자본화할 수 있는가 하는 것이다. 리스를 자본화해야 한다는 주장의 근거는 다음과 같다.

(1) 자산의 공정가치에 상당하는 금액을 리스료로 지급하고 리스기간 종료 후에 소유권을 얻게 되는 리스계약은 명목상으로만 임대차계약일 뿐 실질적으로는 할부구입과 마찬가지이므로 리스이용자의 자산으로 보고해야 한다.

(2) 리스기간이 리스자산의 경제적 내용연수 중 많은 부분을 차지하고 있는 경우에는 기초자산으로 인한 위험과 보상의 대부분이 리스이용자에게 귀속되므로 리스이용자의 자산으로 보고해야 한다.

02 금융리스와 운용리스

• 금융리스: 기초자산의 소유에 따른 위험과 보상의 대부분을 이전하는 리스
• 운용리스: 기초자산의 소유에 따른 위험과 보상의 대부분을 이전하지 않는 리스

[회계처리] 운용리스

구분	리스제공자	리스이용자
리스자산 구입 시	(차) 선급리스자산 ××× (대) 현금 ×××	
리스기간 개시일	(차) 운용리스자산 ××× (대) 선급리스자산 ×××	
리스료 수취 및 지급	(차) 현금 ××× (대) 운용리스료수익 ×××	(차) 운용리스료 ××× (대) 현금 ×××
감가상각	(차) 감가상각비 ××× (대) 감가상각누계액 ×××	

[회계처리] 금융리스

구분	리스제공자	리스이용자
리스자산 구입 시	(차) 선급리스자산 ××× (대) 현금 ×××	
리스기간 개시일	(차) 리스채권 ××× (대) 선급리스자산 ×××	(차) 사용권자산 ××× (대) 리스부채 ×××
리스료 수취 및 지급	(차) 현금 ××× (대) 이자수익 ××× 리스채권 ×××	(차) 이자비용 ××× 리스부채 ××× (대) 현금 ×××
감가상각		(차) 감가상각비 ××× (대) 감가상각누계액 ×××

03 리스의 효익과 한계

(1) 리스의 효익

① 자산구입대금을 실질적으로 차입한 것과 동일한 효과가 있다.

② 리스기간 종료 시 리스자산의 반환, 구입 및 재리스 중에서 선택할 수 있으므로 기술혁신에 따른 진부화 위험이 감소된다.

③ 자산구입대금을 차입금으로 조달하면 원금을 상환하는 부담이 있으나, 리스의 경우에는 일정 리스료만 정기적으로 지급하면 되므로 자금의 관리가 간편하다.

④ 운용리스로 리스하는 경우에는 재무상태표에 부채로 보고하지 않으므로 부외금융효과가 있어 기업의 자본조달능력이 증가된다.

(2) 리스의 한계

① 리스료가 감가상각비와 이자비용을 합한 것보다 고액이다.

② 리스제공자에 귀속된 소유권으로 인하여 리스이용자는 자산처분, 용도변경 및 중도해약 등이 사실상 불가능하다.

04 리스의 식별

리스의 식별	계약에서 대가와 교환하여, 식별되는 자산의 사용통제권을 일정 기간 이전하게 한다면 그 계약은 리스이거나 리스를 포함함
식별되는 자산	다음 조건을 모두 충족하는 경우에만 공급자의 자산 대체권이 실질적임 ① 공급자가 대체 자산으로 대체할 실질적인 능력을 사용기간 내내 가짐 ② 공급자는 자산 대체권의 행사에서 경제적으로 효익을 얻을 것임
사용통제권	계약이 식별되는 자산의 사용통제권을 일정 기간 이전하는지를 판단하기 위하여 고객이 사용기간 내내 다음 권리를 모두 갖는지를 판단함 ① 식별되는 자산의 사용으로 생기는 경제적 효익의 대부분을 얻을 권리 ② 식별되는 자산의 사용을 지시할 권리

참고 리스의 식별

계약의 약정시점에, 계약 자체가 리스인지, 계약이 리스를 포함하는지를 판단한다. 계약에서 대가와 교환하여, 식별되는 자산의 사용 통제권을 일정 기간 이전하게 한다면 그 계약은 리스이거나 리스를 포함한다. 일정 기간은 식별되는 자산의 사용량(예 기계장치를 사용하여 생산할 생산 단위의 수량)의 관점에서 기술될 수도 있다. 계약 조건이 변경된 경우에만 계약이 리스인지, 리스를 포함하는지를 다시 판단한다.

[그림 15-2] 리스의 식별

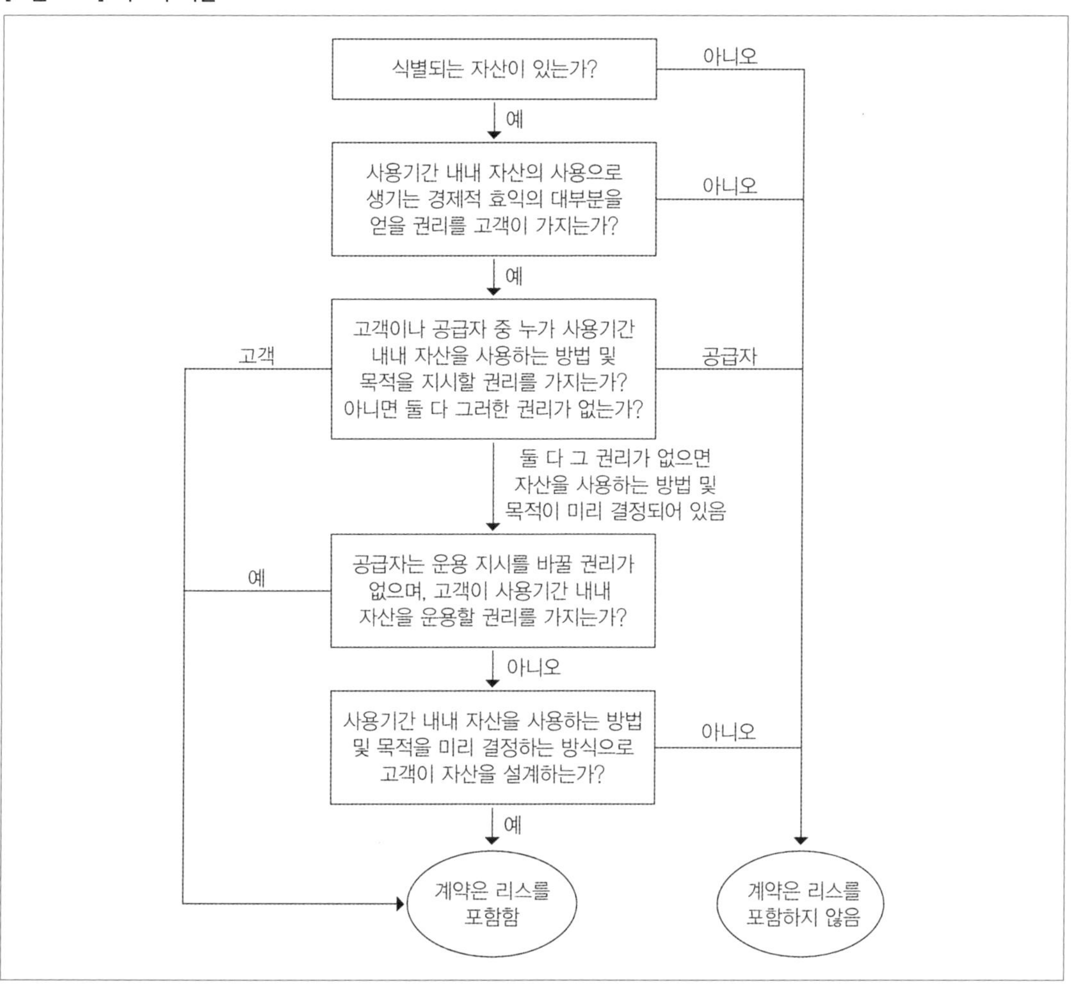

05 계약의 구성요소 분리

계약의 구성요소의 분리	리스계약이나 리스를 포함하는 계약에서 계약의 각 리스요소를 비리스요소와 분리하여 리스로 회계처리함
리스이용자	하나의 리스요소와, 하나 이상의 추가 리스요소나 비리스요소를 포함하는 계약에서 리스이용자는 리스요소의 상대적 개별 가격과 비리스요소의 총 개별 가격에 기초하여 계약 대가를 각 리스요소에 배분함
리스제공자	하나의 리스요소와, 하나 이상의 추가 리스요소나 비리스요소를 포함하는 계약에서 리스제공자는 K-IFRS 제1115호 '고객과의 계약에서 생기는 수익'을 적용하여 계약대가를 배분함

06 용어의 정의

(1) 리스약정일(약정일)

리스약정일이란 리스계약일과 리스의 주요 조건에 대하여 계약당사자들의 합의날 중 이른 날을 말한다. 리스는 리스약정일을 기준으로 운용리스나 금융리스로 분류하며, 리스변경이 있는 경우에만 분류를 다시 판단한다.

(2) 리스개시일(개시일)

리스개시일은 리스제공자가 리스이용자에게 기초자산을 사용할 수 있게 하는 날을 말한다. 즉, 리스개시일은 리스의 최초인식일(즉, 리스에 따른 자산, 부채, 수익 및 비용을 적절하게 인식하는 날로서 감가상각개시일임)을 일컫는다.

(3) 리스기간

리스기간이란 리스이용자가 기초자산 사용권을 갖는 해지불능기간을 말한다. 리스기간에는 리스이용자가 리스 연장선택권을 행사할 것이 상당히 확실한 경우에 그 선택권의 대상 기간과 리스이용자가 리스 종료선택권을 행사하지 않을 것이 상당히 확실한 경우에 그 선택권의 대상 기간 당해 추가기간을 포함한다.[1)]

POINT 리스약정일, 리스개시일, 리스기간

리스약정일	리스계약일과 리스의 주요 조건에 대하여 계약당사자들의 합의날 중 이른 날 → 리스약정일을 기준으로 운용리스와 금융리스 분류
리스개시일	리스제공자가 리스이용자에게 기초자산을 사용할 수 있게 하는 날 → 리스에 따른 자산, 부채, 수익, 비용을 최초로 인식하는 날
리스기간	리스이용자가 기초자산 사용권을 갖는 해지불능기간 → 리스기간에는 리스이용자가 리스 연장선택권을 행사할 것이 상당히 확실한 경우에 그 선택권의 대상 기간과 리스이용자가 리스 종료선택권을 행사하지 않을 것이 상당히 확실한 경우에 그 선택권의 대상 기간 당해 추가기간을 포함함

1) 리스의 해지불능기간이 달라진다면 리스기간을 변경한다. 예를 들면 다음과 같은 경우에 리스의 해지불능기간이 달라질 것이다.
① 전에 리스기간을 산정할 때 포함되지 않았던 선택권을 리스이용자가 행사한다.
② 전에 리스기간을 산정할 때 포함되었던 선택권을 리스이용자가 행사하지 않는다.
③ 전에 리스기간을 산정할 때 포함되지 않았던 선택권을 리스이용자가 계약상 의무적으로 행사하게 하는 사건이 일어난다.
④ 전에 리스기간을 산정할 때 포함되었던 선택권을 리스이용자가 행사하는 것을 계약상 금지하는 사건이 일어난다.

(4) 리스료

리스료는 기초자산 사용권과 관련하여 리스기간에 리스이용자가 리스제공자에게 지급하는 금액으로 다음 항목으로 구성된다. 다만, 조정리스료와 리스제공자가 지급하고 리스이용자에게 청구할 수 있는 용역원가와 세금 등은 제외한다.

① 고정리스료(실질적인 고정리스료를 포함하고, 리스 인센티브는 차감): 리스기간의 기초자산 사용권에 대하여 리스이용자가 리스제공자에게 지급하는 금액에서 변동리스료를 뺀 금액
② 지수나 요율(이율)에 따라 달라지는 변동리스료: 리스기간에 기초자산의 사용권에 대하여 리스이용자가 리스제공자에게 지급하는 리스료의 일부로서 시간의 경과가 아닌 리스개시일 후 사실이나 상황의 변화 때문에 달라지는 부분
③ 리스이용자가 매수선택권을 행사할 것이 상당히 확실한 경우에 그 매수선택권의 행사가격
④ 리스기간이 리스이용자의 종료선택권 행사를 반영하는 경우에, 그 리스를 종료하기 위하여 부담하는 금액

리스이용자의 경우에 리스료는 잔존가치보증에 따라 리스이용자가 지급할 것으로 예상되는 금액도 포함한다. 리스이용자가 비리스요소와 리스요소를 통합하여 단일 리스요소로 회계처리하기로 선택하지 않는다면 리스료는 비리스요소에 배분되는 금액을 포함하지 않는다. 한편, 리스제공자의 경우에 리스료는 잔존가치보증에 따라 리스이용자, 리스이용자의 특수관계자, 리스제공자와 특수관계에 있지 않고 보증의무를 이행할 재무적 능력이 있는 제3자가 리스제공자에게 제공하는 잔존가치보증을 포함한다. 리스료는 비리스요소에 배분되는 금액은 포함하지 않는다.

- 리스료(리스이용자): 고정리스료 + 변동리스료 + 매수선택권의 행사가격 + 종료선택권 + 잔존가치보증에 따라 지급이 예상되는 금액
- 리스료(리스제공자): 고정리스료 + 변동리스료 + 매수선택권의 행사가격 + 종료선택권 + 잔존가치보증

(5) 잔존가치보증

잔존가치보증이란 리스제공자와 특수관계에 있지 않은 당사자가 리스제공자에게 제공한, 리스종료일의 기초자산 가치(또는 가치의 일부)가 적어도 특정 금액이 될 것이라는 보증을 말한다.

(6) 무보증잔존가치

무보증잔존가치는 리스제공자가 실현할 수 있을지 확실하지 않거나 리스제공자의 특수관계자만이 보증한, 기초자산의 잔존가치 부분을 말한다.

POINT 잔존가치보증과 무보증잔존가치

잔존가치보증	리스제공자와 특수관계에 있지 않은 당사자가 리스제공자에게 제공한, 리스종료일의 기초자산 가치(또는 가치의 일부)가 적어도 특정 금액이 될 것이라는 보증
무보증잔존가치	리스제공자가 실현할 수 있을지 확실하지 않거나 리스제공자의 특수관계자만이 보증한, 기초자산의 잔존가치 부분

(7) 리스총투자, 리스순투자 및 미실현 금융수익

리스총투자는 금융리스에서 리스제공자가 받게 될 리스료와 무보증잔존가치의 합계액을 말하며, 리스순투자는 리스총투자를 리스의 내재이자율로 할인한 금액을 말한다. 또한 미실현 금융수익은 리스총투자와 리스순투자의 차이를 말한다.

- 리스총투자 = 리스료 + 무보증잔존가치
- 리스순투자 = 리스총투자를 리스의 내재이자율로 할인한 현재가치
  = 리스료의 현재가치 + 무보증잔존가치의 현재가치
- 미실현 금융수익 = 리스총투자 - 리스순투자

(8) 내재이자율

내재이자율이라 함은 리스료 및 무보증잔존가치의 현재가치 합계액을, 기초자산의 공정가치와 리스제공자의 리스개설직접원가의 합계액과 동일하게 하는 할인율을 말한다. 이는 리스제공자 입장에서 리스투자에 대한 수익률과 동일한 개념이다.

- 리스순투자 = 리스총투자의 현재가치[1)]
- 기초자산의 공정가치 + 리스개설직접원가 = (리스료 + 무보증잔존가치)의 현재가치[1)]

[1)] 리스제공자의 내재이자율로 할인함

(9) 리스개설직접원가

리스개설직접원가란 리스를 체결하지 않았더라면 부담하지 않았을 리스체결의 증분원가를 말한다. 다만, 금융리스와 관련하여 제조자나 판매자인 리스제공자가 부담하는 원가는 제외한다.

(10) 경제적 내용연수와 내용연수

경제적 내용연수란 하나 이상의 사용자가 자산을 경제적으로 사용할 수 있을 것으로 예상하는 기간이나 자산에서 얻을 것으로 예상하는 생산량 또는 이와 비슷한 단위 수량을 말한다. 한편, 내용연수는 기업이 자산을 사용할 수 있을 것으로 예상하는 기간이나 자산에서 얻을 것으로 예상하는 생산량 또는 이와 비슷한 단위 수량을 말한다.

(11) 증분차입이자율

리스이용자의 증분차입이자율은 리스이용자가 비슷한 경제적 환경에서 비슷한 기간에 걸쳐 비슷한 담보로 사용권자산과 가치가 비슷한 자산 획득에 필요한 자금을 차입한다면 지급해야 하는 이자율을 말한다. 리스제공자 입장에서 리스료와 무보증잔존가치의 합계액은 미래 현금수취예상액이고 이를 현재시점에서 평가하기 위하여 내재이자율을 사용한다. 리스이용자의 경우에도 리스거래를 리스제공자와 동일한 방법으로 회계처리하기 위해서는 리스제공자의 내재이자율을 알아야 하나 쉽게 산정할 수 없는 경우 리스이용자의 증분차입이자율을 사용한다.

(12) 선택권 리스료

선택권 리스료는 리스를 연장하거나 종료하는 선택권의 대상 기간(리스기간에 포함되는 기간은 제외)에 기초자산 사용권에 대하여 리스이용자가 리스제공자에게 지급하는 리스료를 말한다.

(13) 리스 인센티브

리스 인센티브는 리스와 관련하여 리스제공자가 리스이용자에게 지급하는 금액이나 리스의 원가를 리스제공자가 보상하거나 부담하는 금액을 말한다.

(14) 고정리스료와 변동리스료

고정리스료란 리스기간의 기초자산 사용권에 대하여 리스이용자가 리스제공자에게 지급하는 금액에서 변동리스료를 뺀 금액을 말한다. 한편, 변동리스료는 리스기간에 기초자산의 사용권에 대하여 리스이용자가 리스제공자에게 지급하는 리스료의 일부로서 시간의 경과가 아닌 리스개시일 후 사실이나 상황의 변화 때문에 달라지는 부분을 말한다.

(15) 단기리스

단기리스는 리스개시일에 리스기간이 12개월 이하인 리스를 말하며, 매수선택권이 있는 리스는 단기리스에 해당하지 않는다.

07 리스료의 결정

- 리스순투자 = 리스총투자의 현재가치[1)]
- 기초자산의 공정가치 + 리스개설직접원가 = (리스료 + 무보증잔존가치)의 현재가치

1) 리스제공자의 내재이자율로 할인함

[그림 15-3] 리스순투자와 리스총투자의 관계

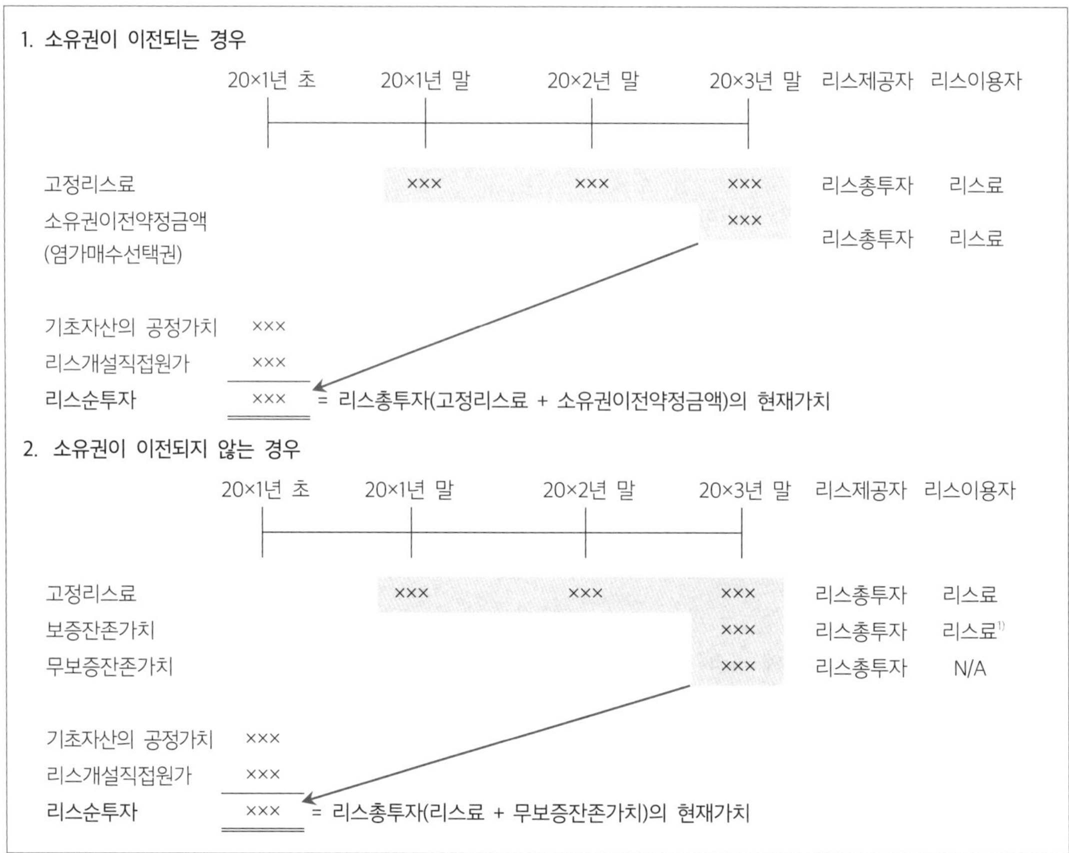

1) 잔존가치보증에 따라 지급이 예상되는 금액

Ⅱ 리스의 분류

[그림 15-4] 리스제공자의 리스 분류

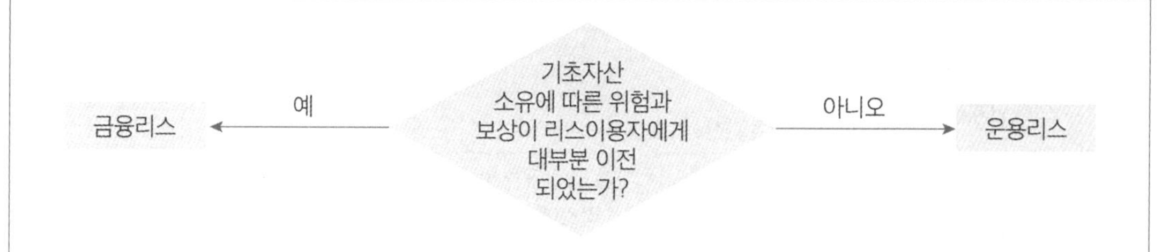

01 리스제공자의 리스의 분류기준

구분	내용
금융리스	기초자산의 소유에 따른 위험과 보상의 대부분을 이전하는 리스
운용리스	기초자산의 소유에 따른 위험과 보상의 대부분을 이전하지 않는 리스
일반적으로 금융리스로 분류되는 상황의 예	① 소유권이전약정기준: 리스기간 종료시점 이전에 기초자산의 소유권이 리스이용자에게 이전되는 리스 ② 염가매수선택권 약정기준: 리스이용자가 선택권을 행사할 수 있는 날의 공정가치보다 충분히 낮을 것으로 예상되는 가격으로 기초자산을 매수할 수 있는 선택권을 가지고 있고, 그 선택권을 행사할 것이 리스약정일 현재 상당히 확실한 경우 ③ 리스기간기준: 기초자산의 소유권이 이전되지는 않더라도 리스기간이 기초자산의 경제적 내용연수의 상당 부분을 차지하는 경우 ④ 공정가치회수기준: 리스약정일 현재, 리스료의 현재가치가 적어도 기초자산 공정가치의 대부분에 해당하는 경우 ⑤ 범용성 없는 자산: 기초자산이 특수하여 해당 리스이용자만이 주요한 변경 없이 사용할 수 있는 경우
금융리스로 분류될 수 있는 상황의 지표	① 리스이용자가 리스를 해지할 수 있는 경우에 리스이용자가 해지에 관련되는 리스제공자의 손실을 부담하는 경우 ② 잔존자산의 공정가치 변동에서 생기는 손익이 리스이용자에게 귀속되는 경우(예를 들어, 리스 종료시점에 매각대가의 대부분에 해당하는 금액이 리스료 환급의 형태로 리스이용자에게 귀속되는 경우) ③ 리스이용자가 시장리스료보다 현저하게 낮은 리스료로 다음 리스기간에 리스를 계속할 능력이 있는 경우

여기서 유의할 점은 앞에서 열거한 경우에 해당할 때에도 항상 금융리스로 분류하는 것은 아니라는 것이다. 계약의 다른 속성들을 고려할 때 리스자산의 소유에 따른 위험과 보상의 대부분을 이전하지 않는다는 사실이 분명하다면 그 리스는 운용리스로 분류한다. 예를 들어, 리스기간 종료시점에 기초자산의 소유권을 그 시점의 공정가치에 해당하는 변동지급액으로 이전하거나, 변동리스료가 있고 그 결과로 리스제공자가 기초자산의 소유에 따른 위험과 보상의 대부분을 이전하지 않는 경우가 있다.

리스는 리스약정일에 분류하며 리스변경이 있는 경우에만 분류를 다시 판단한다. 추정의 변경(예 기초자산의 내용연수 또는 잔존가치 추정치의 변경)이나 상황의 변화(예 리스이용자의 채무불이행)는 회계 목적상 리스를 새로 분류하는 원인이 되지 않는다.

02 인식면제

리스이용자의 인식면제	리스이용자는 다음 리스에는 사용권자산과 리스부채를 인식하지 않기로 선택할 수 있음 (1) 단기리스 (2) 소액 기초자산 리스
회계처리	① 단기리스나 소액 기초자산 리스에 사용권자산과 리스부채를 인식하지 않기로 선택한 경우에 리스이용자는 해당 리스에 관련되는 리스료를 리스기간에 걸쳐 정액 기준이나 다른 체계적인 기준에 따라 비용으로 인식함 ② 단기리스에 대한 선택은 사용권이 관련되어 있는 기초자산의 유형별로 한다. 기초자산의 유형은 기업의 영업에서 특성과 용도가 비슷한 기초자산의 집합이다. ③ 소액 기초자산 리스에 대한 선택은 리스별로 할 수 있다.

⊘ **참고 소액 기초자산 리스**

리스이용자는 리스대상 자산이 사용된 기간에 관계없이 기초자산이 새것일 때의 가치에 기초하여 기초자산의 가치를 평가한다. 기초자산이 소액인지는 절대적 기준에 따라 평가한다. 소액자산 리스는 그 리스가 리스이용자에게 중요한지와 관계없이 그 평가는 리스이용자의 규모, 특성, 상황에 영향을 받지 않는다. 따라서 서로 다른 리스이용자라도 특정한 기초자산이 소액인지에 대해서는 같은 결론에 이를 것으로 예상된다.

다음 조건을 모두 충족하는 경우에만 소액 기초자산이 될 수 있다.

(1) 리스이용자가 기초자산 그 자체를 사용하여 효익을 얻거나 리스이용자가 쉽게 구할 수 있는 다른 자원과 함께 그 자산을 사용하여 효익을 얻을 수 있다.

(2) 기초자산은 다른 자산에 대한 의존도나 다른 자산과의 상호관련성이 매우 높지는 않다.

새것일 때 일반적으로 소액이 아닌 특성이 있는 자산이라면, 해당 기초자산 리스는 소액자산 리스에 해당하지 않는다. 예를 들면 자동차는 새것일 때 일반적으로 소액이 아닐 것이므로, 자동차 리스는 소액자산 리스에 해당하지 않을 것이다. 리스이용자가 자산을 전대리스(Sublease)하거나 전대리스할 것으로 예상하는 경우에 상위리스(Head Lease)는 소액자산 리스에 해당하지 않는다. 소액 기초자산의 예로는 태블릿 · 개인 컴퓨터, 소형 사무용 가구, 전화기 등을 들 수 있다.

Ⅲ 운용리스의 리스제공자

01 리스개시일

[회계처리] 리스개시일

(차) 운용리스자산	×××	(대) 현금(취득원가)	×××
		현금(리스개설직접원가)	×××

02 인식과 측정

(1) 운용리스료수익

리스제공자는 정액 기준이나 다른 체계적인 기준으로 운용리스의 리스료를 리스기간 동안 수익으로 인식한다. 다른 체계적인 기준이 기초자산의 사용으로 생기는 효익이 감소되는 형태를 더 잘 나타낸다면 리스제공자는 그 기준을 적용한다.

[회계처리] 운용리스료수익

(차) 현금	×××	(대) 운용리스료수익	×××

(2) 감가상각과 손상

리스제공자는 리스료 수익 획득 과정에서 부담하는 원가(감가상각비를 포함함)를 비용으로 인식한다. 운용리스에 해당하는 감가상각 대상 기초자산의 감가상각 정책은 리스제공자가 소유한 비슷한 자산의 보통 감가상각 정책과 일치해야 한다. 즉, 리스제공자는 운용리스자산을 내용연수 동안 감가상각한다. 한편, 리스제공자는 운용리스의 대상이 되는 기초자산이 손상되었는지를 판단하고, 식별되는 손상차손을 회계처리하기 위하여 K-IFRS 제1036호 '자산손상'을 적용한다.

(3) 리스개설직접원가

리스제공자는 운용리스 체결 과정에서 부담하는 리스개설직접원가를 기초자산의 장부금액에 더하고 리스료 수익과 같은 기준으로 리스기간에 걸쳐 비용으로 인식한다. 즉, 리스개설직접원가는 운용리스자산의 장부금액에 가산하여 리스기간 동안 감가상각비로 인식한다. 리스제공자의 감가상각과 관련된 회계처리를 예시하면 다음과 같다.

[회계처리] 감가상각비

(차) 감가상각비	×××[1]	(대) 감가상각누계액	×××

[1] (취득원가 - 잔존가치) ÷ 내용연수 + 리스개설직접원가 ÷ 리스기간

03 제조자 또는 판매자인 리스제공자의 운용리스

제조자 또는 판매자인 리스제공자의 운용리스 체결은 판매와 동등하지 않으므로 운용리스 체결 시점에 매출이익을 인식하지 않는다.

04 리스변경

리스제공자는 운용리스의 변경을 변경 유효일부터 새로운 리스로 회계처리한다. 이 경우에 변경 전 리스에 관련하여 선수하였거나 발생한 미수리스료를 새로운 리스의 리스료의 일부로 본다.

POINT 운용리스의 리스제공자

리스개시일		(1) 취득에 소요된 지출액: 운용리스자산으로 인식함 (2) 리스개설직접원가: 운용리스자산의 장부금액에 가산함
인식과 측정	운용리스료수익	정액 기준이나 다른 체계적인 기준으로 운용리스의 리스료를 리스기간 동안 수익으로 인식함
	감가상각비	유형자산과 동일하게 내용연수 동안 감가상각함
	리스개설직접원가	운용리스자산의 장부금액에 가산하여 리스기간 동안 감가상각비로 인식함

Ⅳ 금융리스

01 리스제공자

(1) 최초인식

리스제공자는 리스개시일에 금융리스에 따라 보유하는 자산을 재무상태표에 인식하고 그 자산을 리스순투자와 동일한 금액의 수취채권으로 표시한다. 앞에서 설명했듯이 리스순투자는 리스총투자를 리스의 내재이자율로 할인한 금액을 말한다.[2] 이때 리스제공자는 리스순투자를 측정할 때 리스의 내재이자율을 사용하여 할인한다.

리스채권 = 리스순투자
= 리스자산의 공정가치 + 리스개설직접원가
= 리스총투자(리스료 + 무보증잔존가치)를 리스의 내재이자율로 할인한 현재가치
= 리스료의 현재가치 + 무보증잔존가치의 현재가치

리스개설직접원가는 리스순투자의 최초 측정치에 포함되어 리스기간에 걸쳐 인식되는 수익 금액을 줄인다. 리스개설직접원가가 자동적으로 리스순투자에 포함되도록 리스의 내재이자율이 정의되었으므로 리스개설직접원가를 별도로 더할 필요가 없다.

(2) 후속측정

리스제공자는 자신의 리스순투자 금액에 일정한 기간수익률을 반영하는 방식으로 리스기간에 걸쳐 금융수익을 인식한다. 이 경우 리스제공자는 체계적이고 합리적인 기준으로 리스기간에 걸쳐 금융수익이 배분되도록 하며, 리스제공자는 해당 기간의 리스료를 리스총투자에 대응시켜 원금과 미실현 금융수익을 줄인다.

- 이자수익(유효이자) = 기초 리스채권 × 내재이자율(유효이자율)
- 리스채권 원금회수액 = 리스료 - 이자수익(유효이자)

2) 전대리스(Sublease)의 경우에 전대리스의 내재이자율을 쉽게 산정할 수 없다면, 중간리스제공자는 전대리스의 순투자를 측정하기 위하여 상위리스(Head Lease)에 사용된 할인율(전대리스에 관련되는 리스개설직접원가를 조정함)을 사용할 수 있다.

(3) 리스기간 종료시점

리스기간 종료시점에 리스제공자는 리스이용자에게 소유권을 이전하거나 리스자산을 반환받는다.

① 리스자산의 소유권이 이전되는 경우

리스기간 종료시점에 리스자산의 소유권이 리스이용자에게 이전되는 경우 소유권이전약정금액 또는 염가매수선택권 행사가격인 리스채권에 해당하는 금액을 현금으로 수령하는 회계처리를 수행한다.

[회계처리] 리스기간 종료시점에 리스자산의 소유권이 리스이용자에게 이전되는 경우

(차) 현금	×××	(대) 리스채권	×××[1]

[1] 소유권이전약정금액 또는 염가매수선택권 행사가격

② 리스자산의 소유권이 이전되지 않는 경우

리스기간 종료시점에 리스자산의 소유권이 리스이용자에게 이전되지 않는 경우에는 보증잔존가치와 무보증잔존가치의 합계액인 추정잔존가치를 리스자산으로 반환받는다. 이때 리스자산의 공정가치가 리스채권 잔액에 해당하는 추정잔존가치에 미달하는 경우 그 차액을 리스채권손상차손 과목으로 당기손실로 인식한다. 여기서 회수된 자산의 공정가치가 보증잔존가치에 미달하여 리스이용자 등으로부터 차액을 수취한 경우 리스이용자로부터 수취한 현금은 리스보증이익 과목으로 당기이익으로 인식한다.

[회계처리] 리스기간 종료시점에 리스자산의 소유권이 리스이용자에게 이전되지 않는 경우

(차) 리스자산	×××[1]	(대) 리스채권	×××[2]
리스채권손상차손	×××		
(차) 현금	×××	(대) 리스보증이익	×××[3]

[1] 리스기간 종료시점의 리스자산의 공정가치
[2] 추정잔존가치(보증잔존가치 + 무보증잔존가치)
[3] 보증잔존가치 - 리스자산의 공정가치

02 리스이용자

(1) 최초인식

리스이용자는 리스개시일에 그날 현재 지급되지 않은 리스료3)의 현재가치로 리스부채를 측정한다. 이때 리스의 내재이자율을 쉽게 산정할 수 있는 경우에는 그 이자율로 리스료를 할인한다. 그 이자율을 쉽게 산정할 수 없는 경우에는 리스이용자의 증분차입이자율을 사용한다. 리스기준서의 개정으로 인하여 리스자산을 반환받는 리스인 경우 보증잔존가치가 아니라, 잔존가치보증에 따라 리스이용자가 지급할 것으로 예상되는 금액을 리스료에 포함하여 리스부채를 측정함에 유의하기 바란다.
리스이용자는 리스개시일에 사용권자산을 원가로 측정한다. 사용권자산의 원가는 다음 항목으로 구성된다.

> ① 리스부채의 최초 측정금액
> ② 리스개시일이나 그 전에 지급한 리스료(받은 리스 인센티브는 차감)
> ③ 리스이용자가 부담하는 리스개설직접원가
> ④ 리스 조건에서 요구하는 대로 기초자산을 해체하고 제거하거나, 기초자산이 위치한 부지를 복구하거나, 기초자산 자체를 복구할 때 리스이용자가 부담하는 원가의 추정치

리스개시일에 리스이용자가 리스부채와 사용권자산으로 인식할 금액을 요약하면 다음과 같다.

- 리스부채 = 리스료의 현재가치[1)]
- 사용권자산 = 리스부채의 최초 측정금액 + 리스개시일 전에 지급한 리스료
  + 리스이용자 부담 리스개설직접원가 + 복구원가

1) 리스제공자의 내재이자율을 사용하나 쉽게 산정할 수 없는 경우 리스이용자의 증분차입이자율로 할인함

> ⊘ 참고 **사용권자산과 리스부채의 재무상태표 표시**
>
> 리스이용자는 사용권자산을 다음과 같이 재무상태표에 표시하거나 주석으로 공시한다.
> 1. 사용권자산을 다른 자산과 구분하여 표시하거나 공시한다. 리스이용자가 재무상태표에서 사용권자산을 구분하여 표시하지 않으면, 다음과 같이 한다.
>   (1) 리스이용자가 대응하는 기초자산을 보유하였을 경우에 표시하였을 항목과 같은 항목에 사용권자산을 포함한다.
>   (2) 재무상태표의 어떤 항목에 그 사용권자산이 포함되어 있는지를 공시한다.
> 2. 투자부동산의 정의를 충족하는 사용권자산에는 적용하지 않고, 그 사용권자산은 재무상태표에 투자부동산으로 표시한다.
> 3. 리스부채를 다른 부채와 구분하여 표시하거나 공시한다. 리스이용자가 재무상태표에서 리스부채를 구분하여 표시하지 않으면 재무상태표의 어떤 항목에 그 부채가 포함되어 있는지를 공시한다.
> 4. 포괄손익계산서에서 리스이용자는 리스부채에 대한 이자비용을 사용권자산의 감가상각비와 구분하여 표시한다.

---

3) 리스개시일에 리스부채의 측정치에 포함되는 리스료는, 리스기간에 걸쳐 기초자산을 사용하는 권리에 대한 지급액 중 그날 현재 지급되지 않은 다음 금액으로 구성된다.
① 고정리스료(실질적인 고정리스료를 포함하고, 받을 리스 인센티브는 차감)
② 지수나 요율(이율)에 따라 달라지는 변동리스료. 처음에는 리스개시일의 지수나 요율(이율)을 사용하여 측정한다.
③ 잔존가치보증에 따라 리스이용자가 지급할 것으로 예상되는 금액
④ 리스이용자가 매수선택권을 행사할 것이 상당히 확실한 경우에 그 매수선택권의 행사가격
⑤ 리스기간이 리스이용자의 종료선택권 행사를 반영하는 경우에 그 리스를 종료하기 위하여 부담하는 금액

(2) 후속측정

① 리스부채

리스이용자는 리스개시일 이후 리스부채에 대한 이자를 반영하여 장부금액을 증액하고, 지급한 리스료를 반영하여 장부금액을 감액한다. 여기서 리스기간 중 각 기간의 리스부채에 대한 이자는 리스부채 잔액에 대하여 일정한 기간이자율이 산출되도록 하는 금액이다. 기간이자율은 리스의 내재이자율을 쉽게 산정할 수 있는 경우에는 내재이자율을 적용하며, 그 이자율을 쉽게 산정할 수 없는 경우에는 리스이용자의 증분차입이자율을 적용한다.

- 이자비용 = 기초 리스부채 × 유효이자율
- 리스부채 원금지급액 = 리스료 - 이자비용

② 사용권자산

리스이용자가 투자부동산으로 분류하여 K-IFRS 제1040호 '투자부동산'의 공정가치모형을 적용하거나 유형자산으로 분류하여 K-IFRS 제1016호 '유형자산'의 재평가모형 중 어느 하나를 적용하지 않는 경우에, 리스이용자는 리스개시일 후에 원가모형을 적용하여 사용권자산을 측정한다.
리스이용자는 사용권자산을 감가상각할 때 K-IFRS 제1016호 '유형자산' 감가상각에 대한 요구사항을 적용한다. 리스가 리스기간 종료시점 이전에 리스이용자에게 기초자산의 소유권을 이전하는 경우나 사용권자산의 원가에 리스이용자가 매수선택권을 행사할 것임이 반영되는 경우에, 리스이용자는 리스개시일부터 기초자산의 내용연수 종료시점까지 사용권자산을 감가상각한다. 그 밖의 경우에는 리스이용자는 리스개시일부터 사용권자산의 내용연수 종료일과 리스기간 종료일 중 이른 날까지 사용권자산을 감가상각한다. 리스이용자가 리스개시일 후에 원가모형을 적용하여 매 보고기간에 인식할 감가상각비를 요약하면 다음과 같다.

POINT 금융리스 이용자의 감가상각비

구분	소유권이 이전되는 경우	소유권이 이전되지 않는 경우
상황	리스기간 종료시점 이전에 리스이용자에게 기초자산의 소유권을 이전하는 경우, 사용권자산의 원가에 리스이용자가 매수선택권을 행사할 것임이 반영되는 경우	그 밖의 경우
감가상각비 (정액법)	(취득원가 - 잔존가치) ÷ 내용연수	취득원가 ÷ Min[리스기간, 내용연수]

참고 감가상각비의 적용

소유권이 이전되지 않은 경우의 리스이용자의 감가상각비는 다음과 같이 적용해야 한다는 주장도 있다.
(취득원가 - 잔존가치보증에 따라 지급이 예상되는 금액) ÷ Min[리스기간, 내용연수]
해당 문제의 언급에 따라 계산하도록 출제가 되니 문제를 잘 읽고 요구사항에 답해야 한다.

리스이용자는 사용권자산이 손상되었는지를 판단하고 식별되는 손상차손을 회계처리하기 위하여 K-IFRS 제1036호 '자산손상'을 적용하여 회계처리한다.

> ⊘ 참고 **다른 측정모형**
>
> 리스이용자가 투자부동산에 K-IFRS 제1040호 '투자부동산'의 공정가치모형을 적용하는 경우에는, K-IFRS 제1040호의 투자부동산 정의를 충족하는 사용권자산에도 공정가치모형을 적용한다. 사용권자산이 K-IFRS 제1016호의 재평가모형을 적용하는 유형자산의 유형에 관련되는 경우에, 리스이용자는 그 유형자산의 유형에 관련되는 모든 사용권자산에 재평가모형을 적용하기로 선택할 수 있다.

(3) 리스기간 종료시점

리스기간 종료시점에 리스이용자는 리스제공자에게 소유권을 이전받거나 리스자산을 반환한다.

① 리스자산의 소유권이 이전되는 경우

리스기간 종료시점에 리스자산의 소유권이 리스이용자에게 이전되는 경우 소유권이전약정금액 또는 염가매수선택권 행사가격인 리스부채에 해당하는 금액을 현금으로 지급하는 회계처리를 수행한다. 이때 사용권자산은 기계장치, 건물 등의 유형자산으로 계정을 대체하는 회계처리를 수행한다.

[회계처리] 리스기간 종료시점에 리스자산의 소유권이 리스이용자에게 이전되는 경우

(차) 리스부채	×××	(대) 현금	×××[1]
(차) 기계장치 등	×××	(대) 사용권자산	×××
감가상각누계액(사용권자산)	×××	감가상각누계액(기계장치)	×××

[1] 소유권이전약정금액 또는 염가매수선택권 행사가격

② 리스자산의 소유권이 이전되지 않는 경우

리스기간 종료시점에 리스이용자의 재무상태표에 사용권자산과 리스부채가 계상되어 있다. 사용권자산은 리스기간 동안 취득원가를 감가상각하므로 장부금액이 '0(영)'이며, 리스부채는 리스이용자가 잔존가치 보증에 따라 지급할 것으로 예상한 금액이 장부금액이다. 사용권자산과 감가상각누계액을 재무상태표에서 제거하는 회계처리를 수행한 후 리스부채와 리스자산의 공정가치가 보증잔존가치에 미달하여 발생하는 차액을 비교하여 리스자산보증이익 또는 리스자산보증손실을 인식한다.

[회계처리] 리스기간 종료시점에 리스자산의 소유권이 리스이용자에게 이전되지 않는 경우

(차) 감가상각누계액	×××	(대) 사용권자산	×××
(차) 리스부채	×××	(대) 현금	×××[1]
리스보증손실	×××		

[1] 보증잔존가치 - 리스자산의 공정가치

> ⊘ 참고 **리스이용자의 현금흐름**
>
> 리스이용자는 리스부채의 원금에 해당하는 현금 지급액은 현금흐름표에 재무활동으로 분류하고 리스부채 측정치에 포함되지 않은 단기리스료, 소액자산리스료, 변동리스료는 현금흐름표에 영업활동으로 분류한다.

POINT 금융리스: 리스제공자

<table>
<tr><th colspan="2">구분</th><th>리스제공자의 재무제표에 미치는 영향</th></tr>
<tr><td rowspan="2">B/S</td><td>최초인식</td><td>리스채권 = 리스자산의 공정가치 + 리스개설직접원가
= 리스총투자를 내재이자율로 할인한 PV</td></tr>
<tr><td>후속측정</td><td>리스채권: 상각후원가로 측정</td></tr>
<tr><td>I/S</td><td>당기손익에 미치는 영향</td><td>① 매 보고기간 말
• 이자수익: 유효이자율법에 의한 상각표상 유효이자
② if 보증잔존가치가 있을 경우 리스기간 종료시점에 인식할 손익
• 리스채권손상차손 = 추정잔존가치 - 실제잔존가치
• 리스보증이익 = 보증잔존가치 - 실제잔존가치</td></tr>
</table>

POINT 금융리스: 리스이용자

<table>
<tr><th colspan="2">구분</th><th>리스이용자의 재무제표에 미치는 영향</th></tr>
<tr><td rowspan="2">B/S</td><td>최초인식</td><td>① 리스부채 = 리스료를 내재이자율[1]로 할인한 현재가치
② 사용권자산 = 리스부채의 최초 측정금액 + 리스개시일 전에 지급한 리스료
+ 리스이용자 부담 리스개설직접원가 + 복구원가</td></tr>
<tr><td>후속측정</td><td>① 리스부채: 상각후원가로 측정
② 사용권자산 = 취득원가 - 감가상각누계액</td></tr>
<tr><td>I/S</td><td>당기손익에 미치는 영향</td><td>① 매 보고기간 말
• 이자비용: 유효이자율법에 의한 상각표상 유효이자
• 감가상각비
<table><tr><th>구분</th><th>소유권이 이전되는 경우</th><th>소유권이 이전되지 않는 경우</th></tr><tr><td>상황</td><td>소유권이전약정, 염가매수선택권 등</td><td>그 밖의 경우</td></tr><tr><td>감가상각비
(정액법)</td><td>(취득원가 - 잔존가치) ÷ 내용연수</td><td>취득원가 ÷ Min[리스기간, 내용연수]</td></tr></table>② if 보증잔존가치가 있을 경우 리스기간 종료시점에 인식할 손익
• 리스보증손익 = 리스이용자가 지급할 것으로 예상한 금액
- (보증잔존가치 - 실제잔존가치)</td></tr>
</table>

[1] 리스제공자의 내재이자율을 쉽게 산정할 수 없다면 리스이용자의 증분차입이자율

03 추정무보증잔존가치의 감소

회계처리	① **리스제공자는** 리스총투자를 계산할 때 사용한 추정 무보증잔존가치를 정기적으로 검토**함** ② 추정 무보증잔존가치가 줄어든 경우**에 리스제공자는 리스기간에 걸쳐 수익 배분액을 조정하고** 발생된 감소액을 즉시 당기비용(**리스채권손상차손**)으로 인식**함**
리스채권손상차손	리스채권손상차손 = 추정무보증잔존가치의 감소분을 내재이자율로 할인한 금액

04 리스부채의 재평가

(1) 의의

① 리스이용자는 리스개시일 후에 리스료에 생기는 변동을 반영하기 위하여 리스부채를 다시 측정함
② 리스이용자는 사용권자산을 조정하여 리스부채의 재측정 금액을 인식함
③ 사용권자산의 장부금액이 영(0)으로 줄어들고 리스부채 측정치가 그보다 많이 줄어드는 경우에 리스이용자는 나머지 재측정 금액을 당기손익으로 인식함

(2) 변경되지 않은 할인율을 사용하는 리스부채의 재평가

변경되지 않은 할인율을 사용하는 리스부채의 재평가	리스이용자는 다음 중 어느 하나에 해당하는 경우에 수정 리스료를 변경되지 않은 할인율로 할인하여 리스부채를 다시 측정함 ① 잔존가치보증에 따라 지급할 것으로 예상되는 금액에 변동이 있는 경우 ② 리스료를 산정할 때 사용한 지수나 요율(이율)의 변동으로 생기는 미래 리스료에 변동이 있는 경우
유의사항	리스료를 산정할 때 사용한 지수나 요율(이율)의 변동으로 생기는 미래 리스료에 변동이 있는 경우는 리스부채를 다시 측정하지만, 미래 성과나 기초자산의 사용에 연동되는 변동리스료는 모두 당기손익으로 인식함

⊘ 참고 **리스부채의 측정치에 포함하는 변동리스료**

지수나 요율(이율)에 따라 달라지는 변동리스료를 리스부채의 측정치에 포함하는 이유는 그 지급액은 회피할 수 없고 리스이용자의 미래 행위에 따라 달라지지 않으므로 리스이용자의 부채의 정의를 충족하기 때문이다. 또한, 불확실성은 그 지급액에서 생기는 부채의 측정치에는 관련되지만 부채의 존재에는 관련되지 않기 때문이다.
반면에 미래 성과나 기초자산의 사용에 연동되는 변동리스료는 그 성과가 생기거나 사용될 때까지 리스이용자의 부채의 정의를 충족하지 않기 때문에 리스부채의 측정치에 포함하지 않는다. 그 지급액은 리스이용자가 회피할 수 있으며, 리스이용자는 개시일에 지급할 현재의무가 없다고 판단되기 때문이다.

(3) 수정 할인율을 사용하는 리스부채의 재평가

수정 할인율을 사용하는 리스부채의 재평가	리스이용자는 다음 중 어느 하나에 해당하는 경우에 수정 할인율로 수정 리스료를 할인하여 리스부채를 다시 측정함 ① 리스기간에 변경이 있는 경우 ② 기초자산을 매수하는 선택권 평가에 변동이 있는 경우
수정 할인율	리스이용자는 내재이자율을 쉽게 산정할 수 있는 경우에는 남은 리스기간의 내재이자율로 수정 할인율을 산정하나, 리스의 내재이자율을 쉽게 산정할 수 없는 경우에는 재평가 시점의 증분차입이자율로 수정 할인율을 산정함

⊘ 참고 **변동이자율의 변동으로 인한 리스료의 변동**

리스료의 변동이 변동이자율의 변동으로 생긴 경우에 리스이용자는 그 이자율 변동을 반영하는 수정 할인율을 사용한다.

V 판매형리스

01 의의

판매형리스란 제조자 또는 판매자가 취득 또는 제조한 자산을 고객에게 금융리스 방식으로 판매하는 경우의 리스계약을 말한다.[4)]

02 회계처리

(1) 매출액

제조자나 판매자인 리스제공자는 일반판매에 대하여 리스개시일에 매출액을 인식하는데, 기초자산의 공정가치와 리스제공자에게 귀속되는 리스료를 시장이자율로 할인한 현재가치 중 적은 금액으로 수익(매출액)을 인식하여야 한다.

매출액 = Min[기초자산의 공정가치, 리스료의 현재가치[1)]]

1) 시장이자율로 할인

참고 판매형리스의 매출액

1. 무보증잔존가치를 제외하는 이유
   매출액은 받았거나 받을 대가의 공정가치로 측정해야 한다. 그러나 무보증잔존가치는 경제적 효익의 유입가능성이 불분명한 상태이므로 무보증잔존가치를 제외한 리스료의 현재가치로 수익을 인식한다.
2. 시장이자율로 할인하는 이유
   제조자 또는 판매자인 리스제공자는 고객을 끌기 위하여 의도적으로 낮은 이자율을 제시하기도 한다. 이러한 낮은 이자율의 사용은 리스제공자가 거래에서 생기는 전체 이익 중 과도한 부분을 리스개시일에 인식하는 결과를 가져온다. 의도적으로 낮은 이자율을 제시하는 경우라면 제조자 또는 판매자인 리스제공자는 시장이자율을 부과하였을 경우의 금액으로 매출이익을 제한한다. 즉, 제조자 또는 판매자가 자의적인 내재이자율의 선택으로 인하여 기간손익을 왜곡하는 것을 제한하기 위한 규정이다.

4) 제조자 또는 판매자인 리스제공자의 운용리스 체결은 판매와 동등하지 않으므로 운용리스 체결시점에 매출손익을 인식할 수 없다.

(2) 매출원가

제조자 또는 판매자인 리스제공자는 리스개시일에 매출원가를 인식하는데, 매출원가는 기초자산의 원가에서 무보증잔존가치의 현재가치를 차감한 금액으로 매출원가를 인식한다. 만약 리스자산의 원가와 리스자산의 장부금액이 다를 경우에는 기초자산의 장부금액에서 무보증잔존가치의 현재가치를 차감한 금액을 매출원가로 한다.

매출원가 = 기초자산의 원가[1] - 무보증잔존가치의 현재가치

[1] 원가와 장부금액이 다를 경우 장부금액 적용

> ⊙ 참고 **매출원가에서 무보증잔존가치를 제외하는 이유**
>
> 비용은 수익이 발생한 부분에 대하여 대응하여 인식하여야 하며, 이를 수익·비용 대응 원칙이라고 한다. 매출액을 인식할 때 경제적 효익의 유입가능성이 불분명한 부분인 무보증잔존가치의 현재가치를 제외하였으므로 이에 대응되는 매출원가에도 무보증잔존가치의 현재가치를 제외하여 매출원가를 인식해야 한다. 참고로 K-IFRS 제1116호 '리스'에서는 매출액과 매출원가로 인식되는 매출손익에 대해서만 구체적으로 규정하고 있으며, 리스채권과 재고자산의 회계처리에 대해서는 아무런 언급이 없으므로 전문가마다 다양한 회계처리를 제시할 수 있다. 본서에서는 판매형리스는 법적인 형식과 다르게 실질적인 판매에 해당하므로 리스개시일에 재고자산을 전액제거하고 무보증잔존가치의 현재가치는 리스채권으로 인식한다. 따라서 리스채권은 리스총투자의 현재가치로 인식하며, 매출액은 리스료의 현재가치로 인식하는 회계처리를 제시하였다.

(3) 리스개설직접원가

제조자 또는 판매자인 리스제공자는 금융리스 체결과 관련하여 부담하는 원가를 리스개시일에 비용으로 인식한다. 그 원가는 주로 제조자 또는 판매자인 리스제공자가 매출이익을 벌어들이는 일과 관련되기 때문이다. 제조자 또는 판매자인 리스제공자가 금융리스 체결과 관련하여 부담하는 원가는 리스개설직접원가의 정의에서 제외되고, 따라서 리스순투자에서도 제외된다.

POINT 판매형리스

정의	제조자 또는 판매자가 제조하거나 구매한 자산을 금융리스계약의 형태로 판매
수익(매출액)	수익(매출액): Min[기초자산의 공정가치, 리스료의 현재가치[5]]
매출원가	리스자산의 취득원가[6] - 무보증잔존가치의 현재가치[7]
리스개설직접원가	당기비용으로 인식(∵ 판매비 성격)

5) 시장이자율을 적용한다.
6) 리스자산의 장부금액과 다를 경우에는 리스자산의 장부금액
7) 리스제공자의 재고자산을 차감하고 리스채권으로 인식한다.

Ⅵ 판매후리스

01 의의

판매후리스란 판매자인 리스이용자가 구매자인 리스제공자에게 자산을 이전하고, 그 구매자인 리스제공자에게서 그 자산을 다시 리스하는 경우를 말한다. 이러한 판매후리스 거래는 자산 이전이 판매인지 여부에 따라 회계처리가 달라진다. 따라서 기업은 자산 이전을 자산의 판매로 회계처리할지를 판단하기 위하여 수행의무의 이행시기 판단에 대한 K-IFRS 제1115호 '고객과의 계약에서 생기는 수익'의 요구사항을 적용한다. 즉, 고객에게 약속한 재화나 용역, 즉 자산을 이전하여 수행의무를 이행할 때 수익을 인식하며, 자산은 고객이 그 자산을 통제할 때 이전된다.

02 자산 이전이 판매에 해당하는 경우

판매자인 리스이용자가 행한 자산 이전이 자산의 판매로 회계처리하게 하는 K-IFRS 제1115호 '고객과의 계약에서 생기는 수익'의 요구사항을 충족한다면 다음과 같이 회계처리한다.

① 판매자인 리스이용자는 계속 보유하는 사용권에 관련되는 자산의 종전 장부금액에 비례하여 판매후리스에서 생기는 사용권자산을 측정한다. 따라서 판매자인 리스이용자는 구매자인 리스제공자에게 이전한 권리에 관련되는 차손익 금액만을 인식한다.
② 구매자인 리스제공자는 자산의 매입에 적용할 수 있는 기준서를 적용하고 리스에는 리스기준서의 리스제공자 회계처리 요구사항을 적용하여 금융리스 또는 운용리스로 회계처리한다.

자산 판매대가(Consideration for the Sale)의 공정가치가 그 자산의 공정가치와 같지 않거나 리스에 대한 지급액이 시장요율이 아니라면 판매금액(Sale Proceeds)을 공정가치로 측정하기 위하여 다음과 같이 조정한다.

① 시장조건을 밑도는 부분은 리스료의 선급으로 회계처리한다.
② 시장조건을 웃도는 부분은 구매자인 리스제공자가 판매자인 리스이용자에 제공한 추가 금융으로 회계처리한다.

[회계처리] 판매자인 리스이용자

(차) 현금	×××	(대) 유형자산 등	×××
사용권자산	×××	리스부채	×××
선급리스료	×××	금융부채	×××
		자산처분이익	×××

[회계처리] 구매자인 리스제공자

(차) 리스채권	×××	(대) 현금	×××

POINT 판매후리스: 자산 이전이 판매에 해당하는 경우

판매자인 리스이용자	계속 보유하는 사용권에 관련되는 자산의 종전 장부금액에 비례하여 판매후리스에서 생기는 사용권자산을 측정함. 따라서 판매자인 리스이용자는 구매자인 리스제공자에게 이전한 권리에 관련되는 차손익 금액만을 인식함 ① 시장조건을 밑도는 부분: 리스료의 선급으로 회계처리함(판매대가 < 자산의 공정가치) ② 시장조건을 웃도는 부분: 구매자인 리스제공자가 판매자인 리스이용자에 제공한 추가 금융으로 회계처리함(판매대가 > 자산의 공정가치)
구매자인 리스제공자	자산의 매입에 적용할 수 있는 기준서를 적용하고 리스에는 리스기준서의 리스제공자 회계처리 요구사항을 적용하여 금융리스 또는 운용리스로 회계처리함

03 자산 이전이 판매에 해당하지 않는 경우

판매자인 리스이용자가 행한 자산 이전이 자산의 판매로 회계처리하게 하는 K-IFRS 제1115호 '고객과의 계약에서 생기는 수익'의 요구사항을 충족하지 못한다면 다음과 같이 회계처리한다.

① 판매자인 리스이용자는 이전한 자산을 계속 인식하고, 이전금액(Transfer Proceeds)과 같은 금액으로 금융부채를 인식한다.
② 구매자인 리스제공자는 이전된 자산을 인식하지 않고, 이전금액과 같은 금액으로 금융자산을 인식한다.

판매자인 리스이용자와 구매자인 리스제공자의 회계처리를 예시하면 다음과 같다.

[회계처리] 판매자인 리스이용자

(차) 현금	xxx	(대) 금융부채	xxx

[회계처리] 구매자인 리스제공자

(차) 금융자산	xxx	(대) 현금	xxx

POINT 판매후리스: 자산 이전이 판매에 해당하지 않는 경우

판매자인 리스이용자	이전한 자산을 계속 인식하고, 이전금액과 같은 금액으로 금융부채를 인식함
구매자인 리스제공자	이전된 자산을 인식하지 않고, 이전금액과 같은 금액으로 금융자산을 인식함

보론 1 리스변경

01. 의의

리스변경이란 변경 전 리스 조건의 일부가 아니었던 리스의 범위 또는 리스대가의 변경을 말한다. 이러한 리스변경의 예로는 하나 이상의 기초자산 사용권을 추가하거나 종료하는 경우와 계약상 리스기간을 연장하거나 단축하는 경우를 들 수 있다.

02. 리스제공자의 리스변경

별도 리스로 회계처리하는 금융리스의 변경	리스제공자는 다음 조건을 모두 충족하는 금융리스의 변경을 별도 리스로 회계처리함 ① 하나 이상의 기초자산 사용권이 추가되어 리스의 범위가 넓어진다. ② 넓어진 리스 범위의 개별 가격에 상응하는 금액과 특정한 계약의 상황을 반영하여 그 개별 가격에 적절히 조정하는 금액만큼 리스대가가 증액된다.
별도 리스로 회계처리하지 않는 금융리스의 변경	별도 리스로 회계처리하지 않는 금융리스의 변경에 대하여 리스제공자는 다음과 같이 그 변경을 회계처리함 ① 변경이 리스약정일에 유효하였다면 그 리스를 운용리스로 분류하였을 경우에, 리스제공자는 다음과 같이 처리한다. a. 리스변경을 변경 유효일부터 새로운 리스로 회계처리한다. b. 기초자산의 장부금액을 리스변경 유효일 직전의 리스순투자로 측정한다. ② 그 밖에는 K-IFRS 제1109호 '금융상품'의 요구사항을 적용한다.
운용리스의 변경	리스제공자는 운용리스의 변경을 변경 유효일부터 새로운 리스로 회계처리하며, 이 경우 변경 전 리스에 관련하여 선수하였거나 발생한(미수) 리스료를 새로운 리스의 리스료의 일부로 봄

03. 리스이용자의 리스변경

별도 리스로 회계처리하는 리스변경	리스이용자는 다음 조건을 모두 충족하는 리스변경을 별도 리스로 회계처리함 ① 하나 이상의 기초자산 사용권이 추가되어 리스의 범위가 넓어진다. ② 넓어진 리스 범위의 개별 가격에 상응하는 금액과 특정한 계약의 상황을 반영하여 그 개별 가격에 적절히 조정하는 금액만큼 리스대가가 증액된다.
별도 리스로 회계처리하지 않는 리스변경	별도 리스로 회계처리하지 않는 리스변경에 대하여 리스이용자는 리스변경 유효일에 다음과 같이 처리함 ① 변경된 계약의 대가를 배분함 ② 변경된 리스의 리스기간을 산정함 ③ 수정 할인율로 수정 리스료를 할인하여 리스부채를 다시 측정함
리스부채의 재측정 (별도 리스로 회계처리하지 않는 리스변경)	별도 리스로 회계처리하지 않는 리스변경에 대하여 리스이용자는 다음과 같이 리스부채의 재측정을 회계처리함 ① 리스의 범위를 좁히는 리스변경: 리스의 일부나 전부의 종료를 반영하기 위하여 사용권자산의 장부금액을 줄이고, 리스이용자는 리스의 일부나 전부의 종료에 관련되는 차손익을 당기손익으로 인식함 ② 그 밖의 모든 리스변경: 사용권자산에 상응하는 조정을 함

⊘ 참고 **리스기간의 단축**

리스의 범위를 좁히는 변경에서 리스기간의 단축의 경우 리스부채의 감소액은 변경 유효일에 변경 전 리스부채와 변경 후 연간리스료를 변경 전 할인율로 계산한 금액의 차이이다. 또한 변경 유효일에 리스이용자는 수정할인율을 반영한 나머지 리스부채의 재측정효과를 사용권자산을 조정하여 인식한다.

보론 2 | 전대리스

전대리스란 리스이용자(중간리스제공자)가 기초자산을 제3자에게 다시 리스하는 거래를 말한다. 여기서 유의할 점은 상위리스제공자와 리스이용자 사이의 리스(상위리스)는 여전히 유효하다는 것이다.

01. 전대리스의 분류

전대리스를 분류할 때, 중간리스제공자는 다음과 같은 방법으로 전대리스를 금융리스 아니면 운용리스로 분류한다.

> ① 상위리스가 리스이용자인 기업이 사용권자산을 인식하지 않고 회계처리하는 단기리스인 경우에, 그 전대리스는 운용리스로 분류한다.
> ② 그 밖의 경우에는 기초자산(예 리스 대상인 유형자산)이 아니라 상위리스에서 생기는 사용권자산에 따라 전대리스를 분류한다.

02. 금융리스로 분류되는 전대리스

(1) 전대리스이용자에게 이전하는 상위리스에 관련되는 사용권자산을 제거하고 전대리스 순투자를 인식한다.

(2) 사용권자산과 전대리스 순투자의 모든 차이를 당기손익으로 인식한다.

(3) 상위리스제공자에게 지급하는 리스료를 나타내는 상위리스 관련 리스부채를 재무상태표에 유지한다.

(4) 전대리스 기간에 중간리스제공자는 전대리스의 금융수익과 상위리스의 이자비용을 모두 인식한다.

03. 운용리스로 분류되는 전대리스

(1) 중간리스제공자가 전대리스를 체결할 때, 중간리스제공자는 상위리스에 관련되는 리스부채와 사용권자산을 재무상태표에 유지한다.

(2) 사용권자산에 대한 감가상각비와 리스부채에 대한 이자를 인식한다.

(3) 전대리스에서 생기는 운용리스료 수익을 인식한다.

POINT 전대리스

전대리스의 정의	리스이용자(중간리스제공자)가 기초자산을 제3자에게 다시 리스하는 거래
전대리스의 분류	중간리스제공자는 다음과 같은 방법으로 전대리스를 금융리스 아니면 운용리스로 분류함 ① 상위리스가 단기리스인 경우: 전대리스는 운용리스로 분류함 ② 그 밖의 경우: 기초자산(예 리스 대상인 유형자산)이 아니라 상위리스에서 생기는 사용권자산에 따라 전대리스를 분류함

보론 3 리스제공자의 부동산리스

의의	리스가 토지 요소와 건물 요소를 모두 포함할 때, 리스제공자는 각 요소별로 적용하여 각 요소를 금융리스와 운용리스 중 무엇으로 분류할지를 판단함
리스료를 신뢰성 있게 배분할 수 있는 경우	리스제공자는 약정일에 리스의 토지 요소와 건물 요소에 대한 임차권의 상대적 공정가치에 비례하여 토지 및 건물 요소에 리스료를 배분함
리스료를 신뢰성 있게 배분할 수 없는 경우	두 요소가 모두 운용리스임이 분명하지 않다면 전체 리스를 금융리스로 분류함
토지 요소의 금액이 그 리스에서 중요하지 않은 경우	리스제공자는 리스 분류 목적상 토지와 건물 전체를 하나의 단위로 처리하고 운용리스 아니면 금융리스로 분류할 수 있음

보론 4 지수나 요율 외의 요인에 따라 달라지는 변동리스료가 있는 판매후리스

판매후리스의 경우 기초자산을 판매하고 해당 자산을 다시 리스하는 경우 해당 리스료가 K-IFRS 1116호 '리스'의 리스료의 정의를 충족하지 못할 수 있다. 지수나 요율(이율) 외의 요인에 따라 달라지는 변동리스료가 가장 대표적인 사례인데 예를 들면 연 매출액의 10%를 변동리스료로 결정한 경우를 들 수 있다. 이는 미래 성과나 기초자산의 사용에 연동되는 변동리스료로 리스부채의 재평가에서 모두 당기손익으로 인식하였다.

(1) 지수나 요율 외의 요인에 따라 달라지는 변동리스료가 있는 판매후리스의 경우 연 매출액의 10%가 얼마인지 리스개시일에 측정이 불가능하다. 따라서 리스개시일에 리스부채를 측정하는 것이 현실적으로 어렵다.

> ⊘ 참고 **지수나 요율 외의 요인에 따라 달라지는 변동리스료가 있는 판매후리스의 개정이유**
>
> 리스이용자는 지수나 요율 외의 요인에 따라 달라지는 변동리스료가 있는 판매후리스의 경우 리스개시일에 리스부채를 측정하는 것이 현실적으로 어려움에도 불구하고 이를 추정하여 리스부채로 계상하여야 한다.
> 해당 기준서를 개정한 이유는 미래 성과나 기초자산의 사용에 연동되는 변동리스료는 그 성과가 생기거나 사용될 때까지 리스이용자의 부채의 정의를 충족하지 않기 때문에 리스부채의 측정치에 포함하지 않는다. 그 지급액은 리스이용자가 회피할 수 있으며, 리스이용자는 개시일에 지급할 현재의무가 없다고 판단되기 때문이다.
> 그러나 판매후리스에서 해당 금액을 리스부채로 인식하지 않는다면 판매시점에 유형자산처분이익이 모두 인식되는 문제가 발생한다. 따라서 지수나 요율 외의 요인에 따라 달라지는 변동리스료가 있는 판매후리스의 경우 리스개시일에 리스부채를 측정하는 것이 현실적으로 어려움에도 불구하고 이를 추정하여 리스부채로 계상하도록 2024년 1월 1일 K-IFRS 1116호 '리스'가 개정되었다.

(2) K-IFRS 1116호 '리스'를 적용하여, 판매자-리스이용자는 개시일에 판매후리스로 계속 보유하는 사용권과 건물 전체를 구성하는 권리를 비교하여 구매자-리스제공자에게 이전되는 건물의 비율을 산정한다고 규정하고 있다. 그러나 K-IFRS 1116호 '리스'에서는 그 비율을 산정하는 특정한 방법을 규정하지는 않는다고 언급하고 있다.

(3) K-IFRS 제1116호 '리스'를 적용하여 리스부채를 측정할 때, 판매자-리스이용자는 보유하는 사용권과 관련하여 어떠한 차손익 금액도 인식하지 않는 방식으로 '리스료'를 산정하는 회계정책을 개발할 수 있다고 규정하고 있다. 상황에 따라 〈접근법 1〉(리스개시일에 리스부채 장부금액이 리스부채가 되는 결과를 가져오는 예상 리스료를 산정하는 방법)과 〈접근법 2〉(리스개시일에 리스부채 장부금액이 리스부채가 되는 결과를 가져오는 연간 동일 리스료를 산정하는 방법) 중 하나가 K-IFRS 제1116호 '리스'의 요구사항을 충족할 수 있다고 규정하고 있다.

(4) 〈접근법 1〉과 〈접근법 2〉 중 어느 접근법으로 리스료를 산정하든 관계없이 실제 지급하는 리스료와 예상 리스료(또는 연간 동일 리스료)의 차이는 당기손익으로 인식한다.

사례

20×1년 초에 A기업(판매자-리스이용자)은 B기업(구매자-리스제공자)에 건물을 현금 ₩1,800,000(판매일의 건물 공정가치)에 판매하였다. 거래 직전 건물의 장부금액은 ₩1,000,000이다. 동시에 A기업(판매자-리스이용자)은 B기업(구매자-리스제공자)과 5년간 건물 사용권 계약을 체결하였다. 매년 지급되는 리스료는 고정리스료와 지수나 요율(이율) 외의 요인에 따라 달라지는 변동리스료로 구성된다. 거래 조건에 따르면 A기업(판매자-리스이용자)의 건물 이전은 K-IFRS 제1115호 '고객과의 계약에서 생기는 수익'의 요구사항을 충족하여 A기업(판매자-리스이용자)과 B기업(구매자-리스제공자)은 그 거래를 판매후리스로 회계처리한다. 리스의 내재이자율은 쉽게 산정할 수 없으며 A기업(판매자-리스이용자)의 증분차입이자율은 연 3%이다.

물음 1 20×1년 초(리스개시일)에 A기업(판매자-리스이용자)이 수행할 회계처리를 나타내시오. 단, K-IFRS 제1116호 '리스'를 적용하여, A기업(판매자-리스이용자)은 B기업(구매자-리스제공자)에게 이전되는 건물 중 계속 보유하는 사용권에 관련되는 비율을 25%로 산정하였다.

물음 2 A기업(판매자-리스이용자)은 리스부채의 후속측정을 리스개시일에 매년 연도별 리스료를 아래와 같이 추정하였다. 20×1년 말 A기업(판매자-리스이용자)이 수행할 회계처리를 나타내시오. 20×1년 말에 실제로 지급한 리스료는 ₩90,000이며, A기업(판매자-리스이용자)은 사용권자산의 미래 경제적 효익을 리스기간에 걸쳐 고르게 소비할 것으로 예상하기 때문에 사용권자산을 정액법으로 감가상각하며, 잔존가치는 없다고 가정한다.

연도	연도별 예상 리스료
20×1년	₩95,902
20×2년	₩98,124
20×3년	₩99,243
20×4년	₩100,101
20×5년	₩98,121

물음 3 A기업(판매자-리스이용자)은 리스부채의 후속측정을 리스개시일에 매년 동일한 리스료를 ₩98,260으로 추정하였다. 20×1년 말 A기업(판매자-리스이용자)이 수행할 회계처리를 나타내시오. 20×1년 말에 실제로 지급한 리스료는 ₩90,000이며, A기업(판매자-리스이용자)은 사용권자산의 미래 경제적 효익을 리스기간에 걸쳐 고르게 소비할 것으로 예상하기 때문에 사용권자산을 정액법으로 감가상각하며, 잔존가치는 없다고 가정한다. 단, 5년, 5기간, 3%의 연금현가계수는 4.57971이다.

해답 물음 1

K-IFRS 제1116호 '리스'를 적용하여, 판매자-리스이용자는 구매자-리스제공자에게 이전되는 건물 중 계속 보유하는 사용권에 관련되는 비율을 25%로 산정하였다. 따라서 판매자-리스이용자는 개시일에 그 거래를 다음과 같이 회계처리한다.

일자	회계처리			
20×1년 초	(차) 현금	1,800,000	(대) 건물	1,000,000
	사용권자산	250,000[1]	리스부채	450,000[2]
			이전된 권리에 대한 차익	600,000[3]
	1) ₩1,000,000 × 25% = ₩250,000 2) 대차차액으로 결정함 3) (₩1,800,000 - ₩1,000,000) × (1 - 25%) = ₩600,000			

물음 2 <접근법 1> - 개시일의 예상 리스료

(1) 판매자-리스이용자는 자신의 증분차입이자율을 사용하여 할인할 때 리스부채의 장부금액이 ₩450,000이 되는 결과를 가져오는 개시일의 예상 리스료를 반영하여 '리스료'를 산정한다.

(2) 판매후리스에서 생기는 리스부채와 사용권자산은 다음과 같다고 가정한다. 해당 리스료는 개시일에 예상리스료를 의미한다.

(3) 리스부채 상각표

일자	장부금액	유효이자 (장부금액 × 3%)	리스료	리스부채 지급액
20×1년 초	₩450,000			
20×1년 말	367,598	₩13,500	₩95,902	₩82,402
20×2년 말	280,502	11,028	98,124	87,096
20×3년 말	189,674	8,415	99,243	90,828
20×4년 말	95,263	5,690	100,101	94,411
20×5년 말	0	2,858	98,121	95,263
계		₩41,491	₩491,491	₩450,000

(4) 20×1년 말 회계처리

일자	회계처리			
20×1년 말	(차) 이자비용(NI)	13,500	(대) 리스부채	13,500
	(차) 리스부채	95,902	(대) 현금	90,000
			당기이익(NI)	5,902
	(차) 감가상각비(NI)	50,000[1]	(대) 감가상각누계액	50,000
	1) (₩250,000 - ₩0) ÷ 5년 = ₩50,000			

(5) 리스에 대하여 지급한 금액과 리스부채의 장부금액을 감액하는 리스료와의 차이를 당기손익으로 인식한다. 예를 들면, 판매자-리스이용자가 1차 연도의 건물 사용에 대하여 ₩90,000을 지급한다면 ₩5,902(= ₩95,902 - ₩90,000)을 당기손익으로 인식한다.

물음 3 <접근법 2> - 리스기간에 걸쳐 동일한 리스료

(1) K-IFRS 제1116호 '리스'를 적용하여, 판매자-리스이용자는 자신의 증분차입이자율을 사용하여 할인할 때 개시일에 리스부채의 장부금액이 ₩450,000이 되는 결과를 가져오는, 리스기간에 걸쳐 동일한 정기 지급액을 반영하여 '리스료'를 산정한다.

(2) 문제에 제시된 동일한 리스료 ₩98,260(= ₩450,000/4.57971)은 5년간 ₩98,260의 현재가치와 ₩450,000을 일치시키는 리스료를 역산하여 구한 값이다.

(3) 판매후리스에서 생기는 리스부채와 사용권자산은 다음과 같다. 해당 리스료는 개시일에 동일한 리스료를 의미한다.

(4) 리스부채 상각표

일자	장부금액	유효이자 (장부금액 × 3%)	리스료	리스부채 지급액
20×1년 초	₩450,000			
20×1년 말	365,240	₩13,500	₩98,260	₩84,760
20×2년 말	277,937	10,957	98,260	87,303
20×3년 말	188,015	8,338	98,260	89,922
20×4년 말	95,395	5,640	98,260	92,620
20×5년 말	0	2,865	98,260	95,395
계		₩41,300	₩491,300	₩450,000

(5) 20×1년 말 회계처리

일자	회계처리			
20×1년 말	(차) 이자비용(NI)	13,500	(대) 리스부채	13,500
	(차) 리스부채	98,260	(대) 현금	90,000
			당기이익(NI)	8,260
	(차) 감가상각비(NI)	50,000[1]	(대) 감가상각누계액	50,000
	[1] (₩250,000 - ₩0) ÷ 5년 = ₩50,000			

(6) 리스에 대하여 지급한 금액과 리스부채의 장부금액을 감액하는 리스료와의 차이를 당기손익으로 인식한다. 예를 들면, 판매자-리스이용자가 1차 연도의 건물 사용에 대하여 ₩90,000을 지급한다면 ₩8,260(= ₩98,260 - ₩90,000)을 당기손익으로 인식한다.

해커스 IFRS 김원종 POINT 중급회계

회계사 · 세무사 · 경영지도사 단번에 합격!
해커스 경영아카데미 cpa.Hackers.com

Chapter 16

수익(1) 고객과의 계약에서 생기는 수익

I 수익의 일반론

01 정의

수익의 정의	자산의 증가 또는 부채의 감소로서 자본의 증가를 가져오며, 자본청구권 보유자의 출자와 관련된 것을 제외한 것
수익과 차익	광의의 수익의 정의에는 수익과 차익이 모두 포함되며, 차익도 경제적 효익의 증가를 나타내므로 본질적으로 수익과 차이가 없어 차익을 별개의 요소로 보지 아니함

02 이론적인 수익인식방법

이론적으로 수익을 인식하는 방법을 실현기준이라고 하며, 다음 2가지 요건을 모두 충족한 시점에 수익을 인식하여야 한다.

① 실현요건: 실현되었거나 실현가능해야 한다. 즉, 수익금액을 신뢰성 있게 측정할 수 있고 경제적 효익의 유입가능성이 높아야 한다.
② 가득요건: 가득과정이 완료되어야 한다. 즉, 수익획득과정과 관련된 경제적 의무를 완료하여 수익을 얻을 만한 자격이 있어야 한다.

[그림 16-1] 실현기준에 따른 수익인식

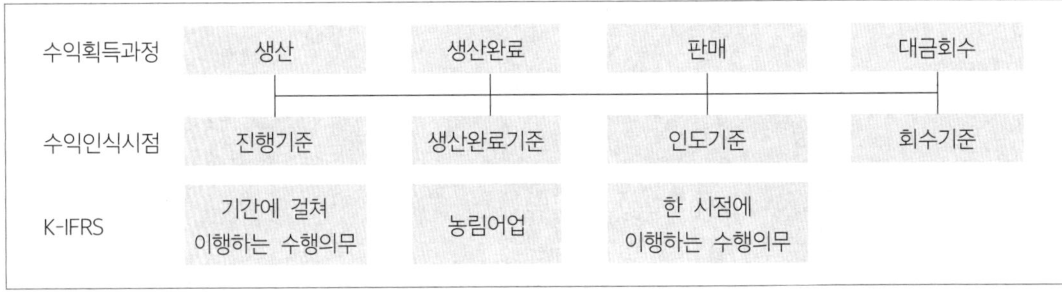

Ⅱ 수익인식의 5단계

고객이란 기업의 통상적인 활동의 산출물인 재화나 용역을 대가와 교환하여 획득하기로 그 기업과 계약한 당사자를 말한다.

K-IFRS 제1115호 '고객과의 계약에서 생기는 수익'의 핵심원칙은 기업이 고객에게 약속한 재화나 용역의 이전을 나타내도록 해당 재화나 용역의 이전대가로 받을 권리를 갖게 될 것으로 예상하는 대가를 반영한 금액으로 수익을 인식해야 한다는 것이다. 이러한 핵심원칙에 따라 수익을 인식하기 위해서는 다음의 5단계를 적용해야 한다.

[그림 16-2] 수익인식의 5단계

1단계	고객과의 계약의 식별	(수익의 인식)
2단계	수행의무의 식별	(수익의 인식)
3단계	거래가격의 산정	(수익의 측정)
4단계	거래가격을 계약 내 수행의무에 배분	(수익의 측정)
5단계	수행의무를 이행할 때 수익을 인식	(수익의 인식)

01 계약의 식별 [1단계]

(1) 계약의 식별

구분	내용
정의	① 둘 이상의 당사자 사이에 집행가능한 권리와 의무가 생기게 하는 합의 ② 계약상 권리와 의무의 집행 가능성은 법률적인 문제이다. 계약은 서면으로, 구두로, 기업의 사업 관행에 따라 암묵적으로 체결할 수 있음 ③ 계약의 각 당사자가 전혀 수행되지 않은 계약에 대해 상대방에게 보상하지 않고 종료할 수 있는 일방적이고 집행 가능한 권리를 갖는다면, 그 계약은 존재하지 않는다고 봄
고객과의 계약	다음의 조건을 모두 충족해야 함 ① 계약당사자들이 계약을 승인하고 각자의 의무를 수행하기로 확약함 ② 이전할 재화나 용역과 관련된 각 당사자의 권리를 식별할 수 있음 ③ 이전할 재화나 용역의 지급조건을 식별할 수 있음 ④ 계약에 상업적 실질이 있음 ⑤ 고객에게 이전할 재화나 용역에 대하여 받을 권리를 갖게 될 대가의 회수가능성이 높음

계약 개시시점에 계약의 식별 기준을 충족하는 경우	① 사실과 상황에 유의적인 변동 징후가 없는 경우: 식별 기준을 재검토하지 않음 ② 사실과 상황에 유의적인 징후가 존재하는 경우: 식별 기준을 재검토함
고객과의 계약이 식별 기준을 충족하지 못하지만 고객에게서 대가를 받은 경우	다음 사건 중 어느 하나가 일어난 경우에만 받은 대가를 수익으로 인식함 ① 고객에게 재화나 용역을 이전해야 하는 의무가 남아 있지 않고, 고객이 약속한 대가를 모두(또는 대부분) 받았으며 그 대가는 환불되지 않는다. ② 계약이 종료되었고 고객에게서 받은 대가는 환불되지 않는다.
고객에게서 미리 받은 대가	고객에게서 미리 받은 대가는 수익으로 인식하기 전까지 부채로 인식함

(2) 계약의 결합

다음 기준 중 하나 이상을 충족한다면, 둘 이상의 계약을 결합하여 단일 계약으로 회계처리함
① 복수의 계약을 하나의 상업적 목적으로 일괄 협상함
② 한 계약에서 지급하는 대가는 다른 계약의 가격이나 수행에 따라 달라짐
③ 복수의 계약에서 약속한 재화나 용역(또는 각 계약에서 약속한 재화나 용역의 일부)은 단일 수행의무에 해당함

(3) 계약변경

정의	계약당사자들이 승인한 계약의 범위나 계약가격의 변경
별도계약으로 처리하는 경우	다음의 조건을 모두 충족해야 함 ① 계약의 범위가 확장 ② 계약가격이 개별 판매가격에 특정 계약 상황을 반영하여 적절히 조정한 대가만큼 상승
별도계약으로 처리하지 않는 경우	① 나머지 재화나 용역이 이전한 재화나 용역과 구별되는 경우 : 계약을 종료하고 새로운 계약을 체결한 것처럼 회계처리 ② 나머지 재화나 용역이 구별되지 않아서 계약변경일에 부분적으로 이행된 단일 수행 의무의 일부를 구성: 기존 계약의 일부인 것처럼 회계처리 ③ 나머지 재화나 용역이 ①과 ②와 결합: 목적에 맞는 방법으로 회계처리

참고 계약변경

계약 당사자들끼리 계약변경 범위나 가격 또는 둘 다에 다툼이 있거나, 당사자들이 계약 범위의 변경을 승인하였지만 아직 이에 상응하는 가격 변경을 결정하지 않았더라도, 계약변경은 존재할 수 있다. 계약변경으로 신설되거나 변경되는 권리와 의무를 집행할 수 있는지를 판단할 때에는 계약 조건과 그 밖의 증거를 포함하여 관련 사실 및 상황을 모두 고려한다. 계약 당사자들이 계약 범위의 변경을 승인하였으나 아직 이에 상응하는 가격 변경을 결정하지 않은 경우에 계약변경으로 생기는 거래가격의 변경은 추정한다.

02 수행의무의 식별 [2단계]

(1) 의의

수행의무의 정의	고객과의 계약에서 구별되는 재화나 용역을 고객에게 이전하기로 한 각 약속
수행의무의 식별 기준	다음 중 어느 하나를 이전하기로 한 각 약속을 하나의 수행의무로 식별함 ① 구별되는 재화나 용역 ② 실질적으로 서로 같고 고객에게 이전하는 방식도 같은 일련의 구별되는 재화나 용역
구별되는 재화와 용역	다음의 조건을 모두 충족해야 함 ① 고객이 재화나 용역 그 자체에서 효익을 얻거나 고객이 쉽게 구할 수 있는 다른 자원과 함께하여 그 재화나 용역에서 효익을 얻을 수 있음 ② 고객에게 재화나 용역을 이전하기로 하는 약속을 계약 내의 다른 약속과 별도로 식별해 낼 수 있음
구별되지 않는 재화나 용역	구별되는 재화나 용역의 묶음을 식별할 수 있을 때까지 그 재화나 용역을 약속한 다른 재화나 용역과 결합함
일련의 구별되는 재화나 용역	일련의 구별되는 재화나 용역이 다음 기준을 모두 충족하는 경우에는 고객에게 이전하는 방식이 같음 ① 기업이 고객에게 이전하기로 약속한 일련의 구별되는 재화나 용역에서 각 구별되는 재화나 용역이 기간에 걸쳐 이행하는 수행의무의 기준을 충족할 것이다. ② 일련의 구별되는 재화나 용역에서 각 구별되는 재화나 용역을 고객에게 이전하는 수행의무의 진행률을 같은 방법을 사용하여 측정할 것이다.

⊙ 참고 **암시되는 약속**

일반적으로 고객과의 계약에는 기업이 고객에게 이전하기로 약속하는 재화나 용역을 분명히 기재한다. 그러나 고객과의 계약에서 식별되는 수행의무는 계약에 분명히 기재한 재화나 용역에만 한정되지 않을 수 있다. 이는 계약 체결일에 기업의 사업 관행, 공개한 경영방침, 특정 성명서에서 암시되는 약속이 기업이 재화나 용역을 고객에게 이전할 것이라는 정당한 기대를 하도록 한다면, 이러한 약속도 고객과의 계약에 포함될 수 있기 때문이다.

⊙ 참고 **계약을 준비하기 위해 다양한 관리 업무**

계약을 이행하기 위해 수행해야 하지만 고객에게 재화나 용역을 이전하는 활동이 아니라면 그 활동은 수행의무에 포함되지 않는다. 예를 들면 용역 제공자는 계약을 준비하기 위해 다양한 관리 업무를 수행할 필요가 있을 수 있다. 관리 업무를 수행하더라도, 그 업무를 수행함에 따라 고객에게 용역이 이전되지는 않기 때문에 그 준비 활동은 수행의무가 아니다.

⊙ 참고 **암묵적 약속**

기업은 과거부터 유통업자에게서 기업의 제품을 구매한 최종 고객에게 추가 대가 없이 무료로 유지보수용역을 제공해 왔다. 기업은 유통업자와 협상하는 과정에서 유지보수용역을 분명하게 약속하지 않았고 기업과 유통업자 간 최종 계약에 그 용역의 조건을 규정하지도 않았다. 그러나 사업 관행에 기초하여, 기업은 계약 개시시점에 유통업자와 협상한 교환의 일부로 유지보수용역을 제공하기로 하는 암묵적 약속을 하였다고 판단해야 한다. 즉 이 용역을 제공하는 기업의 과거 관행 때문에 고객(유통업자와 최종 고객)은 정당한 기대를 하게 된다. 따라서 기업은 유지보수용역의 약속이 수행의무인지를 파악한다. 기업은 이와 같은 이유로 제품과 유지보수용역이 별도 수행의무라고 판단하여 식별해야 한다.

(2) 수행의무의 종류

고객과의 계약에서 구별되는 재화나 용역을 고객에게 이전하기로 한 각 약속인 수행의무는 기간에 걸쳐 이행하는 수행의무와 한 시점에 이행하는 수행의무로 구분할 수 있다.

기간에 걸쳐 이행하는 수행의무	다음 기준 중 어느 하나를 충족하면, 기업은 재화나 용역에 대한 통제를 기간에 걸쳐 이전하므로, 기간에 걸쳐 수행의무를 이행하는 것임 ① 고객은 기업이 수행하는 대로 기업의 수행에서 제공하는 효익을 동시에 얻고 소비함 ② 기업이 수행하여 만들어지거나 가치가 높아지는 대로 고객이 통제하는 자산(예 재공품)을 기업이 만들거나 그 자산 가치를 높임 ③ 기업이 수행하여 만든 자산이 기업 자체에는 대체 용도가 없고, 지금까지 수행을 완료한 부분에 대해 집행가능한 지급청구권이 기업에 존재함
한 시점에 이행하는 수행의무	수행의무가 기간에 걸쳐 이행되지 않는다면, 그 수행의무는 한 시점에 이행되는 것임 **[고객에게 통제가 이전되었음을 나타내는 지표의 예]** ① 기업은 자산에 대해 현재 지급청구권이 있다. ② 고객에게 자산의 법적 소유권이 있다. ③ 기업이 자산의 물리적 점유를 이전하였다. ④ 자산의 소유에 따른 유의적인 위험과 보상이 고객에게 있다. ⑤ 고객이 자산을 인수하였다.

[그림 16-3] 수행의무의 종류

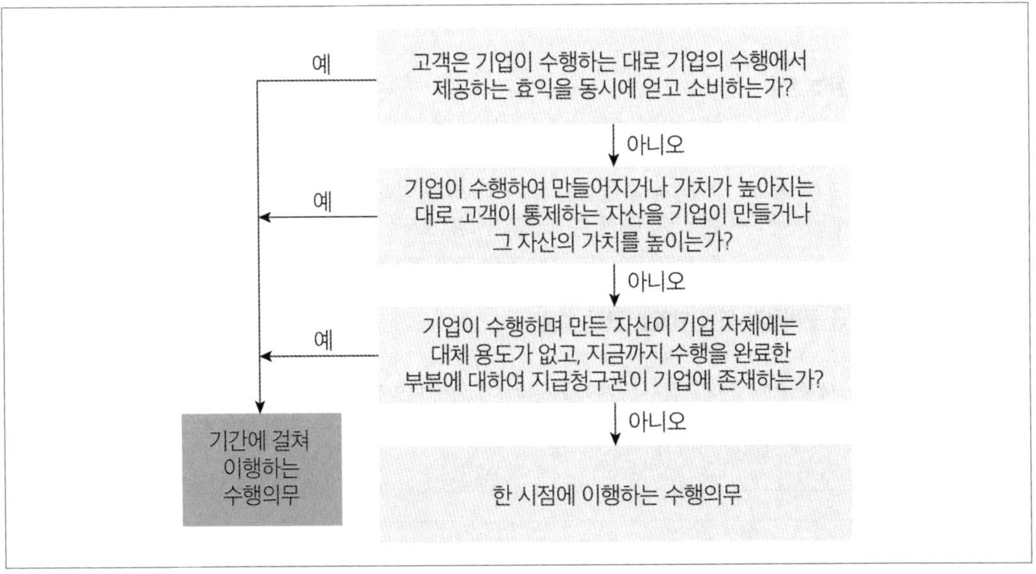

03 거래가격의 산정 [3단계]

거래가격이란 고객에게 약속한 재화나 용역을 이전하고 그 대가로 기업이 받을 권리를 갖게 될 것으로 예상하는 금액이며, 제3자를 대신해서 회수한 금액(예 부가가치세 등)은 제외한다.

(1) 변동대가

변동대가	대가는 할인(Discount), 리베이트, 환불, 공제(Credits), 가격할인(Price Concessions), 장려금(Incentives), 성과보너스, 위약금이나 그 밖의 비슷한 항목 때문에 변동될 수 있음
추정방법	다음 중에서 기업이 받을 권리를 갖게 될 대가를 더 잘 예측할 것으로 예상하는 방법을 사용하여 추정함 ① 기댓값: 비슷한 제약이 많은 경우 사용 ② 가능성이 가장 높은 금액: 가능한 결과치가 두 가지뿐일 경우 사용
변동대가 추정치의 제약	이미 인식한 누적 수익 금액 중 유의적인 부분을 되돌리지 않을 가능성이 매우 높은(Highly Probable) 정도까지만 추정된 변동대가의 일부나 전부를 거래가격에 포함함
변동대가의 재검토	보고기간 말마다 추정 거래가격을 새로 수정함

(2) 환불부채

고객에게서 받은 대가의 일부나 전부를 고객에게 환불할 것으로 예상하는 경우에는 환불부채를 인식한다. 환불부채는 기업이 받았거나 받을 대가 중에서 권리를 갖게 될 것으로 예상하지 않는 금액으로 측정한다. 환불부채는 보고기간 말마다 상황의 변동을 반영하여 새로 수정한다.

(3) 계약에 있는 유의적인 금융요소

유의적인 금융요소	유의적인 금융 효익이 고객이나 기업에 제공되는 경우에는 화폐의 시간가치가 미치는 영향을 반영하여 약속된 대가를 조정함
금융요소가 유의적인지 평가할 때 고려할 사항	① 약속한 대가와 현금판매가격의 차이 ② 다음 두 가지의 결합 효과: 예상기간과 이자율
할인율	내재이자율은 다음 중 더 명확히 결정될 수 있는 할인율을 사용함 ① 계약 개시시점에 기업과 고객이 별도 금융거래를 한다면 반영하게 될 할인율 ② 재화나 용역의 대가를 현금으로 결제한다면 지급할 가격으로 약속한 대가의 명목금액을 할인하는 이자율
포괄손익계산서 표시	금융효과(이자수익이나 이자비용)를 고객과의 계약에서 생기는 수익과 구분하여 표시함

계약을 개시할 때 기업이 고객에게 약속한 재화나 용역을 이전하는 시점과 고객이 그에 대한 대가를 지급하는 시점 간의 기간이 1년 이내일 것이라고 예상한다면 유의적인 금융요소의 영향을 반영하여 약속한 대가를 조정하지 않는 실무적 간편법을 쓸 수 있다.

> **참고 유의적인 금융요소가 없는 경우**
>
> 위의 평가에도 불구하고 고객과의 계약에 다음 요인 중 어느 하나라도 존재한다면 유의적인 금융요소가 없을 것이다.
> (1) 고객이 재화나 용역의 대가를 선급하였고 그 재화나 용역의 이전 시점은 고객의 재량에 따른다.
> (2) 고객이 약속한 대가 중 상당한 금액이 변동될 수 있으며 그 대가의 금액과 시기는 고객이나 기업이 실질적으로 통제할 수 없는 미래 사건의 발생 여부에 따라 달라진다(예 대가가 판매기준 로열티인 경우).
> (3) 약속한 대가와 재화나 용역의 현금판매가격 간의 차이가 고객이나 기업에 대한 금융제공 외의 이유로 생기며, 그 금액 차이는 그 차이가 나는 이유에 따라 달라진다.

(4) 비현금대가

고객이 현금 외의 형태로 대가를 약속한 계약의 경우에 거래가격을 산정하기 위하여 비현금대가를 공정가치로 측정한다. 만약, 비현금 대가의 공정가치를 합리적으로 추정할 수 없는 경우에는, 그 대가와 교환하여 고객에게 약속한 재화나 용역의 개별 판매가격을 참조하여 간접적으로 그 대가를 측정한다.

(5) 고객에게 지급할 대가

정의	기업이 고객에게 지급하거나 지급할 것으로 예상하는 현금 금액을 포함
재화나 용역의 대가로 지급하지 않는 경우	거래가격(수익)에서 차감하여 회계처리
재화나 용역의 대가로 지급하는 경우	① 고객에게 지급할 대가가 고객에게서 받은 구별되는 재화나 용역에 대한 지급 : 다른 공급자에게서 구매한 경우와 같은 방법으로 회계처리 ② 고객에게 지급할 대가가 고객에게서 받은 구별되는 재화나 용역의 공정가치를 초과: 초과액을 거래가격에서 차감하여 회계처리 ③ 고객에게서 받은 재화나 용역의 공정가치를 합리적으로 추정할 수 없는 경우 : 고객에게 지급할 대가 전액을 거래가격에서 차감하여 회계처리

04 거래가격을 수행의무에 배분[4단계]

거래가격을 배분하는 목적은 기업이 고객에게 약속한 재화나 용역을 이전하고 그 대가로 받을 권리를 갖게 될 금액을 나타내는 금액으로 각 수행의무에 거래가격을 배분하는 것이다. 단일 수행의무만 있는 계약에는 거래가격을 배분해야 하는 문제가 발생하지 않는다. 그러나 수행의무가 두 가지 이상인 경우에는 거래가격을 수행의무에 배분해야 한다. 이를 구체적으로 살펴보면 다음과 같다.

(1) 개별 판매가격에 기초한 배분

개별 판매가격을 관측할 수 있는 경우	계약 개시시점에 계약상 각 수행의무의 대상인 구별되는 재화나 용역의 개별 판매가격을 산정하고 이 개별 판매가격에 비례하여 거래가격을 배분
개별 판매가격을 관측할 수 없는 경우	재화나 용역의 개별 판매가격을 적절하게 추정하는 방법을 사용 ① 시장평가 조정 접근법: 재화나 용역에 대해 지급하려는 가격을 추정하는 방법 ② 예상원가 이윤 가산 접근법: 예상원가 + 적절한 이윤 ③ 잔여접근법: 총거래가격 - 관측가능한 개별 판매가격의 합계

(2) 할인액의 배분

계약에서 약속한 재화나 용역의 개별 판매가격 합계가 계약에서 약속한 대가를 초과하면, 고객은 재화나 용역의 묶음을 구매하면서 할인을 받은 것이다. 할인액 전체가 계약상 하나 이상의 일부 수행의무에만 관련된다는 관측가능한 증거가 있는 때 외에는, 할인액을 계약상 모든 수행의무에 비례하여 배분한다. 그러나, 다음 기준을 모두 충족하면, 할인액 전체를 계약상 하나 이상이나 전부는 아닌 일부 수행의무들에만 배분한다.

① 기업이 계약상 각각 구별되는 재화나 용역(또는 구별되는 재화나 용역의 각 묶음)을 보통 따로 판매한다.
② 또 기업은 ①의 재화나 용역 중 일부를 묶고 그 묶음 내의 재화나 용역의 개별 판매가격보다 할인하여 그 묶음을 보통 따로 판매한다.
③ ②에서 기술한 재화나 용역의 각 묶음의 할인액이 계약의 할인액과 실질적으로 같고, 각 묶음의 재화나 용역을 분석하면 계약의 전체 할인액이 귀속되는 수행의무에 대한 관측가능한 증거를 제공한다.

할인액을 계약에 포함된 하나 이상의 일부 수행의무에 모두 배분하는 경우에 잔여접근법을 사용하여 재화나 용역의 개별 판매가격을 추정하기 전에 그 할인액을 배분한다.

(3) 변동대가의 배분

계약에서 약속한 변동대가는 계약 전체에 기인할 수 있고 다음과 같이 계약의 특정 부분에 기인할 수도 있다. 다음 기준을 모두 충족하면, 변동대가를 전부 하나의 수행의무에 배분하거나 단일 수행의무의 일부를 구성하는 구별되는 재화나 용역에 배분한다.

① 수행의무를 이행하거나 구별되는 재화나 용역을 이전하는 기업의 노력과 변동 지급조건이 명백하게 관련되어 있다.
② 계약상 모든 수행의무와 지급조건을 고려할 때, 변동대가를 전부 그 수행의무나 구별되는 재화 또는 용역에 배분하는 것이 배분 목적에 맞는다.

(4) 거래가격의 변동

계약을 개시한 다음에 거래가격은 여러 가지 이유로 변동될 수 있고, 그 이유에는 약속한 재화나 용역의 대가로 받을 권리를 갖게 될 것으로 예상하는 금액을 바뀌게 하는 불확실한 사건의 해소나 그 밖의 상황 변화가 포함된다.
거래가격의 후속 변동은 계약 개시시점과 같은 기준으로 계약상 수행의무에 배분한다. 따라서 계약을 개시한 후의 개별 판매가격 변동을 반영하기 위해 거래가격을 다시 배분하지는 않는다. 이행된 수행의무에 배분되는 금액은 거래가격이 변동되는 기간에 수익으로 인식하거나 수익에서 차감한다.

05 수행의무를 이행할 때 수익의 인식 [5단계]

한 시점에 이행하는 수행의무	고객에게 재화나 용역에 대한 통제를 이전하는 시점에 수익을 인식
기간에 걸쳐 이행하는 수행의무	기간에 걸쳐 수익을 인식
진행률의 측정	① 수행의무의 결과를 합리적으로 측정할 수 있는 상황 : 진행률에 따라 기간에 걸쳐 수익을 인식 ② 수행의무의 결과를 합리적으로 측정할 수 없는 상황 : 발생원가 범위에서만 수익을 인식
진행률의 측정방법	① 산출법: 계약에서 약속한 재화나 용역의 나머지 부분의 가치와 비교하여 지금까지 이전한 재화나 용역이 고객에 주는 가치의 직접 측정에 기초하여 수익을 인식하는 방법 ② 투입법: 해당 수행의무의 이행에 예상되는 총투입물 대비 수행의무를 이행하기 위한 기업의 노력이나 투입물 기초하여 수익을 인식하는 방법

⊘ **참고 투입법의 단점**

투입법의 단점은 기업의 투입물과 고객에게 재화나 용역에 대한 통제를 이전하는 것 사이에 직접적인 관계가 없을 수 있다는 것이다. 그러므로 고객에게 재화나 용역에 대한 통제를 이전하는 과정에서 기업의 수행 정도를 나타내지 못하는 투입물의 영향은 투입법에서 제외한다. 예를 들면 원가기준 투입법을 사용할 때, 다음 상황에서는 진행률 측정에 조정이 필요할 수 있다.

(1) **발생원가가 기업이 수행의무를 이행할 때 그 진척도에 이바지하지 않는 경우**: 예를 들면 계약가격에 반영되지 않았고 기업의 수행상 유의적인 비효율 때문에 든 원가(예 수행의무를 이행하기 위해 들였으나 예상 밖으로 낭비된 재료원가, 노무원가, 그 밖의 자원의 원가)에 기초하여 수익을 인식하지 않는다.

(2) **발생원가가 기업이 수행의무를 이행할 때 그 진척도에 비례하지 않는 경우**: 이 상황에서 기업의 수행 정도를 나타내는 최선의 방법은 발생원가의 범위까지만 수익을 인식하도록 투입법을 조정하는 것일 수 있다. 예를 들면 계약 개시시점에 다음 조건을 모두 충족할 것이라고 예상한다면, 수행의무를 이행하기 위해 사용한 재화의 원가와 동일한 금액을 수익으로 인식하는 방법이 기업의 수행 정도를 충실하게 나타낼 수 있다.

Ⅲ 계약원가

01 계약체결증분원가

정의	고객과 계약을 체결하기 위해 들인 원가로서 계약을 체결하지 않았다면 발생하지 않았을 원가 예 판매수수료
자산으로 인식하는 경우	고객과의 계약체결 증분원가가 회수될 것으로 예상
비용으로 인식하는 경우	① 계약체결 여부와 무관하게 발생하는 계약체결원가 ② 상각기간이 1년 이하(실무적 간편법)

02 계약이행원가

정의	고객과 계약을 이행할 때 발생하는 원가
자산으로 인식하는 경우	다음 기준을 모두 충족해야만 자산으로 인식함 ① 원가가 계약이나 구체적으로 식별할 수 있는 예상 계약에 직접 관련됨 ② 원가가 미래의 수행의무를 이행할 때 사용할 기업의 자원을 창출하거나 가치를 증가시킴 ③ 원가는 회수될 것으로 예상
비용으로 인식하는 경우	① 일반관리원가 ② 계약을 이행하는 과정에서 낭비된 재료원가, 노무원가, 그 밖의 자원의 원가로서 계약가격에 반영되지 않은 원가 ③ 이미 이행한 계약상 수행의무와 관련된 원가 ④ 이행하지 않은 수행의무와 관련된 원가인지 이미 이행한 수행의무와 관련된 원가인지 구별할 수 없는 원가

03 상각과 손상

상각	그 자산과 관련된 재화나 용역을 고객에게 이전하는 방식과 일치하는 체계적 기준으로 상각
손상	계약체결 증분원가와 계약이행원가 중 자산인식요건을 충족하여 인식한 자산의 장부금액이 ①에서 ②를 뺀 금액을 초과하는 정도까지는 손상차손을 당기손익으로 인식함 ① 그 자산과 관련된 재화나 용역의 대가로 기업이 받을 것으로 예상하는 나머지 금액 ② 그 재화나 용역의 제공에 직접 관련된 원가로서 아직 비용으로 인식하지 않은 원가
손상차손환입	① 손상 상황이 사라졌거나 개선된 경우에는 과거에 인식한 손상차손의 일부나 전부를 환입함 ② 한도: 자산의 장부금액은 과거에 손상차손을 인식하지 않았다면 산정되었을 금액

04 표시

계약자산이란 기업이 고객에게 이전한 재화나 용역에 대하여 그 대가를 받을 기업의 권리로 그 권리에 시간의 경과 외의 조건(예 기업의 미래 수행)이 있는 자산을 말한다. 반면에 수취채권은 기업이 대가를 받을 무조건적인 권리를 말한다. 또한, 계약부채란 기업이 고객에게서 이미 받은 대가 또는 지급기일이 된 대가에 상응하여 고객에게 재화나 용역을 이전하여야 하는 기업의 의무를 말한다. 이러한 정의에 비추어 계약당사자 중 어느 한편이 계약을 수행했을 때, 기업의 수행 정도와 고객의 지급과의 관계에 따라 그 계약을 계약자산이나 계약부채로 재무상태표에 표시한다. 대가를 받을 무조건적인 권리는 수취채권으로 구분하여 표시한다. 즉, 고객이 대가를 지급하기 전이나 지급기일 전에 기업이 고객에게 재화나 용역의 이전을 수행하는 경우에 계약자산으로 표시한다. 이러한 계약자산이 대가를 받을 무조건적인 권리를 가지게 된 경우에 수취채권으로 표시한다.

[회계처리] 대가를 지급하기 전이나 지급기일 전에 기업이 고객에게 재화나 용역의 이전을 수행하는 경우

구분	회계처리			
수행의무이행	(차) 계약자산	×××	(대) 수익	×××
대금청구	(차) 수취채권	×××	(대) 계약자산	×××
대금회수	(차) 현금	×××	(대) 수취채권	×××

[회계처리] 기업이 고객에게 재화나 용역의 이전을 수행하여 무조건적인 권리가 있는 경우

구분	회계처리			
수행의무이행 = 대금청구	(차) 수취채권	×××	(대) 수익	×××
대금회수	(차) 현금	×××	(대) 수취채권	×××

기업이 고객에게 재화나 용역을 이전하기 전에 고객이 대가를 지급하거나 기업이 대가를 받을 무조건적인 권리(수취채권)를 갖고 있는 경우에 기업은 지급받은 때나 지급받기로 한 때 중 이른 시기에 그 계약을 계약부채로 표시한다.

[회계처리] 고객에게 재화나 용역을 이전하기 전에 고객이 대가를 지급하거나 기업이 수취채권를 갖고 있는 경우

구분	회계처리			
대금청구	(차) 수취채권	×××	(대) 계약부채	×××
대금회수	(차) 현금	×××	(대) 수취채권	×××
수행의무이행	(차) 계약부채	×××	(대) 수익	×××

POINT 계약자산, 수취채권, 계약부채

계약자산	① 정의: 기업이 고객에게 이전한 재화나 용역에 대하여 그 대가를 받을 기업의 권리 ② 인식: 대가를 지급하기 전이나 지급기일 전에 기업이 고객에게 재화나 용역의 이전을 수행하는 경우에, 수취채권으로 표시한 금액이 있다면 이를 제외하고 계약자산으로 표시
수취채권	① 정의: 기업이 대가를 받을 무조건적인 권리
계약부채	① 정의: 기업이 고객에게서 이미 받은 대가 또는 지급기일이 된 대가에 상응하여 고객에게 재화나 용역을 이전하여야 하는 기업의 의무 ② 인식: 고객에게 재화나 용역을 이전하기 전에 고객이 대가를 지급하거나 기업이 대가를 받을 무조건적인 권리(수취채권)를 갖고 있는 경우에 계약부채로 표시

Ⅳ | 수익인식 적용사례

01 반품권이 있는 판매

(1) 정의

일부 계약에서는 기업이 고객에게 제품에 대한 통제를 이전하고, 다양한 이유(예 제품 불만족)로 제품을 반품할 권리와 함께 다음 사항을 조합하여 받을 권리를 고객에게 부여한다.

① 환불: 지급된 대가의 전부나 일부 환불
② 공제: 기업에 갚아야 할 의무가 있거나 의무가 있게 될 금액에 대한 공제(Credit)
③ 교환: 다른 제품으로 교환

반품권이 있는 제품과 환불 대상이 되는 제공한 일부 용역의 이전을 회계처리하기 위하여, 다음 사항을 모두 인식하며, 반품기간에 언제라도 반품을 받기로 하는 기업의 약속은 환불할 의무에 더하여 수행의무로 회계처리하지 않는다.

① 기업이 받을 권리를 갖게 될 것으로 예상하는 대가를 이전하는 제품에 대한 수익으로 인식
(따라서, 반품이 예상되는 제품에 대해서는 수익을 인식하지 않는다)
② 환불부채를 인식
③ 환불부채를 결제할 때, 고객에게서 제품을 회수할 기업의 권리에 대하여 자산과 이에 상응하는 매출원가 조정을 인식

(2) 반품을 예상할 수 없는 경우

반품을 예상할 수 없다면 제품을 이전할 때 수익으로 인식하지 않는다. 왜냐하면 이미 인식한 누적 수익 금액 중 유의적인 부분을 되돌리지 않을 가능성이 매우 높다는 결론을 내릴 수 없기 때문이다. 따라서 이 경우에는 반품권과 관련된 불확실성이 해소되는 시점에 수익을 인식하고 기업은 받은 대가를 전액 환불부채로 인식해야 한다. 또한, 반품을 예상할 수 없는 경우에는 수익을 인식할 수 없으므로 관련 매출원가를 인식하지 아니하고 고객에게 제품을 이전할 때 고객에게서 제품을 회수할 기업의 권리에 대해서 반환재고회수권의 과목으로 별도의 자산을 인식한다.

[회계처리] 반품을 예상할 수 없는 경우

(차) 현금	×××	(대) 환불부채	×××
(차) 반환재고회수권	×××	(대) 재고자산	×××

(3) 반품을 예상할 수 있는 경우

받았거나 또는 받을 금액 중 기업이 권리를 갖게 될 것으로 예상하는 부분은 수익을 인식하고 관련 매출원가를 인식한다. 반면에 받았거나 또는 받을 금액 중 기업이 권리를 갖게 될 것으로 예상하지 않는 부분은 고객에게 제품을 이전할 때 수익으로 인식하지 않고, 환불부채로 인식한다. 이후 보고기간 말마다, 기업은 제품을 이전하고 그 대가로 권리를 갖게 될 것으로 예상하는 금액을 다시 평가하고 이에 따라 거래가격과 인식된 수익 금액을 조정한다.

[회계처리] 반품을 예상할 수 있는 경우

(차) 현금	×××	(대) 매출	×××
		환불부채[1]	×××

[1] 전체판매금액 × 반품예상률

환불부채를 결제할 때 고객에게서 제품을 회수할 기업의 권리에 대해 인식하는 자산은 처음 측정할 때 제품(예 재고자산)의 이전 장부금액에서 그 제품 회수에 예상되는 원가와 반품된 제품이 기업에 주는 가치의 잠재적인 감소를 포함하여 차감한다. 또한, 보고기간 말마다 반품될 제품에 대한 예상의 변동을 반영하여 자산의 측정치를 새로 수정한다. 여기서 환불부채를 정산할 때 고객에게서 회수할 권리가 있는 자산을 반환재고회수권이라고 한다. 반환재고회수권은 환불부채와는 구분하여 표시하도록 규정하고 있다.

반환재고회수권: 재고자산의 장부금액 - 제품 회수에 예상되는 원가 - 제품의 잠재적인 가치 감소분

[회계처리] 반환재고회수권

(차) 반환재고회수권	×××	(대) 재고자산	×××
매출원가	×××		

(4) 반품된 제품이 잠재적으로 감소되는 경우

① 판매 시 수익인식: 받았거나 또는 받을 금액 중 기업이 권리를 갖게 될 것으로 예상하지 않는 부분은 고객에게 제품을 이전할 때 수익으로 인식하지 않고, 환불부채로 인식한다.

[회계처리] 반품을 예상할 수 있는 경우

(차) 현금	×××	(대) 매출	×××
		환불부채[1]	×××

[1] 전체판매금액 × 반품예상률

② 매출원가의 인식: 수익으로 인식한 부분에 대한 재고자산은 매출원가로 인식한다. 그러나 환불부채를 결제할 때 고객에게서 제품을 회수할 기업의 권리에 대해 인식하는 자산은 처음 측정할 때 제품(예 재고자산)의 이전 장부금액에서 그 제품 회수에 예상되는 원가와 반품된 제품이 기업에 주는 가치의 잠재적인 감소를 포함하여 차감한다. 반환재고회수권은 환불부채와는 별도로 구분하여 표시하도록 규정하고 있다.

[회계처리] 수익으로 인식한 부분의 매출원가

(차) 매출원가	×××	(대) 재고자산	×××

[회계처리] 환불부채로 인식한 부분의 매출원가

(차) 반환재고회수권	×××	(대) 재고자산	×××
반품비용[1]	×××		

[1] 반품 회수에 예상되는 비용 + 반품된 제품의 잠재적인 가치 감소분

③ 실제 반품 시: 추후에 실제로 반품이 되는 경우에 기업은 환불부채 중 반품된 부분을 제외한 나머지 부분을 수익으로 인식한다. 수익으로 인식된 반환재고회수권은 매출원가로 인식하여 대응시킨다. 한편, 반품된 부분은 환불부채와 현금을 각각 차감한 후 재고자산을 증가시키고 반환재고회수권 및 반품 회수에 예상되는 비용과 차이가 발생하는 경우 추가적으로 대차차액을 반품비용으로 인식한다.

[회계처리] 반품되지 않은 부분

(차) 환불부채	×××	(대) 매출	×××
(차) 매출원가	×××	(대) 반환재고회수권	×××

[회계처리] 반품된 부분

(차) 환불부채	×××	(대) 현금	×××
(차) 재고자산	×××	(대) 반환재고회수권	×××
반품비용	×××	현금	×××

02 보증

(1) 보증의 유형

기업은 제품의 판매와 관련하여 계약, 법률, 기업의 사업 관행에 따라 보증을 제공하는 것이 일반적이다. 이러한 보증의 특성은 산업과 계약에 따라 상당히 다를 수 있는데 다음과 같은 두가지 유형이 있다.

① 확신 유형의 보증: 보증은 관련 제품이 합의된 규격에 부합하므로 당사자들이 의도한 대로 작동할 것이라는 확신을 고객에게 제공하는 보증
② 용역 유형의 보증: 제품이 합의된 규격에 부합한다는 확신에 더하여 고객에게 용역을 제공하는 보증

(2) 보증의 회계처리

보증은 고객이 보증을 별도로 구매할 수 있는 선택권을 가지고 있는지 여부에 따라 달라진다. 고객이 보증을 별도로 구매할 수 있는 선택권이 있다면, 그 보증은 구별되는 용역이다. 기업이 계약에서 기술한 기능성이 있는 제품에 더하여 고객에게 용역을 제공하기로 약속한 것이기 때문이다. 이러한 상황에서는 약속한 보증을 수행의무로 회계처리하고, 그 수행의무에 거래가격의 일부를 배분한다. 그러나 고객에게 보증을 별도로 구매할 수 있는 선택권이 없는 경우에는 용역 유형의 보증이 아니라면, 이 보증을

K-IFRS 제1037호 '충당부채, 우발부채, 우발자산'에 따라 회계처리한다. 만약 기업이 확신 유형의 보증과 용역 유형의 보증을 모두 약속하였으나 이를 합리적으로 구별하여 회계처리할 수 없다면, 두 가지 보증을 함께 단일 수행의무로 회계처리한다. 이를 요약하면 다음과 같다.

[그림 16-4] 보증의 회계처리

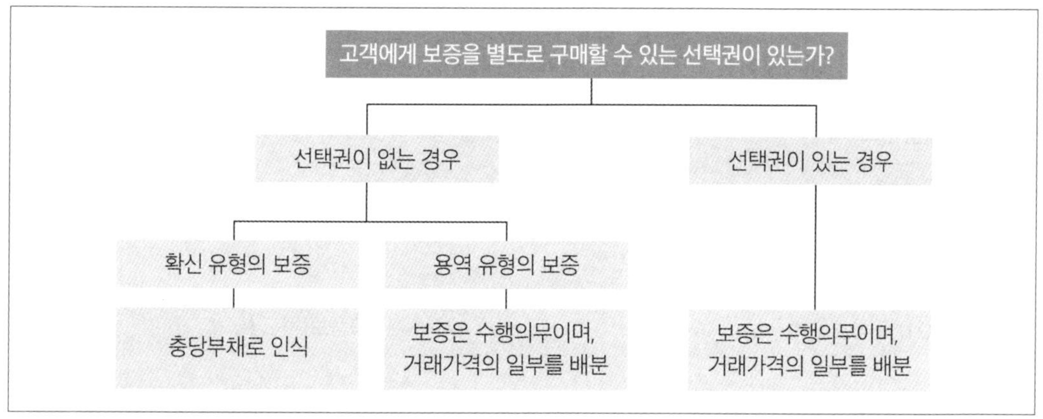

(3) 고객에게 보증을 별도로 구매할 수 있는 선택권이 있는 경우

고객에게 보증을 별도로 구매할 수 있는 선택권이 있다면 기업은 고객에게 보증으로 대가를 획득하고 보증이라는 용역을 판매한 것이다. 따라서 제품의 인도와 보증은 모두 수행의무이며 거래가격의 일부를 보증에 배분하여야 한다. 제품의 인도는 한 시점에 이행하는 수행의무이므로 인도시점에 수익을 인식하고 보증은 기간에 걸쳐 이행하는 수행의무이므로 기간에 걸쳐 수익을 인식한다.

① 제품인도 시

[회계처리] 제품인도 시

(차) 현금	×××	(대) 매출	×××
		계약부채	×××

② 수행의무 이행시점

[회계처리] 보증용역의 수행의무 이행시점

(차) 계약부채	×××	(대) 보증용역수익	×××
(차) 보증용역원가	×××	(대) 현금	×××

(4) 고객에게 보증을 별도로 구매할 수 있는 선택권이 없는 경우

고객에게 보증을 별도로 구매할 수 있는 선택권이 없는 경우에는 확신 유형의 보증이라면, 이 보증을 K-IFRS 제1037호 '충당부채, 우발부채, 우발자산'에 따라 회계처리한다. 만약 용역 유형의 보증이라면 제품의 인도와 보증은 별도의 수행의무이므로 거래가격의 일부를 보증에 배분하여야 한다. 여기서는 고객에게 보증을 별도로 구매할 수 있는 선택권이 없으며, 확신 유형의 보증을 제공하여 충당부채로 처리하는 경우의 회계처리를 구체적으로 살펴보기로 한다.

① 제품인도 시

(차) 현금	×××	(대) 매출	×××

② 매 보고기간 말

(차) 제품보증비	×××	(대) 제품보증충당부채	×××

③ 실제 제품보증비 현금지출 시

(차) 제품보증충당부채	×××	(대) 현금	×××
제품보증비	×××		

POINT 제품보증충당부채(확신 유형의 보증)

I/S상 제품보증비	당기매출액 × 보증비 예상률
B/S상 기말 충당부채	I/S상 보증비 예상액 - 현금지출보증비

03 본인 대 대리인의 고려사항

고객에게 재화나 용역을 제공하는 데에 다른 당사자가 관여할 때, 기업은 약속의 성격이 정해진 재화나 용역 자체를 제공하는 수행의무인지 아니면 다른 당사자가 재화나 용역을 제공하도록 주선하는 수행의무인지를 판단해야 한다. 만약, 약속의 성격이 재화나 용역 자체를 제공하는 수행의무이면 기업이 본인이며, 다른 당사자가 재화나 용역을 제공하도록 주선하는 수행의무이면 기업이 대리인이다.

(1) 본인 대 대리인의 고려사항

기업이 본인	① 정의: 약속의 성격이 재화나 용역 자체를 제공하는 수행의무 ② 인식: 수행의무를 이행할 때, 예상하는 대가의 총액을 수익으로 인식
기업이 대리인	① 정의: 다른 당사자가 정해진 재화나 용역을 제공하도록 주선 ② 인식: 수행의무를 이행할 때, 예상하는 보수나 수수료 금액(순액)을 수익으로 인식

⊘ 참고 **본인임을 나타내는 지표**

고객에게 정해진 재화나 용역이 이전되기 전에 기업이 그 정해진 재화나 용역을 통제하여 본인임을 나타내는 지표에는 다음 사항이 포함되지만 이에 한정되지는 않는다.

(1) 정해진 재화나 용역을 제공하기로 하는 약속을 이행할 주된 책임이 이 기업에 있다.

(2) 정해진 재화나 용역이 고객에게 이전되기 전이나, 고객에게 통제가 이전된 후에 재고위험이 이 기업에 있다.

(3) 정해진 재화나 용역의 가격을 결정할 재량이 기업에 있다.

(2) 위탁약정과 위탁판매

최종 고객에게 판매하기 위해 기업이 제품을 다른 당사자(예 중개인이나 유통업자)에게 인도하는 경우에 그 다른 당사자가 그 시점에 제품을 통제하게 되었는지를 평가한다. 다른 당사자가 그 제품을 통제하지 못하는 경우에는 다른 당사자에게 인도한 제품을 위탁약정에 따라 보유하는 것이다. 따라서 인도된 제품이 위탁물로 보유된다면 제품을 다른 당사자에게 인도할 때 수익을 인식하지 않는다. 이러한 위탁약정의 대표적 예로 위탁판매를 들 수 있다.

위탁판매란 한 기업(위탁자)이 재고자산(적송품)의 판매를 타인(수탁자)에게 위탁하여 판매하는 것을 말한다. 일반적으로 위탁판매는 수탁자가 제3자에게 재고자산을 판매한 시점에 수익을 인식하고 수탁자가 결산일 현재 판매하지 못한 적송품은 재고자산에 포함하여야 한다.

① 위탁자의 회계처리

• **적송품 적송 시:** 상품을 수탁자에게 적송할 때에는 상품을 적송품계정으로 대체한다. 위탁자가 수탁자에게 적송품을 발송하는 경우 적송운임이 발생할 수 있는데 이는 매입원가의 일부이므로 적송품의 원가로 처리한다.

(차) 적송품	×××	(대) 재고자산	×××
		현금	×××

• **적송품 판매 시:** 수탁자가 적송품을 제3자에게 판매한 시점에 수익을 인식하고 판매된 적송품을 매출원가로 인식한다. 이때 수탁자가 부담한 창고비, 수수료 등은 판매비로 처리한다.

(차) 현금	×××	(대) 매출	×××
판매비	×××		
(차) 매출원가	×××	(대) 적송품	×××

② 수탁자의 회계처리

• **수탁품 수령 시:** 위탁자가 보낸 상품은 수탁자의 소유가 아니기 때문에 회계처리를 하지 않는다.

• **수탁품 판매 시:** 수탁품의 판매대금은 위탁자에 대한 예수금이므로 수탁수수료를 제외한 금액을 수탁판매계정에 대기한다.

(차) 현금	×××	(대) 수탁판매	×××
		수수료수익	×××

• **송금 시:** 수탁품의 판매대금에서 수탁수수료를 차감한 금액을 위탁자에게 송금할 때 수탁판매계정에 차기한다. 따라서 수탁자의 수행의무는 대리인으로서 재화나 용역의 제공을 주선하는 것이므로 제3자에게 제품의 통제를 이전하는 시점에 수탁수수료(순액)를 수익으로 인식한다.

(차) 수탁판매	×××	(대) 현금	×××

04 추가 재화나 용역에 대한 고객의 선택권

추가 재화나 용역에 대한 고객의 선택권의 정의	판매 인센티브, 고객보상점수(Points), 계약갱신 선택권, 미래의 재화나 용역에 대한 그 밖의 할인
중요한 권리를 고객에게 제공하는 경우	재화나 용역이 이전되거나 선택권이 만료될 때 수익을 인식
선택권이 고객에게 있는 경우	고객이 추가 재화나 용역을 매입하는 선택권을 행사하는 경우에만 수익 기준서 적용

05 고객이 행사하지 아니한 권리

(1) 의의

고객에게서 선수금을 받은 경우에는 미래에 재화나 용역을 이전할 수행의무에 대한 선수금을 계약부채로 인식한다. 그 재화나 용역을 이전하고 수행의무를 이행할 때 계약부채를 제거하고 수익을 인식한다. 고객이 환불받을 수 없는 선급금을 기업에 지급하면 고객은 미래에 재화나 용역을 받을 권리를 기업에서 획득하게 된다. 그러나 고객은 자신의 계약상 권리를 모두 행사하지 않을 수 있으며, 그 행사되지 않은 권리를 흔히 미행사 부분이라고 부른다. 이 미행사 부분은 기업이 받을 권리를 갖게 될 것으로 예상되는지 여부에 따라 회계처리해야 한다.

> ① 기업이 계약부채 중 미행사 금액을 받을 권리를 갖게 될 것으로 예상되는 경우
> : 고객이 권리를 행사하는 방식에 따라 그 예상되는 미행사 금액을 수익으로 인식한다.
> ② 기업이 미행사 금액을 받을 권리를 갖게 될 것으로 예상되지 않는 경우
> : 고객이 그 남은 권리를 행사할 가능성이 희박해질 때 예상되는 미행사 금액을 수익으로 인식한다.

만약, 고객이 권리를 행사하지 아니한 대가를 다른 당사자(예 미청구 자산에 관한 관련 법률에 따른 정부기관)에게 납부하도록 요구받는 경우에는 받은 대가를 수익이 아닌 부채로 인식한다.

[그림 16-5] 고객이 행사하지 아니한 권리

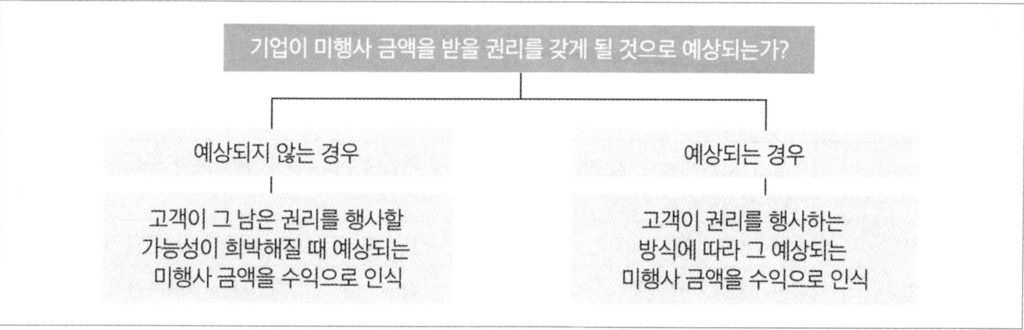

(2) 상품권판매

상품권을 발행한 기업은 고객에게 재화에 대한 통제를 이전하는 시점에 수익을 인식해야 하는데, 실무적으로는 상품권을 회수하는 시점과 동일하다.

① **상품권 판매 시:** 상품권을 판매한 경우에는 판매대금을 선수금(계약부채)으로 처리한다. 만약, 상품권을 할인판매한 경우에는 액면금액 전액을 선수금으로 계상하고, 할인액은 상품권할인액의 계정과목으로 하여 선수금(계약부채)의 차감항목으로 표시한다.

(차) 현금	×××	(대) 선수금(계약부채)	×××
상품권할인액	×××		

② **상품권 회수 시**: 상품권을 회수하는 시점은 고객에게 재화에 대한 통제를 이전한 시점이므로 수익을 인식한다. 따라서 상품권 회수 시에 선수금(계약부채)을 매출로 대체하고 상품권할인액도 매출에누리와 환입으로 계정을 대체한다.

(차) 선수금(계약부채)	×××	(대) 매출	×××
(차) 매출에누리와 환입	×××	(대) 상품권할인액	×××

이때, 상품권의 액면금액과 판매가격의 차이를 현금으로 환급한다면 매출과 상계한다.

(차) 매출	×××	(대) 현금	×××

③ **유효기간 경과 시**: 상품권의 유효기간이 경과한 후에는 상품권의 환급비율에 따라 당기손익(상품권기간경과이익)으로 인식한다.

(차) 선수금(계약부채)	×××	(대) 상품권할인액	×××
		상품권기간경과이익	×××

④ **소멸시효 완성 시**: 상품권의 유효기간이 경과한 후 상법상 소멸시효가 완성된 경우에는 소멸시효가 완성된 시점에서 선수금(계약부채)의 잔액을 전부 당기이익(상품권기간경과이익)으로 인식한다.

(차) 선수금(계약부채)	×××	(대) 상품권기간경과이익	×××

06 환불되지 않는 선수수수료

정의	헬스클럽 회원계약 가입수수료, 통신계약의 가입수수료, 일부 용역계약 준비수수료, 일부 공급계약의 개시수수료
원칙	약속한 재화나 용역의 이전에 관련이 없는 경우: 미래 재화나 용역을 제공할 때 수익으로 인식
예외	약속한 재화나 용역의 이전에 관련이 있는 경우: 해당 수행의무에 따라 인식

07 라이선싱

(1) 의의

라이선스는 기업의 지적재산에 대한 고객의 권리를 정하는 것을 말한다. 지적재산에 대한 라이선스에는 다음 사항에 대한 라이선스가 포함될 수 있으나 이에 한정되지는 않는다.

① 소프트웨어, 기술
② 영화, 음악, 그 밖의 형태의 미디어와 오락물
③ 프랜차이즈
④ 특허권, 상표권, 저작권

라이선스의 회계처리는 라이선스를 부여하는 약속이 그 밖의 약속한 재화나 용역과 계약에서 구별되는지 여부에 따라 달라진다. 이에 대해 구체적으로 살펴보면 다음과 같다.

> ① 라이선스를 부여하는 약속이 그 밖에 약속한 재화나 용역과 계약에서 구별되지 않는 경우: 라이선스를 부여하는 약속과 그 밖에 약속한 재화나 용역을 함께 단일 수행의무로 회계처리
> ② 라이선스를 부여하는 약속이 계약에서 그 밖에 약속한 재화나 용역과 구별되는 경우: 라이선스가 고객에게 한 시점에 이전(지적재산 사용권)되는지 아니면 기간에 걸쳐 이전되는지를 판단(지적재산 접근권)하여 별도의 수행의무로 회계처리

(2) 지적재산 접근권

라이선스를 부여하는 약속이 계약에서 그 밖에 약속한 재화나 용역과 구별되는 경우에는 별도의 수행의무로 회계처리해야 한다. 이때 기간에 걸쳐 수행의무가 이전된다면, 라이선스 기간 전체에 걸쳐 존재하는 기업의 지적재산에 접근할 권리에 해당하고 이를 지적재산 접근권이라고 말한다. 다음 기준을 모두 충족한다면, 라이선스를 부여하는 기업의 약속의 성격은 기업의 지적재산에 접근권을 제공하는 것이다.

> ① 고객이 권리를 갖는 지적재산에 유의적으로 영향을 미치는 활동을 기업이 할 것을 계약에서 요구하거나 고객이 합리적으로 예상한다.
> ② 라이선스로 부여한 권리 때문에 고객은 ①에서 식별되는 기업 활동의 긍정적 또는 부정적 영향에 직접 노출된다.
> ③ 그 활동(들)이 행해짐에 따라 재화나 용역을 고객에게 이전하는 결과를 가져오지 않는다.

지적재산 접근권은 기간에 걸쳐 이행하는 수행의무로 회계처리한다. 기업의 지적재산에 접근을 제공하는 약속을 수행하는 대로 고객이 수행에서 생기는 효익을 동시에 얻고 소비하기 때문이다.

(3) 지적재산 사용권

위의 지적재산 접근권의 기준을 충족하지 못하면, 기업이 한 약속의 성격은 라이선스를 고객에게 부여하는 시점에 그 라이선스가 존재하는 대로, 지적재산의 사용권을 제공하는 것이다. 지적재산 사용권이란 라이선스를 부여하는 시점에 존재하는 기업의 지적재산을 사용할 권리를 말한다. 이는 라이선스를 이전하는 시점에 고객이 라이선스의 사용을 지시할 수 있고 라이선스에서 생기는 나머지 효익의 대부분을 획득할 수 있음을 뜻한다. 따라서 지적재산 사용권을 제공하는 약속은 한 시점에 이행하는 수행의무로 회계처리한다.

(4) 판매기준 로열티나 사용기준 로열티

지적재산의 라이선스를 제공하는 대가로 약속된 판매기준 로열티나 사용기준 로열티의 수익은 다음 중 나중의 사건이 일어날 때 인식한다.

> ① 후속 판매나 사용
> ② 판매기준 또는 사용기준 로열티의 일부나 전부가 배분된 수행의무를 이행하거나 또는 일부 이행함

판매기준 로열티나 사용기준 로열티에 대한 위의 요구사항은 그 로열티가 다음 중 어느 하나에 해당하는 경우에 적용한다.

① 지적재산의 라이선스에만 관련된다.
② 지적재산의 라이선스는 로열티가 관련되는 지배적인 항목이다.

[그림 16-6] 라이선스의 회계처리

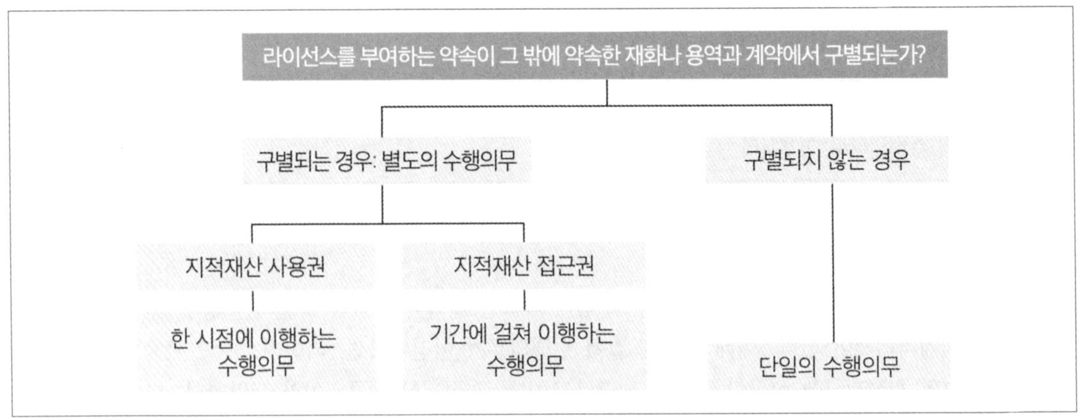

POINT 라이선싱

라이선스의 정의	기업의 지적재산에 대한 고객의 권리를 정하는 것
라이선스를 부여하는 약속이 그 밖에 약속한 재화나 용역과 계약에서 구별되지 않는 경우	단일 수행의무로 회계처리
라이선스를 부여하는 약속이 계약에서 그 밖에 약속한 재화나 용역과 구별되는 경우	별도의 수행의무로 회계처리 ① 지적재산 사용권: 한 시점에 이행하는 수행의무로 회계처리 ② 지적재산 접근권: 기간에 걸쳐 이행하는 수행의무로 회계처리
판매기준 로열티나 사용기준 로열티	다음 중 나중의 사건이 일어날 때 인식함 ① 후속 판매나 사용 ② 판매기준 또는 사용기준 로열티의 일부나 전부가 배분된 수행의무를 이행하거나 또는 일부 이행함

08 재매입약정

재매입약정은 자산을 판매하고, 같은 계약이나 다른 계약에서 그 자산을 다시 사기로 약속하거나 다시 살 수 있는 선택권을 갖는 계약이다. 재매입 자산은 원래 고객에게 판매했던 자산, 그 자산과 실질적으로 같은 자산, 원래 판매했던 자산이 구성요소가 된 다른 자산일 수 있다. 재매입약정은 일반적으로 다음과 같은 세 가지 형태로 나타난다.

① 선도(Forward): 자산을 다시 사야 하는 기업의 의무
② 콜옵션(Call Option): 자산을 다시 살 수 있는 기업의 권리
③ 풋옵션(Put Option): 고객이 요청하면 자산을 다시 사야 하는 기업의 의무

(1) 선도나 콜옵션

기업이 선도나 콜옵션을 가지고 있다면, 고객은 자산을 통제하지 못한다. 고객이 자산을 물리적으로 점유할 수 있더라도, 자산의 사용을 지시하고 자산의 나머지 효익의 대부분을 획득할 수 있는 고객의 능력이 제한되기 때문이다. 따라서 그 계약을 다음 중 어느 하나로 회계처리한다.

> ① 기업이 자산을 원래 판매가격보다는 낮은 금액으로 다시 살 수 있거나 다시 사야 하는 경우(재매입가격 < 판매가격): 리스로 회계처리
> ② 기업이 자산을 원래 판매가격 이상의 금액으로 다시 살 수 있거나 다시 사야 하는 경우(재매입가격 ≧ 판매가격): 금융약정으로 회계처리

위의 선도, 콜옵션에서 재매입약정이 금융약정이라면, 기업은 자산을 계속 인식하고 고객에게서 받은 대가는 금융부채로 인식한다. 고객에게서 받은 대가와 고객에게 지급해야 하는 대가의 차이를 이자비용으로 인식하고, 해당되는 경우에는 처리원가나 보유원가(예 보험)로 인식한다. 만약 위의 재매입약정이 콜옵션 약정일 경우 콜옵션이 행사되지 않은 채 소멸된다면 부채를 제거하고 수익을 인식한다.

POINT 재매입약정: 선도나 콜옵션

구분	회계처리
재매입가격 < 판매가격	리스로 회계처리
재매입가격 ≧ 판매가격	금융약정으로 회계처리

(2) 풋옵션

고객이 풋옵션이 있는 경우에 계약 개시시점에 고객이 그 권리를 행사할 경제적 유인이 유의적인지를 고려한다. 고객이 그 권리를 행사하면 사실상 고객이 일정 기간 특정 자산의 사용권 대가를 기업에 지급하는 결과가 된다. 따라서 고객이 그 권리를 행사할 경제적 유인이 유의적이라면, 이 약정을 K-IFRS 제1017호 '리스'에 따라 리스로 회계처리한다. 고객이 자산의 원래 판매가격보다 낮은 가격으로 권리를 행사할 경제적 유인이 유의적이지 않다면, 이 약정을 반품권이 있는 제품의 판매처럼 회계처리한다.
자산을 다시 사는 가격이 원래 판매가격 이상이고 자산의 예상 시장가치보다 높다면 그 계약은 금융약정으로 회계처리한다. 자산을 다시 사는 가격이 원래 판매가격 이상이고 자산의 예상 시장가치 이하이며, 고객이 자신의 권리를 행사할 경제적 유인이 유의적이지 않다면, 이 약정을 반품권이 있는 제품의 판매처럼 회계처리한다. 이를 요약하면 다음과 같다.

> ① 재매입가격 < 판매가격, 고객이 그 권리를 행사할 경제적 유인이 유의적인 경우: 리스로 회계처리
> ② 재매입가격 < 판매가격, 고객이 그 권리를 행사할 경제적 유인이 유의적이지 않은 경우: 반품권이 있는 판매로 회계처리
> ③ 재매입가격 ≧ 판매가격, 재매입가격 > 예상 시장가치: 금융약정으로 회계처리
> ④ 재매입가격 ≧ 판매가격, 재매입가격 ≦ 예상 시장가치, 권리를 행사할 경제적 유인이 유의적이지 않은 경우: 반품권이 있는 판매로 회계처리

위의 풋옵션에서 재매입약정이 금융약정이라면, 기업은 자산을 계속 인식하고 고객에게서 받은 대가는 금융부채로 인식한다. 고객에게서 받은 대가와 고객에게 지급해야 하는 대가의 차이를 이자비용으로 인식하고, 해당되는 경우에는 처리원가나 보유원가(예 보험)로 인식한다. 만약 풋옵션이 행사되지 않은 채 소멸된다면 부채를 제거하고 수익을 인식한다.

POINT 재매입약정: 풋옵션

재매입가격 < 판매가격	권리를 행사할 경제적 유인이 유의적인 경우	리스로 회계처리
	고객이 그 권리를 행사할 경제적 유인이 유의적이지 않은 경우	반품권이 있는 판매로 회계처리
재매입가격 ≥ 판매가격	재매입가격 > 예상 시장가치	금융약정으로 회계처리
	재매입가격 ≤ 예상 시장가치, 권리를 행사할 경제적 유인이 유의적이지 않은 경우	반품권이 있는 판매로 회계처리

09 미인도청구약정

정의	기업이 고객에게 제품의 대가를 청구하지만 미래 한 시점에 고객에게 이전할 때까지 기업이 제품을 물리적으로 점유하는 계약
고객이 제품을 통제하는 경우	① 고객이 그 제품을 물리적으로 점유하는 권리를 행사하지 않기로 결정하였더라도 수익을 인식함 ② 미인도청구 판매를 수익으로 인식하는 경우: 나머지 수행의무(예 보관 용역)가 있어 거래가격의 일부를 배분해야 하는지를 고려함

10 고객의 인수(검사조건부 판매)

정의	고객이 자산을 인수하는 것은 고객이 자산을 통제하게 된다는 것
회계처리	① 계약에서 합의한 규격에 따라 재화나 용역에 대한 통제가 고객에게 이전되었음을 객관적으로 판단할 수 있는 경우 : 고객의 인수는 형식적인 절차이므로 고객의 인수 여부와 상관없이 수익을 인식 ② 계약에서 합의한 규격에 따라 재화나 용역에 대한 통제가 고객에게 이전되었음을 객관적으로 판단할 수 없는 경우: 고객의 인수시점에 수익을 인식

11 장기할부판매

정의	재화 등을 고객에게 이전하고 대가를 미래에 분할하여 회수하는 형태의 판매 (할부기간이 1년 이상인 경우)
인식	이자부분을 제외한 현금판매가격(현재가치)에 해당하는 수익을 인도시점에 인식
측정	① 판매가격은 대가의 현재가치로서 수취할 할부금액을 일정한 할인율로 할인한 금액 ② 이자부분은 유효이자율법을 사용하여 수익으로 인식
할인율	내재이자율은 다음 중 더 명확히 결정될 수 있는 할인율을 사용함 ① 계약 개시시점에 기업과 고객이 별도 금융거래를 한다면 반영하게 될 할인율 ② 재화나 용역의 대가를 현금으로 결제한다면 지급할 가격으로 약속한 대가의 명목금액을 할인하는 이자율

[그림 16-7] 할부판매

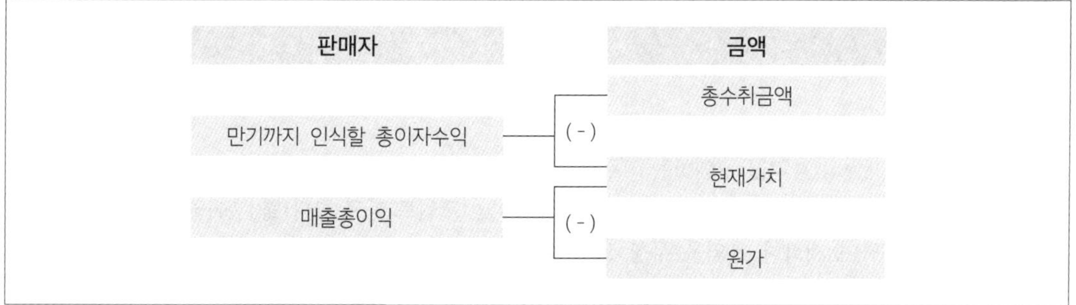

12 계약에 있는 유의적인 금융요소: 선수금과 할인율 평가

정의	재화를 고객에게 이전하기 전에 대가를 먼저 수취한 경우(1년 이상인 경우)
회계처리	① 계약 개시시점: 받은 금액은 계약부채로 인식 ② 계약 개시시점부터 자산을 이전할 때까지: 이자비용을 인식하여 계약부채를 증액 ③ 자산을 이전하는 시점: 계약부채를 수익으로 인식

V | 고객충성제도

고객충성제도는 재화나 용역을 구매하는 고객에게 인센티브를 제공하기 위하여 사용하는 제도를 말한다. 고객이 재화나 용역을 구매하면, 기업은 고객보상점수(흔히 '포인트'라고 한다)를 부여하고, 고객은 부여받은 보상점수를 사용하여 재화나 용역을 무상 또는 할인 구매하는 방법으로 보상을 받을 수 있다.
보상점수는 보상점수를 부여한 매출거래(최초매출)와 별도의 식별가능한 수행의무로 보아 회계처리해야 한다. 따라서 기업이 고객에게 약속한 재화나 용역을 이전하고 그 대가로 받을 권리를 갖게 될 금액을 나타내는 금액은 각 수행의무에 거래가격을 배분해야 한다. 따라서 계약 개시 시점에 계약상 각 수행의무의 대상인 구별되는 재화나 용역의 제공과 보상점수의 개별 판매가격을 산정하고 이 개별 판매가격에 비례하여 거래가격을 배분하여야 한다.

(1) 기업이 보상을 제공하는 경우

① 기업이 직접 보상을 제공한다면 보상점수가 회수되고 보상을 제공할 의무를 이행한 때 보상점수에 배분된 대가를 수익으로 인식한다. 따라서 보상점수에 대해 미리받은 대가는 계약부채로 회계처리한다.
② 계약부채로 인식한 부분 중 매 보고기간 말 수익으로 인식할 금액은 회수될 것으로 기대되는 총보상점수에서 보상과 교환되어 회수된 보상점수의 상대적 크기에 기초하여야 한다.

[그림 16-8] 고객충성제도: 기업이 보상을 제공하는 경우

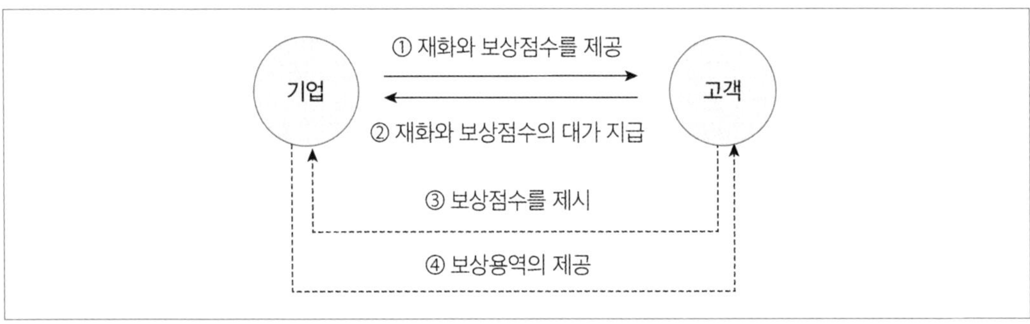

(2) 제3자가 보상을 제공하는 경우

제3자가 보상을 제공한다면 보상점수에 배분되는 대가를 기업이 자기의 계산으로 회수하고 있는지 아니면 제3자를 대신하여 회수하고 있는지를 판단하여야 한다. 제3자 보상을 제공한다면 누구의 계산인지에 따라 다음과 같이 회계처리한다.

> ① 기업이 제3자를 대신하여 대가를 회수하는 경우: 제3자가 보상을 제공할 의무를 지고 그것에 대한 대가를 받을 권리를 가지게 될 때 보상점수에 배분되는 대가와 제3자가 제공한 보상에 대해 기업이 지급할 금액 간의 차액을 수익으로 인식(순액인식)
> ② 기업이 자기의 계산으로 대가를 회수하는 경우: 보상과 관련하여 의무를 이행한 때 보상점수에 배분되는 총대가로 수익으로 인식(총액인식)

[그림 16-9] 고객충성제도: 제3자가 보상을 제공하는 경우

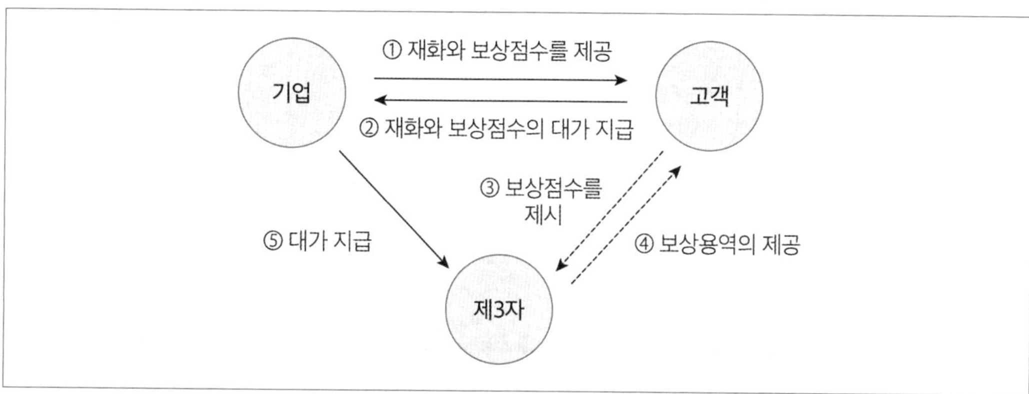

POINT 고객충성제도

구분		수익의 인식	수익의 측정
기업이 직접 보상을 제공		보상점수가 회수되고 보상을 제공할 의무를 이행한 때	회수될 것으로 기대되는 총보상점수에서 보상과 교환되어 회수된 보상점수의 상대적 크기
제3자가 보상을 제공	자기의 계산	보상과 관련하여 의무를 이행한 때	보상점수에 배분되는 총액
	제3자를 대신	제3자가 보상을 제공할 의무를 지고 그것에 대한 대가를 받을 권리를 가지게 될 때	수익은 자기의 계산으로 보유하는 순액

해커스 IFRS 김원종 POINT 중급회계

회계사 · 세무사 · 경영지도사 단번에 합격!
해커스 경영아카데미 cpa.Hackers.com

Chapter 17

수익(2) 건설계약

I 건설계약의 일반론

01 의의와 분류

건설계약의 정의	단일 자산의 건설이나 설계, 기술 및 기능 또는 그 최종 목적이나 용도에 있어서 밀접하게 상호연관되거나 상호의존적인 복수 자산의 건설을 위해 구체적으로 협의된 계약
건설계약의 분류	① 정액계약: 계약금액을 정액으로 하거나 산출물 단위당 가격을 정액으로 하는 건설계약 ② 원가보상계약: 원가의 일정비율이나 정액의 수수료를 원가에 가산하여 보상받는 건설계약

02 계약수익과 계약원가

계약수익	계약체결일로부터 계약의 최종완료일까지의 기간에 당해 계약에 귀속될 수 있는 금액 ① 최초에 합의한 계약금액 ② 공사변경, 보상금 및 장려금에 따라 추가되는 금액으로서 다음을 모두 충족하는 것 a. 수익으로 귀결될 가능성이 높다. b. 금액을 신뢰성 있게 측정할 수 있다.
계약원가	계약체결일로부터 계약의 최종완료일까지의 기간에 당해 계약에 귀속될 수 있는 원가 ① 특정 계약에 직접 관련된 원가 ② 계약활동 전반에 귀속될 수 있는 공통원가로서 특정 계약에 배분할 수 있는 원가 ③ 계약조건에 따라 발주자에게 청구할 수 있는 기타 원가

03 계약수익과 계약비용의 인식

건설계약의 결과를 신뢰성 있게 추정할 수 있는 경우, 일반적으로 건설계약과 관련한 계약수익과 계약원가는 보고기간 말 현재 계약활동의 진행률을 기준으로 각각 수익과 비용으로 인식하여야 한다. 건설계약이 다음 기준 중 어느 하나를 충족하면, 기업은 재화나 용역에 대한 통제를 기간에 걸쳐 이전하므로, 기간에 걸쳐 수행의무를 이행하는 것이고 기간에 걸쳐 수익을 인식한다.

> ① 고객은 기업이 수행하는 대로 기업의 수행에서 제공하는 효익을 동시에 얻고 소비한다.
> ② 기업이 수행하여 만들어지거나 가치가 높아지는 대로 고객이 통제하는 자산(예 재공품)을 기업이 만들거나 그 자산 가치를 높인다.
> ③ 기업이 수행하여 만든 자산이 기업 자체에는 대체 용도가 없고, 지금까지 수행을 완료한 부분에 대해 집행가능한 지급청구권이 기업에 있다.

계약의 진행률을 기준으로 수익과 비용을 인식하는 방법을 진행기준이라고 한다. 그러나, 건설계약의 결과를 신뢰성 있게 추정할 수 없는 경우에는 계약수익은 회수가능할 것으로 기대되는 발생원가를 한도로 인식하고, 계약원가는 발생한 기간의 비용으로 인식한다. 즉, 계약의 결과를 신뢰성 있게 추정할 수 없으므로 이익은 인식하지 않는다.

POINT 계약수익과 계약비용의 인식

건설계약의 결과를 신뢰성 있게 추정할 수 있는 경우	기간에 걸쳐 수행의무를 이행하는 것이고 기간에 걸쳐 수익을 인식함 (즉, 진행기준으로 계약수익과 계약비용을 인식함)
건설계약의 결과를 신뢰성 있게 추정할 수 없는 경우	계약수익은 회수가능할 것으로 기대되는 발생원가를 한도로 인식하고, 계약원가는 발생한 기간의 비용으로 인식함

[진행률]

계약수익의 인식	① 수행의무의 결과를 합리적으로 측정할 수 있는 상황 : 진행률에 따라 기간에 걸쳐 수익을 인식 ② 수행의무의 결과를 합리적으로 측정할 수 없는 상황: 발생원가 범위에서만 수익을 인식
진행률의 측정방법	① 산출법: 계약에서 약속한 재화나 용역의 나머지 부분의 가치와 비교하여 지금까지 이전한 재화나 용역이 고객에 주는 가치의 직접 측정에 기초하여 수익을 인식하는 방법 ② 투입법: 해당 수행의무의 이행에 예상되는 총투입물 대비 수행의무를 이행하기 위한 기업의 노력이나 투입물에 기초하여 수익을 인식하는 방법

건설계약에서는 일반적으로 투입법인 원가기준법에 의하여 진행률을 측정하고 있다. 진행률을 누적발생계약원가 기준으로 결정하는 경우에는 수행한 공사를 반영하는 계약원가만 누적발생원가에 포함한다. 진행률 산정을 위한 누적발생원가에서 제외되는 원가의 예는 다음과 같다.

① 현장에 인도되었거나 계약상 사용을 위해 준비되었지만 아직 계약공사를 위해 설치, 사용 또는 적용이 되지 않은 재료의 원가와 같은 계약상 미래 활동과 관련된 계약원가. 단, 재료가 계약을 위해 별도로 제작된 경우는 제외한다.
② 하도급계약에 따라 수행될 공사에 대해 하도급자에게 선급한 금액

Ⅱ 건설계약의 회계처리

01 건설계약의 회계처리

(1) 계약원가발생 시

(차) 미성공사	×××	(대) 현금	×××

(2) 수익과 비용의 인식

건설회사는 매 보고기간 말 진행률을 합리적으로 측정하여 진행기준으로 계약수익과 계약원가를 인식해야 한다. 계약수익과 계약원가는 진행기준 하에서 다음과 같이 인식된다.

계약수익 = 당기말계약수익금액 × 당기말진행률 - 전기말계약수익금액 × 전기말진행률
= 당기말누적계약수익금액 - 전기말누적계약수익금액
계약원가 = 당기말추정총계약원가 × 당기말진행률 - 전기말추정총계약원가 × 전기말진행률
= 당기말누적계약원가금액 - 전기말누적계약원가금액

(차) 계약자산	×××	(대) 계약수익	×××
계약원가	×××	미성공사	×××

(3) 대금청구 시

(차) 계약미수금	×××	(대) 계약자산	×××
		계약부채	×××

(4) 대금수령 시

(차) 현금	×××	(대) 계약미수금	×××
		계약선수금	×××

(5) 계약자산, 계약부채, 계약미수금 및 계약선수금의 표시

1. 계약자산 = 누적계약수익금액 - 누적대금청구금액(if. 누적계약수익금액 > 누적대금청구금액)
2. 계약부채 = 누적대금청구금액 - 누적계약수익금액(if. 누적계약수익금액 < 누적대금청구금액)
3. 계약미수금 = 누적대금청구금액 - 누적대금회수금액(if. 누적대금청구금액 > 누적대금회수금액)
4. 계약선수금 = 누적대금회수금액 - 누적대금청구금액(if. 누적대금청구금액 < 누적대금회수금액)

POINT 건설계약: 예상손실이 발생하지 않는 경우

I/S: 계약손익	당기총예상손익 × 누적진행률 - 전기까지 인식할 손익	
B/S : 계약자산/계약부채	① 누적계약수익금액 = 계약수익 × 누적진행률	② 누적대금청구금액 = 대금청구액 누적 합계
	if ① > ②: 계약자산(자산) = ① - ② if ① < ②: 계약부채(부채) = ② - ①	

참고 계약자산과 계약부채의 표시

K-IFRS 제1115호 '고객과의 계약에서 생기는 수익' 문단 109에서는 '계약자산'과 '계약부채'라는 용어를 사용하지만 재무상태표에서 그 항목에 대해 다른 표현을 사용하는 것을 금지하지는 않는다. 계약자산에 대해 다른 표현을 사용할 경우에 수취채권과 계약자산을 구별할 수 있도록 재무제표이용자에게 충분한 정보를 제공해야 한다고 규정하고 있다. 따라서 과거 건설계약 기준서에 따라 미청구공사 또는 초과청구공사로 표시하는 것도 가능하다고 봐야 할 것이다. 2018년 건설업을 영위하는 상장회사들의 재무제표 표시 역시 일관되게 공시되지 않았다. 따라서 본서는 계약자산과 계약부채로 표시하는 회계처리를 제시하고 미청구공사와 초과청구공사로 표시하는 회계처리를 참조 목적으로 문제의 해설에 추가하기로 한다.

02 예상손실의 인식

건설계약은 비교적 장기간 건설이 일어나기 때문에 자재가격의 상승이나 공사기간의 지연이 일어나게 되면 건설계약에서 손실이 발생할 것으로 예상되는 경우가 있다. K-IFRS에서는 총계약원가가 총계약수익을 초과할 가능성이 높은 경우, 예상되는 손실을 즉시 비용으로 인식하도록 규정하고 있다.

(1) 미래예상손실[1)]

(차) 계약원가	×××	(대) 계약손실충당부채	×××

(2) 실제손실이 발생한 경우

(차) 계약손실충당부채	×××	(대) 계약원가	×××

1) 미래예상손실: 미래예상계약원가 - 미래예상계약수익 = 총예상계약손실 × (1 - 누적진행률)

POINT 건설계약: 예상손실이 발생하는 경우

구분	내용	
I/S: 계약손익	예상총계약손익 × 누적진행률 + 미래예상손실[2] - 전기까지 인식할 손익	
B/S : 계약자산/계약부채	① 누적계약수익금액 = 계약수익 × 누적진행률	② 누적대금청구금액 = 대금청구액 누적 합계
	if ① > ②: 계약자산(자산) = ① - ② if ① < ②: 계약부채(부채) = ② - ①	
B/S : 계약손실충당부채	미래예상손실[2]	

03 건설계약의 결합과 분할

다음 기준 중 하나 이상을 충족한다면, 같은 고객 또는 그 고객의 특수관계자와 동시에 또는 가까운 시기에 체결한 둘 이상의 계약을 결합하여 단일 계약으로 회계처리한다.

① 복수의 계약을 하나의 상업적 목적으로 일괄 협상한다.
② 한 계약에서 지급하는 대가는 다른 계약의 가격이나 수행에 따라 달라진다.
③ 복수의 계약에서 약속한 재화나 용역(또는 각 계약에서 약속한 재화나 용역의 일부)은 단일 수행의무에 해당한다.

만약 이러한 기준에 따라 건설계약을 결합하여 단일 계약으로 보는 경우에는 하나의 계약으로 보아 계약손익을 인식하고, 그렇지 않은 경우에는 개별적으로 식별가능한 구성단위별로 구분하여 계약손익을 인식한다.

구분	내용
건설계약의 결합	하나의 계약으로 보아 계약손익을 인식(통합 진행률 적용)
건설계약의 분할	개별적으로 식별가능한 구성단위별로 구분하여 계약손익을 인식(구성단위별 진행률 적용)

2) 예상총계약손실 × (1 − 누적진행률)

04 건설계약의 결과를 신뢰성 있게 추정할 수 없는 경우

건설계약의 경우 진행률의 추정이 어렵거나, 청구된 대금의 회수가 불확실한 경우에는 건설계약의 결과를 신뢰성 있게 추정할 수 없다. 이러한 건설계약의 결과를 신뢰성 있게 추정할 수 없는 경우에는 다음과 같이 회계처리한다.

① 계약수익: 회수가능성이 높은 발생한 계약원가의 범위 내에서만 인식
② 계약원가: 발생한 기간의 비용으로 인식

계약의 결과를 신뢰성 있게 추정할 수 없게 한 불확실성이 해소되는 경우, 당해 건설계약과 관련된 수익과 비용은 진행기준에 따라 인식한다.

계약수익	발생한 계약원가의 범위 내에서 회수가능성이 높은 금액을 수익으로 인식 = Min[발생한 계약원가, 회수가능성이 높은 금액]
계약원가	발생한 계약원가 전액을 비용으로 인식

보론 1 건설계약의 특수문제

01. 원가진행률을 사용하지 않는 경우

건설계약에서 진행률은 일반적으로 누적계약원가를 추정총계약원가로 나눈 비율을 사용하지만, 수행한 공사의 측량이나 계약 공사의 물리적 완성비율로 사용할 수 있다. 만약, 원가진행률 이외의 진행률을 사용하게 되면 계약원가가 당기발생원가와 일치하지 않게 되므로 미성공사의 금액을 구할 때 유의하여야 한다. 즉, 원가기준법과 다르게 미성공사 계정이 영(0)이 아니라 공사완료 시까지 잔액이 남아 있게 된다. 이를 요약하면 아래와 같다.

POINT 건설계약: 원가진행률을 사용하지 않는 경우

<table>
<tr><td>I/S: 계약손익</td><td colspan="2">당기총예상손익 × 누적진행률 - 전기까지 인식할 손익</td></tr>
<tr><td rowspan="2">B/S
: 계약자산/계약부채</td><td>① 누적계약수익금액
= 계약수익 × 누적진행률</td><td>② 누적대금청구금액
= 대금청구액 누적 합계</td></tr>
<tr><td colspan="2">if ① > ②: 계약자산(자산) = ① - ②
if ① < ②: 계약부채(부채) = ② - ①</td></tr>
<tr><td>B/S: 미성공사</td><td colspan="2">누적발생계약원가 - 추정총계약원가 × 누적진행률</td></tr>
</table>

02. 특수한 계약원가의 회계처리

계약원가는 계약체결일로부터 계약의 최종완료일까지의 기간에 당해 계약에 귀속될 수 있는 원가를 포함한다. 건설계약의 특성상 건설계약을 체결 전 또는 건설계약의 공사가 완료된 후에 발생하는 특수한 계약원가들이 있다. 이러한 특수한 계약원가의 회계처리에 대해 구체적으로 살펴보기로 한다.

(1) 수주비

건설계약의 특성상 계약을 수주하기 전에 고객과의 계약을 체결하기 위하여 수주비가 발생할 수 있다. 이러한 수주비의 경우 K-IFRS에는 명확한 규정이 제시되어 있지 않다. 그러나 실무에서는 수주비를 진행률에 포함시킬 경우 진행률을 왜곡시킬 수 있어 진행률 산정에서 제외하고, 선급계약원가과목으로 포함시켜 자산으로 인식하여 진행률에 따라 상각하는 것이 일반적이다.

(2) 공사에 투입하지 않는 원가

진행률을 누적발생계약원가 기준으로 결정하는 경우에는 수행한 공사를 반영하는 계약원가만 누적발생원가에 포함한다. 진행률 산정을 위한 누적발생원가에서 제외되는 원가의 예는 다음과 같다.

① 현장에 인도되었거나 계약상 사용을 위해 준비되었지만 아직 계약공사를 위해 설치, 사용 또는 적용이 되지 않은 재료의 원가와 같은 계약상 미래 활동과 관련된 계약원가. 단, 재료가 계약을 위해 별도로 제작된 경우는 제외한다.
② 하도급계약에 따라 수행될 공사에 대해 하도급자에게 선급한 금액

위의 누적발생원가에서 제외되는 원가는 실제로 공사에 투입되는 시점에 누적발생원가에 포함시켜 회계처리한다.

(3) 차입원가

차입원가는 건설계약과 관련하여 금융기관으로부터 자금을 차입하여 발생하는 이자원가를 말한다. 이러한 차입원가의 경우 K-IFRS에는 명확한 규정이 제시되어 있지 않다. 그러나 실무에서는 차입원가를 진행률에 포함시킬 경우 진행률을 왜곡시킬 수 있어 진행률을 계산할 때는 제외하며, 발생한 기간에 즉시 계약원가로 인식하고 있다.

(4) 하자보수비

건설계약 종료 후 일정기간 동안 건설계약과 관련한 공사에서 하자가 발생하는 경우 무상으로 보수하는 약속을 하자보수의무라고 한다. 하자보수비는 일반적으로 공사가 완료된 이후에 발생하는 것이 일반적이지만 원칙으로는 추정을 하여 하자보수충당부채와 계약원가를 인식하여야 한다. 하자보수비는 합리적인 추정이 가능한 경우에 진행률 산정에 포함하는 것이 이론적으로 우수한 방법이지만, 실무에서는 하자보수비의 합리적인 추정이 불가능한 경우와 계약수익금액의 일정비율로 하자보수비를 추정하는 경우에는 진행률 산정에서 제외하고 있으며, 추정된 하자보수원가를 진행률에 따라 계약원가로 안분하여 인식한다.

POINT 건설계약: 특수한 계약원가

구분	진행률 산정 시 포함 여부	회계처리
수주비	포함하지 않음	선급계약원가과목으로 자산으로 인식하여 진행률에 따라 상각함
공사에 투입하지 않은 원가	일정 요건에 해당하면 포함하지 않음	누적발생원가에서 제외되는 원가는 실제로 공사에 투입되는 시점에 누적발생원가에 포함시켜 회계처리함
차입원가	포함하지 않음	발생한 기간에 즉시 계약원가로 인식함
하자보수비	포함하지 않음	추정된 하자보수원가를 진행률에 따라 계약원가로 안분하여 인식함

해커스 IFRS 김원종 POINT 중급회계

회계사·세무사·경영지도사 단번에 합격!
해커스 경영아카데미 cpa.Hackers.com

Chapter 18

종업원급여

I 종업원급여의 일반론

01 의의

종업원급여란 종업원이 제공한 근무용역의 대가로 또는 종업원을 해고하는 대가로 기업이 제공하는 모든 종류의 보수를 의미한다. 종업원은 전일제, 시간제, 정규직, 임시직으로 기업에 근무용역을 제공할 수 있고, 이사와 그 밖의 경영진도 종업원에 포함한다.

02 종업원급여의 유형

종업원급여는 다음과 같이 네 가지 유형으로 구분된다.

(1) 단기종업원급여: 종업원이 관련 근무용역을 제공하는 연차 보고기간 후 12개월이 되기 전에 모두 결제될 것으로 예상하는 종업원급여(해고급여 제외)
(2) 퇴직급여: 퇴직 후에 지급하는 종업원급여(해고급여와 단기종업원급여는 제외)
(3) 기타장기종업원급여: 단기종업원급여, 퇴직급여, 해고급여를 제외한 종업원급여
(4) 해고급여: 다음 중 어느 하나의 결과로서, 종업원을 해고하는 대가로 제공하는 종업원급여
① 기업이 통상적인 퇴직시점 전에 종업원을 해고하는 결정
② 종업원이 해고의 대가로 기업에서 제안하는 급여를 받아들이는 결정

Ⅱ 단기종업원급여와 해고급여

01 단기종업원급여

단기종업원급여는 해고급여를 제외한 종업원이 관련 근무용역을 제공하는 연차 보고기간 후 12개월이 되기 전에 모두 결제될 것으로 예상하는 종업원급여를 말한다. 단기종업원급여에는 다음과 같은 급여가 포함된다.

① 임금, 사회보장분담금
② 유급연차휴가와 유급병가
③ 이익분배금·상여금
④ 현직 종업원을 위한 비화폐성급여 예 의료, 주택, 자동차, 무상이나 일부 보조로 제공하는 재화·용역

(1) 인식과 측정

종업원이 회계기간에 근무용역을 제공하는 경우 그 대가로 지급이 예상되는 단기종업원급여를 할인하지 않은 금액으로 다음과 같이 인식한다.

① 이미 지급한 금액이 있다면 이를 차감한 후 부채(미지급비용)로 인식한다. 이미 지급한 금액이 해당 급여의 할인하지 않은 금액보다 많은 경우, 그 초과액으로 미래 지급액이 감소하거나 현금이 환급된다면 그만큼을 선급비용으로 인식한다.
② 다른 K-IFRS(예 K-IFRS 제1002호 '재고자산', 제1016호 '유형자산')에 따라 해당 급여를 자산의 원가에 포함하는 경우가 아니라면, 비용으로 인식한다.

(2) 단기유급휴가

유급휴가란 기업이 연차휴가, 병가, 단기장애휴가, 출산·육아휴가, 배심원 참여, 병역 등과 같은 여러 가지 이유로 생기는 종업원의 휴가에 대해 보상하는 것을 말한다. 이 유급휴가는 누적유급휴가와 비누적유급휴가로 구분하며 그 정의와 인식방법은 다음과 같다.

구분	내용
누적유급휴가	① 정의: 당기에 사용하지 않으면 이월되어 차기 이후에 사용할 수 있는 유급휴가 ② 인식: 가득되거나 또는 가득되지 않은 경우에도 채무를 인식
비누적유급휴가	① 정의: 당기에 사용하지 않으면 이월되지 않아 차기 이후에 사용할 수 없는 유급휴가 ② 인식: 종업원이 실제로 유급휴가를 사용하기 전에는 부채나 비용을 인식하지 않음

(3) 이익분배제도 및 상여금제도

이익분배제도와 상여금제도에 따라 기업이 부담하는 의무는 종업원이 제공하는 근무용역에서 발생하는 것이지 주주와의 거래에서 생기는 것은 아니다. 따라서 이익분배제도와 상여금제도와 관련된 원가는 이익분배가 아닌 당기비용으로 인식한다.

02 해고급여

정의	종업원을 해고하는 대가로 제공하는 종업원급여: 기업의 요청으로 해고할 때 더 많이 지급하는 급여 - 종업원의 요청에 따라 해고할 때 지급하는 급여
인식	다음 중 이른 날에 해고급여에 대한 부채와 비용을 인식함 ① 기업이 해고급여의 제안을 더는 철회할 수 없는 시점 ② 기업이 해고급여의 지급을 포함하는 구조조정 원가를 인식하는 시점
측정	① 종업원급여의 성격에 따라 최초인식시점에 측정하고, 후속적 변동을 측정하고 인식함 ② 해고급여는 근무용역의 대가로 제공되는 것이 아니기 때문에, 급여를 근무제공기간에 배분하는 규정을 적용하지 않음

POINT 종업원급여의 유형별 정의, 인식 및 측정

유형	정의	인식	측정
단기종업원급여	12개월 이내에 지급	근무용역제공 시 급여를 인식	현재가치로 할인되지 않은 금액으로 측정
퇴직급여	퇴직한 이후에 지급		확정기여형 - 할인되지 않은 금액 or 현재가치 확정급여형 - 현재가치
기타장기종업원급여	12개월 이후에 도래		현재가치
해고급여	해고, 자발적 명예퇴직으로 인해 지급	해고 시 즉시 비용 인식	할인되지 않은 금액 or 현재가치

01 의의

(1) 퇴직급여는 퇴직 후에 지급하는 종업원급여를 말한다.

(2) 퇴직급여로 인하여 기업이 부담할 의무와 위험은 퇴직급여제도에 따라 달라진다. 여기서 퇴직급여제도는 기업이 한 명 이상의 종업원에게 퇴직급여를 지급하는 근거가 되는 공식 약정이나 비공식 약정을 말한다. 퇴직급여제도는 제도의 주요 규약에서 도출되는 경제적 실질에 따라 확정기여제도나 확정급여제도로 분류한다.

POINT 퇴직급여제도

확정기여제도	① 정의: 기업이 별개의 실체(기금)에 고정 기여금을 납부하고, 기여금을 납부할 의무가 추가로 없는 퇴직급여제도 ② 기업의 의무: 기업이 기금에 출연하기로 약정한 금액 ③ 보험수리적위험과 투자위험: 종업원이 부담
확정급여제도	① 정의: 확정기여제도 외의 모든 퇴직급여제도 ② 기업의 의무: 종업원에게 지급하기로 약정한 급여 ③ 보험수리적위험과 투자위험: 기업이 부담

[그림 18-1] 퇴직급여제도

구분	기업		기금		종업원
확정기여제도	고정 기여금 납부	➡	확정	➡	변동(종업원이 Risk 부담)
확정급여제도	기여금 납부	➡	변동	➡	확정(기업이 Risk 부담)

02 확정기여제도

정의	기업이 별개의 실체(기금)에 고정 기여금을 납부하고, 기여금을 납부할 의무가 추가로 없는 퇴직급여제도
회계처리	① 확정기여제도의 회계처리는 보고기업이 각 기간에 부담하는 채무를 해당 기간의 기여금으로 결정 ② 채무나 비용을 측정하기 위해 보험수리적 가정을 할 필요가 없음 ③ 12개월이 되기 전에 모두 결제될 것으로 예상되지 않는 경우를 제외하고는 할인되지 않은 금액으로 채무를 측정

확정기여제도의 회계처리를 예시하면 다음과 같다.

[일반적인 경우]

(차) 퇴직급여	×××	(대) 현금	×××

[납부금액이 근로용역보다 부족한 경우]

(차) 퇴직급여	×××	(대) 현금	×××
		미지급비용	×××

[납부금액이 근로용역을 초과하는 경우]

(차) 퇴직급여	×××	(대) 현금	×××
선급비용	×××		

03 확정급여제도

확정급여제도는 확정기여제도 외의 모든 퇴직급여제도를 말하며, 확정급여제도의 회계처리는 채무와 비용의 측정에 보험수리적 가정이 필요하고 보험수리적손익이 생길 가능성이 있기 때문에 복잡하다. 또 채무는 종업원이 관련 근무용역을 제공한 후 오랜 기간이 지나서야 결제될 수 있으므로 할인된 금액으로 측정해야 한다.

(1) 의의

확정급여제도는 기금이 별도로 적립되지 않는 경우도 있으나, 법률적으로 별개인 실체나 기금에 보고기업이 기여금을 납부하여 전부나 일부의 기금이 적립되는 경우도 있다. 기금이 적립되는 확정급여제도는 그 기금에서 종업원급여가 지급된다. 또 지급기일이 도래한 급여의 지급가능성은 기금의 재무상태와 투자성과뿐만 아니라 기금자산의 부족분을 보전할 수 있는 기업의 능력과 의도에도 달려 있다. 따라서 기업이 실질적으로 제도와 관련된 보험수리적위험과 투자위험을 부담한다. 결과적으로 확정급여제도에 대해 인식하는 비용은 반드시 해당 기간에 지급기일이 도래한 기여금만을 의미하는 것은 아니다.

(2) 확정급여채무의 현재가치와 당기근무원가

확정급여채무의 현재가치란 종업원이 당기와 과거 기간에 근무용역을 제공하여 생긴 채무를 결제하기 위해 필요한 예상 미래지급액의 현재가치를 말한다. 여기서 유의할 점은 확정급여채무의 현재가치는 사외적립자산 차감 전의 금액을 의미한다는 것이다. 당기근무원가란 당기에 종업원이 근무용역을 제공하여 생긴 확정급여채무 현재가치의 증가분을 말한다.

확정급여채무의 현재가치와 당기근무원가를 결정하기 위해서는 예측단위적립방식을 사용하여 측정한다. 예측단위적립방식으로 확정급여채무의 현재가치와 관련 당기근무원가를 측정하기 위해서 다음 3단계 절차를 적용하여야 하며, 관련된 K-IFRS의 내용은 다음과 같다.

[그림 18-2] 예측단위적립방식의 3단계 절차

1단계	보험수리적 평가방법을 적용한다. 즉, 종업원의 퇴직시점의 퇴직급여액을 추정하는 절차이다.
2단계	퇴직급여액을 종업원의 근무기간에 걸쳐 배분한다.
3단계	보험수리적 가정을 한다. 2단계의 배분금액을 적절한 할인율로 현재가치를 평가하는 절차이다.

[1단계] 보험수리적 평가방법

확정급여채무의 현재가치와 당기근무원가를 결정하기 위해서는 예측단위적립방식을 사용하여 측정한다. 퇴직급여채무의 일부를 보고기간 후 12개월이 되기 전에 결제할 것으로 예상하더라도 퇴직급여채무 전부를 할인한다.

[2단계] 급여의 기간배분

확정급여채무의 현재가치와 관련 당기근무원가를 결정할 때에는 제도에서 정하는 급여계산방식에 따라 종업원의 근무기간에 걸쳐 급여를 배분한다. 그러나 종업원의 근무기간 후반의 급여 수준이 근무기간 초반의 급여 수준보다 중요하게 높은 경우에는 정액법에 따라 급여를 배분한다. 정액법에 따라 급여를 배분하는 이유는 종업원이 근무기간 전체에 걸쳐 근무용역을 제공하면서 궁극적으로 좀 더 높은 수준의 급여를 받을 수 있기 때문이다.

[3단계] 보험수리적 가정

① 보험수리적 가정은 편의가 없어야 하며 서로 양립할 수 있어야 한다. 보험수리적 가정은 지나치게 낙관적이지 않으면서 지나치게 보수적이지도 않을 때 편의가 없는 것으로 본다. 보험수리적 가정이 서로 양립할 수 있기 위해서는 물가상승률, 임금상승률, 할인율 등과 같은 요소들 사이의 경제적 관계를 반영하여야 한다. 예를 들어, 미래 일정 기간의 특정 물가상승률에 좌우되는 모든 가정(예 이자율, 임금·급여 상승에 대한 가정)은 같은 물가상승률 수준을 가정하여야 한다. 또한 재무적 가정은 채무가 결제될 회계기간에 대하여 보고기간 말 현재 시장의 예상에 기초하여야 한다.

② 확정급여채무를 할인하기 위해 사용하는 할인율은 보고기간 말 현재 우량회사채의 시장수익률을 참조하여 결정한다. 그러나 우량회사채에 대해 활성화된 시장이 없는 경우에는 보고기간 말 현재 국공채의 시장수익률을 사용한다. 그러한 회사채나 국공채의 통화와 만기는 퇴직급여채무의 통화 및 예상 지급시기와 일관성이 있어야 한다.

당기근무원가와 이자원가는 퇴직급여과목으로 당기손익으로 인식하며, 동 금액을 확정급여채무에 가산하여 인식한다. 당기근무원가와 이자원가의 관련 회계처리는 다음과 같다.

[당기근무원가]

(차) 퇴직급여	×××	(대) 확정급여채무	×××

[이자원가]

(차) 퇴직급여	×××[1]	(대) 확정급여채무	×××

[1] 기초확정급여채무 × 할인율 (단, 확정급여채무의 기중변동분이 있다면 적절하게 반영하여야 함)

사례

예측단위적립방식 적용

예를 들어, (주)강남이 20×1년 초에 입사하여 3년 동안 근무한 종업원에게 퇴직한 시점에 일시불퇴직급여를 지급하며, 그 금액이 ₩363이라면 화폐의 시간가치를 고려하지 않을 경우 정액법에 따라 퇴직급여를 배분하면 ₩121(₩363÷3년)이다. 하지만 퇴직급여는 20×3년 말에 지급될 것이므로 적절한 할인율로 할인하여 당기근무원가를 계산하여야 한다.

만일 보고기간 말 현재 우량회사채의 시장수익률을 참조하여 결정된 할인율이 10%라고 한다면, 당기근무원가는 20×1년에 ₩100(₩121÷1.1^2)이고, 20×2년에 ₩110(₩121÷1.1)이며, 20×3년에 ₩121으로 계산된다. 여기서 유의할 점은 당기근무원가의 단순합계는 3년 후의 확정급여채무 ₩363과 일치하지 않는다는 것인데, 화폐의 시간가치를 고려하였기 때문에 기초확정급여채무에 할인율을 곱하여 기간의 경과에 따른 확정급여채무의 현재가치의 증가액인 이자원가를 가산하여야 매 회계연도의 퇴직급여 합계액이 퇴직시점의 지급금액 ₩363과 일치하게 된다.

	20×1년 초	20×1년 말	20×2년 말	20×3년 말
확정급여채무				₩363
당기근무원가		₩121 ÷ 1.1^2 = ₩100	₩121 ÷ 1.1 = ₩110	₩121
이자원가			₩100 × 10% = ₩10	(₩100 + ₩120) × 10% = ₩22
퇴직급여		₩100	₩120	₩143
확정급여채무		₩100 = ₩100	₩100 + ₩120 = ₩220	₩220 + ₩143 = ₩363

(주)강남은 이러한 예측단위적립방식으로 측정된 당기근무원가와 이자원가를 퇴직급여로 회계처리하고 동액만큼 확정급여채무의 증가를 인식해야 한다. 매 보고기간 말의 회계처리로 나타내면 다음과 같다.

구분	회계처리			
[20×1년]				
① 당기근무원가	(차) 퇴직급여	100	(대) 확정급여채무	100
[20×2년]				
① 당기근무원가	(차) 퇴직급여	110	(대) 확정급여채무	110
② 이자원가	(차) 퇴직급여	10	(대) 확정급여채무	10
[20×3년]				
① 당기근무원가	(차) 퇴직급여	121	(대) 확정급여채무	121
② 이자원가	(차) 퇴직급여	22	(대) 확정급여채무	22

매 보고기간의 당기근무원가와 이자원가 그리고 퇴직급여원가 및 기말확정급여채무는 다음과 같이 계산할 수도 있다.

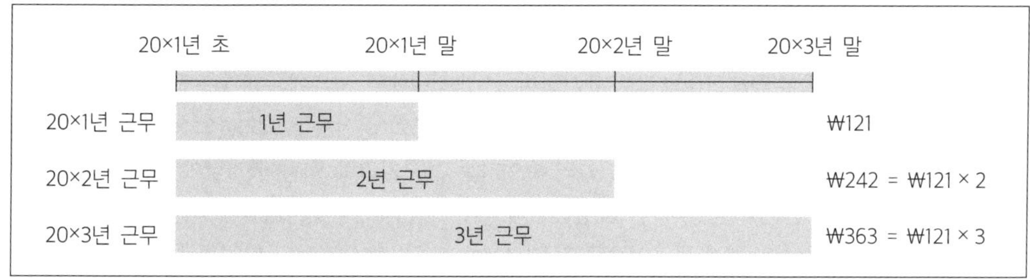

위의 퇴직급여제도는 종업원이 1년을 근무할 때마다 미래에 지급받을 금액이 ₩121씩 증가하는 구조이다. 따라서, 기말확정급여채무는 20×1년 말에 ₩100(₩121 ÷ 1.1^2)이고, 20×2년 말에 ₩220[(₩121 × 2) ÷ 1.1]이며, 20×3년 말에 ₩363(₩121 × 3)으로 계산된다. 이자원가는 기초확정급여채무에 할인율을 곱하여 산정하고 당기근무원가는 앞서 설명한 방식으로 산출한다.

별해

매 보고기간(말)	당기근무원가	이자원가	퇴직급여	기말확정급여채무
20×1년(말)	₩121 ÷ 1.1^2 = ₩100	₩0 × 10% = ₩0	₩100 + ₩0 = ₩100	₩121 ÷ 1.1^2 = ₩100
20×2년(말)	₩121 ÷ 1.1 = ₩110	(₩121 ÷ 1.1^2) × 10% = ₩10	₩110 + ₩10 = ₩120	(₩121 × 2) ÷ 1.1 = ₩220
20×3년(말)	₩121	(₩121 × 2 ÷ 1.1) × 10% = ₩22	₩121 + ₩22 = ₩143	₩121 × 3 = ₩363

(3) 사외적립자산

사외적립자산이란 기업이 종업원이 실제 퇴직 시 퇴직급여에 사용할 목적으로 장기종업원급여기금이나 보험회사에 적립한 자산을 말한다. 사외적립자산의 회계처리는 다음과 같이 수행하여야 한다.

① 사외적립자산에 대한 이자수익이 발생하는 경우에 사외적립자산에 가산하고, 퇴직급여에서 차감시킨다. 사외적립자산에 대한 이자수익은 기초 사외적립자산의 공정가치에 확정급여채무에 적용된 할인율을 곱하여 계산하며, 사외적립자산의 기중변동분이 있을 경우에는 이자수익 산정 시 고려하여야 한다. 사외적립자산과 관련된 회계처리를 예시하면 다음과 같다.

[사외적립자산의 이자수익]

(차) 사외적립자산	×××[1]	(대) 퇴직급여	×××

[1] 기초사외적립자산의 공정가치 × 할인율 (단, 사외적립자산의 기중변동분이 있다면 적절하게 반영하여야 함)

[기여금적립 시]

(차) 사외적립자산	×××	(대) 현금	×××

[종업원퇴직 시]

(차) 확정급여채무	×××	(대) 사외적립자산	×××

② 사외적립자산은 매 보고기간 말에 공정가치로 측정해야 하며, 확정급여채무의 차감항목으로 표시한다. 즉, 확정급여채무의 현재가치에서 사외적립자산의 공정가치를 차감한 잔액이 과소적립액일 경우는 재무상태표에 순확정급여부채로 표시하며, 초과적립액일 경우에는 순확정급여자산으로 표시한다.

③ K-IFRS에서는 당기근무원가와 순확정급여부채(자산)의 순이자를 당기손익으로 인식하도록 규정하고 있다. 여기서 순확정급여부채(자산)의 순이자는 보고기간에 시간이 지남에 따라 생기는 순확정급여부채(자산)의 변동액을 말하며, 확정급여채무의 이자원가에서 사외적립자산의 이자수익을 차감한 금액을 의미한다. 즉, 순확정급여채무(자산)에 보고기간 초에 결정된 할인율을 곱하여 결정된 금액이 순확정급여부채(자산)의 순이자이며, 확정급여채무와 사외적립자산의 기중변동분이 있다면 적절하게 반영하여야 한다. 예를 들면 기여금의 적립, 퇴직금의 지급, 과거근무원가의 변동 등의 원인이 될 수 있다.

(4) 과거근무원가

과거근무원가는 퇴직급여제도가 개정되거나 축소됨에 따라, 종업원이 과거 기간에 제공한 근무용역에 대한 확정급여채무의 현재가치가 변동하는 경우 그 변동금액을 말한다. 여기서 제도의 개정은 확정급여제도를 도입하거나, 철회하거나, 기존 확정급여제도에서 지급될 급여를 변경할 때 발생하고, 제도의 축소는 제도의 대상이 되는 종업원 수를 유의적으로 감소시킬 때 발생한다. 과거근무원가의 회계처리는 다음과 같이 수행한다.

① 과거근무원가로 인한 확정급여채무의 현재가치 변동액은 이미 근무용역을 제공한 대가의 변동액이므로 과거근무원가는 다음 중 이른 날에 즉시 비용으로 인식해야 한다.
  a. 제도의 개정이나 축소가 일어날 때
  b. 관련되는 구조조정원가나 해고급여를 인식할 때

② 과거근무원가는 정(+)의 금액(급여가 새로 생기거나 변동되어 확정급여채무의 현재가치가 증가하는 경우)이 될 수도 있고 부(-)의 금액(기존 급여가 철회되거나 변동되어 확정급여채무의 현재가치가 감소하는 경우)이 될 수도 있다. 과거근무원가의 회계처리는 다음과 같다.

[과거근무원가] 정(+)의 금액

(차) 퇴직급여	×××	(대) 확정급여채무	×××

[과거근무원가] 부(-)의 금액

(차) 확정급여채무	×××	(대) 퇴직급여	×××

③ 과거근무원가가 발생하면 재무상태표에 순확정급여부채는 확정급여부채의 과목으로 반영되므로 과거근무원가의 현재가치를 확정급여부채에 포함하면 된다. 퇴직급여의 경우에는 근무원가에 과거근무원가를 포함시켜 계산해야 한다.

(5) 순확정급여부채의 재측정요소

순확정급여부채의 재측정요소는 순확정급여부채의 확정급여채무와 사외적립자산의 매 보고기간 말에 공정가치로 재측정할 때 발생하는 예상치 못한 순확정급여부채의 변동액을 말한다. 재측정요소는 순확정급여부채를 변동시키기 때문에 퇴직급여의 일부라 볼 수 있다. 그러나 이를 일시에 당기손익으로 인식하면 기업의 가장 큰 부채인 순확정급여부채의 변동으로 인하여 영업손익이 변동될 수 있으므로 기타포괄손익으로 인식하고 그 누적액은 자본항목으로 표시한다. 여기서 유의할 점은 확정급여제도에서 발생하는 재측정요소의 누계액은 후속적으로 당기손익으로 재분류할 수 없으나 자본의 다른 항목(예 이익잉여금)으로 대체할 수 있다는 것이다. 재측정요소는 그 발생원인에 따라 다음과 같은 항목으로 구성된다.

① 보험수리적손익(확정급여채무의 현재가치의 변동) ② 사외적립자산의 수익(사외적립자산의 실제수익과 이자수익의 차이) ③ 자산인식상한효과의 변동

① 보험수리적손익

㉠ 보험수리적손익은 보험수리적 가정의 변동과 경험조정으로 인한 확정급여채무 현재가치의 증감에 따라 발생한다. 보험수리적손익이 생기는 원인의 예는 다음과 같다.

a. 종업원의 이직률, 조기퇴직률, 사망률, 임금상승률, 급여, 의료원가가 예상보다 높거나 낮은 경우 b. 급여지급선택권과 관련된 가정의 변동 영향 c. 종업원의 이직률, 조기퇴직률, 사망률, 임금상승률, 급여, 의료원가의 추정치 변경의 영향 d. 할인율의 변경 영향

㉡ 보험수리적손익이 발생하면 확정급여채무의 기말현재가치와 기말장부금액의 차이가 발생한다. 따라서 이러한 차이금액은 재측정요소의 과목으로 기타포괄손익으로 인식한다.

> 확정급여채무의 현재가치 변동(보험수리적손익)
> = 기말확정급여채무의 현재가치 - 기말확정급여채무의 장부금액
> = 기말확정급여채무의 현재가치 - (기초확정급여채무 + 근무원가 + 이자원가 - 퇴직금지급액)

② 확정급여채무의 현재가치 증가

(차) 재측정요소(OCI)	×××	(대) 확정급여채무	×××

③ 확정급여채무의 현재가치 감소

(차) 확정급여채무	×××	(대) 재측정요소(OCI)	×××

④ 사외적립자산의 수익

사외적립자산의 수익이란 사외적립자산에서 생기는 이자, 배당금과 그 밖의 수익(사외적립자산의 실현손익과 미실현손익 포함)에서 제도운영원가와 제도자체와 관련된 세금을 차감한 금액을 말한다. 단, 확정급여채무를 측정할 때 사용하는 보험수리적 가정에 포함된 세금과 그 밖의 관리원가는 차감하지 않는다.

이러한 사외적립자산의 수익에서 기초사외적립자산의 공정가치에 할인율을 곱하여 산정한 사외적립자산의 이자수익의 차이는 당기손익으로 인식하지 아니하고 재측정요소로 기타포괄손익으로 인식한다.

사외적립자산의 수익(사외적립자산의 실제수익과 이자수익의 차이)
= 기말사외적립자산의 공정가치 - 기말사외적립자산의 장부금액
= 기말사외적립자산의 공정가치 - (기초사외적립자산 + 이자수익 + 기여금적립액 - 퇴직금지급액)
= 사외적립자산의 실제수익 - 사외적립자산의 이자수익
= 사외적립자산의 실제수익 - 기초사외적립자산 × 할인율

⑤ 사외적립자산의 증가

(차) 사외적립자산	×××	(대) 재측정요소(OCI)	×××

⑥ 사외적립자산의 감소

(차) 재측정요소(OCI)	×××	(대) 사외적립자산	×××

⑦ 자산인식상한효과의 변동
확정급여채무의 현재가치에서 사외적립자산의 공정가치를 차감한 잔액이 과소적립액일 경우는 재무상태표에 순확정급여부채로 표시하며, 초과적립액일 경우에는 순확정급여자산으로 표시한다. 이때 초과적립액은 초과적립액에서 기대되는 미래기여금의 절감액을 한도로 인식해야 하며, 이를 자산인식상한이라고 한다. 이때 한도를 초과하여 자산으로 인식되지 못한 금액을 자산인식상한효과라고 하며, 자산인식상한효과의 변동이란 자산인식상한효과의 변동액에서 자산인식상한효과에 대한 이자를 제외한 금액을 말한다.
재측정요소를 반영한 부분재무상태표와 부분포괄손익계산서를 예시하면 다음과 같다.

부분재무상태표

(주)×× 20×1. 12. 31.

사외적립자산(공정가치)	×××	확정급여채무(현재가치)	×××
확정급여채무(현재가치)	(×××)	사외적립자산(공정가치)	(×××)
자산인식상한효과	(×××)		
순확정급여자산	×××	**순확정급여부채**	×××

부분포괄손익계산서

(주)×× 20×1. 1. 1. ~ 20×1. 12. 31.

당기순이익		
근무원가	×××	= 당기근무원가 + 과거근무원가
순확정급여부채의 순이자	×××	= 확정급여채무의 이자원가 - 사외적립자산의 이자수익 = 순확정급여부채 × 할인율 = (기초확정급여부채 - 기초사외적립자산) × 할인율 (단, 기여금, 퇴직금, 과거근무원가의 기중변동분 고려)
퇴직급여	×××	
기타포괄손익		
재측정요소	×××	= ① 확정급여채무의 현재가치 변동 + ② 사외적립자산의 실제수익과 이자수익의 차이 + ③ 자산인식상한효과의 변동
	×××	

(6) 정산 손익

정산이란 확정급여제도에 따라 생긴 급여의 일부나 전부에 대한 법적의무나 의제의무를 더 이상 부담하지 않기로 하는 거래를 말한다. 단, 제도의 규약에 정해져 있고 보험수리적 가정에 포함되어 있는 종업원이나 그 대리인에게 급여를 지급하는 것은 제외한다.
정산 손익은 정산일에 결정되는 확정급여채무의 현재가치와 정산가격의 차이를 말하며, 정산이 일어나는 시점에 확정급여제도의 정산 손익을 당기손익으로 인식하여야 한다.

정산 손익 = 정산일에 결정되는 확정급여의 현재가치 - 정산가격[1)]

[1)] 이전되는 사외적립자산과 정산과 관련하여 기업이 직접 지급하는 금액을 포함

(차) 확정급여채무	×××	(대) 사외적립자산	×××
퇴직급여(NI)	×××	현금	×××

POINT 확정급여제도 종합요약

1. 재무상태표

부분재무상태표

(주)×× 20×1. 12. 31.

사외적립자산(공정가치)	×××	확정급여채무(현재가치)	×××
확정급여채무(현재가치)	(×××)	사외적립자산(공정가치)	(×××)
자산인식상한효과	(×××)		
순확정급여자산	×××	**순확정급여부채**	×××

2. 포괄손익계산서

부분포괄손익계산서

(주)×× 20×1. 1. 1. ~ 20×1. 12. 31.

당기순이익		
근무원가	×××	= 당기근무원가 + 과거근무원가
순확정급여부채의 순이자	×××	= 확정급여채무의 이자원가 - 사외적립자산의 이자수익 = 순확정급여부채 × 할인율 = (기초확정급여부채 - 기초사외적립자산) × 할인율 (단, 기여금, 퇴직금, 과거근무원가의 기중변동분 고려)
퇴직급여	×××	
기타포괄손익		
재측정요소	×××	= ① 확정급여채무의 현재가치 변동 + ② 사외적립자산의 실제수익과 이자수익의 차이 + ③ 자산인식상한효과의 변동
	×××	

3. 회계처리

[1단계: 당기근무원가 & 이자원가] 예측단위적립방식 적용

일자	회계처리			
① 당기근무원가	(차) 퇴직급여	×××	(대) 확정급여채무	×××
② 이자원가	(차) 퇴직급여	×××[1]	(대) 확정급여채무	×××

[1] 기초확정급여채무 × 할인율

[2단계: 사외적립자산]

일자	회계처리			
① 사외적립자산의 이자수익	(차) 사외적립자산	×××[1]	(대) 퇴직급여	×××
② 기여금적립 시	(차) 사외적립자산	×××	(대) 현금	×××
③ 퇴직금지급 시	(차) 확정급여채무	×××	(대) 사외적립자산	×××

[1] 기초사외적립자산 × 할인율

[3단계: 과거근무원가] 퇴직금제도의 제정 또는 개정으로 인한 현재가치 증감을 즉시 당기손익으로 인식

일자	회계처리			
① 과거근무원가	(차) 퇴직급여	×××	(대) 확정급여채무	×××

[4단계: 재측정요소] 확정급여채무의 재측정요소, 사외적립자산의 재측정요소, 자산인식상한효과의 변동

일자	회계처리			
① 확정급여채무의 재측정요소	(차) 재측정요소(OCI)	×××[1]	(대) 확정급여채무	×××
② 사외적립자산의 재측정요소	(차) 사외적립자산	×××	(대) 재측정요소(OCI)	×××[2]
③ 자산인식상한효과의 변동	(차) 재측정요소(OCI) 퇴직급여(NI)	×××[3] ×××[4]	(대) 자산인식상한효과	×××

[1] 기타포괄손실 발생가정
[2] 기타포괄이익 발생가정
[3] 기타포괄손실 발생가정
[4] 자산인식상한효과의 순이자

4. 순확정급여부채의 변동표

구분	기초	+	근무원가	+	순이자원가	+	기여금	+	퇴직금	+	재측정요소	=	기말
확정급여채무	(×××)	+	(×××)	+	(×××)			+	×××	+	± ×××	=	(×××)
사외적립자산	×××			+	×××	+	×××	+	(×××)	+	± ×××	=	×××
순확정급여부채	(×××)	+	(×××) NI	+	(×××) NI	+	×××	+	0	+	± ××× OCI	=	(×××) 부채

5. 순확정급여자산의 변동표

구분	기초	+	근무원가	+	순이자원가	+	기여금	+	퇴직금	+	재측정요소	=	기말
확정급여채무	(×××)	+	(×××)	+	(×××)			+	×××	+	± ×××	=	(×××)
사외적립자산	×××			+	×××	+	×××	+	(×××)	+	± ×××	=	×××
계	×××	+	(×××)	+	×××	+	×××	+	0	+	± ×××	=	×××
자산인식상한효과	(×××)			+	(×××)					+	± ×××	=	(×××)
순확정급여자산	×××	+	(×××)	+	×××	+	×××	+	0	+	± ×××	=	×××
			NI		NI						OCI		자산

해커스 IFRS 김원종 POINT 중급회계 Chapter 18 종업원급여

Ⅳ 기타장기종업원급여

01 의의

기타장기종업원급여는 단기종업원급여, 퇴직급여 및 해고급여를 제외한 종업원급여를 말한다.

02 인식 및 측정

일반적으로 기타장기종업원급여를 측정할 때 나타나는 불확실성은 퇴직급여를 측정할 때 나타나는 불확실성에 비하여 크지 않다. 이 회계처리방법에 따르면 퇴직급여에 대한 회계처리와는 달리 재측정요소를 기타포괄손익으로 인식하지 않는다. 따라서 기타장기종업원급여와 관련한 변동액이 자산의 원가에 포함하는 경우를 제외하고는 다음의 순합계금액을 당기손익으로 인식한다.

① 근무원가
② 순확정급여부채(자산)의 순이자
③ 순확정급여부채(자산)에 대한 재측정요소

1. 재무상태표

부분재무상태표

(주)×× 20×1. 12. 31.

사외적립자산(공정가치)	×××	확정급여채무(현재가치)	×××
확정급여채무(현재가치)	(×××)	사외적립자산(공정가치)	(×××)
자산인식상한효과	(×××)		
순장기종업원급여자산	×××	**순장기종업원급여부채**	×××

2. 포괄손익계산서

부분포괄손익계산서

(주)×× 20×1. 1. 1. ~ 20×1. 12. 31.

당기순이익	×××
근무원가	(×××)
순확정급여부채의 순이자	×××
재측정요소	×××
기타장기종업원급여	×××

보론 1 | 순확정급여자산과 자산인식상한효과

01. 의의

확정급여채무의 현재가치에서 사외적립자산의 공정가치를 차감한 잔액이 과소적립액일 경우는 재무상태표에 순확정급여부채로 표시하며, 초과적립액일 경우에는 순확정급여자산으로 표시한다. 이때 초과적립액은 초과적립액에서 기대되는 제도에서 받을 것으로 기대되는 환급액이나 제도에 대한 미래기여금의 절감액을 한도로 인식해야 하며, 이를 자산인식상한이라고 한다. 이때 한도를 초과하여 자산으로 인식되지 못한 금액을 자산인식상한효과라고 하며, 자산인식상한효과의 변동이란 자산인식상한효과의 변동액에서 자산인식상한효과에 대한 순이자를 제외한 금액을 말한다.

02. 회계처리

(1) 순확정급여자산

초과적립액 중 자산인식상한을 초과하는 금액인 자산인식상한효과는 이를 자산으로 인식할 수 없으며 재측정요소과목으로 기타포괄손익으로 인식해야 한다. 순확정급여자산은 확정급여제도가 채무를 초과하여 적립되거나 보험수리적이익이 생긴 경우에 생길 수 있다. 이 경우 다음의 이유로 순확정급여자산을 인식할 수 있다.

① 기업이 자원을 통제하고 있으며 이는 미래 경제적 효익의 창출에 그 초과적립액을 사용할 능력이 있음을 의미한다.
② 기업의 통제는 과거사건(기업의 기여금 지급, 종업원의 근무용역 제공)의 결과이다.
③ 미래 경제적 효익은 직접 또는 결손이 있는 다른 제도를 이용하여 간접적으로 기업에 유입될 수 있으며, 미래 기여금의 감소나 현금을 환급하는 방식으로 이용할 수 있다. 자산인식상한은 이 미래 경제적 효익의 현재가치이다.

확정급여제도와 관련된 자산은 다음의 조건을 모두 충족할 때 다른 확정급여제도와 관련된 부채와 상계한다.

① 제도의 초과적립액을 다른 제도의 확정급여채무를 결제하는 데 사용할 수 있는 법적으로 집행가능한 권리가 있다.
② 순액기준으로 확정급여채무를 결제할 의도가 있거나, 동시에 제도의 초과적립액을 실현하고 다른 제도의 확정급여채무를 결제할 의도가 있다.

(2) 자산인식상한효과의 변동

자산인식상한효과가 매 보고기간 말 변동되는 경우에 기타포괄손익으로 인식할 금액은 자산인식상한효과의 총변동에서 기초자산인식상한효과에 적절한 할인율을 곱하여 산출된 금액(자산인식상한효과의 순이자)을 제외한 금액이며, 제외된 금액은 당기손익으로 인식하여야 한다.

① 순확정급여자산 = Min[초과적립액, 자산인식상한]
② 재측정요소로 인식할 자산인식상한효과의 변동
　= 자산인식상한효과의 총변동 - 기초자산인식상한효과 × 할인율
　= 자산인식상한효과의 총변동 - 자산인식상한효과의 순이자

[자산인식상한효과의 재측정요소]

(차) 재측정요소(OCI)	×××	(대) 자산인식상한효과	×××

[사외적립자산효과의 순이자]

(차) 퇴직급여(NI)	×××	(대) 자산인식상한효과	×××

POINT 자산인식상한효과가 있는 경우 순확정급여자산의 변동

구분	기초	+	근무원가	+	순이자원가	+	기여금	+	퇴직금	+	재측정요소	=	기말
확정급여채무	(×××)	+	(×××)	+	(×××)			+	×××	+	± ×××	=	(×××)
사외적립자산	×××			+	×××	+	×××	+	(×××)	+	± ×××	=	×××
계	×××	+	(×××)	+	×××	+	×××	+	0	+	± ×××	=	×××
자신인식상한효과	(×××)			+	(×××)					+	± ×××	=	(×××)
순확정급여자산	×××	+	(×××)	+	×××	+	×××	+	0	+	± ×××	=	×××
			NI		NI						OCI		자산

POINT 순확정급여자산과 자산인식상한효과

정의	① 순확정급여자산 : 확정급여채무의 현재가치에서 사외적립자산의 공정가치를 차감한 잔액이 초과적립액인 경우 ② 자산인식상한: 초과적립액에서 기대되는 제도에서 받을 것으로 기대되는 환급액이나 제도에 대한 미래기여금의 절감액을 한도로 인식함 ③ 자산인식상한효과의 변동 : 자산인식상한효과의 변동액에서 자산인식상한효과에 대한 순이자를 제외한 금액
회계처리	① 순확정급여자산 = Min[초과적립액, 자산인식상한] ② 재측정요소로 인식할 자산인식상한효과의 변동 = 자산인식상한효과의 총변동 - 기초자산인식상한효과 × 할인율 = 자산인식상한효과의 총변동 - 자산인식상한효과의 순이자

보론 2 | 복수사용자제도와 공공제도

복수사용자제도	① 정의: 다음의 특성을 모두 갖고 있는 확정급여제도나 확정기여제도 a. 동일 지배 아래에 있지 않은 여러 기업이 출연한 자산을 공동 관리함 b. 둘 이상의 기업의 종업원에게 급여를 제공하기 위해 그 자산을 사용하며, 기여금과 급여수준은 종업원을 고용하고 있는 개별기업과 관계없이 결정됨 ② 회계처리 a. 기업이 복수사용자 확정급여제도에 참여하는 경우: 복수사용자제도와 관련된 확정급여채무, 사외적립자산과 원가에 대해서 해당 기업의 비례적 지분을 다른 확정급여제도와 같은 방법으로 회계처리함 b. 확정급여제도의 회계처리를 하기 위해 필요한 정보를 충분히 얻을 수 없는 경우: 그 제도를 확정기여제도로 보아 회계처리함
공공제도	① 정의: 법령에 따라 모든 기업을 참여기업으로 하여 수립되고 국가 또는 지방정부나 보고기업의 통제나 영향을 받지 않는 다른 기구가 운영하는 퇴직급여제도 ② 회계처리: 복수사용자제도와 동일한 방법으로 회계처리함

해커스 IFRS 김원종 POINT 중급회계

Chapter 19

주식기준보상

Ⅰ 주식기준보상의 일반론

Ⅱ 주식결제형 주식기준보상거래

Ⅲ 현금결제형 주식기준보상거래

보론 1 선택형 주식기준보상거래

보론 2 부여한 주식에 현금결제선택권이 후속적으로 추가된 경우

보론 3 현금결제형에서 주식결제형으로의 조건변경

보론 4 수량이 증가 또는 감소되는 조건변경

I 주식기준보상의 일반론

01 의의

주식기준보상	기업이 재화나 용역을 공급자에게 제공받는 대가로 기업의 지분상품(주식이나 주식선택권 등)을 부여하거나, 기업이 재화나 용역을 제공받는 대가로 기업의 주식이나 다른 지분상품의 가격에 기초한 금액만큼의 현금이나 그 밖의 자산을 지급해야 하는 부채를 공급자에게 부담하는 거래
유형	(1) 주식결제형 주식기준보상거래: 기업이 재화나 용역을 제공받는 대가로 자신의 지분상품(주식이나 주식선택권 등)을 부여하는 주식기준보상거래 (2) 현금결제형 주식기준보상거래: 기업이 재화나 용역을 제공받는 대가로 기업의 주식이나 다른 기업의 지분상품(주식이나 주식선택권 등) 가격에 기초한 금액만큼 현금이나 그 밖의 자산을 지급해야 하는 부채를 재화나 용역의 공급자에게 부담하는 주식기준보상거래 (3) 선택형 주식기준보상거래: 기업이 제공받는 재화나 용역에 대한 대가의 결제방식으로, 기업 또는 재화나 용역의 공급자가 약정에 따라 현금지급이나 지분상품발행 중 하나를 선택할 수 있는 거래

02 관련용어의 정의

(1) 가득

거래상대방이 현금, 그 밖의 자산이나 기업의 지분상품을 받을 권리의 획득

(2) 가득기간

주식기준보상약정에서 지정하는 모든 가득조건을 충족하여야 하는 기간

(3) 가득조건

주식기준보상약정에 따라 거래상대방이 현금, 그 밖의 자산이나 기업의 지분상품을 받을 권리를 획득하게 하는 용역을 기업이 제공받을지를 결정짓는 조건

① 용역제공조건: 거래상대방에게 특정 기간 기업에 용역을 제공하도록 요구하는 가득조건
② 성과조건: 용역제공조건을 제공하는 동안 특정 성과목표를 요구하는 가득조건
  a. 비시장조건: 기업 자신의 영업이나 다른 기업의 영업이나 활동의 특정 성과목표
    예 목표이익, 목표매출액, 목표판매량 등
  b. 시장조건: 특정 주가의 달성 등 기업 지분상품의 시장가격에 관련된 성과조건
    예 특정 목표주가, 목표내재가치 등

POINT 가득조건

용역제공조건		거래상대방에게 특정 기간 기업에 용역을 제공하도록 요구하는 가득조건
성과조건	비시장조건	기업 자신의 영업이나 다른 기업의 영업이나 활동의 특정 성과목표 예 목표이익, 목표매출액, 목표판매량 등
	시장조건	특정 주가의 달성 등 기업 지분상품의 시장가격에 관련된 성과조건 예 특정 목표주가 등

(4) 공정가치

합리적인 판단력과 거래의사가 있는 독립된 당사자 사이의 거래에서 자산을 교환하거나 부채를 결제하거나 부여된 지분상품을 교환할 수 있는 금액

(5) 내재가치

거래상대방이 청약할 수 있는 권리나 제공받을 권리가 있는 주식의 공정가치와 거래상대방이 해당 주식에 대해 지급해야 하는 가격의 차이를 말한다.

내재가치: 주식의 공정가치 - 주식선택권의 행사가격

(6) 부여일

기업과 거래상대방(종업원 포함)이 주식기준보상약정에 합의한 날을 말한다.

(7) 주식선택권(주식옵션)

보유자에게 특정 기간 확정되었거나 산정가능한 가격으로 기업의 주식을 매수할 수 있는 권리를 부여하는 계약을 일컫는다.

03 주식결제형과 현금결제형의 일반적인 회계처리

(1) 주식결제형 주식기준보상거래

일자	회계처리			
① 매 보고기간	(차) 주식보상비용	×××	(대) 주식선택권(자본조정)	×××
② 행사시점	(차) 현금 주식선택권	××× ×××	(대) 자본금 주식발행초과금	××× ×××

(2) 현금결제형 주식기준보상거래

일자	회계처리			
① 매 보고기간	(차) 주식보상비용	×××	(대) 장기미지급비용(부채)	×××
② 행사시점	(차) 장기미지급비용 주식보상비용	××× ×××	(대) 현금	×××

Ⅱ 주식결제형 주식기준보상거래

01 정의

주식결제형 주식기준보상거래란 기업이 재화나 용역을 제공받는 대가로 자신의 지분상품을 부여하는 주식기준보상거래를 말한다.

02 보상원가의 산정

보상원가는 기업이 주식기준보상거래에서 제공받는 재화나 용역의 총원가를 의미한다. 주식결제형 주식기준보상거래에서 제공받는 재화나 용역은 그 재화나 용역을 제공받는 날에 인식한다.

POINT 주식결제형 주식기준보상거래의 보상원가의 산정 및 측정기준일

구분		종업원 아닌 거래상대방과의 거래	종업원인 거래상대방과의 거래
제공받은 재화나 용역의 공정가치를 신뢰성 있게 추정할 수 있는 경우		① 보상원가: 제공받은 재화나 용역의 공정가치로 직접 측정 ② 측정기준일: 재화나 용역을 제공받는 날 기준으로 측정하고 후속적으로 재측정하지 않음	① 보상원가: 일반적으로 신뢰성 있게 추정할 수 없음 ② 측정기준일: 재화나 용역을 제공받는 날 기준으로 측정하고 후속적으로 재측정하지 않음
제공받은 재화나 용역의 공정가치를 신뢰성 있게 추정할 수 없는 경우	지분상품의 시장가격을 구할 수 있는 경우	① 보상원가: 드문 경우 지분상품의 공정가치에 기초하여 간접 측정 ② 측정기준일: 재화나 용역을 제공받는 날 기준으로 측정하고 후속적으로 재측정하지 않음	① 보상원가: 지분상품의 공정가치에 기초하여 간접 측정 ② 측정기준일: 부여일 기준으로 측정하고 후속적으로 재측정하지 않음
	지분상품의 시장가격을 구할 수 없는 경우	① 보상원가: 가치평가기법을 사용(내재가치접근법 사용) ② 측정기준일: 재화나 용역을 제공받는 날 최초측정 후 후속기간 재측정	① 보상원가: 가치평가기법을 사용(내재가치접근법 사용) ② 측정기준일: 재화나 용역을 제공받는 날 최초측정 후 후속기간 재측정

03 보상수량의 산정

부여한 지분상품의 대가로 제공받는 재화나 용역에 대해 인식하는 금액은 궁극적으로 가득되는 지분상품의 수량에 기초하여 결정되어야 하는데, 가득될 것으로 예상하는 지분상품 수량에 대한 최선의 추정치에 기초하여 인식해야 한다. 만약 후속적인 정보에 비추어 볼 때, 가득될 것으로 예상하는 지분상품 수량이 앞서 추정했던 지분상품 수량과 다르면 추정치를 수정하며, 가득일에는 궁극적으로 가득된 지분상품 수량과 같아지도록 추정했던 지분상품 수량을 수정한다.

04 회계처리

(1) 즉시 가득되는 경우

지분상품이 부여되자마자 즉시 가득된다면 거래상대방은 지분상품에 대한 무조건적인 권리를 획득하려고 특정 기간에 용역을 제공해야 할 의무가 없다. 따라서 기업은 제공받은 용역 전부를 부여일에 인식하고 그에 상응하여 자본의 증가를 인식한다.

(차) 주식보상비용	×××[1]	(대) 주식선택권(자본조정)	×××

[1] 부여일에 보상원가 전액을 주식보상비용으로 인식한다.

(2) 용역제공조건이 있는 경우

① 가득기간 중

만약 거래상대방이 특정 기간에 용역을 제공하여야 부여한 지분상품이 가득된다면, 기업은 그 지분상품의 대가로 거래상대방에게서 받을 용역을 미래 가득기간에 제공받는다고 본다. 따라서 기업은 거래상대방이 가득기간 동안 용역을 제공함에 따라 가득기간에 배분하여 인식하며, 그에 상응하여 자본의 증가를 인식한다.

(차) 주식보상비용	×××[1]	(대) 주식선택권(자본조정)	×××

[1] 보상원가 × 용역제공기간/가득기간 - 전기까지 인식한 누적주식보상비용

주식결제형 주식기준보상거래에서 주식선택권의 공정가치는 권리부여일 현재에 한 번만 측정하며 권리부여일 이후에는 주식선택권의 공정가치가 변동하더라도 수정하지 않는다.

② 권리행사 시

• 주식교부 시

권리행사 시에 지분상품을 발행하여 교부한다면 행사가격과 주식선택권의 잔액의 합계액을 자본금과 주식발행초과금으로 대체한다.

(차) 현금	×××	(대) 자본금	×××
주식선택권	×××	주식발행초과금	×××

• 자기주식교부 시

권리행사 시에 자기주식을 교부한다면 행사가격 및 주식선택권의 잔액의 합계액과 자기주식의 장부금액의 차이를 자기주식처분손익으로 인식한다.

(차) 현금	×××	(대) 자기주식	×××
주식선택권	×××	자기주식처분이익	×××

③ 권리소멸 시

제공받는 재화나 용역과 그에 상응하는 자본의 증가를 부여한 지분상품의 공정가치에 기초하여 측정한 경우, 가득일 이후에 자본(주식선택권)을 수정하지 아니한다. 예를 들면 가득된 지분상품이 추후 상실되거나 주식선택권이 행사되지 않더라도 종업원에게서 제공받은 근무용역에 대해 인식한 금액(보상원가)을 환입하지 아니한다. 그러나 자본계정 간 대체 즉, 한 자본계정에서 다른 자본계정으로 대체하는 것을 금지하는 것은 아니다. 따라서 권리행사 만료일까지 주식선택권이 행사되지 않는다면 주식선택권(자본조정)을 주식선택권소멸이익의 과목으로 자본항목으로 대체할 수 있다.

(차) 주식선택권	×××	(대) 주식선택권소멸이익	×××

⊘ 참고 **주식선택권소멸이익의 회계처리**

IFRS는 자본에 대해 구체적인 기준서가 없으며 납입자본, 이익잉여금, 기타자본구성요소로 구분하여 표시하는 것을 제외하고 전문가적인 판단을 중요시한다. 각 나라의 법률과 회계관행을 인정하려고 하는 취지라 판단된다. 따라서 주식선택권의 권리가 소멸되었을 때 주식선택권을 주식선택권소멸이익으로 대체하는 회계처리를 수행하여도 된다. 또한, 회계처리를 하지 않고 주식선택권이라는 계정으로 남겨두는 것도 가능하다.

(3) 부여한 지분상품의 취소 및 중도청산

부여한 지분상품이 가득기간 중에 취소되거나 중도청산되면 다음과 같이 회계처리한다. 다만, 가득조건이 충족되지 못해 부여된 지분상품이 상실되어 취소될 때는 제외한다.

① 취소나 중도청산 때문에 부여한 지분상품이 일찍 가득되었다고 보아 회계처리하므로, 취소하거나 중도청산을 하지 않는다면 잔여가득기간에 제공받을 용역에 대해 인식할 금액을 즉시 인식한다.

(차) 주식보상비용	×××[1]	(대) 주식선택권(자본조정)	×××

[1] 잔여가득기간에 제공받을 용역에 대해 인식할 금액을 즉시 인식함

② 취소나 중도청산으로 종업원에게 지급하는 금액이 지분상품의 공정가치와 동일하다면 자기지분상품의 재매입으로 보아 자본에서 차감하여 주식선택권중도청산손익과목을 자본으로 인식한다. 다만 지급액이 부여한 지분상품의 재매입일 현재 공정가치를 초과하는 경우는 그 초과액을 당기비용(주식보상비용)으로 인식한다.

③ 이미 가득된 지분상품을 재매입하는 경우에는, 종업원에게 지급한 금액을 자본에서 차감한다. 다만, 지급액이 재매입일 현재 지분상품의 공정가치를 초과하는 때에는 그 초과액을 비용으로 인식한다.

[공정가치]

(차) 주식선택권	×××	(대) 현금	×××
주식선택권중도청산손실	×××		

[공정가치초과분]

(차) 주식보상비용	×××	(대) 현금	×××

(4) 성과조건

지분상품은 특정 가득조건이 충족될 것을 조건으로 부여될 수 있다. 예를 들면 종업원에게 주식이나 주식선택권을 부여하는 경우 일반적으로 특정기간 계속 근무할 것을 조건으로 한다. 경우에 따라서는 특정 이익성장 또는 주가상승을 달성하는 것과 같은 성과조건을 부과할 수 있다. 시장조건이 아닌 가득조건은, 측정기준일 현재 주식 또는 주식선택권의 공정가치를 추정할 때 고려하지 아니한다. 그 대신에 시장조건이 아닌 가득조건은 거래금액을 측정할 때 포함하는 지분상품의 수량을 조정하는 방식으로 고려함으로써, 부여한 지분상품 대가로 제공받는 재화나 용역에 대해 인식하는 금액이 궁극적으로 가득되는 지분상품의 수량에 기초하여 결정될 수 있도록 한다.

① 비시장성과조건

- 가득되는 지분상품의 수량을 좌우하는 성과조건

  가득기간에 제공받는 재화나 용역의 금액을, 가득될 것으로 예상하는 지분상품 수량에 대한 최선의 추정치에 기초하여 인식한다. 만약 후속적인 정보에 비추어 볼 때, 가득될 것으로 예상하는 지분상품 수량이 앞서 추정했던 지분상품 수량과 다르면 추정치를 변경하고, 가득일에는 궁극적으로 가득된 지분상품 수량과 같아지도록 추정했던 지분상품 수량을 변경한다.

- 행사가격을 좌우하는 성과조건

  성과조건의 달성 여부에 따라 행사가격을 다르게 주식선택권이 부여될 수 있으며, 행사가격에 따라 부여일에 주식선택권의 공정가치가 차이가 발생할 수 있다. 이러한 경우에는 주식선택권의 권리부여일에 성과조건의 달성 여부를 고려한 행사가격을 기초로 하여 주식선택권의 가치를 추정하여야 한다. 권리부여일 이후에 성과조건의 달성 여부를 반영한 행사가격이 변경되면 변경된 주식선택권의 공정가치를 적용하여 주식보상비용을 매 보고기간 말에 인식한다.

- 기대가득기간을 좌우하는 성과조건

  가득기간은 성과조건이 충족되는 시점에 따라 변경되는 경우가 있다. 성과조건이 비시장조건인 경우에는 기업은 기대가득기간을 추정할 때 가장 실현 가능성이 높은 성과에 기초하여야 하며, 만약 후속적인 정보에 비추어 볼 때 기대가득기간이 종전 추정치와 다르다면 추정치를 변경하여야 한다.

② 시장성과조건

- 부여한 지분상품의 공정가치를 추정할 때, 가득이나 행사가능성 여부를 좌우하는 목표주가와 같은 시장조건을 고려한다. 따라서 시장조건이 있는 지분상품을 부여한 때에는 그 시장조건이 충족되는지에 관계없이 다른 모든 가득조건(예 정해진 기간에 계속 근무하는 종업원에게서 제공받는 근무용역)을 충족하는 거래상대방에게서 제공받는 재화나 용역의 보상원가를 인식한다.
- 시장조건의 결과는 가득기간에 영향을 주지 않는다. 그러나 만약 성과조건이 충족되는 시점에 따라 가득기간이 변동된다면 부여된 지분상품의 대가로 종업원에게서 제공받을 근무용역을 미래에 기대가득기간에 걸쳐 받게 될 것으로 보아야 한다. 또 성과조건과 관련하여 가능성이 가장 높은 결과에 기초하여 기대가득기간을 추정하여야 한다. 만약 성과조건이 시장조건이라면 기대가득기간의 추정치는 부여된 주식선택권의 공정가치를 추정할 때 사용된 가정과 일관되어야 하고 나중에 후속적으로 수정하지 않는다.

⊘ 참고 **시장조건**

가득이나 행사 가능성을 결정짓는 목표주가나 목표내재가치 등의 시장조건이 부여일의 가치평가에 포함되고 추후 번복되지 않아야 한다. 즉, 부여일에 지분상품의 공정가치를 추정할 때 시장조건이 충족되지 못할 가능성을 고려하여 평가하여 그러한 가능성이 지분상품에 대한 부여일의 가치평가에 이미 고려되었기 때문에 시장조건의 결과와 상관없이 거래금액의 계산에 포함된 지분상품의 수량에 대해서 어떠한 조정도 하지 않는다. 즉, 다른 모든 가득조건이 충족되는 한 거래상대방에게서 제공받는 재화나 용역(예 특정용역제공기간 동안 기업에 남아 근무하는 종업원에게서 제공받는 근무용역)은 시장조건의 충족 여부와 관계없이 인식한다.

POINT 성과조건의 적용

구분	비시장조건	시장조건
가득되는 지분상품의 수량을 좌우하는 성과조건	가득될 것으로 예상하는 지분상품 수량이 앞서 추정했던 지분상품 수량과 다르면 추정치를 수정	가득될 것으로 예상하는 지분상품 수량이 앞서 추정했던 지분상품 수량과 다르면 추정치를 수정할 수 없음(단, 종업원이 퇴사한 경우는 수정할 수 있음)
행사가격을 좌우하는 성과조건	행사가격이 변경되면 변경된 주식선택권의 공정가치를 적용하여 주식보상비용을 매 보고기간 말에 인식	N/A
기대가득기간을 좌우하는 성과조건	기대가득기간이 종전 추정치와 다르다면 추정치를 수정	성과조건이 시장조건이라면 기대가득기간의 추정치는 부여된 주식선택권의 공정가치를 추정할 때 사용된 가정과 일관되어야 하고 나중에 후속적으로 수정하지 않음

(5) 부여한 지분상품의 조건변경

이미 종업원에게 부여한 주식선택권의 행사가격을 낮추는 것처럼 이미 부여한 지분상품의 조건을 바꾸는 것을 조건변경이라고 한다. 주식기준보상약정의 총 공정가치를 높이거나 종업원에게 더 유리하도록 조건을 변경하는 때에는 조건변경의 영향을 인식해야 한다. 그러나 주식보상약정의 총공정가치를 감소시키거나 종업원에게 더 불리하게 이루어지는 경우에는 조건변경이 없는 것으로 본다. 여기서 유의할 점은 조건이 변경되어 부여한 지분상품의 수량이 감소한다면 부여한 지분상품의 일부가 취소된 것으로 보아 잔여가득기간에 제공받을 용역에 대해 인식할 금액을 즉시 당기비용으로 인식한다는 것이다.

① 종업원에게 유리한 조건변경

지분상품을 부여한 당시의 조건을 변경하는지, 부여한 지분상품을 취소하거나 중도청산하는지와 관계없이 제공받는 근무용역은 최소한 지분상품의 부여일 당시의 공정가치에 따라 인식한다. 만약에 주식기준보상약정의 총공정가치를 증가시키거나 종업원에게 유리하게 조건변경을 하는 경우에는 추가로 조건변경의 효과를 인식한다.

조건변경 때문에 부여한 지분상품의 공정가치가 조건변경 직전과 직후를 비교했을 때 증가하는 경우에는(예 행사가격의 인하) 부여한 지분상품의 대가로 제공받는 근무용역에 대해 인식할 금액을 측정할 때 그 측정치에 증분공정가치를 포함한다. 여기서 증분공정가치란 조건변경된 지분상품 공정가치와 당초 지분상품 공정가치의 차이를 말한다.

증분공정가치: 조건변경후 공정가치 - 조건변경전 공정가치

- 부여일에 측정한 당초 지분상품의 공정가치는 당초 가득기간의 잔여기간에 걸쳐 인식한다.
- 가득기간에 조건이 변경되면, 부여일에 측정한 당초 지분상품의 공정가치는 당초 가득기간의 잔여기간에 걸쳐 인식하며, 이에 추가하여 조건변경일에 부여한 증분공정가치를 조건변경일로부터 변경된 지분상품이 가득되는 날까지 제공받는 근무용역에 대해 인식할 금액의 측정치에 포함한다.
- 가득일 후에 조건이 변경되면 증분공정가치를 즉시 인식한다. 다만, 종업원이 변경된 지분상품에 대하여 무조건적인 권리를 획득하려고 추가 용역제공기간을 근무해야 한다면 증분공정가치를 추가된 가득기간에 걸쳐 인식한다.
- 조건이 변경되어 부여한 지분상품의 수량이 증가하는 경우에는 위의 내용과 일관되게, 부여한 지분상품의 대가로 제공받는 근무용역으로써 인식할 금액을 측정할 때 그 측정치에 추가로 부여한 지분상품의 조건변경일 현재 공정가치를 포함한다.

② 종업원에게 불리한 조건변경

부여한 지분상품의 조건이 변경되어 주식기준보상약정의 총공정가치를 감소시키거나 종업원에게 불리하게 이루어지면 조건이 변경되지 않은 것으로 보고 부여한 지분상품의 대가로 제공받는 근무용역을 계속해서 인식한다. 다만 부여한 지분상품의 일부나 전부를 취소한다면 부여한 지분상품의 취소 및 중도청산에 따라 회계처리한다. 이와 관련된 내용은 다음과 같다.

- 조건변경으로 인해 부여한 지분상품의 공정가치가 조건변경 직전과 직후를 비교하여 감소하는 때에는 공정가치 감소분에 대해서 회계처리를 하지 않으며 지분상품의 대가로 제공받는 근무용역에 대해 인식할 금액은 계속해서 부여한 지분상품의 부여일 현재 공정가치에 기초하여 측정한다.
- 조건이 변경되어 부여한 지분상품의 수량이 줄어든다면 부여한 지분상품의 일부가 취소된 것으로 보아 부여한 지분상품의 취소 및 중도청산에 따라 회계처리한다.
- 가득기간을 늘리거나 성과조건을 변경하거나 추가할 때와 같이 가득조건을 종업원에게 불리하게 변경할 때에는 변경된 가득조건을 고려하지 아니한다. 다만, 시장조건은 제외하며, 시장조건의 변경은 위 ①을 적용하여 회계처리한다.

POINT 주식결제형 주식기준보상거래 조건변경

종업원에게 유리한 조건변경	종업원에게 불리한 조건변경
• 조건변경으로 인해 부여한 지분상품의 공정가치가 조건변경 직전과 비교했을 때 증가한 경우에는 부여한 지분상품의 대가로 제공받는 근무용역에 대해 인식할 금액을 측정할 때 그 측정치에 증분공정가치를 포함함 • 가득기간에 조건변경이 있는 경우, 당초 지분상품에 대해 부여일에 측정한 공정가치는 당초 가득기간의 잔여기간에 걸쳐 인식하며, 이에 추가하여 조건변경일에 부여한 증분공정가치를 조건변경일부터 변경된 지분상품이 가득되는 날까지 제공되는 근무용역에 대해 인식할 금액의 측정치에 포함함	• 조건변경으로 인해 부여한 지분상품의 공정가치가 조건변경 직전과 비교했을 때 감소하는 경우에는 공정가치 감소분에 대해서는 회계처리하지 않음

(6) 지분상품의 공정가치를 신뢰성 있게 추정할 수 없는 경우

부여한 지분상품의 공정가치를 신뢰성 있게 추정할 수 있는 경우는 지금까지 설명한 내용으로 회계처리하면 된다. 그러나 드물지만 부여한 측정기준일 현재 지분상품의 공정가치를 신뢰성 있게 추정할 수 없는 경우가 있다. 이러한 드문 경우에만 다음과 같이 회계처리한다.

① 거래상대방에게서 재화나 용역을 제공받는 날을 기준으로 지분상품을 내재가치(공정가치 – 행사가격)로 최초 측정한다. 이후 매 보고기간 말과 최종결제일에 내재가치를 재측정하고 내재가치의 변동액은 당기손익으로 인식한다. 이 경우 지분상품이 주식선택권이라면 당해 주식선택권이 행사되거나 상실(예 고용의 중단) 또는 만기소멸(예 주식선택권 계약기간 만료)되는 날을 주식기준보상약정의 최종결제일로 한다.

② 최종적으로 가득되는 지분상품의 수량 또는 최종적으로 행사되는 지분상품의 수량에 기초하여 제공받는 재화나 용역을 인식한다. 만약, 후속적인 정보에 비추어 볼 때 미래에 가득될 것으로 예상되는 주식선택권의 수량이 직전 추정치와 다르다면 당해 추정치를 변경하고, 가득일에는 궁극적으로 가득된 지분상품의 수량과 일치하도록 당해 추정치를 변경한다.

POINT 주식결제형 주식기준보상거래 요약

구분	내용
정의	재화나 용역의 제공대가로 주식교부
가득조건	① 용역제공조건 ② 성과조건 • 비상장조건: 목표이익, 목표판매량 • 시장조건: 목표주가
가득기간 중 회계처리	(차) 주식보상비용 ××× (대) 주식선택권 ×××
행사시점 회계처리	(차) 현금 ××× (대) 자본금 ××× 주식발행초과금 ××× (차) 주식선택권 ××× (대) 주식발행초과금 ×××
행사 시 자본에 미치는 영향	행사가격 × 행사주식수
행사 시 주발초에 미치는 영향	(행사가격 + 주식선택권공정가치 - 액면금액) × 행사주식수
보상원가 측정	최초인식시점에 주식선택권의 공정가치를 측정하고 그 이후에는 재측정을 하지 않음

Ⅲ 현금결제형 주식기준보상거래

01 정의

현금결제형 주식기준보상거래란 기업이 재화나 용역을 제공받는 대가로 기업의 주식이나 다른 기업의 지분상품 가격에 기초한 금액만큼 현금이나 그 밖의 자산을 지급해야 하는 부채를 재화나 용역의 공급자에게 부담하는 주식기준보상거래를 말한다. 예를 들면, 기업은 특정 기간 기업의 주가 상승액에 기초하여 종업원에게 미래에 현금을 받는 권리를 획득하게 하는 주가차액보상권을 종업원에게 부여하는 경우를 들 수 있다.

02 보상원가의 산정

(1) 현금결제형 주식기준보상거래의 경우에 제공받는 재화나 용역과 그 대가로 부담하는 부채를 부채의 공정가치로 측정한다.

(2) 부채가 결제될 때까지 매 보고기간 말과 결제일에 부채의 공정가치를 재측정하고, 공정가치의 변동액은 당기손익으로 인식한다.

03 보상수량의 산정

가득기간에 제공받는 재화나 용역의 금액을 인식한 때 가득될 것으로 예상하는 권리의 수량에 대한 최선의 추정치에 기초하여 측정한다. 만약 후속적인 정보에 비추어 볼 때 가득될 것으로 예상하는 권리의 수량이 앞서 추정했던 권리의 수량과 다르면 추정치를 변경하며, 가득일에는 궁극적으로 가득된 권리의 수량과 같아지도록 추정치를 변경한다.

04 회계처리

(1) 가득기간 중

부여되는 즉시 가득되는 주가차액보상권의 경우, 종업원이 현금을 지급받을 자격을 얻기 위해 특정 용역제공기간 동안 근무해야 할 의무가 없으므로 반증이 없는 한 이미 근무용역을 제공받은 것으로 본다. 따라서 제공받는 용역과 그 대가 지급에 관한 부채를 즉시 인식한다.

(차) 주식보상비용	×××[1]	(대) 장기미지급비용	×××

[1] 부여일에 보상원가 전액을 주식보상비용으로 인식한다.

만약 거래상대방이 특정 기간에 용역을 제공하여야 부여한 주가차액보상권이 가득된다면, 제공받는 근로용역과 그 대가로 부담하는 부채는 그 용역제공기간 동안 종업원이 근로용역을 제공할 때 인식한다. 따라서 기업은 거래상대방이 가득기간 동안 용역을 제공함에 따라 회계처리하며, 그에 상응하여 부채의 증가를 인식한다.

(차) 주식보상비용	×××[1]	(대) 장기미지급비용	×××

[1] 당기말공정가치 × 행사예상개수 × 용역제공기간/가득기간 - 전기까지 인식한 누적주식보상비용

(2) 가득기간 이후

부채가 결제될 때까지 매 보고기간 말과 결제일에 부채의 공정가치를 재측정하고, 공정가치의 변동액은 당기손익으로 인식하며, 보상원가의 변경으로 변동한 평가손익은 주식보상비용으로 회계처리한다.

(3) 권리행사 시

주가차액보상권은 권리가 행사되는 경우 내재가치(주가 – 행사가격)에 해당하는 금액을 현금으로 지급하고 미지급비용의 장부금액과의 차이는 주식보상비용으로 인식한다.

(차) 장기미지급비용	×××	(대) 현금 등	×××
주식보상비용	×××		

POINT 현금결제형 주식기준보상거래 요약

구분	내용			
정의	재화나 용역의 제공대가에 대해 현금(내재가치)결제			
가득조건	주로 용역제공조건만 출제			
가득기간 중 회계처리	(차) 주식보상비용	×××	(대) 장기미지급비용	×××
행사시점 회계처리	(차) 장기미지급비용 주식보상비용	××× ×××	(대) 현금	×××
보상원가 측정	매 보고기간 말 주식선택권의 공정가치를 재측정하고 공정가치 변동분을 당기손익으로 인식함			

⊘ 참고 현금결제형 주식기준보상거래 행사시점의 주식보상비용

현금결제형 주식기준보상거래가 가득이 된 후 행사시점에 일부만 행사되면 주식보상비용을 계산하기가 까다롭다. 위의 분개를 참고하여 다음과 같이 계산하면 편리하다.

주식보상비용: ① + ②

① 권리행사분: (내재가치 - 기초공정가치) × 권리행사수량

② 미행사분: (기말공정가치 - 기초공정가치) × 미행사수량

보론 1 | 선택형 주식기준보상거래

선택형 주식기준보상거래란 기업이 제공받는 재화나 용역에 대한 대가의 결제방식으로, 기업 또는 재화나 용역의 공급자가 약정에 따라 현금지급이나 지분상품발행 중 하나를 선택할 수 있는 거래를 말한다. 선택형 주식기준보상거래는 거래상대방이 결제방식을 선택할 수 있는 경우와 기업이 결제방식을 선택할 수 있는 경우에 따라 회계처리가 구분된다. 이와 관련된 내용은 다음과 같다.

01. 거래상대방이 결제방식을 선택할 수 있는 경우

기업이 거래상대방에게 주식기준보상거래를 현금[1]이나 지분상품발행으로 결제받을 수 있는 선택권을 부여한 경우에는, 부채요소(거래상대방의 현금결제요구권)와 자본요소(거래상대방의 지분상품결제요구권)가 포함된 복합금융상품을 부여한 것으로 본다.

(1) 보상원가의 산정

종업원이 아닌 자와의 주식기준보상거래에서 제공받는 재화나 용역의 공정가치를 직접 측정하는 경우에는, 복합금융상품 중 자본요소는 재화나 용역이 제공되는 날 현재 재화나 용역의 공정가치와 부채요소의 공정가치의 차이로 측정한다.

자본요소 = 재화나 용역의 공정가치(복합금융상품의 공정가치) - 부채요소 공정가치

종업원과의 주식기준보상거래를 포함하여 제공받는 재화나 용역의 공정가치를 직접 측정할 수 없는 거래에서는, 현금이나 지분상품에 부여된 권리의 조건을 고려하여 측정기준일 현재 복합금융상품의 공정가치를 측정한다.

1) '현금'은 기업의 다른 자산까지 포함한다.

(2) 회계처리

① 가득기간 중

부여한 복합금융상품의 대가로 제공받는 재화나 용역은 각각의 부채요소와 자본요소의 구성요소별로 구분하여 회계처리한다.

- 부채요소는 현금결제형 주식기준보상거래와 동일하게 거래상대방에게서 재화나 용역을 제공받을 때 제공받는 재화나 용역과 그 대가로 부담하는 부채를 인식한다.
- 자본요소가 있는 경우에는 자본요소에 대하여는 주식결제형 주식기준보상거래와 동일하게 거래상대방에게서 재화나 용역을 제공받을 때 제공받는 재화나 용역과 그에 상응하여 자본항목의 증가를 인식한다.

(차) 주식보상비용	×××	(대) 장기미지급비용	×××
		주식선택권 or 미가득주식	×××

② 권리행사 시

- 결제일에 현금을 지급하는 대신에 지분상품을 발행하는 주식결제방식을 선택한 경우에는 부채를 발행되는 지분상품의 대가로 보아 자본항목으로 직접 대체한다. 따라서 부채요소와 자본요소로 인식한 금액의 합계액이 주식발행금액으로 대체된다.

(차) 장기미지급비용	×××	(대) 자본금	×××
현금	×××	주식발행초과금	×××
주식선택권 or 미가득주식	×××		

- 결제할 때 지분상품을 발행하는 대신 현금을 지급하는 현금결제방식을 선택한 경우에는 현금지급액은 모두 부채의 상환액으로 보며, 이미 인식한 자본요소는 계속 자본으로 분류한다. 거래상대방은 현금을 받기로 선택함으로써 지분상품을 받을 권리를 상실하지만 자본계정 간 대체 곧, 한 자본계정에서 다른 자본계정으로 대체하는 것을 금지하지 않으므로 자본항목으로 분류할 수 있다.

(차) 장기미지급비용	×××	(대) 현금	×××
주식보상비용	×××		
(차) 주식선택권 or 미가득주식	×××	(대) 주식선택권소멸이익 or 미가득주식소멸이익	×××

02. 기업이 결제방식을 선택할 수 있는 경우

기업이 현금이나 지분상품발행으로 결제할 수 있는 선택권을 갖는 조건이 있는 주식기준보상거래의 경우에는, 현금을 지급해야 하는 현재의무가 있는지를 결정하고 그에 따라 주식기준보상거래를 회계처리한다. 다음 중 어느 하나에 해당하는 경우에는 현금을 지급해야 하는 현재의무가 있는 것으로 본다.

① 지분상품을 발행하여 결제하는 선택권에 상업적 실질이 없는 경우 예 법률에 따른 주식발행의 금지
② 현금으로 결제한 과거의 실무 관행이 있거나 현금으로 결제한다는 방침이 명백한 경우
③ 거래상대방이 현금결제를 요구할 때마다 일반적으로 기업이 이를 수용하는 경우

(1) 현금을 지급해야 할 현재의무가 있는 경우

현금을 지급해야 하는 현재의무가 있는 경우에는 현금결제형 주식기준보상거래로 보아 회계처리한다.

(2) 현금을 지급해야 할 현재의무가 없는 경우

현금을 지급해야 하는 현재의무가 없는 경우에는 주식결제형 주식기준보상거래로 보아 회계처리한다. 다만, 결제하는 경우에는 다음과 같이 회계처리한다.

① **기업이 현금결제를 선택하는 경우**: 자기지분상품의 재매입으로 보아 현금지급액을 자본에서 차감한다.
② **기업이 지분상품을 발행하여 결제하기로 하는 경우**: 아래 ③의 경우를 제외하고는 별도의 회계처리를 하지 아니한다. 다만 필요하다면 한 자본계정에서 다른 자본계정으로 대체는 가능하다.
③ **기업이 결제일에 더 높은 공정가치를 가진 결제방식을 선택하는 경우**: 초과 결제가치를 추가 비용으로 인식한다. 이때 초과 결제가치는 실제로 지급한 금액이 주식결제방식을 선택할 때 발행하여야 하는 지분상품의 공정가치를 초과하는 금액이거나 실제로 발행한 지분상품의 공정가치가 현금결제방식을 선택할 때 지급하여야 하는 금액을 초과하는 금액이다.

POINT 선택형 주식기준보상거래

구분		회계처리
거래상대방이 결제방식을 선택할 수 있는 경우		복합금융상품을 부여한 것으로 봄
기업이 결제방식을 선택할 수 있는 경우	현금을 지급해야 하는 현재의무가 있는 경우	현금결제형 주식기준보상거래로 보아 회계처리
	현금을 지급해야 하는 현재의무가 없는 경우	주식결제형 주식기준보상거래로 보아 회계처리

보론 2 부여한 주식에 현금결제선택권이 후속적으로 추가된 경우

기업의 종업원과 주식결제형 주식기준보상거래를 통하여 부여한 주식에 현금결제선택권이 후속적으로 추가된 경우가 발생할 수 있다. 이와 관련된 회계처리는 다음과 같다.

(1) 기업이 지분상품을 부여한 당시의 조건을 변경하는지, 부여한 지분상품을 취소하거나 중도청산하는지 여부와 관계없이 제공받는 근무용역은 최소한 지분상품의 부여일 당시의 공정가치에 따라 인식하여야 한다. 따라서 기업은 용역제공기간에 걸쳐 제공받는 근무용역을 부여일 당시 주식의 공정가치에 따라 인식해야 한다.

(2) 기업이 현금결제선택권이 추가되어 현금으로 결제할 의무를 부담하게 되는 경우에는 기업은 조건변경일 현재 주식의 공정가치와 당초 특정된 근무용역을 제공받은 정도에 기초하여 조건변경일에 현금으로 결제될 부채를 인식한다. 또한 기업은 각 보고일과 결제일에 부채의 공정가치를 재측정하고 그 공정가치 변동을 그 기간의 당기손익으로 인식한다.

POINT 부여한 주식에 현금결제선택권이 후속적으로 추가된 경우

구분	회계처리
보상원가의 산정	기업은 용역제공기간에 걸쳐 제공받는 근무용역을 부여일 당시 주식의 공정가치에 따라 인식
조건변경일의 장기미지급비용(부채)	조건변경일 현재 주식의 공정가치와 당초 특정된 근무용역을 제공받은 정도에 기초하여 조건변경일에 현금으로 결제될 부채를 인식
조건변경일 이후 장기미지급비용(부채)	부채의 공정가치를 재측정하고 그 공정가치 변동을 그 기간의 당기손익으로 인식

보론 3 | 현금결제형에서 주식결제형으로의 조건변경

현금결제형에서 주식결제형 주식기준보상거래로 분류를 바꾸는 조건변경의 회계처리는 다음과 같이 처리해야 한다.

(1) 조건변경일부터 주식선택권을 조건변경일 현재 공정가치에 기초하여 측정하고, 조건변경일에 주식선택권을 종업원이 용역을 제공한 만큼 자본으로 인식한다.

(2) 조건변경일에 주가차액보상권 관련부채를 제거한다.

(3) 조건변경일에 제거된 부채의 장부금액과 인식된 자본금액의 차이는 즉시 당기손익으로 인식한다.

조건변경일의 회계처리를 예시하면 다음과 같다.

(차) 장기미지급비용	×××	(대) 주식선택권	×××[1]
주식보상비용	×××		

[1] 조건변경일 현재 공정가치 × 용역을 제공한 비율

POINT 현금결제형에서 주식결제형으로의 조건변경

조건변경일의 주식선택권(자본)	조건변경일 현재 공정가치에 기초해서 측정하고 자본으로 인식
조건변경일의 장기미지급비용(부채)	주가차액보상권 관련 부채를 제거
조건변경일의 주식보상비용(당기손익)	① 장부금액과 인식된 자본금액의 차이는 즉시 당기손익으로 인식 ② 조건변경일의 주식선택권 - 조건변경일의 장기미지급비용 = 당기손익

보론 4 | 수량이 증가 또는 감소되는 조건변경

01. 이미 종업원에게 부여한 주식선택권의 행사가격을 낮추는 것처럼 이미 부여한 지분상품의 조건을 바꾸는 것을 조건변경이라고 한다. 주식기준보상약정의 총 공정가치를 높이거나 종업원에게 더 유리하도록 조건을 변경하는 때에는 조건변경의 영향을 인식해야 한다. 그러나 주식보상약정의 총 공정가치를 감소시키거나 종업원에게 더 불리하게 이루어지는 경우에는 조건변경이 없는 것으로 본다. 여기서 유의할 점은 조건이 변경되어 부여한 지분상품의 수량이 감소한다면 부여한 지분상품의 일부가 취소된 것으로 보아 잔여가득기간에 제공받을 용역에 대해 인식할 금액을 즉시 당기비용으로 인식한다는 것이다.

02. 수량의 증가 또는 감소되는 조건변경

(1) 종업원에게 유리한 조건변경

조건이 변경되어 부여한 지분상품의 수량이 증가하는 경우에는 위의 내용과 일관되게, 부여한 지분상품의 대가로 제공받는 근무용역으로써 인식할 금액을 측정할 때 그 측정치에 추가로 부여한 지분상품의 조건변경일 현재 공정가치를 포함한다.

(2) 종업원에게 불리한 조건변경

조건이 변경되어 부여한 지분상품의 수량이 줄어든다면 부여한 지분상품의 일부가 취소된 것으로 보아 부여한 지분상품의 취소 및 중도청산에 따라 회계처리한다. 즉, 취소된 수량에 대해서는 가득된 것으로 보아 잔여가득기간에 인식할 금액을 즉시 인식한다. 수량이 줄어드는 경우에 해당 금액을 조정하지 않는다면 주식보상비용이 환입되는 결과를 가져야 이익조작가능성이 있기 때문이다.

POINT 수량이 증가 또는 감소되는 조건변경

(1) 수량이 증가되는 조건변경	(2) 수량이 감소되는 조건변경
① 부여한 지분상품의 대가로 제공받는 근무용역으로써 인식할 금액을 측정할 때 그 측정치에 추가로 부여한 지분상품의 조건변경일 현재 공정가치를 포함함	① 조건이 변경되어 부여한 지분상품의 수량이 줄어든다면 부여한 지분상품의 일부가 취소된 것으로 보아 부여한 지분상품의 취소 및 중도청산에 따라 회계처리함 ② 즉, 취소된 수량에 대해서는 가득된 것으로 보아 잔여가득기간에 인식할 금액을 즉시 인식함

해커스 IFRS 김원종 POINT 중급회계

회계사·세무사·경영지도사 단번에 합격!
해커스 경영아카데미 cpa.Hackers.com

Chapter 20

법인세회계

I 법인세회계의 일반론

01 의의

법인세기간배분	K-IFRS에 의한 재무상태표상 자산 · 부채의 장부금액과 「법인세법」상 자산 · 부채의 세무기준액의 차이로 발생하는 일시적차이의 세금효과를 차기 이후의 기간에 배분하는 것
법인세기간배분의 목적	(1) 수익 · 비용 대응 원칙 (2) 자산 · 부채의 적절한 평가

02 회계이익과 과세소득

회계이익	회계이익은 K-IFRS에 의하여 산정한 보고기간 동안 수익에서 비용을 차감한 법인세비용차감전순이익을 말함
과세소득	과세소득은 법인세법에 의하여 법인세를 산출하기 위하여 사업연도 동안 익금(법인세법상 수익)에서 손금(법인세법상 비용)을 차감한 금액을 말함

03 당기법인세자산과 당기법인세부채

(1) 중간예납 시

(차) 당기법인세자산(선급법인세)	×××	(대) 현금	×××

(2) 보고기간 말

(차) 법인세비용	×××	(대) 당기법인세자산(선급법인세)	×××
		당기법인세부채(미지급법인세)	×××

(3) 법인세신고납부일

(차) 당기법인세부채(미지급법인세)	×××	(대) 현금	×××

04 회계이익과 과세소득의 차이

세무조정	회계이익에 일정한 항목들을 가산하거나 차감하는 조정을 통하여 과세소득을 산출하는 과정
세무조정항목	① 익금산입: 회계상 수익항목이 아니지만 「법인세법」상 익금항목에 해당하는 경우 ② 익금불산입: 회계상 수익항목이지만 「법인세법」상 익금항목에 해당하지 않는 경우 ③ 손금산입: 회계상 비용항목은 아니지만 「법인세법」상 손금항목에 해당하는 경우 ④ 손금불산입: 회계상 비용항목이지만 「법인세법」상 손금항목에 해당하지 않는 경우
과세소득의 산출	과세소득 = 회계이익 + 익금산입 · 손금불산입 - 손금산입 · 익금불산입

[그림 20-1] 세무조정

기업회계	세무조정	법인세법
수익	(+) 익금산입 (-) 익금불산입	익금
(-) 비용	(-) 손금산입 (+) 손금불산입	(-) 손금
회계이익	(+) 익금산입 · 손금불산입 (-) 손금산입 · 익금불산입	과세소득

05 소득처분

소득처분의 정의	회계이익과 「법인세법」상 과세소득의 차이를 조정하는 세무조정 항목에 대하여 그 귀속자의 소득의 종류를 확정하는 절차
사내유보	(1) 정의: 회계이익과 「법인세법」상 과세소득의 차이인 세무상 잉여금이 법인 내부에 남아 있는 경우 ① 유보: 사내유보 중에서 세무조정 시 가산조정항목에서 발생한 부분 ② △유보: 사내유보 중에서 세무조정 시 차감조정항목에서 발생한 부분 (2) 사내유보의 경우 특정 보고기간에 발생한 사외유보는 차기 이후의 보고기간에 반드시 반대의 영향을 가져옴으로써 사내유보의 효과가 상쇄됨
사외유출	(1) 정의: 세무상 이익이 외부로 유출된 경우 (2) 사외유출의 경우 특정 보고기간에 발생한 사외유출은 차기 이후의 보고기간에 반드시 반대의 영향을 가져오지 않음

06 회계이익과 과세소득의 차이의 유형

일시적차이	정의: 재무상태표상 자산 또는 부채의 장부금액과 세무기준액의 차이 ① 가산할 일시적차이(△유보): 자산이나 부채의 장부금액이 회수나 결제되는 미래 회계기간의 과세소득(세무상결손금) 결정 시 가산할 금액이 되는 일시적차이 ② 차감할 일시적차이(유보): 자산이나 부채의 장부금액이 회수나 결제되는 미래 회계기간의 과세소득(세무상결손금) 결정 시 차감할 금액이 되는 일시적차이
영구적 차이	정의: 일시적차이와는 달리 회계이익과 과세소득에 차이가 발생하였을 경우 동 차이가 일정기간이 지나도 조정되지 않는 차이 예 사외유출

참고 세무기준액

자산의 세무기준액은 자산의 장부금액이 회수될 때 기업에 유입될 과세대상 경제적효익에서 세무상 차감될 금액을 말한다. 만약 그러한 경제적효익이 과세대상이 아니라면, 자산의 세무기준액은 장부금액과 일치한다. 부채의 세무기준액은 장부금액에서 미래 회계기간에 당해 부채와 관련하여 세무상 공제될 금액을 차감한 금액이다. 수익을 미리 받은 경우, 이로 인한 부채의 세무기준액은 당해 장부금액에서 미래 회계기간에 과세되지 않을 수익을 차감한 금액이다.

07 법인세기간배분의 대상

법인세기간배분의 대상이 되는 차이는 자산과 부채의 정의에 부합하기 위하여 일시적차이, 이월결손금 및 이월세액공제가 해당되며, 영구적 차이는 법인세기간배분의 대상이 아니다.

[그림 20-2] 법인세기간배분의 대상

	구분	당기	차기 이후	이연법인세자산 및 부채
일시적차이	△유보(가산할 일시적차이)	⊖	⊕	이연법인세부채
	유보(차감할 일시적차이)	⊕	⊖	이연법인세자산
이월공제	결손금		⊖	이연법인세자산
	세액공제		⊖	이연법인세자산

Ⅱ 법인세기간간배분

법인세기간간배분이란 K-IFRS에 의한 재무상태표상 자산 · 부채의 장부금액과 「법인세법」상 자산 · 부채의 세무기준액의 차이로 발생하는 일시적차이의 세금효과를 차기 이후의 기간에 배분하는 것을 말한다.

01 일시적차이

일시적차이란 재무상태표상 자산 또는 부채의 장부금액과 세무기준액의 차이를 말한다.

(1) 이연법인세부채

구분	내용
이연법인세 부채의 정의	가산할 일시적차이와 관련하여 미래 회계기간에 납부할 법인세 금액
회계처리	이러한 모든 가산할 일시적차이에 대하여 이연법인세부채를 인식한다. 다만, 다음의 경우에 발생하는 이연법인세부채는 인식하지 아니함 ① 영업권을 최초로 인식하는 경우 ② 다음에 모두 해당하는 거래에서 자산이나 부채를 최초로 인식하는 경우 (가) 사업결합이 아니다. (나) 거래 당시 회계이익이나 과세소득(세무상결손금)에 영향을 미치지 않는다. (다) 거래 당시 동일한 금액으로 가산할 일시적차이와 차감할 일시적차이가 생기지는 않는다. ③ 종속기업, 지점 및 관계기업에 대한 투자자산과 공동약정 투자지분과 관련된 모든 가산할 일시적차이에 대하여 지배기업, 투자자, 공동기업 참여자 또는 공동영업자가 일시적차이의 소멸시점을 통제할 수 있고, 예측가능한 미래에 일시적차이가 소멸하지 않을 가능성이 높은 경우
가산할 일시적차이	① 정의: 자산의 장부금액 > 법인세법상 세무기준액 ② 회계처리

구분	당기	차기 이후	이연법인세자산 및 부채
△유보(가산할 일시적차이)	⊖	⊕	이연법인세부채

⊘ 참고 이연법인세부채가 부채의 정의에 부합하는 이유

부채는 과거사건의 결과로 기업의 경제적 자원을 이전해야 하는 현재의무를 말한다.
(1) 가산할 일시적차이는 과거 보고기간에 이미 발생한 것이므로 과거사건의 결과이어야 한다는 것을 충족한다.
(2) 가산할 일시적차이는 소멸되는 시기에 세금납부를 통하여 경제적 자원을 이전해야 한다.
(3) 가산할 일시적차이로 인하여 미래에 세금이 증가하는 현재의무가 존재한다.
따라서 이연법인세부채는 부채의 정의에 합치된다.

(2) 이연법인세자산

이연법인세자산의 정의	차감할 일시적차이와 관련하여 미래 회계기간에 회수될 수 있는 법인세 금액
회계처리	차감할 일시적차이가 사용될 수 있는 과세소득의 발생가능성이 높은 경우에, 모든 차감할 일시적차이에 대하여 이연법인세자산을 인식함. 다만, 다음의 경우에는 이연법인세자산은 인식하지 아니함 ① 다음에 모두 해당하는 거래에서 자산이나 부채를 최초로 인식하는 경우 (가) 사업결합이 아니다. (나) 거래 당시 회계이익이나 과세소득(세무상결손금)에 영향을 미치지 않는다. (다) 거래 당시 동일한 금액으로 가산할 일시적차이와 차감할 일시적차이가 생기지는 않는다. ② 종속기업, 지점 및 관계기업에 대한 투자자산과 공동약정 투자지분과 관련된 모든 차감할 일시적차이에 대하여 일시적차이가 예측가능한 미래에 소멸할 가능성이 높지 않으며, 일시적차이가 사용될 수 있는 과세소득이 발생할 가능성이 높지 않은 경우
차감할 일시적차이	① 정의: 자산의 장부금액 <「법인세법」상 세무기준액 ② 회계처리 구분 / 당기 / 차기 이후 / 이연법인세자산 및 부채 유보(차감할 일시적차이) / ⊕ / ⊖ / 이연법인세자산
이연법인세자산의 실현가능성 검토	이연법인세자산의 실현가능성이 높은 경우에 해당하는 경우는 다음과 같음 ① 차감할 일시적차이가 소멸될 회계기간에 동일 과세당국과 동일 과세대상기업에 관련된 충분한 과세소득이 발생할 가능성이 높음 ② 동일 과세당국과 동일 과세대상기업에 관련하여 다음의 회계기간에 소멸이 예상되는 충분한 가산할 일시적차이가 있음 ③ 세무정책으로 적절한 기간에 과세소득을 창출할 수 있는 경우
이연법인세자산의 검토	① 이연법인세자산의 장부금액은 매 보고기간 말에 검토한다. 이연법인세자산의 일부 또는 전부에 대한 혜택이 사용되기에 충분한 과세소득이 발생할 가능성이 더 이상 높지 않다면 이연법인세자산의 장부금액을 감액시킨다. 감액된 금액은 사용되기에 충분한 과세소득이 발생할 가능성이 높아지면 그 범위 내에서 환입한다. ② 매 보고기간 말에 인식되지 않은 이연법인세자산에 대하여 재검토한다. 미래 과세소득에 의해 이연법인세자산이 회수될 가능성이 높아진 범위까지 과거 인식되지 않은 이연법인세자산을 인식한다.

⊘ 참고 **이연법인세자산이 자산의 정의에 부합하는 이유**

자산은 과거사건의 결과로 기업이 통제하는 현재의 경제적 자원을 말한다.
(1) 차감할 일시적차이는 과거 보고기간에 이미 발생한 것이므로 과거사건의 결과이어야 한다는 것을 충족한다.
(2) 차감할 일시적차이는 해당 기업에 배타적 권리이므로 해당기업이 통제하고 있다.
(3) 차감할 일시적차이로 인하여 미래에 세금을 감소시키는 경제적 효익의 잠재력을 지니고 있다.
따라서 이연법인세자산은 자산의 정의에 합치된다.

02 측정

당기법인세자산과 부채의 적용세율	보고기간 말까지 제정되었거나 실질적으로 제정된 세율을 사용함
이연법인세자산과 부채의 적용세율	보고기간 말까지 제정되었거나 실질적으로 제정된 세율에 근거하여 당해 자산이 실현되거나 부채가 결제될 회계기간에 적용될 것으로 기대되는 세율을 사용함
평균세율	과세대상수익의 수준에 따라 적용되는 세율이 다른 경우에는 일시적차이가 소멸될 것으로 예상되는 기간의 과세소득에 적용될 것으로 기대되는 평균세율을 사용함
일시적차이의 회수 및 결제방식에 따른 법인세효과	이연법인세부채와 이연법인세자산을 측정할 때에는 보고기간 말에 기업이 관련 자산과 부채의 장부금액을 회수하거나 결제할 것으로 예상되는 방식에 따른 법인세효과를 반영함
현재가치평가의 배제	이연법인세자산과 부채는 할인하지 아니함

03 재무상태표 표시

당기법인세자산과 부채	다음의 조건을 모두 충족하는 경우에만 당기법인세자산과 당기법인세부채를 상계함 ① 기업이 인식된 금액에 대한 법적으로 집행가능한 상계권리를 가지고 있다. ② 기업이 순액으로 결제하거나, 자산을 실현하는 동시에 부채를 결제할 의도가 있다.
이연법인세자산과 부채	다음의 조건을 모두 충족하는 경우에만 이연법인세자산과 이연법인세부채를 상계함 ① 기업이 당기법인세자산과 당기법인세부채를 상계할 수 있는 법적으로 집행가능한 권리를 가지고 있다. ② 이연법인세자산과 이연법인세부채가 다음의 각 경우에 동일한 과세당국에 의해서 부과되는 법인세와 관련되어 있다. a. 과세대상기업이 동일한 경우 b. 과세대상기업은 다르지만 당기법인세 부채와 자산을 순액으로 결제할 의도가 있거나, 유의적인 금액의 이연법인세부채가 결제되거나 이연법인세자산이 회수될 미래의 각 회계기간마다 자산을 실현하는 동시에 부채를 결제할 의도가 있는 경우
유동/비유동 분류	이연법인세자산과 이연법인세부채는 유동자산과 유동부채로 분류하지 않으며 비유동자산과 비유동부채로 분류하여야 함

04 법인세기간배분의 적용절차

포괄손익계산서에 인식할 법인세비용은 다음과 같은 절차에 의하여 수행하면 편리하다.

(1) 당기법인세의 계산

당기법인세는 회계기간의 과세소득(세무상결손금)에 대하여 납부할(환급받을) 법인세액을 말한다. 당기법인세는 「법인세법」에 따라 법인세비용차감전순이익에 가산조정항목을 가산하고 차감조정항목을 차감하여 각 사업연도소득금액을 산출한 후, 이 금액에 이월결손금과 비과세소득, 소득공제를 차감하여 과세표준인 과세소득을 산출한 후 당기법인세율을 곱하여 계산한다. 당기법인세 계산구조를 예시하면 다음과 같다.

[그림 20-3] 법인세 계산구조

구분	금액
법인세비용차감전순이익	×××
(+) 익금산입, 손금불산입	×××
(-) 손금산입, 익금불산입	(×××)
각 사업연도소득	×××
(-) 이월결손금	(×××)
(-) 비과세소득	(×××)
(-) 소득공제	(×××)
과세표준(과세소득)	×××
× 법인세율	× %
당기법인세 산출세액	×××

(2) 이연법인세자산과 부채의 결정

차감할 일시적차이에서 발생하는 이연법인세자산과 가산할 일시적차이에서 발생하는 이연법인세부채에 일시적차이가 소멸되는 보고기간과 그 보고기간에 적용될 것으로 예상하는 세율을 곱하여 기말이연법인세자산과 부채를 확정한다. 만약 이연법인세자산과 부채가 상계할 수 있는 요건에 해당한다면 상계하여 비유동항목으로 표시한다. 그렇지 않다면 이연법인세자산과 부채를 각각 인식하여야 한다. 여기서 유의할 점은 이연법인세자산의 경우에는 실현가능성을 검토하여 미래과세소득과 가산할 일시적차이의 범위 내에서 인식하여야 한다는 것이다.

(3) 법인세비용

당기법인세자산과 부채를 계산한 후 기말 이연법인세자산과 부채를 확정한 후 대차차액에 의하여 법인세비용을 산출한다. 여기서 유의할 점은 회계처리의 대상이 되는 이연법인세자산과 부채는 기말 이연법인세자산과 부채가 아니라 기초 이연법인세자산과 부채를 고려한 증감액이라는 것이다. 따라서 법인세비용을 확정할 때에는 반드시 기초 이연법인세자산과 부채를 고려해야 한다.

05 이월결손금

(1) 결손금의 이월공제

① 「법인세법」상 결손금이란 과세소득 계산 시 손금의 총액이 익금의 총액을 초과하는 경우 그 초과하는 금액을 일컫는다. 회계의 당기순손실과 유사한 개념으로 볼 수 있다. 결손금이 발생하면 당연히 세금을 내지 않으며(과세표준은 '0'이 된다), 결손금이 발생한 사업연도일부터 15년간 이월하여 그 사업연도의 소득에서 공제할 수 있다. 이때 공제하는 결손금을 이월결손금이라 한다. 이러한 이월결손금은 차기 이후 보고기간에 과세소득을 감소시켜 법인세 납부를 감소시키므로 이연법인세자산으로 인식한다.

② K-IFRS에서는 미사용 세무상결손금이 사용될 수 있는 미래 과세소득의 발생가능성이 높은 경우 그 범위 안에서 이월된 미사용 세무상결손금에 대하여 이연법인세자산을 인식하도록 규정하고 있다.

③ 이월된 미사용 세무상결손금으로 인한 이연법인세자산의 인식조건은 차감할 일시적차이로 인한 이연법인세자산의 인식조건과 동일하다. 그러나 미사용 세무상결손금이 존재한다는 것은 미래 과세소득이 발생하지 않을 수 있다는 강한 증거가 된다. 따라서 기업이 최근 결손금 이력이 있는 경우, 충분한 가산할 일시적차이가 있거나 미사용 세무상결손금이 사용될 수 있는 충분한 미래 과세소득이 발생할 것이라는 설득력 있는 기타 증거가 있는 경우에만 그 범위 안에서 미사용 세무상결손금으로 인한 이연법인세자산을 인식해야 한다.

(2) 결손금의 소급공제

결손금의 소급공제란 특정 사업연도의 결손금이 발생한 경우 해당 결손금을 직전 사업연도의 과세소득에서 공제하여 환급받는 것을 말한다. 「법인세법」에서는 중소기업에 한하여 각 사업연도에 결손금이 발생한 경우 그 결손금에 대하여 직전 사업연도의 소득에 대하여 과세된 법인세액을 한도로 대통령이 정하는 바에 따라 계산한 금액을 환급신청할 수 있도록 하고 있다. 결손금의 소급공제가 가능한 중소기업은 직전 사업연도의 소득에 부과된 법인세액을 한도로 환급가능한 법인세액에 해당하는 결손금을 차감한 후 남은 잔액에 대해서 이월결손금의 이연법인세자산 인식 여부를 검토해야 한다. 따라서 결손금의 소급공제에 따른 법인세효과는 당기법인세자산(미수법인세환급액)으로 인식한다.

06 이월세액공제

이월세액공제는 차기 이후 보고기간에 세액을 감소시키므로 이연법인세자산으로 인식한다. K-IFRS에서는 세액공제가 사용될 수 있는 미래 과세소득의 발생가능성이 높은 경우 그 범위 안에서 이월된 세액공제에 대하여 이연법인세자산을 인식하도록 규정하고 있으며, 관련된 내용은 이월결손금과 동일하다.

Ⅲ 법인세기간내배분

01 법인세기간내배분

(1) 의의

법인세기간내배분이란 특정 보고기간의 법인세비용을 당기순손익, 기타포괄손익 및 자본에 직접 반영되는 법인세비용으로 배분하는 절차를 말한다. 즉, 세법상 납부할 법인세인 당기법인세에 일시적차이, 이월결손금 및 이월세액공제로 인한 이연법인세자산·부채의 증감액을 가감한 총법인세비용을 당기순손익, 기타포괄손익 및 자본에 직접 반영되는 법인세비용으로 배분하는 것을 말한다.

[그림 20-4] 법인세기간내배분

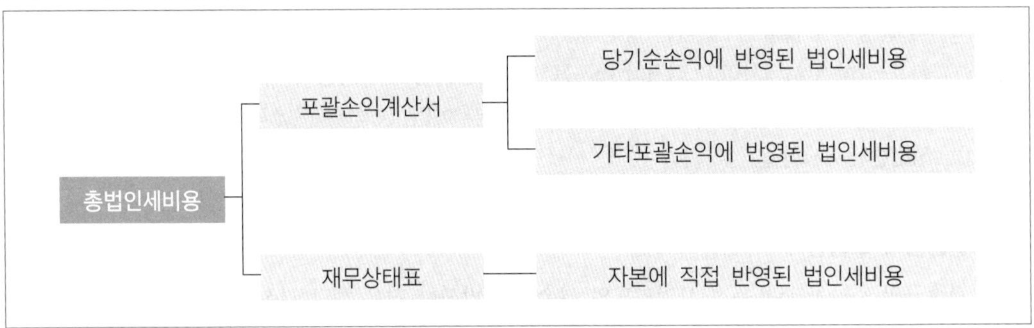

(2) 재무제표의 표시

K-IFRS에서는 세법상 납부할 법인세인 당기법인세에 일시적차이, 이월결손금 및 이월세액공제로 인한 이연법인세자산·부채의 증감액을 가감한 총법인세비용에서 기타포괄손익과 자본에 반영된 법인세비용을 차감한 금액을 포괄손익계산서에 법인세비용(당기순손익)으로 표시하도록 규정하고 있다. 한편, 자본에 반영된 법인세비용은 해당 자본계정에서 직접 가감하여 세후 금액으로 표시한다.

기타포괄손익의 항목과 관련한 법인세비용 금액은 포괄손익계산서나 주석에 공시한다. 기타포괄손익의 항목과 관련한 법인세비용을 표시하는 방법은 다음과 같다.

> ① 관련 법인세효과를 차감한 순액으로 표시
> ② 기타포괄손익의 항목과 관련된 법인세효과 반영 전 금액으로 표시하고, 각 항목들에 관련된 법인세효과는 단일 금액으로 합산하여 표시[1)]

1) ②를 선택하는 경우, 법인세는 후속적으로 당기손익 부분으로 재분류되는 항목과 재분류되지 않는 항목 간에 배분한다.

> ⊘ 참고 **법인세기간내배분의 인식**
>
> 동일 회계기간 또는 다른 회계기간에, 당기손익 이외로 인식되는 항목과 관련된 당기법인세와 이연법인세는 당기손익 이외의 항목으로 인식된다. 따라서 동일 회계기간 또는 다른 회계기간에 인식된 당기법인세와 이연법인세는 다음과 같이 회계처리한다.
>
> (1) 동일 회계기간 또는 다른 회계기간에 기타포괄손익에 인식된 항목과 관련된 금액은 기타포괄손익으로 인식한다. (예 유형자산의 재평가로 인하여 발생하는 장부금액의 변동, 해외사업장 재무제표의 환산에서 발생하는 외환차이)
>
> (2) 동일 회계기간 또는 다른 회계기간에 자본에 직접 인식된 항목과 관련된 금액은 자본에 직접 인식한다. (예 소급 적용되는 회계정책의 변경이나 오류의 수정으로 인한 기초이익잉여금 잔액의 조정, 복합금융상품의 자본요소에 대한 최초 인식에서 발생하는 금액)

(3) 자본 및 기타포괄손익에 반영될 법인세효과

K-IFRS에서 법인세효과를 자본 및 기타포괄손익에 반영할 항목은 다음과 같다.

> ① 자기주식처분손익
> ② 이익잉여금의 수정(예 회계정책의 변경, 전기오류수정)
> ③ 복합금융상품(예 전환권대가, 신주인수권대가)
> ④ 기타포괄손익항목(예 재평가잉여금, 기타포괄손익공정가치측정금융자산평가손익 등)

POINT 법인세기간내배분

법인세기간내배분	특정 보고기간의 법인세비용을 당기순손익, 기타포괄손익 및 자본에 직접 반영되는 법인세비용으로 배분하는 절차
재무제표의 표시	① 세법상 납부할 법인세인 당기법인세에 일시적차이, 이월결손금 및 이월세액공제로 인한 이연법인세자산·부채의 증감액을 가감한 총법인세비용에서 기타포괄손익과 자본에 반영된 법인세비용을 차감한 금액을 포괄손익계산서에 법인세비용(당기순손익)으로 표시함 ② 자본에 반영된 법인세비용은 해당 자본계정에서 직접 가감하여 세후 금액으로 표시함 ③ 기타포괄손익의 항목과 관련한 법인세비용 금액은 포괄손익계산서의 기타포괄손익에 가감하여 표시함
자본 및 기타포괄손익에 반영될 법인세효과	① 자기주식처분손익 ② 이익잉여금의 수정(예 회계정책의 변경, 전기오류수정) ③ 복합금융상품(예 전환권대가, 신주인수권대가) ④ 기타포괄손익항목(예 재평가잉여금, 기타포괄손익공정가치측정금융자산평가손익 등)

02 자기주식처분손익

자기주식처분손익에 대한 법인세효과는 법인세비용에 반영하지 않고, 자기주식처분손익에서 직접 차감하여 반영해야 한다. 또한 자기주식처분손익은 당기법인세자산·부채에 영향을 미치므로 법인세효과를 산정할 때 적용할 세율은 당기법인세율을 적용해야 한다.

03 복합금융상품의 자본항목

복합금융상품의 자본항목에 대한 법인세효과는 법인세비용에 반영하지 않고, 복합금융상품의 자본항목에서 직접 차감하여 반영해야 한다. 또한 복합금융상품의 자본항목은 이연법인세자산 · 부채에 영향을 미치므로 법인세효과를 산정할 때 적용할 세율은 당해 자산이 실현되거나 부채가 결제될 회계기간에 적용될 것으로 기대되는 세율을 사용한다.

04 기타포괄손익에 반영될 법인세효과

(1) 재평가잉여금

재평가잉여금에 대한 법인세효과는 법인세비용에 반영하지 않고, 재평가잉여금(기타포괄손익)항목에서 직접 차감하여 반영해야 한다. 또한 재평가잉여금은 이연법인세자산 · 부채에 영향을 미치므로 법인세효과를 산정할 때 적용할 세율은 당해 자산이 실현되거나 부채가 결제될 회계기간에 적용될 것으로 기대되는 세율을 사용한다.

(2) 기타포괄손익공정가치측정금융자산평가손익

기타포괄손익공정가치측정금융자산평가손익에 대한 법인세효과는 법인세비용에 반영하지 않고, 기타포괄손익공정가치측정금융자산평가손익(기타포괄손익)항목에서 직접 차감하여 반영해야 한다. 또한 기타포괄손익공정가치측정금융자산평가손익은 이연법인세자산 · 부채에 영향을 미치므로 법인세효과를 산정할 때 적용할 세율은 당해 자산이 실현되거나 부채가 결제될 회계기간에 적용될 것으로 기대되는 세율을 사용한다.

POINT 자본 및 기타포괄손익에 반영될 법인세효과

구분	법인세효과의 회계처리	재무상태표에 표시	적용세율
자기주식처분손익	자본항목에 직접 가감	자기주식처분손익 × (1 - t)	당기 법인세율
전환권대가, 신주인수권대가	자본항목에 직접 가감	전환권대가 × (1 - t), 신주인수권대가 × (1 - t)	당해 자산이 실현되거나 부채가 결제될 회계기간에 적용될 것으로 기대되는 세율
재평가잉여금	기타포괄손익에 직접 가감	재평가잉여금 × (1 - t)	
기타포괄손익공정가치측정금융자산평가손익	기타포괄손익에 직접 가감	기타포괄손익공정가치측정금융자산평가손익 × (1 - t)	

Ⅳ 법인세회계 기타사항

01 평균세율

과세대상수익의 수준에 따라 적용되는 세율이 다른 경우에는 일시적차이가 소멸될 것으로 예상되는 기간의 과세소득에 적용될 것으로 기대되는 평균세율을 사용하여 이연법인세자산과 부채를 측정한다.

$$\text{평균세율} = \frac{\text{예상법인세부담액}}{\text{예상과세소득}}$$

02 평균유효세율

평균유효세율이란 법인세비용을 법인세비용차감전순이익으로 나누어 산출한 세율을 말하며, 회계상 실질부담세율을 의미한다.

$$\text{평균유효세율} = \frac{\text{법인세비용}}{\text{법인세비용차감전순이익}}$$

POINT 법인세회계 최종요약

<table>
<tr><th>구분</th><th>유의사항</th></tr>
<tr><td>1st: 세법상 납부할 법인세 계산</td><td>① (NI + 가산조정 - 차감조정 = 과세소득) × 당기법인세율
② 당기법인세부채를 산출함(단, 선급법인세 고려하여야 함)</td></tr>
<tr><td>2nd: 이연법인세 자산 · 부채의 산출</td><td>① 대상
<table><tr><th>구분</th><th>이연법인세자산</th><th>이연법인세부채</th></tr><tr><td>일시적차이</td><td>유보</td><td>△유보</td></tr><tr><td>영구적 차이</td><td>N/A</td><td>N/A</td></tr><tr><td>이월공제</td><td>이월결손금
이월세액공제</td><td></td></tr></table>② 이연법인세자산 · 부채는 상계 후 비유동자산으로 표시함
③ 이연법인세자산 · 부채는 PV평가 제외함
④ 미래세율을 적용함
⑤ 이연법인세자산: 실현가능성 검토(미래과세소득 + △유보)</td></tr>
<tr><td>3rd: 법인세비용 산정</td><td>① 기초 이연법인세자산 · 부채를 고려하여야 함
② 당기법인세부채 → 이연법인세자산 · 부채 → 법인세비용(대차차액)</td></tr>
<tr><td>4th: 자본에 가감하는 법인세</td><td>① 자기주식처분손익
② 이익잉여금수정(회계정책변경, 전기오류수정)
③ 전환권대가, 신주인수권대가
④ 기타포괄손익(재평가잉여금, 기타포괄손익공정가치측정 금융자산평가손익)
} (1 - 세율)로 계상
cf. 자기주식처분손익은 당기세율 적용 나머지는 미래세율 적용</td></tr>
</table>

해커스 IFRS 김원종 POINT 중급회계

Chapter 21

주당이익

I 주당이익의 일반론

01 의의

주당이익(EPS: Earnings Per Share)은 회계기간의 경영성과에 대한 보통주 1주당 지분의 측정치를 말하며, 기업의 당기순이익(보통주이익)을 가중평균유통보통주식수로 나누어 산출한 지표이다.

$$주당이익 = \frac{보통주이익}{가중평균유통보통주식수}$$

02 주당이익의 종류

(1) 기본주당이익

잠재적보통주를 고려하지 않고 실제 유통되는 보통주식수를 기준으로 산출한 주당이익

(2) 희석주당이익

잠재적보통주가 전환 또는 행사되었다고 가정하고 유통보통주식수를 계산하여 산출한 주당이익

(3) 주당이익은 분자에 보통주이익을 당기순이익으로 하느냐 계속영업이익으로 하느냐에 의해서도 구분된다. 따라서 주당이익은 기본주당순이익과 기본주당계속영업이익 및 희석주당순이익과 희석주당계속영업이익으로 구분되며 기본산식은 다음과 같다.

- $기본주당순이익 = \frac{보통주당기순이익(= 당기순이익\ -\ 우선주배당금)}{가중평균유통보통주식수}$
- $기본주당계속영업이익 = \frac{보통주계속영업이익(= 계속영업이익\ -\ 우선주배당금)}{가중평균유통보통주식수}$
- $희석주당순이익 = \frac{보통주당기순이익 + 세후\ 잠재적보통주이익}{가중평균유통보통주식수 + 잠재적보통주식수}$
- $희석주당계속영업이익 = \frac{보통주계속영업이익 + 세후\ 잠재적보통주이익}{가중평균유통보통주식수 + 잠재적보통주식수}$

참고 희석주당이익을 기본주당이익과 별도로 공시하는 이유

현재 및 잠재적 투자자들에게 현재의 주당이익이 잠재적보통주의 권리행사로 인하여 가장 보수적인 경우의 주당이익에 대하여 공시함으로써 투자자들을 보호하기 위함이다. 또한 현재 및 잠재적 투자자들은 기본주당이익을 통해서 최대배당가능액을 파악하고, 희석주당이익을 통하여 최소배당가능액을 파악할 수 있다.

03 재무제표 공시

① 이익의 분배에 대해 서로 다른 권리를 가지는 보통주 종류별로 기본주당이익과 희석주당이익을 보통주에 귀속되는 계속영업손익과 당기순손익에 대하여 계산하고 포괄손익계산서에 표시함
② 상장기업 또는 상장예정기업의 재무제표를 작성하는 경우에만 적용되며, 기본주당이익과 희석주당이익은 제시되는 모든 기간에 대하여 동등한 비중으로 제시해야 함
③ 주당이익은 포괄손익계산서가 제시되는 모든 기간에 대하여 제시해야 함
④ 중단영업에 대해 보고하는 기업은 중단영업에 대한 기본주당이익과 희석주당이익을 포괄손익계산서에 표시하거나 주석으로 공시함
⑤ 부(-)의 금액(즉, 주당손실)인 경우에도 표시함

[그림 21-1] 주당이익의 포괄손익계산서 표시방법

포괄손익계산서

××회사

	당기	전기
계속영업이익	×××	×××
중단영업손익	×××	×××
당기순이익	×××	×××
기타포괄손익	×××	×××
총포괄손익	×××	×××
주당계속영업손익		
기본주당계속영업손익	×××	×××
희석주당계속영업손익	×××	×××
주당순손익		
기본주당순손익	×××	×××
희석주당순손익	×××	×××

04 주당이익의 유용성 및 한계

주당이익의 유용성	① 특정기업의 경영성과를 기간별로 비교하는 데 유용함 ② 당기순이익 중 사외에 유출되는 부분과 사내에 유보되는 부분의 상대적 비중에 관한 유용한 정보를 얻을 수 있음 ③ 주당이익은 주가수익비율(PER)의 계산에 기초자료가 됨
주당이익의 한계	① 주당이익 계산에 사용된 이익은 과거의 자료에 의하여 계산된 수치임 ② 기업 간 회계정책이 서로 다르거나 기업이 회계정책을 변경한다면 단순한 주당이익의 수치로 기업 간 또는 기간별 주당이익을 비교하는 것은 의미가 없음 ③ 기업의 미래투자의사결정, 인적자원 및 업종특성 등의 질적 정보가 반영되지 않음

Ⅱ 기본주당이익

01 의의

기본주당이익은 잠재적보통주를 고려하지 않고 실제 유통되는 보통주식수를 기준으로 산출한 주당이익을 말한다.

- 기본주당순이익 = $\dfrac{\text{보통주당기순이익(= 당기순이익 - 우선주배당금)}}{\text{가중평균유통보통주식수}}$
- 기본주당계속영업이익 = $\dfrac{\text{보통주계속영업이익(= 계속영업이익 - 우선주배당금)}}{\text{가중평균유통보통주식수}}$

02 보통주이익

보통주이익은 당기순이익(계속영업이익)에서 우선주배당금 등을 차감한 금액을 말하며 순수하게 보통주에 귀속되는 이익을 말한다.

- 보통주당기순이익 = 당기순이익 - 우선주배당금 등
- 보통주계속영업이익 = 계속영업손익 - 우선주배당금 등

구분	보통주이익에 차감 또는 가산할 사항
비누적적우선주	배당결의된 세후 배당금은 차감
누적적우선주	배당결의와 상관없이 당해 회계기간과 관련한 세후 배당금은 차감
할증배당우선주	유효이자율법에 의한 상각액은 차감
우선주재매입손실	① 기업의 공개매수 방식의 우선주재매입손실은 차감 ② 우선주재매입손실 = 우선주재매입대가(공정가치) - 우선주장부금액
전환우선주 유도전환	발행될 보통주의 공정가치를 초과하여 지급하는 보통주나 그 밖의 대가의 공정가치는 차감
우선주재매입이익	① 우선주재매입이익은 가산 ② 우선주재매입이익 = 우선주장부금액 - 우선주재매입대가(공정가치)

저자 견해 누적적우선주를 배당결의 여부와 관계없이 차감하는 이유

보통주당기순이익은 당기순이익 중 보통주의 귀속분을 말하는데, 누적적우선주는 당기에 적자가 나서 당기순손실이 발생하여도 차기 이후에 흑자가 나면 지급해야 하므로 보통주의 귀속이익이 배당결의 여부에 상관없이 매 보고기간에 줄어드는 효과가 있다. 즉, 보통주의 주주들은 해당 회계기간의 당기순손실뿐만 아니라 약속한 우선주배당금 지급액까지 추가로 벌어야 향후 배당금을 지급받을 수 있기 때문에 배당결의와 관계없이 차감하는 것이다.

03 가중평균유통보통주식수

기본주당이익을 계산하기 위한 보통주식수는 그 기간에 유통된 보통주식수를 가중평균한 주식수(이하 '가중평균유통보통주식수'라 함)로 한다. 특정회계기간의 가중평균유통보통주식수는 그 기간 중 각 시점의 유통주식수의 변동에 따라 자본금액이 변동할 가능성을 반영한다.

가중평균유통보통주식수는 기초의 유통보통주식수에 회계기간 중 취득된 자기주식수 또는 신규 발행된 보통주식수를 각각의 유통기간에 따른 가중치를 고려하여 조정한 보통주식수이다. 이 경우 유통기간에 따른 가중치는 그 회계기간의 총일수에 대한 특정 보통주의 유통일수의 비율로 산정하며, 가중평균에 대한 합리적 근사치로 사용될 수 있다.

> **참고 가중평균유통보통주식수**
>
> 실무에서 재무제표를 작성하는 경우 주당이익은 반드시 일할 계산해야 한다. 그러나 회계학 시험에서는 문제의 언급대로 풀어야 하는데 2010년 이후에 모든 문제는 월할 계산하라고 문제에 제시되어 있다. 따라서 본서의 모든 문제는 월할 계산을 기준으로 해답을 제시하였으나, 회계사 혹은 세무사에 합격하여 실무에서 재무제표의 주당이익을 검증할 때에는 반드시 일할 계산한다는 것을 명심하도록 한다.

가중평균유통보통주식수를 산정하기 위한 보통주유통일수 계산의 기산일은 통상 주식발행의 대가를 받을 권리가 발생하는 시점(일반적으로 주식발행일)이다. 보통주유통일수를 계산하는 기산일의 예를 들면 다음과 같다.

> ① 현금납입의 경우 현금을 받을 권리가 발생하는 날
> ② 보통주나 우선주배당금을 자발적으로 재투자하여 보통주가 발행되는 경우 배당금의 재투자일
> ③ 채무상품의 전환으로 인하여 보통주를 발행하는 경우 최종이자발생일의 다음날
> ④ 그 밖의 금융상품에 대하여 이자를 지급하거나 원금을 상환하는 대신 보통주를 발행하는 경우 최종이자발생일의 다음날
> ⑤ 채무를 변제하기 위하여 보통주를 발행하는 경우 채무변제일
> ⑥ 현금 이외의 자산을 취득하기 위하여 보통주를 발행하는 경우 그 자산의 취득을 인식한 날
> ⑦ 용역의 대가로 보통주를 발행하는 경우 용역제공일

POINT 가중평균유통보통주식수

구분	내용
자기주식	취득시점부터 가중평균유통보통주식수에서 제외하고, 자기주식을 처분하면 가중평균유통보통주식수에 포함함
시가로 발행된 유상증자	납입일을 기준으로 기간경과에 따라 가중평균하여 계산함
무상증자, 주식배당, 주식분할 및 주식병합	① 원칙: 기초에 실시된 것으로 간주함 ② 기중에 유상증자로 발행된 신주: 납입일에 실시된 것으로 간주함
주주우선배정 신주발행 유상증자	① 공정가치 유상증자 발행가능주식: 납입일에 실시된 것으로 간주함 ② 무상증자 주식수: 원구주를 따름
옵션과 주식매입권	납입일을 기준으로 기간경과에 따라 가중평균하여 계산함
전환우선주와 전환사채	전환일로부터 유통보통주식수에 포함함
조건부발행보통주	모든 필요조건이 충족된 날에 발행된 것으로 보아 유통보통주식수에 포함함

기업의 자본에 ① 경우에 따라 참가범위에 상한을 두면서 사전에 정해진 방식에 따라 보통주와 같이 배당에 참가하는 지분상품(예 참가적우선주)과 ② 우선적 권리가 없지만 다른 종류의 보통주와 배당률이 상이한 보통주와 같은 항목이 포함될 수 있다. 보통주로 전환할 수 없는 금융상품의 경우에는 배당에 대한 권리 또는 잔여이익의 분배에 참가할 권리에 따라 당기순손익을 각 종류의 주식과 참가적 지분상품에 배분한다. 즉, 기본 및 희석주당이익을 계산할 때 다음과 같이 처리한다.

a. 보통주에 귀속되는 당기순손익은 그 기간에 각 종류의 주식에 대하여 배당하기로 결의된 금액과 그 기간에 대하여 지급하여야 하는 배당약정금액만큼 조정한다.
b. 잔여손익은 모든 당기순손익을 배당한 것으로 가정할 때 각 지분상품에 돌아가는 부분만큼 보통주와 참가적 지분상품에 배분한다. 각 종류의 지분상품에 배분하는 당기순손익의 총액은 배당으로 배분하는 금액과 이익참가 형식으로 배분하는 금액을 합산하는 방법으로 결정한다.
c. 각 종류의 지분상품에 대한 주당이익을 결정하기 위하여 그 지분상품에 배분한 당기순손익의 총금액을 그 지분상품의 유통수량으로 나눈다.

Ⅲ 희석주당이익

01 의의

(1) 희석주당이익(DEPS: Diluted Earnings Per Share)은 희석효과가 있는 잠재적보통주가 모두 기초에 전환 또는 행사되었다고 가정하고 유통보통주식수를 계산하여 산출한 주당이익을 말한다.

(2) 희석주당이익은 분자에 보통주이익을 당기순이익으로 하느냐 계속영업이익으로 하느냐에 의해서도 구분된다. 따라서 희석주당이익은 희석주당순이익과 희석주당계속영업이익으로 구분되며 기본산식은 다음과 같다.

- 희석주당순이익 = $\left(\dfrac{\text{보통주당기순이익}}{\text{가중평균유통보통주식수}}\right)\dfrac{+}{+}\left(\dfrac{\text{세후 잠재적보통주이익}}{\text{잠재적보통주식수}}\right)$
- 희석주당계속영업이익 = $\left(\dfrac{\text{보통주계속영업이익}}{\text{가중평균유통보통주식수}}\right)\dfrac{+}{+}\left(\dfrac{\text{세후 잠재적보통주이익}}{\text{잠재적보통주식수}}\right)$

(3) 잠재적보통주(Potential Ordinary Share)는 보통주를 받을 수 있는 권리가 보유자에게 부여된 금융상품이나 계약을 말한다. 잠재적보통주의 예는 다음과 같다.

> ① 전환금융상품: 보통주로 전환할 수 있는 전환권이 부여된 금융상품(예 전환우선주, 전환사채)
> ② 옵션과 주식매입권: 보유자가 보통주를 매입할 수 있는 권리를 가지는 금융상품(예 옵션, 주식매입권, 신주인수권부사채 및 주식결제형 주식기준보상 등)
> ③ 조건부발행보통주: 조건부주식약정에 명시된 특정 조건이 충족된 경우에 현금 등의 대가가 없거나 거의 없이 발행하게 되는 보통주

(4) 잠재적보통주는 보통주로 전환된다고 가정할 경우 주당이익을 감소시키거나 주당손실을 증가시킬 수 있는 경우에만 희석성 잠재적보통주로 취급한다. 반면에 잠재적보통주가 보통주로 전환된다고 가정할 경우 주당이익을 증가시키거나 주당손실을 감소시킬 수 있는 경우에는 반희석성 잠재적보통주가 된다. 희석주당이익을 계산할 때 이러한 반희석성 잠재적보통주는 전환, 행사 또는 기타의 발행이 이루어지지 않는다고 가정하여 계산과정에서 제외하여야 한다.

(5) 여러 종류의 잠재적보통주를 발행한 경우에는 잠재적보통주가 희석효과를 가지는지 반희석효과를 가지는지에 대하여 판단할 때 여러 종류의 잠재적보통주를 모두 통합해서 고려하는 것이 아니라 개별적으로 고려한다. 이때 잠재적보통주를 고려하는 순서가 각각의 잠재적보통주가 희석효과를 가지는지 반희석효과를 가지는지에 대하여 판단하는 데 영향을 미칠 수 있다. 따라서 기본주당이익을 최대한 희석할 수 있도록 희석효과가 가장 큰 잠재적보통주부터 순차적으로 고려하여 계산해야 한다.

02 희석주당이익 계산방법

(1) 세후 잠재적보통주이익

희석성 잠재적보통주가 전환 또는 행사되었다고 가정하면 관련된 배당금과 이자비용 등은 발생하지 않는다. 따라서 보통주이익에 이미 포함되어 있는 관련 잠재적보통주 이익을 가산해야 한다. 즉, 희석주당이익을 계산하기 위해서는 지배기업의 보통주에 귀속되는 당기순손익을 다음의 사항에서 법인세효과를 차감한 금액만큼 조정한다.

① 배당금과 기타항목 : 보통주에 귀속되는 당기순손익을 계산할 때 차감한 희석성 잠재적보통주에 대한 배당금이나 기타항목 ② 이자비용: 희석성 잠재적보통주와 관련하여 그 회계기간에 인식한 이자비용 ③ 수익 또는 비용의 변동사항 : 희석성 잠재적보통주를 보통주로 전환하였다면 발생하였을 그 밖의 수익 또는 비용의 변동사항

(2) 잠재적보통주식수

① 희석주당이익을 계산하기 위한 보통주식수는 기본주당이익 계산방법에 따라 계산한 가중평균유통보통주식수에 희석성 잠재적보통주가 모두 전환될 경우에 발행되는 보통주의 가중평균유통보통주식수를 가산하여 산출한다. 여기서 희석성 잠재적보통주는 회계기간의 기초에 전환된 것으로 보되 당기에 발행된 것은 그 발행일에 전환된 것으로 본다.

② 잠재적보통주는 유통기간을 가중치로 하여 가중평균한다. 해당 기간에 효력을 잃었거나 유효기간이 지난 잠재적보통주는 해당 기간 중 유통된 기간에 대해서만 희석주당이익의 계산에 포함하며, 당기에 보통주로 전환된 잠재적보통주는 기초부터 전환일의 전일까지 희석주당이익의 계산에 포함한다. 한편 전환으로 발행되는 보통주는 전환일부터 기본 및 희석주당이익의 계산에 포함한다.

[그림 21-2] 유통보통주식수와 잠재적보통주식수

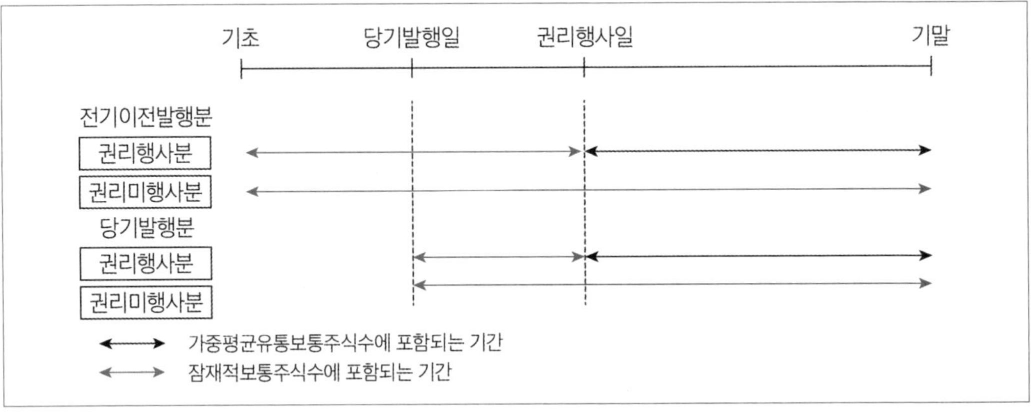

03 전환금융상품

(1) 전환우선주

① 잠재적보통주식수를 계산할 때 전환우선주는 전환이 되더라도 기업에 추가적인 현금의 유입이 없으므로 전환가정법(If-converted Method)에 의하여 모든 주식이 전환권을 행사하였다고 가정하여 잠재적보통주식수를 계산한다. 다만, 희석성 잠재적보통주는 회계기간의 기초에 전환된 것으로 보되 당기에 발행된 것은 그 발행일에 전환된 것으로 본다.

② 보통주에 귀속되는 당기순손익을 계산할 때 차감한 희석성 잠재적보통주에 대한 배당금이나 기타항목은 기초에 전환된 것으로 가정하면 우선주에 대한 배당금이 존재하지 않으므로 분자의 보통주이익에 다시 가산하여 계산해야 한다. 이때 배당금은 이익잉여금에서 지급된 금액이므로 이미 법인세효과가 반영되어 있어 별도의 세금효과를 추가로 고려할 필요가 없다. 또한, 전환우선주 발행기업이 처음의 전환조건보다 유리한 조건을 제시하거나 추가적인 대가를 지급하여 조기 전환을 유도하는 경우가 있다. 전환우선주의 조기 유도전환의 경우 처음의 전환조건에 따라 발행될 보통주의 공정가치를 초과하여 지급하는 보통주나 그 밖의 대가의 공정가치는 전환우선주에 대한 이익배분으로 보아 기본주당이익을 계산할 때 보통주에 귀속되는 당기순손익에서 차감하여 계산한다.

$$\text{희석주당순이익(계속영업이익)} = \left(\frac{\text{당기순이익(계속영업이익) - 우선주배당금}}{\text{가중평균유통보통주식수}}\right)\frac{+}{+}\left(\frac{\text{전환우선주 배당금}}{\text{잠재적보통주식수}}\right)$$

(2) 전환사채

① 잠재적보통주식수를 계산할 때 전환사채는 전환이 되더라도 기업에 추가적인 현금의 유입이 없으므로 전환가정법(If-converted Method)에 의하여 모든 주식이 전환권을 행사하였다고 가정하여 잠재적보통주식수를 계산한다. 다만, 희석성 잠재적보통주는 회계기간의 기초에 전환된 것으로 보되 당기에 발행된 것은 그 발행일에 전환된 것으로 본다.

② 보통주에 귀속되는 당기순손익을 계산할 때 차감한 희석성 잠재적보통주와 관련하여 그 회계기간에 인식한 이자비용은 기초에 전환된 것으로 가정하면 전환사채에 대한 이자비용이 존재하지 않으므로 분자의 보통주이익에 다시 가산하여 계산해야 한다. 여기서 유의할 점은 잠재적보통주이익은 법인세효과를 고려해야 하므로 세전이자비용이 주어진다면 해당금액에 (1 - 법인세율)을 곱한 금액을 가산하여야 한다는 것이다.

$$\text{희석주당순이익(계속영업이익)} = \left(\frac{\text{당기순이익(계속영업이익) - 우선주배당금}}{\text{가중평균유통보통주식수}}\right)\frac{+}{+}\left(\frac{\text{전환사채이자비용} \times (1 - t)}{\text{잠재적보통주식수}}\right)$$

04 옵션과 주식매입권

(1) 옵션과 주식매입권

옵션과 주식매입권의 경우 당기에 행사된 잠재적보통주는 기초부터 행사일의 전일까지 희석주당이익의 계산에 포함한다. 한편 행사로 발행되는 보통주는 행사일부터 기본 및 희석주당이익의 계산에 포함시킨다. 이러한 잠재적보통주식수를 계산할 때 옵션과 주식매입권은 행사가 되면 기업에 추가적인 현금의 유입이 발생하므로 행사가능한 전체주식수를 잠재적보통주식수로 간주하지 않는다. 대신에 자기주식법(Treasury Stock Method)에 의하여 행사 시 발행가능한 주식수에서 회계기간의 평균시장가격으로 재매입가능한 보통주식수의 차이를 추가로 증분되는 잠재적보통주식수로 본다. 즉, 잠재적보통주식수는 자기주식법에 의하여 다음과 같이 계산한다.

$$\text{잠재적보통주식수} = \text{행사가격으로 발행가능한 주식수} \times \frac{(\text{보통주 평균시장가격} - \text{행사가격})}{\text{보통주의 평균시장가격}}$$

$$= \text{행사가격으로 발행가능한 주식수} - \frac{\text{권리행사로 인한 현금유입액}}{\text{보통주의 평균시장가격}}$$

> **참고 자기주식법**
>
> 옵션이나 주식매입권 등의 경우, 보통주를 행사가격으로 발행할 때 유입되는 현금으로 이미 유통되고 있는 자기주식을 회계기간의 평균시장가격으로 매입하는 것으로 가정하는 방법을 말한다. 즉, 행사가격으로 발행될 주식수와 유입되는 현금으로 매입할 수 있는 자기주식수의 차이를 희석주당이익을 계산하기 위한 보통주식수에 포함시키는 방법을 자기주식법(Treasury Stock Method)이라고 한다.

옵션과 주식매입권은 그 회계기간의 보통주 평균시장가격보다 낮은 금액으로 보통주를 발행하는 결과를 가져올 수 있는 경우에 희석효과가 있으며, 이때 그 회계기간의 보통주 평균시장가격에서 발행금액을 차감한 금액이 희석효과 금액이 된다. 즉, 옵션과 주식매입권은 그 회계기간의 보통주의 평균시장가격이 옵션과 주식매입권의 행사가격을 초과하는 경우에만 희석효과가 있다(즉, '내가격'에 있다). 반대로 옵션과 주식매입권은 그 회계기간의 보통주의 평균시장가격이 옵션과 주식매입권의 행사가격보다 낮은 경우에는 권리가 행사되지 않을 것이므로 희석효과가 존재하지 않음에 유의하기 바란다.

$$\text{희석주당순이익(계속영업이익)} = \left(\frac{\text{당기순이익(계속영업이익)} - \text{우선주배당금}}{\text{가중평균유통보통주식수}} \, \frac{+}{+} \, \frac{₩0}{\text{잠재적보통주식수}} \right)$$

(2) 신주인수권부사채

신주인수권부사채의 경우 당기에 행사된 잠재적보통주는 기초부터 행사일의 전일까지 희석주당이익의 계산에 포함한다. 한편 행사로 발행되는 보통주는 행사일부터 기본 및 희석주당이익의 계산에 포함시킨다. 이러한 잠재적보통주식수를 계산할 때 신주인수권부사채는 행사가 되면 기업에 추가적인 현금의 유입이 발생하므로 행사가능한 전체주식수를 잠재적보통주식수로 간주하지 않는다. 대신에 자기주식법(Treasury Stock Method)에 의하여 행사 시 발행가능한 주식수에서 회계기간의 평균시장가격으로 재매입가능한 보통주식수의 차이를 추가로 증분되는 잠재적보통주식수로 본다. 즉, 잠재적보통주식수는 자기주식법에 의하여 다음과 같이 계산한다.

$$잠재적보통주식수 = 행사가격으로\ 발행가능한\ 주식수 \times \frac{(보통주\ 평균시장가격 - 행사가격)}{보통주의\ 평균시장가격}$$

$$= 행사가격으로\ 발행가능한\ 주식수 - \frac{권리행사로\ 인한\ 현금유입액}{보통주의\ 평균시장가격}$$

신주인수권부사채는 그 회계기간의 보통주 평균시장가격보다 낮은 금액으로 보통주를 발행하는 결과를 가져올 수 있는 경우에 희석효과가 있으며, 이때 그 회계기간의 보통주 평균시장가격에서 발행금액을 차감한 금액이 희석효과 금액이 된다. 즉, 신주인수권부사채는 그 회계기간의 보통주의 평균시장가격이 신주인수권부사채의 행사가격을 초과하는 경우에만 희석효과가 있다.

신주인수권부사채의 경우에는 신주인수권을 행사해도 사채가 존속하는 점이 전환사채와 다르다. 따라서 신주인수권이 행사되어도 잠재적보통주식수는 증가하지만 보통주이익에는 일반적으로 영향이 없다. 그러나 상환할증조건부 신주인수권부사채의 경우에는 신주인수권이 행사되면 상환할증금은 지급할 의무가 소멸되므로 상환할증금에 대한 이자비용에 (1−법인세율)을 곱한 금액을 보통주이익에 가산하여야 한다.

희석주당순이익(계속영업이익)

$$= \left(\frac{당기순이익(계속영업이익)\ -\ 우선주배당금}{가중평균유통보통주식수}\right) \frac{+}{+} \left(\frac{상환할증금에\ 대한\ 이자비용 \times (1 - t)}{잠재적보통주식수}\right)$$

(3) 주식결제형 주식기준보상

주식결제형 주식기준보상(이하 '주식선택권'이라 함)의 경우 당기에 행사된 잠재적보통주는 기초부터 행사일의 전일까지 희석주당이익의 계산에 포함한다. 한편 행사로 발행되는 보통주는 행사일부터 기본 및 희석주당이익의 계산에 포함시킨다. 이러한 잠재적보통주식수를 계산할 때 주식선택권은 행사가 되면 기업에 추가적인 현금의 유입이 발생하므로 행사가능한 전체주식수를 잠재적보통주식수로 간주하지 않는다. 대신에 자기주식법(Treasury Stock Method)에 의하여 행사 시 발행가능한 주식수에서 회계기간의 평균시장가격으로 재매입가능한 보통주식수의 차이를 추가로 증분되는 잠재적보통주식수로 본다. 즉, 잠재적보통주식수는 자기주식법에 의하여 다음과 같이 계산한다.

- $$잠재적보통주식수 = 행사가격으로\ 발행가능한\ 주식수 \times \frac{(보통주\ 평균시장가격 - 행사가격)}{보통주의\ 평균시장가격}$$

  $$= 행사가격으로\ 발행가능한\ 주식수 - \left(\frac{권리행사로\ 인한\ 현금유입액}{보통주의\ 평균시장가격}\right)$$
- 조정된 행사가격 = 행사가격 + 주식선택권에 따라 미래에 유입될 재화나 용역의 공정가치
- $$주식선택권에\ 따라\ 미래에\ 유입될\ 재화나\ 용역의\ 공정가치 = \frac{잔여가득기간에\ 인식할\ 주식보상비용}{주식선택권의\ 행사예상개수}$$

여기서 유의할 사항은 주식선택권이 가득되지 않은 경우 행사가격에는 주식선택권이나 그 밖의 주식기준보상약정에 따라 미래에 유입될 재화나 용역의 공정가치가 포함된다는 것이다. 왜냐하면 주식선택권의 경우 행사가격은 임직원이 용역제공기간 동안 제공할 재화나 용역의 공정가치를 고려하여 일반적으로 행사가격이 낮게 결정되기 때문이다.
주식선택권의 경우에는 주식선택권을 행사하면 주식보상비용이 당기비용으로 처리되지 않았을 것이다. 따라서 주식보상비용에 (1 - 법인세율)을 곱한 금액을 보통주이익에 가산하여야 한다.

$$\text{희석주당순이익(계속영업이익)} = \left(\frac{\text{당기순이익(계속영업이익) - 우선주배당금}}{\text{가중평균유통보통주식수}}\right)\frac{+}{+}\left(\frac{\text{주식보상비용} \times (1-t)}{\text{잠재적보통주식수}}\right)$$

POINT 희석주당순이익

구분		이익(분자효과)	잠재적보통주식수 (분모효과)	비고
전환가정법	전환우선주	전환우선주배당금	전환가정법 적용	
	전환사채	전환사채이자 × (1 - t)	전환가정법 적용	
자기주식법	옵션과 주식매입권	₩0	자기주식법 적용	평균시장가격 > 행사가격인 경우에만 희석효과가 있음
	신주인수권부사채	상환할증금에 대한 이자비용 × (1 - t)	자기주식법 적용	평균시장가격 > 행사가격인 경우에만 희석효과가 있음
	주식선택권	주식보상비용 × (1 - t)	자기주식법 적용	조정된 행사가격: 행사가격 + 주식선택권에 따라 미래에 유입될 재화나 용역의 공정가치

05 조건부발행보통주

(1) 기본주당이익을 계산할 때와 마찬가지로 희석주당이익을 계산할 때에도 조건부발행보통주는 그 조건이 충족된 상태라면 이미 발행되어 유통되고 있는 것으로 보아 희석주당이익을 계산하기 위한 보통주식수에 포함한다.

(2) 조건부발행보통주는 그 회계기간 초부터(그 회계기간에 조건부발행보통주에 대한 약정이 이루어졌다면 약정일부터) 포함한다. 만약 조건이 충족되지 않은 상태일 경우 조건부발행보통주는 그 회계기간 말이 조건기간의 만료일이라면 발행할 보통주식수만큼 희석주당이익을 계산하기 위한 보통주식수의 계산에 포함한다.

참고 조건부발행보통주

조건부발행보통주(contingently issuable shares)는 조건부주식약정에 명시된 특정 조건이 충족된 경우에 현금 등의 대가가 없거나 거의 없이 발행하게 되는 보통주를 말한다.
조건부발행보통주는 모든 필요조건이 충족된 날에 발행된 것으로 보아 기본주당이익을 계산하기 위한 보통주식수에 포함하여야 한다. 단순히 일정기간이 경과한 후 보통주를 발행하기로 하는 계약 등의 경우 기간의 경과에는 불확실성이 없으므로 조건부발행보통주로 보지 않는다. 조건부로 재매입할 수 있는 보통주를 발행한 경우 이에 대한 재매입가능성이 없어질 때까지는 보통주로 간주하지 않으며, 기본주당이익을 계산하기 위한 보통주식수에 포함하지 않는다.

06 희석효과의 판단

계속영업손익의 적용	잠재적보통주는 보통주로 전환된다고 가정할 경우 희석효과에 대한 판단은 주당계속영업손익에 대한 희석효과 유무로 판단함
여러 종류의 잠재적보통주를 발행한 경우	기본주당이익을 최대한 희석할 수 있도록 희석효과가 가장 큰 잠재적보통주부터 순차적으로 고려하여 계산해야 함

POINT 주당이익 요약

1. 기본주당손익

$$\frac{\text{당기순손익(계속영업손익) - (1) 우선주배당금}}{\text{(2) 유통보통주식수}}$$

2. 희석주당이익

$$\frac{\text{당기순손익(계속영업손익) - (1) 우선주배당금} \quad + \text{(3) 전환가정세후손익}}{\text{(2) 유통보통주식수} \quad + \text{(4) 잠재적보통주식수}}$$

(1) 우선주배당금
 ① 비누적적 우선주: 배당결의분 차감
 ② 누적적 우선주: 배당결의와 관계없이 당기배당금 차감
 ③ 우선주재매입 손실: 차감
 ④ 할증배당우선주: 당기 상각액 차감
 ⑤ 전환우선주 전환 시 유도전환대가: 초과지급액 차감
 ⑥ 우선주재매입 이익: 가산

(2) 유통보통주식수
 ① 자기주식 - 취득일로부터 차감하고 재발행일로부터 가산
 ② 유상증자 - 발행일(납입일)로부터 가산
 ③ 무상증자, 주식배당, 주식분할, 주식병합 - 원칙: 기초소급, 당기발행분: 발행일로 소급
 ④ 주주우선배정 신주발행(시가 이하로 발행한 유상증자)
  a. 유상증자 부분 - 발행일로부터 가산
  b. 무상증자 부분 - 원칙: 기초소급, 당기발행분: 발행일로 소급
 ⑤ 잠재적보통주 - 권리행사일로부터 가산

(3) 전환가정세후손익
 ① 전환우선주배당금 ~~× (1 - t)~~
 ② 기타사항 × (1 - t)
 ③ 신주인수권부사채: 상환할증금에 대한 이자비용 × (1 - t)

(4) 잠재적보통주식수

구분	종류
전환가정법	전환우선주, 전환사채
자기주식법	신주인수권부사채, 옵션, 주식선택권

① 신주인수권부사채, 옵션

$$\text{주식수} - \frac{\text{주식수} \times \text{행사가격}}{\text{보통주평균시가}}$$

② 주식선택권

$$\text{주식수} - \frac{\text{주식수} \times (\text{행사가격} + \text{향후 세공해야 할 용역의 가치})}{\text{보통주평균시가}}$$

(5) 기타유의사항

① 희석효과 판단: 계속영업손익으로 판단

② 희석효과가 큰 순서대로 순차적으로 적용

Ⅳ 소급수정 및 중간재무보고

01 소급수정

① 유통되는 보통주식수나 잠재적보통주식수가 자본금전입, 무상증자, 주식분할로 증가하였거나 주식병합으로 감소하였다면, 비교 표시하는 모든 기본주당이익과 희석주당이익을 소급하여 수정함
② 오류의 수정과 회계정책의 변경을 소급적용하는 경우에는 그 효과를 반영하여 비교 표시하는 모든 기본주당이익과 희석주당이익을 수정함

02 중간재무보고

잠재적보통주식수는 표시되는 각 회계기간마다 독립적으로 결정한다. 즉, 누적중간기간의 희석주당이익 계산에 포함된 희석성 잠재적보통주식수는 각 중간기간의 희석주당이익 계산에 포함된 희석성 잠재적보통주식수를 가중평균하여 산출해서는 안 되며 각 회계기간마다 독립적으로 계산해야 한다.

보론 1 | 주당이익의 기타주제

01. 보통주나 현금으로 결제할 수 있는 계약

보통주나 현금으로 결제할 수 있는 계약이란 기업의 선택이나 보유자의 선택에 따라 결제방식을 선택할 수 있는 계약을 말한다. 보통주나 현금으로 결제할 수 있는 계약의 예로는 만기에 원금을 현금이나 자기주식으로 결제할 수 있는 제한 없는 권리를 기업에 부여하는 채무상품이 있다. 또 다른 예로는 보통주나 현금으로 결제할 수 있는 선택권을 보유자에게 부여하는 풋옵션을 매도하는 경우가 있다.

기업이 선택하는 경우	그 계약이 보통주로 결제될 것으로 가정하고 그로 인한 잠재적보통주가 희석효과를 가진다면 희석주당이익의 계산에 포함함
보유자가 선택하는 경우	주식결제와 현금결제 중 희석효과가 더 큰 방법으로 결제된다고 가정하여 희석주당이익을 계산함

02. 매입옵션

기업이 자신의 보통주에 기초한 옵션(풋옵션이나 콜옵션)을 매입하여 보유하는 경우에는 반희석효과가 있으므로 희석주당이익의 계산에 포함하지 아니한다. 그 이유는 일반적으로 풋옵션은 행사가격이 시장가격보다 높을 경우에만 행사되고, 콜옵션은 행사가격이 시장가격보다 낮을 경우에만 행사되기 때문이다.

⊘ 참고 **매입옵션을 희석주당이익 계산에 포함하지 않는 이유**

1. 매입풋옵션
   풋옵션을 매입하여 보유하는 경우 풋옵션은 행사가격(₩1,000)이 시장가격(₩500)보다 높을 때만 행사된다. 기업이 자금조달(예 ₩5,000)을 위하여 보통주를 발행할 경우 풋옵션이 없는 상황에서는 10주(= ₩5,000 ÷ ₩500)를 발행해야 한다. 그러나 풋옵션이 있는 상황에서는 5주(= ₩5,000 ÷ ₩1,000)만 발행해도 되기 때문에 유통보통주식수가 5주만큼 감소되는 반희석효과가 있으므로 매입풋옵션은 희석주당이익 계산에 포함하지 않는다.
2. 매입콜옵션
   콜옵션을 매입하여 보유하는 경우 콜옵션은 행사가격(₩500)이 시장가격(₩1,000)보다 낮을 때만 행사된다. 기업이 유통보통주식수를 감소시키기 위하여 여유자금(예 ₩10,000)으로 보통주를 매입할 경우 콜옵션이 없는 상황에서는 10주(= ₩10,000 ÷ ₩1,000)를 매입할 수 있다. 그러나 콜옵션이 있는 상황에서는 20주(= ₩10,000 ÷ ₩500)를 매입할 수 있으므로 유통보통주식수가 10주만큼 감소되는 반희석효과가 있으므로 매입콜옵션은 희석주당이익 계산에 포함하지 않는다.

03. 매도풋옵션

매도풋옵션과 선도매입계약과 같이 기업이 자기주식을 매입하도록 하는 계약이 희석효과가 있다면 희석주당이익의 계산에 반영한다. 이러한 계약이 그 회계기간 동안에 '내가격'에 있다면(즉, 행사가격이나 결제가격이 그 회계기간의 평균시장가격보다 높으면), 주당이익에 대한 잠재적 희석효과는 다음과 같이 계산한다.

(1) 계약 이행에 필요한 자금조달을 위해 충분한 수의 보통주를 그 회계기간의 평균시장가격으로 기초에 발행한다고 가정한다.
(2) 주식발행으로 유입된 현금은 그 계약을 이행하는 용도(즉, 자기주식의 매입)로 사용한다고 가정한다.
(3) 증가될 보통주식수(즉, 발행할 것으로 가정하는 보통주식수와 계약을 이행할 경우 받게 되는 보통주식수의 차이)는 희석주당이익의 계산에 포함한다.

⊙ 참고 **매도풋옵션**

기업이 보통주에 대한 120단위의 풋옵션을 ₩35의 행사가격으로 발행하였다고 가정한다. 그 기간의 보통주의 평균시장가격은 ₩28이다. 희석주당이익의 계산에서 기업은 기초에 ₩4,200의 풋의무를 이행하기 위하여 보통주 150주를 주당 ₩28에 발행하였다고 가정한다. 발행한 것으로 가정한 150주의 보통주와 120단위의 풋옵션의 행사로 받게 되는 보통주 120주의 차이 30주는 희석주당이익을 계산할 때 분모의 가산항목이 된다.

04. 잠재적보통주의 계약조건

희석성 잠재적보통주의 전환으로 인하여 발행되는 보통주식수는 잠재적보통주의 계약조건에 따라 결정된다. 이때 두 가지 이상의 전환기준이 존재하는 경우에는 잠재적보통주의 보유자에게 가장 유리한 전환비율이나 행사가격을 적용하여 계산한다.

05. 부분 납입주식

보통주가 발행되었지만 부분 납입된 경우 완전 납입된 보통주와 비교하여, 당해 기간의 배당에 참가할 수 있는 정도까지는 보통주의 일부로 취급하여 기본주당이익을 계산한다. 부분 납입으로 당해 기간의 배당에 참가할 자격이 없는 주식의 미납입부분은 희석주당이익의 계산에 있어서 주식매입권이나 옵션과 같이 취급한다. 미납입액은 보통주를 매입하는 데 사용한 것으로 가정한다. 희석주당이익의 계산에 포함되는 주식수는 배정된 주식수와 매입된 것으로 가정한 주식수의 차이이다.

해커스 IFRS 김원종 POINT 중급회계

Chapter 22

회계변경과 오류수정

Ⅰ 회계변경과 오류수정의 일반론
Ⅱ 회계정책의 변경
Ⅲ 회계추정치의 변경
Ⅳ 오류수정

보론 1 이익잉여금의 수정에 대한 법인세회계

Ⅰ 회계변경과 오류수정의 일반론

01 의의

회계변경의 정의	기업회계기준 또는 관계 법령의 제정, 개정 및 경제환경이나 경영환경의 변화 등으로 기업이 채택한 회계처리방법을 새로운 회계처리방법으로 변경하는 것
회계변경의 유형	회계정책의 변경, 회계추정치의 변경
전기오류의 정의	과거 기간 동안에 재무제표를 작성할 때 신뢰할 만한 정보를 이용하지 못했거나 잘못 이용하여 발생한 재무제표에의 누락이나 왜곡 표시
오류수정의 정의	중요한 전기오류를 수정하여 해당 후속기간의 재무제표에 비교 표시된 재무정보를 재작성하는 것

02 회계처리방법

소급적용	① 정의: 새로운 회계정책을 처음부터 적용한 것처럼 거래, 기타 사건 및 상황에 적용하고, 과거 재무제표를 새로운 회계정책을 적용하여 수정하는 방법 ② 비교 표시되는 과거 재무제표: 수정함 ③ 장점: 재무제표의 비교가능성 제고 ④ 단점: 재무제표의 신뢰성 훼손
당기일괄적용	① 정의: 기초시점에서 새로운 회계정책의 채택으로 인한 회계변경의 누적효과를 당기손익에 반영하는 방법 ② 비교 표시되는 과거 재무제표: 수정하지 아니함 ③ 장점: 재무제표의 신뢰성 제고 ④ 단점: 재무제표의 비교가능성 훼손, 자의적인 이익조작가능성
전진적용	① 정의: 비교 공시하는 전기 재무제표는 수정하지 않고 변경된 새로운 회계정책을 당기와 미래 기간에 반영하는 방법 ② 비교 표시되는 과거 재무제표: 수정하지 아니함 ③ 장점: 재무제표의 신뢰성 제고, 자의적인 이익조작가능성 방지 ④ 단점: 재무제표의 비교가능성 훼손, 회계변경의 누적효과를 파악할 수 없음
K-IFRS	① 회계정책의 변경: 소급적용 ② 회계추정치의 변경: 전진적용 ③ 중요한 전기오류 수정: 소급적용 ④ 중요하지 않은 전기오류수정: K-IFRS의 규정 없음

⊘ 참고 회계변경의 누적효과와 전기오류수정

재산의 증감 및 변화를 일으키는 사건인 거래에서 자본거래가 아닌 손익거래의 경우에는 자산과 부채의 증감은 수익과 비용의 증감을 동반하게 된다. 따라서 회계정책의 변경 또는 중요한 오류수정에 의하여 발생한 기초 이월이익잉여금의 증감효과인 회계변경의 누적효과(Cummulative Effect)와 전기오류수정효과는 다음과 같이 계산할 수 있다.

(1) 회계변경의 누적효과

= 변경후 회계정책에 의한 전기말 이익잉여금 - 변경전 회계정책에 의한 전기말 이익잉여금

= 변경후 회계정책에 의한 전기말 자산 · 부채의 장부금액 - 변경전 회계정책에 의한 전기말 자산 · 부채의 장부금액

(2) 전기오류수정효과

= 오류수정후 전기말 이익잉여금 - 오류수정전 전기 말 이익잉여금

= 오류수정후 전기말 자산 · 부채의 장부금액 - 오류수정전 전기말 자산 · 부채의 장부금액

Ⅱ 회계정책의 변경

01 회계정책의 의의

회계정책의 정의	기업이 재무제표를 작성·표시하기 위하여 적용하는 구체적인 원칙, 근거, 관습, 규칙 및 관행 ① 회계정책의 적용효과가 중요하지 않은 경우에는 그 회계정책을 적용하지 않을 수 있음 ② 기업의 재무상태, 재무성과 또는 현금흐름을 특정한 의도대로 표시하기 위하여 한국채택국제회계기준에 위배된 회계정책을 적용하는 것은 그것이 중요하지 않더라도 적절하다고 할 수 없음
회계정책의 개발 및 적용	거래, 기타 사건 또는 상황에 대하여 구체적으로 적용할 수 있는 한국채택국제회계기준이 없는 경우, 경영진은 판단에 따라 회계정책을 개발 및 적용하여 회계정보를 작성할 수 있음
회계정책의 일관성	① K-IFRS에서 특정 범주별로 서로 다른 회계정책을 적용하도록 규정하거나 허용하는 경우를 제외하고는 유사한 거래, 기타 사건 및 상황에는 동일한 회계정책을 선택하여 일관성 있게 적용함 ② 한국채택국제회계기준에서 범주별로 서로 다른 회계정책을 적용하도록 규정하거나 허용하는 경우, 각 범주에 대하여 선택한 회계정책을 일관성 있게 적용함

02 회계정책의 변경

(1) 회계정책 변경의 정의

회계정책 변경의 정의	기업이 채택한 회계정책을 새로운 회계정책으로 변경하는 것
회계정책을 변경할 수 있는 경우	① 한국채택국제회계기준에서 회계정책의 변경을 요구하는 경우 ② 회계정책의 변경을 반영한 재무제표가 거래, 기타 사건 또는 상황이 재무상태, 재무성과 또는 현금흐름에 미치는 영향에 대하여 신뢰성 있고 더 목적적합한 정보를 제공하는 경우

[그림 22-1] 회계정책의 변경

변경 전		변경 후		내용
GAAP	➡	GAAP	:	회계정책의 변경
GAAP	➡	NON - GAAP	:	오류
NON - GAAP	➡	GAAP	:	오류수정

(2) 회계정책의 변경 사례

위의 2가지 요건 중 어느 하나를 충족하여 회계정책을 변경할 수 있는 사례는 다음과 같다.

> ① 유형자산과 무형자산의 측정기준의 변경(원가모형 ↔ 재평가모형)
> ② 투자부동산의 측정기준의 변경(원가모형 ↔ 공정가치모형)
> ③ 재고자산의 단가결정방법의 변경(선입선출법 ↔ 가중평균법)

(3) 회계정책의 변경에 해당하지 않는 예

다음의 경우는 회계정책의 변경에 해당하지 아니한다.

> ① 과거에 발생한 거래와 실질이 다른 거래, 기타 사건 또는 상황에 대하여 다른 회계정책을 적용하는 경우
> ② 과거에 발생하지 않았거나 발생하였어도 중요하지 않았던 거래, 기타 사건 또는 상황에 대하여 새로운 회계정책을 적용하는 경우

03 회계정책 변경의 적용

(1) 원칙

회계정책의 변경은 원칙적으로 다음과 같이 회계처리한다.

> ① 경과규정이 있는 K-IFRS를 최초 적용하는 경우에 발생하는 회계정책의 변경은 해당 경과규정에 따라 회계처리한다.
> ② 경과규정이 없는 K-IFRS를 최초 적용하는 경우에 발생하는 회계정책의 변경이나 자발적인 회계정책의 변경은 소급적용한다.

회계정책의 변경을 위의 규정에 따라 소급적용하는 경우, 비교 표시되는 가장 이른 과거 기간의 영향을 받는 자본의 각 구성요소의 기초금액과 비교 표시되는 각 과거 기간의 공시되는 그 밖의 대응금액을 새로운 회계정책이 처음부터 적용된 것처럼 조정한다.

(2) 예외: 소급적용의 한계

회계정책의 변경은 특정 기간에 미치는 영향이나 누적효과를 실무적으로 결정할 수 없는 경우를 제외하고는 소급적용한다. 그러나 특정 기간에 미치는 영향이나 누적효과를 실무적으로 결정할 수 없다면 다음과 같이 회계처리해야 한다.

① 비교 표시되는 하나 이상의 과거 기간의 비교 정보에 대해 특정 기간에 미치는 회계정책 변경의 영향을 실무적으로 결정할 수 없는 경우, 실무적으로 소급적용할 수 있는 가장 이른 회계기간의 자산 및 부채의 기초장부금액에 새로운 회계정책을 적용하고, 그에 따라 변동하는 자본 구성요소의 기초금액을 조정한다. 실무적으로 적용할 수 있는 가장 이른 회계기간은 당기일 수도 있다.

② 당기 기초시점에 과거 기간 전체에 대한 새로운 회계정책 적용의 누적효과를 실무적으로 결정할 수 없는 경우, 실무적으로 적용할 수 있는 가장 이른 날부터 새로운 회계정책을 전진적용하여 비교 정보를 재작성한다.

> **참고 유형자산이나 무형자산에 대하여 재평가모형을 최초로 적용하는 회계변경**
>
> K-IFRS 제1016호 '유형자산' 또는 K-IFRS 제1038호 '무형자산'에 따라 자산을 재평가하는 회계정책을 최초로 적용하는 경우의 회계정책 변경은 이 기준서를 적용하지 아니하고 K-IFRS 제1016호 '유형자산'과 K-IFRS 제1038호 '무형자산'에 따라 회계처리한다. 따라서 유형자산이나 무형자산에 대하여 원가모형에서 재평가모형으로 최초로 적용하는 회계변경에 대해서는 전진적용해야 하며, 이후에 다시 원가모형으로 회계정책을 변경하는 경우에는 K-IFRS 제1008호 '회계정책, 회계추정치 변경과 오류'에 따라 소급적용해야 한다.

POINT 회계정책의 변경의 적용

구분		회계처리
원칙	경과규정이 있는 경우	경과규정에 따라 회계처리
	경과규정이 없는 경우	소급적용
예외	일부 기간에 대해 실무적으로 적용할 수 없는 경우	실무적으로 적용가능한 기간부터 소급적용
	과거 기간 전체에 대해 실무적으로 적용할 수 없는 경우	실무적으로 적용할 수 있는 가장 이른 날부터 전진적용

Ⅲ 회계추정치의 변경

01 회계추정치의 변경

(1) 회계추정치

회계추정치의 정의	측정불확실성의 영향을 받는 재무제표상 화폐금액
회계추정치의 예	① 기대신용손실에 대한 손실충당금 ② 재고자산 항목의 순실현가능가치 ③ 자산이나 부채의 공정가치 ④ 유형자산 항목의 감가상각비 ⑤ 보증의무에 대한 충당부채
회계추정치의 의의	합리적 추정을 사용하는 것은 재무제표 작성의 필수적인 과정이며 재무제표의 신뢰성을 손상시키지 않음

참고 감가상각방법의 변경

국제회계기준이 도입되면서 감가상각방법의 변경은 과거 회계정책의 변경에서 회계추정치의 변경으로 그 내용이 개정되었다. K-IFRS에서는 감가상각방법을 변경하는 것은 자산의 미래 경제적 효익이 소비됨에 따라 기업이 감가상각을 인식하는 회계정책을 적용하는 데 사용된 기법의 변경이므로 이를 회계추정치의 변경으로 규정하고 있다. 즉, 감가상각방법은 해당 자산의 미래 경제적 효익이 소비되는 형태를 반영하여 매 기말 추정해야 하는 사항이므로 감가상각방법의 변경을 회계추정치의 변경으로 본다.

(2) 회계추정치의 변경

회계추정치 변경의 정의	자산과 부채의 현재 상태를 평가하거나 자산과 부채와 관련된 예상되는 미래효익과 의무를 평가한 결과에 따라 자산이나 부채의 장부금액 또는 기간별 자산의 소비액을 조정하는 것
유의사항	① 회계추정치의 근거가 되었던 상황의 변화, 새로운 정보의 획득, 새로운 상황의 전개나 추가 경험의 축적이 있는 경우에 회계추정치 변경이 필요할 수 있다. 성격상 회계추정치 변경은 과거기간과 연관되지 않으며 오류수정으로 보지 아니한다. ② 측정기준의 변경은 회계추정치 변경이 아니라 회계정책의 변경에 해당함 ③ 회계정책의 변경과 회계추정치 변경을 구분하는 것이 어려운 경우에는 이를 회계추정치 변경으로 봄

02 회계추정치 변경의 회계처리

회계추정치 변경의 회계처리	회계추정치의 변경효과는 다음의 회계기간의 당기손익에 포함하여 전진적으로 인식함 ① 변경이 발생한 기간에만 영향을 미치는 경우에는 변경이 발생한 기간 ② 변경이 발생한 기간과 미래 기간에 모두 영향을 미치는 경우에는 변경이 발생한 기간과 미래 기간
유의사항	① 회계추정치 변경이 자산 및 부채의 장부금액을 변경하거나 자본의 구성요소에 관련되는 경우, 회계추정치를 변경한 기간에 관련 자산, 부채 또는 자본 구성요소의 장부금액을 조정하여 회계추정치의 변경효과를 인식함 ② 회계추정치 변경효과를 전진적으로 인식하는 것은 그 변경이 발생한 시점 이후부터 거래, 기타 사건 및 상황에 적용하는 것을 말함 ③ 회계추정치 변경은 당기손익에만 영향을 미치는 경우와 당기손익과 미래 기간의 손익에 모두 영향을 미치는 경우로 구분됨

Ⅳ 오류수정

01 오류와 오류수정

(1) 전기오류의 정의

전기오류의 정의	과거 기간 동안에 재무제표를 작성할 때 신뢰할 만한 정보를 이용하지 못했거나 잘못 이용하여 발생한 재무제표에의 누락이나 왜곡표시
신뢰할 만한 정보	신뢰할 만한 정보는 다음을 모두 충족하는 정보를 의미함 ① 해당 기간의 재무제표의 발행승인일에 이용가능한 정보 ② 당해 재무제표의 작성과 표시를 위하여 획득하여 고려할 것이라고 합리적으로 기대되는 정보

(2) 오류수정의 정의

오류수정의 정의	중요한 전기오류를 수정하여 해당 후속기간의 재무제표에 비교 표시된 재무정보를 재작성하는 것
유의사항	① 중요한 오류를 후속기간에 발견하는 경우, 이러한 전기오류는 해당 후속기간의 재무제표에 비교 표시된 재무정보를 재작성하여 수정함 ② 오류의 수정은 회계추정치의 변경과 구별됨 예 우발상황의 결과에 따라 인식되는 손익은 오류에 해당하지 아니함

02 오류수정의 회계처리

(1) 원칙

중요한 전기오류가 발견된 이후 최초로 발행을 승인하는 재무제표에 다음의 방법으로 전기오류를 소급하여 수정한다.

① 오류가 발생한 과거 기간의 재무제표가 비교 표시되는 경우에는 그 재무정보를 재작성한다.
② 오류가 비교 표시되는 가장 이른 과거 기간 이전에 발생한 경우에는 비교 표시되는 가장 이른 과거 기간의 자산, 부채 및 자본의 기초금액을 재작성한다.

여기서 전기오류가 처음부터 발생하지 않은 것처럼 재무제표 구성요소의 인식, 측정 및 공시를 수정하는 것을 소급재작성이라고 말하며, K-IFRS에서는 중요한 전기오류의 경우에는 재무제표를 소급재작성해야 한다.

(2) 예외: 소급재작성의 한계

전기오류는 특정 기간에 미치는 오류의 영향이나 오류의 누적효과를 실무적으로 결정할 수 없는 경우를 제외하고는 소급재작성에 의하여 수정한다.

① 비교 표시되는 하나 이상의 과거 기간의 비교정보에 대해 특정 기간에 미치는 오류의 영향을 실무적으로 결정할 수 없는 경우, 실무적으로 소급재작성할 수 있는 가장 이른 회계기간의 자산, 부채 및 자본의 기초금액을 재작성한다. (실무적으로 소급재작성할 수 있는 가장 이른 회계기간은 당기일 수도 있음)

② 당기 기초시점에 과거 기간 전체에 대한 오류의 누적효과를 실무적으로 결정할 수 없는 경우, 실무적으로 적용할 수 있는 가장 이른 날부터 전진적으로 오류를 수정하여 비교정보를 재작성한다.

③ 전기오류의 수정은 오류가 발견된 기간의 당기손익으로 보고하지 않는다. 따라서 과거 재무자료의 요약을 포함한 과거 기간의 정보는 실무적으로 적용할 수 있는 최대한 앞선 기간까지 소급재작성한다.

POINT 오류수정의 회계처리

구분		회계처리
원칙	중요한 전기오류가 발견된 경우	소급적용 ① 오류가 발생한 과거 기간의 재무제표가 비교 표시되는 경우에는 그 재무정보를 재작성 ② 오류가 비교 표시되는 가장 이른 과거 기간 이전에 발생한 경우에는 비교 표시되는 가장 이른 과거 기간의 자산, 부채 및 자본의 기초금액을 재작성
예외	일부기간에 대해 실무적으로 적용할 수 없는 경우	실무적으로 적용가능한 기간부터 소급적용
	과거 기간 전체에 대해 실무적으로 적용할 수 없는 경우	실무적으로 적용할 수 있는 가장 이른 날부터 전진적용

03 오류의 유형

당기순이익에 영향을 미치지 않는 오류	재무상태표 계정 구분의 오류	재무상태표의 자산, 부채 및 자본계정의 분류상 오류
	포괄손익계산서 계정 구분의 오류	포괄손익계산서의 수익과 비용계정의 분류상 오류
당기순이익에 영향을 미치는 오류	정의	재무상태표 계정과목과 포괄손익계산서 계정과목에 동시에 영향을 미치는 오류
	유형	자동조정오류, 비자동조정오류

04 자동조정오류

자동조정오류는 오류의 효과가 두 보고기간을 통하여 정확하게 상쇄되는 오류를 말한다. 이러한 오류는 선급비용, 미지급비용, 미수수익, 선수수익, 재고자산, 매출채권 및 매입채무 등의 유동항목에서 발생한다. 이러한 자동조정오류는 재무상태표등식(회계등식)에 의하여 자산 · 부채의 과대 · 과소 계상효과가 연도별 이익에 미치는 효과를 다음과 같이 쉽게 파악할 수 있다.

자산 =	부채	+ 자본(당기순이익)
자산 과대계상		➡ 당기순이익 과대계상
자산 과소계상		➡ 당기순이익 과소계상
	부채 과대계상	➡ 당기순이익 과소계상
	부채 과소계상	➡ 당기순이익 과대계상

POINT 자동조정오류(자산 · 부채법)

오류효과의 판단	자산과대 / 부채과소	자산과소 / 부채과대
당기순이익에 미치는 효과	이익과대	이익과소
오류수정정산표	(-)	(+)
당기오류 회계처리	차) 수익 · 비용 ×× 대) 자산 · 부채 ××	차) 자산 · 부채 ×× 대) 수익 · 비용 ××
전기오류 회계처리	차) 이익잉여금 ×× 대) 수익 · 비용 ××	차) 수익 · 비용 ×× 대) 이익잉여금 ××

05 비자동조정오류

비자동조정오류	두 보고기간을 초과하여 오류의 효과가 지속되는 오류
회계처리	오류가 발견된 기간까지 회사측 회계처리와 올바른 회계처리를 수행함 ① 회사측 회계처리와 올바른 회계처리의 재무상태표 계정의 차이(오류의 총효과)를 수정함 ② 회사측 회계처리와 올바른 회계처리의 포괄손익계산서 계정의 차이(오류의 당기효과)를 수정함 ③ 대차차액을 이익잉여금(오류의 전기이전효과)으로 처리함
오류수정정산표	오류의 당기효과(포괄손익계산서 계정의 차이)는 당기에 반영하며, 오류의 전기이전효과(이익잉여금)는 전기이전에 반영함

06 오류수정 정산표

중요한 오류를 발견한 경우 재무상태표와 포괄손익계산서에 미치는 영향을 분석하고 오류수정분개를 수행해야 한다. 복잡하고 다양한 오류가 존재하는 경우 오류의 재무상태표와 포괄손익계산서에 미치는 영향을 분석하기 위해서는 오류수정 정산표를 사용한다. 오류수정의 [사례]를 통하여 오류수정의 정산표에 대해 살펴보기로 한다.

사례 오류수정 종합예제

20×1년 1월 1일에 설립된 (주)수정의 회계담당자로 새롭게 입사한 김치밀씨는 20×2년에 당사의 과거자료를 살펴보던 중 다음과 같은 오류가 수정되지 않았음을 확인하였다.

(1) 재고자산, 선급비용, 미지급비용의 오류

구분	20×1년	20×2년
기말재고자산	₩5,000 과소계상	₩10,000 과대계상
선급보험료	₩3,000 누락	₩5,000 누락
미지급이자	₩10,000 누락	₩4,000 누락

(2) (주)수정은 20×1년 1월 1일 기계성능을 개선하기 위해 지출한 ₩100,000을 수선비로 처리하였다. 20×1년 말 현재 이 기계의 잔존내용연수는 9년이며 감가상각은 정액법으로 한다.

(3) 위의 오류를 수정하기 전에 당기순이익은 다음과 같다.

구분	20×1년	20×2년
당기순이익	₩100,000	₩200,000

물음 1 상기 오류를 수정한 후 다음 항목에 대하여 계산하시오.

구분	20×1년	20×2년
정확한 당기순이익	①	②
이익잉여금에 미치는 영향	③	④
당기순이익에 미치는 영향	-	⑤
각 연도 말 정확한 이익잉여금	⑥	⑦

물음 2 20×2년의 오류수정분개를 제시하시오.

해답 물음 1

1. 오류수정 정산표

구분	20×1년	20×2년
수정 전 당기순이익	₩100,000	₩200,000
20×1년 재고자산 과소	₩5,000	₩(5,000)
20×2년 재고자산 과대		₩(10,000)
20×1년 선급보험료 과소	₩3,000	₩(3,000)
20×2년 선급보험료 과소		₩5,000
20×1년 미지급이자 과소	₩(10,000)	₩10,000
20×2년 미지급이자 과소		₩(4,000)
자본적 지출 오류효과	₩90,000	₩(10,000)
수정항목합계	₩88,000	₩(17,000)
정확한 당기순이익	₩188,000	₩183,000

2. 정답

구분	20×1년	20×2년
정확한 당기순이익	① ₩188,000	② ₩183,000
이익잉여금에 미치는 영향	③ ₩88,000	④ ₩88,000 + ₩(17,000) = ₩71,000
당기순이익에 미치는 영향	-	⑤ ₩(17,000)
각 연도 말 정확한 이익잉여금	⑥ ₩188,000	⑦ ₩188,000 + ₩183,000 = ₩371,000

물음 2

1. 재고자산 오류수정분개

일자	회계처리			
20×2년 말	(차) 매출원가	5,000	(대) 이익잉여금	5,000
	매출원가	10,000	재고자산	10,000

2. 선급보험료 오류수정분개

일자	회계처리			
20×2년 말	(차) 보험료	3,000	(대) 이익잉여금	3,000
	선급보험료	5,000	보험료	5,000

3. 미지급이자 오류수정분개

일자	회계처리			
20×2년 말	(차) 이익잉여금	10,000	(대) 이자비용	10,000
	이자비용	4,000	미지급이자	4,000

4. 자본적지출 오류수정분개

일자	회계처리			
20×2년 말	(차) 기계장치	100,000	(대) 감가상각누계액	20,000
	감가상각비	10,000	이익잉여금	90,000

(1) 회사측 회계처리

일자	회계처리			
20×1년 초	(차) 수선비	100,000	(대) 현금	100,000

(2) 올바른 회계처리

일자	회계처리			
20×1년 초	(차) 기계장치	100,000	(대) 현금	100,000
20×1년 말	(차) 감가상각비	10,000	(대) 감가상각누계액	10,000
20×2년 말	(차) 감가상각비	10,000	(대) 감가상각누계액	10,000

07 재무제표의 소급재작성

앞에서 설명한 바와 같이 기업이 회계정책을 변경하거나 중요한 전기오류를 수정하는 경우 K-IFRS에서는 이를 소급적용하도록 규정하고 있으므로 과거의 재무제표를 수정해야 한다. 여기서 전기오류가 처음부터 발생하지 않은 것처럼 재무제표 구성요소의 인식, 측정 및 공시를 수정하는 것을 소급재작성이라고 말하며, K-IFRS에서는 기업이 회계정책을 변경하거나 중요한 전기오류를 수정하는 경우에는 재무제표를 소급재작성해야 한다. 중요한 전기오류가 발견된 이후 최초로 발행을 승인하는 재무제표에 다음의 방법으로 전기오류를 소급하여 수정한다.

① 오류가 발생한 과거 기간의 재무제표가 비교 표시되는 경우에는 그 재무정보를 재작성한다.
② 오류가 비교 표시되는 가장 이른 과거 기간 이전에 발생한 경우에는 비교 표시되는 가장 이른 과거 기간의 자산, 부채 및 자본의 기초금액을 재작성한다.

보론 1 이익잉여금의 수정에 대한 법인세회계

K-IFRS상 회계정책변경의 누적효과와 전기오류의 경우 미처분이익잉여금을 수정한다. 이러한 미처분이익잉여금은 세법상 익금 또는 손금에 해당하지만, 회계정책변경이나 오류가 발생한 보고기간에 과세소득에 포함되거나 차기 이후에 포함되기도 한다. 이러한 미처분이익잉여금의 수정효과는 일시적차이를 발생시키는 경우와 일시적차이를 발생시키지 않는 경우로 구분할 수 있다.

01. 일시적차이를 발생시키는 경우

일시적차이를 발생시키는 경우에는 법인세효과는 이연법인세자산·부채로 인식한다. 예컨대, 20×1년 말에 과거 회계연도에 감가상각비를 ₩10,000만큼 과대계상한 오류를 발견한 경우 회계처리를 나타내면 다음과 같다.

일자	회계처리			
20×1년 말	(차) 감가상각누계액	10,000	(대) 이익잉여금	10,000

만약 「법인세법」에서 미처분이익잉여금의 증가 ₩10,000이 당기 과세소득이 아니라 차기 이후 과세소득에 포함된다면 일시적차이가 발생한다. 따라서 전기오류수정에 따른 일시적차이에 대한 법인세효과를 인식해야 하는데 법인세율이 20%라고 가정할 경우 회계처리를 나타내면 다음과 같다.

일자	회계처리			
20×1년 말	(차) 법인세비용	2,000[1)]	(대) 이연법인세부채	2,000
	(차) 이익잉여금	2,000	(대) 법인세비용	2,000

1) △유보(가산할 일시적차이) ₩10,000 × 20% = ₩2,000

즉, K-IFRS상 감가상각누계액과 「법인세법」상 감가상각누계액에 차이가 발생하므로 이에 대한 법인세효과만큼 이연법인세부채를 인식하는데, 이러한 경우에는 위의 회계처리가 동시에 이루어져야 한다. 왜냐하면, 감가상각방법을 변경하더라도 과세소득에는 영향이 없으므로 법인세비용을 다시 ₩2,000만큼 감소시켜야 하기 때문이다. 그리고 이 경우 이익잉여금도 동액만큼 감소하게 되므로 전기오류수정에 따른 이익잉여금의 증가분은 이에 대한 법인세효과를 차감한 ₩8,000[= ₩10,000 × (1 − 20%)]임을 알 수 있다.

> ⊙ **참고 세무조정**
> <익금산입> 이익잉여금 10,000 (기타)
> <익금불산입> 감가상각누계액 10,000 (△유보)

02. 일시적차이를 발생시키지 않는 경우

일시적차이를 발생시키지 않는 경우에는 법인세효과는 당기법인세부채로 조정한다. 예컨대, 20×1년 말에 과거 회계연도에 감가상각비를 ₩10,000만큼 과대계상한 오류를 발견한 경우 회계처리를 나타내면 다음과 같다.

일자	회계처리			
20×1년 말	(차) 감가상각누계액	10,000	(대) 이익잉여금	10,000

만약 「법인세법」에서 수정신고를 인정하여 미처분이익잉여금의 증가 ₩10,000이 당기 과세소득에 포함된다면 일시적차이는 발생하지 않는다. 따라서 전기오류수정에 따른 일시적차이에 대한 법인세효과를 인식하지 않고 당기법인세부채로 조정한다. 법인세율이 20%라고 가정할 경우 회계처리를 나타내면 다음과 같다.

일자	회계처리			
20×1년 말	(차) 법인세비용	2,000[1]	(대) 당기법인세부채	2,000
	(차) 이익잉여금	2,000	(대) 법인세비용	2,000

[1] 기타: ₩10,000 × 20% = ₩2,000

즉, K-IFRS상 감가상각누계액과 「법인세법」상 감가상각누계액에 차이가 발생하지 않지만 미처분이익잉여금의 변동에 대한 법인세효과만큼 당기법인세부채를 인식하는데, 이러한 경우에는 위의 회계처리가 동시에 이루어져야 한다. 왜냐하면, 감가상각방법을 변경하여 수정신고가 인정된다면 오류수정 금액만큼 과세소득에 영향이 미치지만 미처분이익잉여금에 대한 법인세비용을 다시 ₩2,000만큼 감소시켜야 하기 때문이다. 그리고 이 경우 이익잉여금도 동액만큼 감소하게 되므로 전기오류수정에 따른 이익잉여금의 증가분은 이에 대한 법인세효과를 차감한 ₩8,000[= ₩10,000 × (1 − 20%)]임을 알 수 있다.

> ⊘ 참고 **세무조정**
> <익금산입> 이익잉여금 10,000 (기타)

cpa.Hackers.com

해커스 IFRS 김원종 POINT 중급회계

해커스 IFRS 김원종 POINT 중급회계